洛陽伽藍記校注

【北魏】楊衒之 撰 范祥雍 校注

上海古籍出版社

圖書在版編目(CIP)數據

洛陽伽藍記校注 /（北魏）楊衒之撰；范祥雍校注.
—上海：上海古籍出版社，2018.12（2023.12重印）
ISBN 978-7-5325-8934-0

Ⅰ.①洛… Ⅱ.①楊… ②范… Ⅲ.①洛陽—地方史—史料—北魏②寺院—史料—洛陽—北魏③《洛陽伽藍記》—注釋 Ⅳ.①K296.13②K928.75

中國版本圖書館 CIP 數據核字(2018)第 150707 號

洛陽伽藍記校注

［北魏］楊衒之 撰

范祥雍 校注

上海古籍出版社出版發行

（上海市閔行區號景路 159 弄 1-5 號 A 座 5F 郵政編碼 201101）

（1）網址：www.guji.com.cn

（2）E-mail：guji1@guji.com.cn

（3）易文網網址：www.ewen.co

蘇州市越洋印刷有限公司印刷

開本 850×1168 1/32 印張 14.875 插頁 6 字數 271,000

2018 年 12 月第 1 版 2023 年 12 月第 3 次印刷

印數：3,151—4,200

ISBN 978-7-5325-8934-0

K·2525 定價：68.00 元

如有質量問題，請與承印公司聯繫

出版説明

范祥雍先生（一九一三—一九九三），祖籍浙江鎮海，生於上海南市，著名古籍整理專家，尤精於版本文獻之學。先生自學成才，而蜚聲學界。一九五六年由陳子展、胡厚宣、章巽三教授聯名推薦，受聘於復旦大學中文系，復任教於江西大學中文系、東北文史研究所，一九七八年後任中華書局、上海古籍出版社特約編輯，一九八六年聘爲上海文史研究館館員。

先生著述頗豐，經他編訂、點校、校證、補疏整理的典籍蔚爲大觀，歷史類有古本竹書紀年輯校訂補、戰國策箋證，歷史地理類有洛陽伽藍記校注、大唐西域記匯校（原收入季羨林等校注大唐西域記校注）、山海經補疏，宗教類有釋迦方誌、宋高僧傳、廣弘明集（未完稿），文學類有陳子展詩經直解校閲、陳子展楚辭直解校閲，藝術譜録類有法書要録，筆記類有管城碩記、東坡志林廣證，音韻訓詁類有廣韻三家校勘記補釋等。而文史通貫、無徵不信、博觀約取、敏而有斷之學風則一以貫之，允稱精深，堪爲楷法。所惜「文革」浩劫，其著作如山海經補疏、東坡志林廣證等，多有散失，亦可扼腕浩歎。

早在上世紀五十年代，我社前身古典文學出版社就出版了先生的洛陽伽藍記校注，一九七八年修訂重版，本世紀初又出版了歷劫復得之戰國策箋證。兹將范先生古籍整理之心血結晶，都爲范祥雍古籍整理匯刊結集出版，内涵古本竹書紀年輯校訂補、戰國策箋證、洛陽伽藍記校注、大唐西域記匯校、釋迦方誌、宋高僧傳、法書要録、管城碩記、廣韻三家校勘記補釋，其中廣韻三家校勘記補釋屬首次發表。忻逢盛世，文化昌盛，梨棗馨香，以慰先賢。

上海古籍出版社

二〇一一年二月

洛陽伽藍記校注序

一　洛陽伽藍記與北魏佛教

我國南北朝時代，在經濟上和文化上都較落後的北魏拓跋王朝，百六十年間留下的著作不多，賈思勰的齊民要術、酈道元的水經注、楊衒之的洛陽伽藍記，可稱北魏的三部傑作。齊民要術是我國最早的一部完整的而有科學價值的農書。水經注是一部具有很高的文學價值的地理書。洛陽伽藍記以記北魏京城洛陽佛寺的興廢爲題，實際記述了當時的政治、人物、風俗、地理以及掌故傳聞，具有很高的文學價值和歷史價值。這三部書因鈔刻舛誤，錯字脱文太多，都很難讀。水經注一書，清代的學者，從全祖望、戴震到王先謙、楊守敬，都還下過不少的工夫，而其他兩書，校訂注釋的工作，不是絶少人做，即是有人做了，也還不够。這就是洛陽伽藍記校注一書的來由罷。

我們知道，南北朝時代是承魏晉以來五胡十六國長期大動亂的時代，也就是黄河流域南北兩岸人民大遭苦難的時代；同時它是我國中古時期宗教狂熱的時代，也就是佛教臻于極盛的時代。歷史告訴我們，當人民受到階級壓迫或民族壓迫還反抗無力之時，往往會産生對美好的來世生活的憧憬。宗教就利用其對美好的來世生活這一幻想來安慰他們，麻醉他們，使他們能够忍受在現實中遭遇到的一切痛苦。而在剥削階級或壓迫民族的統治者中就利用宗教馴服人民的這一精神武器，作爲緩和階級矛盾或民族矛盾以鞏固其統治權力的一種有效工具。又在宗教本身也必須依靠統治者的力量來達到它推行教義和牟取僧侣特權的目的，正如晉釋道安説的，「不依國主，則法事難舉」。〔一〕我想這就是南北朝時代何以成爲我國歷史上宗教狂熱時代的一個大原因。王昶在金石萃編總論北朝造像諸碑時早已接觸到了這一點。

南朝梁釋僧祐弘明集，唐釋道宣廣弘明集，反映到這一時代關於宗教的發展及其在教理上和政治上的鬥争。魏收魏書特撰釋老志，記載了這一時代北魏王朝的宗教史實。雲崗、龍門、敦煌等石窟都留下了這一時代北朝方面的佛教藝術，最可珍視的是造像和壁畫。洛陽伽藍記也特寫了這一時代北魏王朝遷都洛陽以後的佛教寺塔。

二　北魏建都平城時期的佛教

北魏王朝遷都洛陽以前對於佛教是怎樣的情形呢？

北魏崛起於極北鮮卑游牧民族，〔二〕到太祖道武帝拓跋珪天興元年（東晉安帝司馬德隆安二年，公元三九八年）定國號爲魏，遷都平城，開始營宫室，建宗廟，立社稷，〔三〕纔算具有國家規模，初步完成了向漢族封建社會轉化的過程，同時也開始了修建佛寺。釋老志載着拓跋珪的詔書説：

夫佛法之興，其來遠矣。濟益之功，冥及存歿。神蹤遺軌，信可依憑。其敕有司於京城建飾容範，修整官舍，令信向之徒，有所居止。

廣弘明集還載拓跋珪的與朗法師書，遣使者送太山朗和尚「素二十端，白氈五十領，銀鉢二枚」，〔四〕表示敬意。可以想見他對佛教的態度了。

經過太宗明元帝拓跋嗣到世祖太武帝拓跋燾太平真君七年（宋文帝劉義隆元嘉二十三年，公元四四六年）三月，下滅佛法詔〔五〕說：

昔後漢荒君，信惑邪僞，妄假睡夢，事胡妖鬼，以亂天常，自古九州之中無此也。夸誕大言，不本人情。叔季之世，闇君亂主，莫不眩焉。由是政教不行，禮義大壞，鬼道熾盛，視王者之法蔑如也。自此已來，代經亂禍，天罰亟行，生民死盡。五服之内，鞠爲丘墟。千里蕭條，不見人迹，皆由於此。朕承天緒，屬當窮運之敝，欲除僞定真，復羲農之治。其一切盪除胡神，滅其蹤跡，庶無謝于風氏矣。自今以後，敢有事胡神，及造形象泥人銅人者，門誅。雖言胡神，問今胡人，共云無有。皆是前世漢人無賴子弟劉元真、吕伯彊之徒，接乞胡之誕言，用老莊之虚假，附而益之，皆非真實。至使王法廢而不行，蓋大姦之魁也。有非常之人，然後能行非常之事，非朕孰能去此歷代之僞物？有司宣告征鎮諸軍刺史：諸有佛圖形像及胡經，盡皆擊破焚燒；沙門無少長悉坑之。

這是在太平真君五年正月下了禁容匿沙門師巫詔〔六〕之後，又下的一道嚴詔。「詔諸州坑沙門，毀諸佛像。」〔七〕這是中國宗教史上的一件大事。這和後來北周武帝、唐武宗的滅佛法相類似，佛家稱爲「三武之厄」。先是拓跋燾太延四年（公元四三八年）三月，詔「罷沙門年五十已下」。〔八〕通鑑採用了這條史實，胡三省注：「以其彊壯，罷使爲民，以從征役。」明年改元爲太平真君。又二年而「親至道壇，受符籙。備法駕，旗幟盡青」。〔九〕這當是由於他篤信道教天師寇謙之的緣故。釋老志説：

> 世祖即位，富於春秋，既而鋭志武功，每以平定禍亂爲先。雖歸宗佛法，敬重沙門，而未存覽經教，深求緣報之意。及得寇謙之道，帝以清淨無爲，有仙化之證，遂信行其術。時司徒崔浩博學多聞，帝每訪以大事。浩奉謙之道，尤不信佛，與帝言，數加非毁。常謂虚誕爲世費害，帝以其辯博，頗信之。會蓋吴反杏城，關中擾動，帝乃西伐至於長安。先是長安沙門種麥寺内，御騶牧馬於麥中。帝入觀馬，沙門飲從官酒。從官入其便室，見藏有弓矢矛楯，出以奏聞。帝怒曰：「此非沙門所用，當與蓋吴通謀，規害人耳。」命有司案誅一寺。閱其財産，大得釀酒具，及州郡牧守富人所寄藏物，蓋以萬計。又爲屈（窟）室，與貴室女私行淫亂。帝既忿沙門非法，浩時從行，因進其説。詔誅長安沙門，焚破佛像。敕留臺下四方，令一依長安行事。

這是記拓跋燾下滅佛法詔之前的事，促成了他下詔的動機和決心。由此可見這一歷史事件的複雜，不僅是由於道教佛教間的鬥争，同時也由於當時佞佛招致了政治經濟和軍事上的許多不利。比如説，僧徒不事生産，不從「征役」，「虚誕爲世費害」。佛寺暗藏兵器，有陰謀反抗嫌疑。並有收寄贓賄，敗壞風化，以及「妄生妖孽」種種「非法」行爲，「至使王法廢而不行」。拓跋燾毁滅佛法，想要「除僞定真，復羲農之治」，儼然「具有張中華王道正統之義」。〔一〇〕我們懂得了當時在宗教上或説在佛教上這件大事的現實根據、歷史意義，纔會瞭解到這也有了可能影響到楊衒之寫作洛陽伽藍記的動機和態度。

拓跋燾死，其孫濬立，是爲高宗文成帝，興安元年（宋文帝劉義隆元嘉二十九年，公元四五二年）即下修復佛法詔〔一一〕説：

夫爲帝王者，必祗奉明靈，顯彰仁道。其能惠著生民，濟益羣品者，雖在古昔，猶序其風烈。是以春秋嘉崇明之禮，祭典載功施之族。況釋迦如來功濟大千，惠流塵境。等生死者歎其達觀，覽文義者貴其妙明。助王政之禁律，益仁智之善性，排斥羣邪，開演正覺。故前代已來，莫不崇尚，亦我國家常所尊事也。世祖太武皇帝開廣邊荒，德澤遐及。沙門道士，善行純誠。惠始之倫，無遠不至。風義相感，往往如林。夫山海之深，怪物多有。姦淫之徒，得容假託。講寺之中，致有凶黨。是以先朝因其瑕釁，戮其有罪。有司失旨，一切禁斷。景穆皇帝（拓跋晃，文成帝父）每爲慨然，值軍國多事，未遑修復。朕承洪緒，君臨萬邦，思述先志，以隆斯道。今制諸州郡縣，於衆居之所，各聽建佛圖一區，任其財用，不制會限。其好樂道法，欲爲沙門，不問長幼，出於良家，性行素篤，無諸嫌穢，鄉里所明者，聽其出家。率大州五十，小州四十人，其郡遥遠臺者十人，各當局分，皆足以化惡就善，播揚道教也。

拓跋燾毀滅佛法，只看到了佛教「至使王法廢而不行」，對統治有害的一面。拓跋濬修復佛教，只看到了佛教「助王政之禁律，益仁智之善性」，於人民起了麻醉作用，對統治有利的一面。和平初（公元四六〇年），沙門統「曇曜，白帝於京城西武州塞，鑿山石壁，開窟五所，鐫建佛像各一，高者七十尺，次六十尺，彫飾奇偉，冠於一世」。〔一二〕這就是世界聞名的大同雲崗石窟造像的開始了。

拓跋濬既於「興光元年（公元四五四年）秋，敕有司於五緞（級）大寺内爲太祖已下五帝鑄釋迦立像五，各長一丈六尺，都用赤金二萬五千斤」。〔一三〕其子弘，即獻文帝，又於天安元年（宋明帝劉彧泰始二年，公元四六六年）「起永寧寺，構七級佛圖，高三百餘尺，基架博敞，爲天下第一。又於天宫寺造釋迦立像，高四十三尺，用赤金十萬斤，黄金六百斤。皇興中，又構三級石佛圖，榱棟楣楹，上下重結，大小皆石，高十丈，鎮固巧密，爲京華壯觀」。〔一四〕這可以想見當初北魏都平城時，建築寺塔，鑄造佛像，規模已經很大了，耗費已經很多了。

拓跋弘死，其子宏立，是爲高祖孝文帝。太和元年（宋順帝劉準昇明元年，公元四七七年）「京城内寺，新舊且百所，僧尼二千餘人。四方諸寺，六千四百七十八，僧尼七萬七千二百五十八人」。〔一五〕這可以想見北魏王朝建都平城百年間（公元三九八—四九五年）佛教驟興的盛況。

三　北魏遷都洛陽時期的佛教

北魏高祖孝文帝拓跋宏太和十七年（齊武帝蕭賾永明十一年，公元四九三年），「定遷都之計。冬十月戊寅朔，幸金墉城。詔徵司空穆亮與尚書李沖，將作大匠董爵，經始洛京」。〔一六〕「十九年，九月庚午，六宮及文武盡遷洛陽」。〔一七〕二十年，「詔改姓爲元氏」。〔一八〕這時向中原遷移的北魏鮮卑民族算已完成了全盤接受漢化的過程，而以中國正統自居了。從高祖孝文帝遷洛，經過世宗宣武帝元恪、肅宗孝明帝元詡、敬宗孝莊帝元子攸、前廢帝廣陵王元恭、後廢帝安定王元朗、出帝平陽王元脩，到孝靜帝元善見立，天平元年（梁武帝蕭衍中大通六年，公元五三四年）京師遷鄴，是爲東魏。從此東西魏分立，以迄不久都歸滅亡。總計北魏都洛凡四十年（公元四九五—五三四年）。

拓跋宏既「善談老莊，尤精釋義」，〔一九〕「每與名德沙門，談論往復」。〔二〇〕「遷京之始，宮闕未就，高祖住在金墉城，城西有王南寺，高祖數詣沙門論義」。〔二一〕其子世宗宣武帝元恪又「篤好佛理，每年常從禁中親講經論，廣集名僧，標明義旨，沙門條錄爲內起居焉。上既崇之，下彌企尚。至延昌中（公元五一二—五一五年），〔二二〕天下州郡僧尼等（寺）積有一萬三千七百二十七所，徒侶逾衆」。〔二三〕但不知當時京城洛陽有多少寺塔，若干僧尼。「景明初（公元五〇〇年），世宗詔大長秋卿白整準代京靈巖寺石窟，於洛南伊闕山爲高祖文昭皇太后營石窟二所。初建之始，窟頂去地三百一十尺。至正始二年（公元五〇五年）中始出斬山二十三丈。至大長秋卿王質謂斬山太高，費功難就，奏求下移就平，去地一百尺，南北一百四十尺。永平中（公元五〇八—五一二年），中尹劉騰奏爲世宗復造石窟一，凡爲三所。從景明元年至正光四年（公元五〇〇—五二三年）六月已前，用功八十萬二千三百六十六」。〔二四〕這可以想見最初洛陽龍門三所石窟從景明初到正光四年開鑿了二十多年，是在大同雲崗石窟之後的又一個偉大艱巨的工程。

元恪死，元詡立，是爲肅宗孝明帝，而實際政權掌握在母后靈太后胡氏的手裏。她因略通佛義，〔二五〕崇奉佛教，侈靡更甚。「肅宗熙平中（公元五一六—五一七年），於城内太社西起永寧寺，靈太后親率百寮，表基立刹。佛圖九層高四十餘丈，其諸費用不可勝計，景明寺佛圖亦其亞也。至於官私寺塔其數甚衆」。〔二六〕雖説當時對於出家，對於造寺，也有詔令限制，實際並未奉行。〔二七〕反而洛陽寺塔大大興建起來，神龜元年（公元五一八）總計至五百所。〔二八〕其中永寧寺的工程最爲偉大，耗費之多不可勝計。〔二九〕這可以想見它給國計民生帶來了多大的損害！

北魏羣臣單從儒家觀點，或逞儒釋華夷之辯，而反對佛教的，先是裴延儁有上宣武帝疏諫專心釋典不事墳籍，〔三〇〕這時李瑒有上言宜禁絶户爲沙門。李瑒斥佛教爲「鬼教」，激怒了沙門統僧暹等，泣訴於靈太后，罰瑒金一兩。〔三一〕李崇有減佛寺功材以修學校表。説是「宜罷尚方雕靡之作，頗省永寧土木之工，並減瑤光瓦材之力，兼分石窟鐫琢之勞，及諸事役非急者。使辟雍之禮，蔚爾而復興；諷誦之音，焕然而更作」。〔三二〕這些迂闊空談可置而不論。我們要特別提出來説的，是從國計民生，從人民利益着想來反對佛教的幾個人。先是陽固因宣武帝廣訪時政得失，有上讜言表〔三三〕裏面説：

> 絶談虚窮微之論，簡桑門無用之費，以存元元之民，以救飢寒之苦！

這時崔光有諫靈太后登永寧寺九層佛圖表和諫靈太后幸嵩高表。〔三四〕前表諫人主不可輕動，後表諫不可擾民。後表裏説：

往返累宿，鑾遊近甸，存省民物，誠足爲善。雖漸農隙，所獲棲畝，飢貧之家，指爲珠玉，遺秉滯穟，莫不寶惜。步騎萬餘，來去經踐，駕輦雜遝，競鶩交馳。縱加禁護，猶有侵耗。士女老幼，微足傷心。厮役困于負擔，爪牙窘于賃乘。供頓候迎，公私擾費。厨兵幕士，衣履敗穿。晝喧夜淒，罔所覆藉。監帥驅捶，泣呼相望。霜旱爲災，所在不稔，饑饉薦臻，方成儉敝。自近及遠，交興怨嗟。伏願罷勞形之遊，息傷財之駕。

張普惠上疏諫崇佛法不親郊廟〔三五〕裏説：

殖不思之冥業，損巨費於生民。減禄削力，近供無事之僧；崇飾雲殿，遠邀未然之報。昧爽之臣稽首于外，玄寂之衆遨遊于内。愆禮忤時，人靈未穆。愚謂從朝夕之因，求祇劫之果，未若先萬國之忻心以事其親，使天下和平，災害不生者也。伏願量撤僧寺不急之華，還復百官久折之秩。已興之構，務從簡成；將來之造，權令停息。仍舊亦可，何必改作？庶節用愛人，法俗俱賴？

更其重要的，是神龜元年（公元五一八）司空公、尚書令、任城王澄，奏禁私造僧寺〔三六〕裏説：

仰惟高祖，定鼎嵩瀍，卜世悠遠。慮括終始，制洽天人。造物開符，傳之萬葉。故都城制云：「城内唯擬一永寧寺地，郭内唯擬尼寺一所，餘悉城郭之外。」欲令永遵此制，無敢踰矩。逮景明之初，微有犯禁。故世宗仰修先志，爰發明旨，城内不造立浮圖，僧尼寺舍，亦欲絶其希覬。文武二帝豈不愛尚佛法？蓋以道俗殊歸，理無相亂故也。但俗眩虚聲，僧貪厚潤，雖有顯禁，猶自冒營。至正始三年（公元五〇六），沙門統惠深有違景明之禁，便云：「營就之寺不忍移毁，求自今已後更不聽立。」先旨含寬，抑典從請。前班之詔，仍卷不行。後來私竭，彌以奔競。永平二年（公元五〇九），深等復立條制，啓云：「自今已後，欲造寺者，限僧五十已上，聞徹聽造。若有輒營置者，依俗違敕之罪。其寺僧衆，擯出外州。」爾來十年，私營轉盛。罪擯之事，寂爾無聞。豈非朝格雖明，恃福共毁，僧制徒立，顧利莫從者也？比日私造，動盈百數。或乘請公地，輒樹私福。或啓得造寺，限外廣制。如此欺罔，非可稍計。臣以才劣，誠忝工務，奉遵成規，裁量是總。輒遣府司馬陸昶、屬崔孝芬，都城之中，及郭邑之内，檢括寺舍，數乘五百。空地表剎，未立塔宇，不在其數。自遷都已來，年踰二紀，寺奪民居，三分且一！高祖立制，非徒欲緇素殊途，抑亦防微深慮。世宗述之，亦不錮禁營福，當在杜塞未萌。今之僧寺，無處不有。或比滿城邑之中，或連溢屠沽之肆，或三五少僧共爲一寺。梵唱屠音，連簷接響。下司因習而莫非，僧曹對制而不問。昔如來闡教，多依山林，今此僧徒戀著城邑。豈湫隘是經行所宜，浮諠必栖禪之宅？當由利引其心，莫能自止。非但京邑如此，天下州鎮，僧寺亦然。侵奪細民，廣占田宅，有傷慈矜，用長嗟苦！今宜加以嚴科，特設重禁，糾其來違，懲其往失。脱不峻檢，方垂容借，恐今旨雖明，復如往日。

全文太長，這裏只能節録它一部分。案魏書張普惠傳説：「任城王澄爲司空，表議書記多出普惠。」這篇文章也可能是出自張普惠手筆。任城王澄奏上，史稱「奏可」。但是「未幾，天下喪亂，加以河陰之酷，朝士死者，其家多捨居宅以施僧尼，京邑第舍略爲寺矣。前日禁令不復行焉」。釋老志總結北魏時佛法的流行，説：「自魏有天下，至於禪讓，佛經流通，大集中國，凡有四百一十五部，合一千九百一十九卷。正光（公元五二〇年）已後，天下多虞，王役尤甚。於是所在編民相與入道，假慕沙門，實避調役，猥濫之極，自中國之有佛法，未之有也！」

以上根據魏書紀傳和釋老志所載，簡要地叙述了北魏王朝遷都洛陽四十年間的佛教情形。我們倘要進一步研究，就得細讀記載這一時期這一史跡的一部專書洛陽伽藍記了。

四　楊衒之與洛陽伽藍記

洛陽伽藍記一書的作者楊衒之，魏書不曾爲他立傳，楊或作陽，或作羊，家世爵里生卒都不甚可考。書首所署作者官銜姓名是「魏撫軍府司馬楊衒之撰」。書中自述「永安中（公元五二八—五二九）衒之時爲奉朝請」，「武定五年（公元五四七），余因行役，重覽洛陽」，如是而已。或説他做過「期城郡太守」，或説他做了「祕書監」，都不知道確否。〔三七〕據他在書首序文和書尾結語所説，洛陽興建佛教寺塔，從後漢明帝（永平十一年，公元六八年）時開始有白馬寺。到晉懷帝永嘉（公元三〇七—三一二）年間，纔有佛寺四十二所。直到北魏遷都洛陽，陡然大量增加起來。他説：

逮皇魏受圖，光宅嵩洛，篤信彌繁，法教愈盛。王侯貴臣棄象馬如脱屣，庶士豪家捨資財若遺跡。於是昭提櫛比，寶塔駢羅，争寫天上之姿，競摸山中之影，金刹與靈臺比高，廣殿共阿房等壯。豈直木衣綈繡，土被朱紫而已哉！

最盛時佛宇多到「一千三百六十七所」。後來到了孝静帝天平元年（公元五三四）遷都鄴城，洛陽殘破之後，還「餘寺四百二十一所」。他説：

暨永熙（公元五三二—五三四年）多難，皇輿遷鄴，諸寺僧尼亦與時徙。至武定五年（見前），歲在丁卯，余因行役，重覽洛陽。城郭崩毁，宫室傾覆，寺觀灰燼，廟塔丘墟，牆被蒿艾，巷羅荆棘。野獸穴於荒階，山鳥巢於庭樹。遊兒牧豎，躑躅於九逵；農夫耕稼（老），藝黍於雙闕。麥秀之感，非獨殷墟；黍離之悲，信哉周室！京城表裏，凡有一千餘寺。今日寮廓，鍾聲罕聞。恐後世無傳，故撰斯記。

他把洛陽一地的狀況前後對照，兩兩相形寫來，撫今思昔，怵目驚心！前時佛寺是那樣的多而且那樣豪華壯麗，今日佛寺是這樣的少而且這樣殘破淒涼；前時洛陽是王侯貴臣庶士豪家驕奢淫佚的一大都會，今日洛陽是農夫耕老遊兒牧豎種地息足的一片廢墟。這部書字面上是記洛陽城佛寺的盛衰興廢，文心裏實係作者對國家成敗得失的感慨。雖説佞佛並不一定亡國，而北魏亡國未嘗全於佞佛無關。作者本來不是佞佛之徒，藉此寄託排佛之意，這就是作者特撰這部書的動機和企圖罷？

廣弘明集卷第六叙列代王臣滯惑解，首叙唐太史傅奕，引古來王臣訕謗佛法者二十五人爲高識傳，一帙十卷，有楊衒之名。卷末説：

楊衒之，北平人，元魏末爲祕書監。見寺宇壯麗，損費金碧，王公相競，侵漁百姓，乃撰洛陽伽藍記，言不恤衆庶也。後上書述釋教虚誕，有爲徒費，無執戈以衛國，有飢寒於色養，逃役之流，僕隸之類，避苦就樂，非修道者。又佛言有爲虚妄，皆是妄想。道人深知佛理，故違虚其罪。啓又廣引財事乞貸，貪積無厭。又云，讀佛經者，尊同帝王，寫佛畫師，全無恭敬。請沙門等同孔老拜俗，班之國史。行多浮險者，乞立嚴勤（當作勒）。知其真僞，然後佛法可遵，師徒無濫。則逃兵之徒，還歸本役。國富兵多，天下幸甚！

我們讀此，知道唐初已有學者認識到楊衒之寫作洛陽伽藍記的善良動機，和他排佛的卓越見識。原來楊衒之這部書的特點就在揭露北魏王公争先恐後地修建了成百成千豪華壯麗的寺塔，乃是「侵漁百姓」，「不恤衆庶」，榨取廣大勞動人民的血汗纔能成功的。「不讀華嚴經，焉知佛富貴？」不讀伽藍記，不知佛浪費。他是北魏反對佛教最激烈的一個人。他以爲佛法無靈，徒然浪費。僧侣假借特權，損人利己。剥削爲活，貪積無厭。逃役逃税，不愛國家。出家修道，不孝父母。尊同帝王，不拜君主。雖然他的思想同屬於北朝儒家體系，却不同於裴延儁、李崇、李瑒之流，反對佛教主要是爲儒家衛道着想；而同於陽固、崔光、張普惠、任城王澄諸人，反對佛教側重在爲國計民生着想，爲人民利益着想。而且他不止在當時上書排佛，爲北魏君主服務，還怕「後世無傳，故撰斯記」，以警告後世一切人。他的見識確是高人一等，不愧稱爲「高識」！

他寫這部書既有一定的目的，因而精心結撰，成爲一部體系完整的著作，雖然他還自謙「才非著述」。他說：

寺數最多，不可遍寫。今之所録，上大伽藍。其中小者，取其詳世諦事，因而出之。先以城內爲始，次及城外，表列門名，以遠近爲五篇。余才非著述，多有遺漏。後之君子，詳其闕焉。

我們根據他這部書可以很正確地繪出一張北魏京城洛陽圖，還可以在這張地圖上按照城門方向，城內外里坊遠近，填出書裏所記許多伽藍以及宫殿官署名勝古蹟的地點，都很正確。要不是文字記載有條理，有系統，有很大的正確性，這是可能做到的嗎？伽藍那麼多，他只記録上大的伽藍，中小的伽藍就要因爲涉及年代和事實的纔一起記出，可見其記載時對於主次詳略都有一定的原則。再據劉知幾史通卷五補注篇，稱許這部書的體例完善，既有正文，又有子注。（原注：注列文中，如子從母。）就是說，既能「除煩」，又能「畢載」；既近「倫叙」，又算「該博」。可惜現在這部書的通行本子，文和注不分，久已失却原來面目。後人想要還原也就感到不容易見功了。〔三八〕陳寅恪先生讀洛陽伽藍記書後〔三九〕說：

衒之習染佛法，其書體裁乃摹擬魏晉南北朝僧徒合本子注之體，劉子玄蓋特指其書第五卷慧生宋雲道榮等西行求法一節以立説舉例。後世章句儒生，雖精世典，而罕讀佛書，不知南北朝僧徒著作之中實有此體，故於洛陽伽藍記之製裁義例，懵然未解，固無足異。寅恪昔年嘗作支愍學說考載於中央研究院歷史語言研究所蔡元培先生六十五歲紀念論文集中，詳考佛書合本子注之體。茲僅引梵夾數事，以比類楊書，證成鄙說，其餘不復備論。

楊衒之寫這部書是否摹擬當時僧徒合本子注的體例，尚待考證；但他曾讀佛書，根據書的內容和後來僧傳的記載〔四〇〕可以相信。讀了佛書不被迷惑而又排斥佛，這就更足以證明他的「高識」！

五　洛陽伽藍記的評價（上）

前人對於洛陽伽藍記的評價實在不多，而且都很簡略。除了劉知幾史通提及這部書僅從某類史書體例上着眼以外，其他都是兼從歷史和文藝兩方面來說的。毛晉綠君亭本洛陽伽藍記跋說：

魏自顯祖好浮屠之學，至胡太后而濫觴焉。此伽藍記之所繇作也。鋪揚佛宇，而因及人文。著撰園林歌舞鬼神奇怪興亡之異，以寓其褒譏，又非徒以記伽藍已也。妙筆葩芬，奇思清峙，雖衛叔寶之風神，王夷甫之姿態，未足以方之矣。

四庫全書總目提要（卷七十，地理類古蹟之屬）裏說：

魏自太和十七年作都洛陽，一時篤崇佛法，刹廟甲於天下。及永熙之亂，城郭邱墟。武定五年，衒之行役洛陽，感念廢興，因捃拾舊聞，追叙故蹟，以成是書。其文穠麗秀逸，煩而不厭，可與酈道元水經注肩隨。其兼叙爾朱榮等變亂之事，委曲詳盡，多足與史傳參證。其他古迹藝文，及外國土風道里，採摭繁富，亦足以廣異聞。劉知幾史通云：「秦人不死，驗苻生之厚誣；蜀老猶存，知葛亮之多枉。」蜀老事見魏書毛脩之傳，秦人事即用此書趙逸一條。知幾引據最不苟，知其説非鑿空也。他如解魏文之苗茨碑，糾戴延之之西征記，考據亦皆精審。惟以高陽王雍之樓爲即古詩所謂「西北有高樓，上與浮雲齊」者，則未免固於説詩，爲是書之瑕纇耳。

吴若準洛陽伽藍記集證序説：

楊衒之慨念故都，傷心禾黍，假佛寺之名，志帝京之事。凡夫朝家變亂之端，宗藩廢立之由，藝文古蹟之所關，苑囿橋梁之所在，以及民間怪異，外夷風土，莫不鉅細畢陳，本末可觀，足以補魏收所未備，爲拓跋之别史，不特遺聞逸事可資學士文人之考覈已也。

現在我們就從這部書的内容來試論它的歷史價值和文學價值。卷二明懸尼寺條説：

陽渠石橋，橋有四柱，在道南，銘云：「漢陽嘉四年將作大匠馬憲造。」逮我孝昌三年，大雨頽橋，柱始埋没，道北二柱，至今猶存。衒之按劉澄之山川古今記、戴延之西征記，並云「晉太康元年造」，此則失之遠矣。按澄之等並生在江表，未游中土，假因征役，暫來經過，至於舊事，多非親覽，聞諸道路，便爲穿鑿，誤我後學，日月已甚！

楊衒之難道不知造橋年代原是小事，他也以爲不應該穿鑿誤載，詒誤後學，可以見他要求記載正確的嚴肅態度。同卷建陽里東有綏民里條，說：

時有隱士趙逸，云是晉武時人，晉朝舊事，多所記録。又云：「自永嘉已來，二百餘年，建國稱王者十有六君，皆遊其都邑，目見其事。國滅之後，觀其史書皆非實録，莫不推過於人，引善自向。苻生雖好勇嗜酒，亦仁而不煞（殺），觀其治典未爲凶暴。及詳其史，天下之惡皆歸焉。苻堅自是賢主，賊君取位，妄書生惡。凡諸史官，皆是類也。人皆貴遠賤近，以爲信然。當今之人，亦生愚死智，惑已甚矣！」人問其故？逸曰：「生時中庸之人耳，及其死也，碑文墓志莫不窮天地之大德，盡生民之能事。爲君共堯舜連衡，爲臣與伊皐等跡。牧民之官，浮虎慕其清塵；執法之吏，埋輪謝其梗直。所謂生爲盜跖，死爲夷齊。妄言傷正，華辭損實。」當時構文之士慙逸此言。

他借趙逸的話罵盡永嘉以來二百多年史官，史書「皆非實録」；當今文人所寫墓碑墓志，「妄言傷正，華辭損實」。要是他也在被罵之列，「慙逸此言」，我想他不會備記趙逸的故事和言論。要不是當時確有趙逸其人，他不會「鑿空」；劉知幾論史那樣嚴刻，也會引據他說的趙逸一事，四庫提要說的不錯。史書要做到「實録」，談何容易！班固漢書評司馬遷說：「自劉向揚雄博極羣書，皆稱遷有良史之材，服其善序事理，辨而不華，質而不理，其文直，其事核，不虛美，不隱惡，故謂之實録。」司馬遷早就爲歷史家樹立了光輝的模範。我們對於歷史家，首先就要求他記載正確，態度謹嚴。我們在上文已經説過伽藍記記載正確的話，正是這部書有歷史價值的一點。

其次，這部書的主要目的在記北魏京師洛陽四十年間佛教寺塔的興廢，作者却不孤立地專記這一興廢。好比一髮牽動全身，全身繫於一髮。這一興廢當然和洛陽都市的盛衰，北魏王朝的興亡有關。而洛陽的盛衰，北魏的興亡，又恰巧單從當時佛教寺塔的興廢一件事上就差不多可以全盤地反映出來。總之，這部書主要地反映了這四十年間洛陽佛教寺塔的情況，同時也反映到了當時洛陽這個都市在經濟上文化上和人民生活上的情況，由繁榮到衰敗的情況；又同時反映到了北魏王朝在這四十年政治上軍事上的許多大事，如高祖遷洛，太后臨朝，宦官用事，外藩舉兵，諸王争立，乃至與南朝關係，四夷關係，都有涉及，尤其是頗爲翔實地記載了當時中印間的交通；反映到了一個王朝盛極而衰，禍亂迭起，迄無寧日，至於滅亡。總之，這部書本身就是一部反映一個時期，一種宗教，同時又是反映一個京師，一個王朝的歷史文學。這是它的最大價值。其中不少史料可補魏書的缺失，通鑑就曾採用了一些。還有應該特别指出的，即是關於宋雲惠生等西行求法一事，這在法顯之後，玄奘之前，也是中國佛教史上和中外交通史上的一件大事，宋雲家記、惠生行記、道榮傳都已失傳，就靠這部書保存了這份珍貴史料的一個大概。要不是作者具有良史之材，做過祕書監一類的官，熟習政府檔案，留心當代藝文，又曾有深入社會的生活實踐，瞭解現實，而又重視民間口碑，重視歷史遺蹟，我想他對於史料的搜集未必這樣豐富，對於史料的組織未必這樣完密。就提供史料來説，他提供了豐富而翔實的關於北魏遷都洛陽四十年間的佛教史料，以及其他方面不可多得的史料，這也是他這部書有歷史價值的一點。

六　洛陽伽藍記的評價(下)

再，單就這部書的文學價值來說，我們已說過這部書的本身就是一種歷史文學，可算第一流的文學作品，現在不妨把它作爲遊記小說來讀，作爲特寫或報告文學來讀。作者在北魏末年重遊亂後殘破的洛陽，首先引起他回憶和注意的是先前壯麗繁多的佛教寺塔。他歷遊城內、城東、城西、城南、城北，五方都到，採摭見聞，寫成五卷。寫時既以佛教寺塔爲中心，重點突出，又多用注釋和追溯的手法，故使人不覺他是寫遊記。當他尋訪佛教寺塔，十不存一，憑弔遺蹟，棖觸萬端。佛法無靈，自身不保，其他帝王宮殿，公侯第宅，以及繁華大市，大都成爲廢墟，更不必説了。作者胸中有無限的感慨，筆下有極大的魄力！

固然這一部書可以作爲整個的一篇遊記小說來讀，同時我們必須知道在這一大篇小説之中還含有無數雜事短書的小說。因爲每記一寺都有它的歷史或故事，有的寺還有和它相關的神話或異聞，這一部分大都可以一則一則獨立的來看，作爲魏晉以來搜神、志怪、世説新語一類小説來讀，它是繼承了這一類小説發展而來的産物。宋代修纂的小説類書太平廣記迻録了不少則，這且不必引來作例。最重要的是在它繼承了這一類小説發展到唐宋傳奇小説的中間一段時期，它完成了這一時期的歷史任務。即是説，由這一類小説的初級發展到高級，它完成了經過中級發展的一段任務。我們如果不讀伽藍記，很難瞭解中國小説史何以會由魏晉搜神、志怪、世説新語一類的小説忽然躍進到唐宋傳奇一類的小説，好像動物或生物由幼稚忽到成熟而不經過成長期是很難理解的一樣。現在這裏就從伽藍記摘録幾則這樣的小説作例，來證明我的説法。本書卷二崇真寺條，有惠凝還活（題係本文作者所加，下同）一則：

崇真寺比丘惠凝死，一七日還活，經閻羅王檢閲，以錯名放免。惠凝具説過去之時，有五比丘同閲。有一比丘云是寶明寺智聖，坐禪苦行，得升天堂。有一比丘云是般若寺道品，以誦四涅槃亦升天堂。有一比丘云是融覺寺曇謨最，講涅槃華嚴，領衆千人。閻羅王云：「講經者心懷彼我，以驕淩物，比丘中第一麁行，今唯試坐禪誦經，不問講經。」其曇謨最曰：「貧道立身以來，唯好講經，實不闇誦。」閻羅勑付司。即有青衣十人送曇謨最向西北門，屋舍皆黑，似非好處。有一比丘云是禪林寺道弘，自云：「教化四輩檀越，造一切經，人中象十軀。」閻羅王曰：「沙門之體，必須攝心守道，志在禪誦，不干世事，不作有爲。雖造作經象，正欲得人財物。既得它物，貪心即起。既懷貪心，便是三毒不除，具足煩惱。」亦付司。仍與曇謨最同一黑門。有一比丘，云是靈覺寺寶明，自云：「出家之前，嘗作隴西太守，造靈覺寺成，即棄官入道。雖不禪誦，禮拜不缺。」閻羅王曰：「卿作太守之日，曲理枉法，劫奪民財，假作此寺，非卿之力，何勞説此？」亦付司。青衣送入黑門。

太后聞之，遣黄門侍郎徐紇依惠凝所説，即訪寶明寺。城東有寶明寺，城内有般若寺，城西有融覺寺、禪林、靈覺等三寺。問智聖、道品、曇謨最、道弘、寶明等，皆實有之。議曰：「人死有罪福，即請坐禪僧一百人常在殿内供養之。」詔：「不聽持經象沿路乞索。若私有財物造經象者任意。」凝亦入白鹿山，居隱脩道。

自此以後，京邑比丘悉皆禪誦，不復以講經爲意。

這是關於佛教神話的一則小說，它的主題思想反映了北朝佛教重禪誦苦行，不像南朝佛教好講經説理。北朝雖許作經像佛寺，却不許沿路乞索，得人財物。本書卷三大統寺條，有洛水之神一則：

孝昌初，妖賊四侵，州郡失據。朝廷設募征格於堂之北，從戎者拜曠掖將軍、偏將軍、裨將軍，當時甲胄之士號明堂隊。時虎賁駱子淵者，自云洛陽人，昔孝昌年戍在彭城。其同營人樊元寶得假還京，子淵附書一封，令達其家，云：「宅在靈臺南，近洛河。卿但是至彼，家人自出相看。」元寶如其言至靈臺南，了無人家可問。徙倚欲去。忽見一老翁來問：「從何而來，徬徨於此？」元寶具向道之。老翁云：「是吾兒也。」取書引元寶入。遂見館閣崇寬，屋宇佳麗。坐，命婢取酒。須臾，見婢抱一死小兒而過。元寶初甚怪之。俄而酒至，色甚紅，香美異常。兼設珍羞，海陸具備。飲訖辭還，老翁送元寶出，云：「後會難期！」以爲悽恨，别甚殷勤。老翁還入，元寶不復見其門巷，但見高岸對水，緑波東傾。唯見一童子，可年十五，新溺死，鼻中出血，方知所飲酒是其血也。及還彭城，子淵已失矣。元寶與子淵同戍三年，不知是洛水之神也。

這也是一則屬於神話性質的小説。這個洛水之神原是嗜飲人血的鬼物，難怪他也參加北魏統治階級鎮壓人民起義的血腥屠殺。又菩提寺條崔涵一則：

菩提寺西域胡人所立也，在慕義里。沙門達多發塚取甎，得一人以進。時太后與明帝在華林都堂，以爲妖異。謂黄門侍郎徐紇曰：「上古以來，頗有此事否？」紇曰：「昔魏時發塚，得霍光女婿范明友家奴，説漢朝廢立，與史書相符。此不足爲異也。」后令紇問其姓名，死來幾年，何所飲食。死者曰：「臣姓崔，名涵，字子洪，博陵安平人也。父名暢，母姓魏，家在城西阜財里。死時年十五，今滿二十七，在地十有二年，常似醉卧，無所食也。時復遊行，或遇飯食，如似夢中，不甚辨了。」后即遣門下録事張秀攜詣準（阜）財里訪涵父母，果得崔暢，其妻魏氏。攜問暢曰：「卿有兒死否？」暢曰：「有息子涵，年十五而死。」秀攜曰：「爲人所發，今日蘇活，在華林園中。主人故遣我來相問。」暢聞驚怖，曰：「實無此兒，向者謬言。」秀攜還，具以實陳聞。后遣攜送涵回家。暢聞涵至，門前起火。手持刀，魏氏把桃枝，謂曰：「汝不須來！吾非汝父，汝非吾子。急手速去，可得無殃！」涵遂捨去，遊於京師，常宿寺門下。汝南王賜黄衣一具。涵性畏日，不敢仰視。又畏水火及刀兵之屬。常走於逵路，遇疲則止，不徐行也。時人猶謂是鬼。

洛陽太（大）市北奉終里，里内之人多賣送死人之具，及諸棺槨。涵謂曰：「作柏木棺，勿以桑木爲欀。」人問其故。涵曰：「吾在地下，見人發鬼兵，有一鬼訴稱是柏棺，應免。主兵吏曰：『爾雖柏棺，桑木爲欀。』遂不免。」京師聞此，柏木踴貴。人疑賣棺者貨涵發此等之言也。

以上三例都是屬於搜神志怪一類性質的小說。作者寫來，有憑有據，好像實有其事。魯迅先生中國小說史略裏說得好：「中國本信巫，秦漢以來，神仙之說盛行，漢末又大暢巫風，而鬼道愈熾；會小乘佛教亦入中土，漸見流傳。凡此皆張皇鬼神，稱道靈異，故自晉迄隋，特多鬼神志怪之書。其書有出於文人者，有出於教徒者。文人之作雖非如釋道二家，意在自神其教，然亦非有意爲小說。蓋當時以爲幽明雖殊塗，而人鬼乃皆實有，故其叙述異事，與記載人間常事，自視固無誠妄之別矣。」以下再舉兩例。本書卷三，報德寺條有王肅一則：

勸學里東有延賢里，里內有正覺寺，尚書令王肅所立也。肅字公懿，琅琊人也。僞齊雍州刺史奂之子也。贍學多通，才辭美茂，爲齊祕書丞。太和十八年，背逆歸順。時高祖新營洛邑，多所造制論。肅博識舊事，大有裨益，高祖甚重之，常呼王生。延賢之名，因肅立之。

肅在江南之日，聘謝氏女爲妻。及至京師，復尚公主。謝作五言詩以贈之。其詩曰：「本爲箔上蠶，今作機上絲，得路逐勝去，頗憶纏綿時？」公主代肅答謝云：「針是貫綫物，目中恒任絲。得帛縫新去，何能衲故時！」肅甚愧謝之色，遂造正覺寺以憩之。

肅憶父非理受禍，常有子胥報楚之意。卑身素服，不聽樂。時人以此稱之。

肅初入國，不食羊肉及酪漿等物，常飯鯽魚羹，渴飲茗汁。京師士子道肅一飲一斗，號爲漏卮。經數年已後，肅與高祖殿會，食羊肉酪粥甚多。高祖怪之，謂肅曰：「卿中國之味也，羊肉何如魚羹？茗飲何如酪漿？」肅對曰：「羊者是陸產之最，魚者乃水族之長，所好不同，並各稱珍，以味言之，甚是優劣。羊比齊魯大邦，魚比邾莒小國，唯茗不中與酪作奴。」高祖大笑，因舉酒曰：「三三横，兩兩縱，誰能辨之賜金鍾。」御史中丞李彪曰：「沽酒老嫗瓮注坻（瓨），屠兒割肉與秤同。」尚書右丞甄琛曰：「吴人浮水自云工，妓兒擲絶（繩）在虚空。」彭城王勰曰：「臣始解此字是習字。」高祖即以金鍾賜彪。朝廷服彪聰明有智，甄琛和之亦速。彭城王謂肅曰：「卿不重齊魯大邦，而愛邾莒小國？」肅對曰：「鄉曲所美，不得不好。」彭城王重謂曰：「卿明日顧我，爲卿設邾莒之食，亦有酪奴。」因此復號茗飲爲酪奴。時給事中劉縞慕肅之風，專習茗飲。彭城王謂縞曰：「卿不慕王侯八珍，好蒼頭水厄。海上有逐臭之夫，里内有效顰之婦，以卿言之，即是也。」其彭城王家有吴奴，以此言戲之。自是朝貴讌會雖設茗飲，皆恥不復食，唯江表殘民遠來降者好之。

後蕭衍子西豐侯蕭正德歸降，時元乂欲爲之設茗，先問：「卿於水厄多少？」正德不曉乂意，答曰：「下官生於水鄉，而立身以來，未遭陽侯之難。」元乂與舉坐之客皆笑焉。

當時中國南北分立，南人稱北人爲胡爲索虜，北人稱南人爲夷爲島夷。從上引一則故事裏就已反映了當時人的這種畛域偏見，種族偏見。只有醉心漢化的孝文帝以爲這是由於習慣使然，他特設了一個習字的謎，作爲酒令，使羣臣自猜，暗示他們不要再反對漢化，也不把漢化的責任推在王肅頭上。同樣，本書卷二景寧寺條，記陳慶之與楊元慎争論南朝北朝誰是正統，是一場激烈有趣的鬥争，並且顯示北魏自遷都洛陽之後，鮮卑民族和漢族的迅速融化。這也應當作小説讀。文章太長，就不引用了。再本書卷四法雲寺條，有王子坊一則：

自退酤(里)以西，張方溝以東，南臨洛水，北達芒山，其間東西二里，南北十五里，並名爲壽丘里。皇宗所居也，民間號爲王子坊。當時四海晏清，八荒率職。縹囊紀慶，玉燭調辰。百姓殷阜，年登俗樂。鰥寡不聞犬豕之食，煢獨不見牛馬之衣。於是帝族王侯，外戚公主，擅山海之富，居川林之饒，爭修園宅，互相誇競。崇門豐室，洞户連房，飛館生風，重樓起霧。高臺芳樹，家家而築，花林曲池，園園而有。莫不桃李夏緑，竹柏冬青。而河間王琛最爲豪首。常與高陽(王雍)爭衡，造文柏堂，形如徽音殿，置玉井金罐，以金五色績爲繩。妓女三百人，盡皆國色。有婢朝雲，善吹篪，能爲團扇歌，隴上聲。琛爲秦州刺史，諸羌外叛，屢討之，不降。琛令朝雲假爲貧嫗，吹篪而乞。諸羌聞之，悉皆流涕，迭相謂曰：「何爲棄墳井在山谷爲寇也？」即相率歸降。秦民語曰：「快馬健兒，不如老婦吹篪！」

琛在秦州，多無政績。遣使向西域求名馬，遠至波斯國，得千里馬，號曰追風赤驥。次有七百里者十餘匹，皆有名字。以銀爲槽，金爲鎖環。諸王服其豪富。琛語人云：「晉室石崇，乃是庶姓，猶能雉頭狐掖，畫卵(卯)雕薪。況我大魏天王，不爲華侈？」造迎風館於後園，牕户之上，列錢青瑣，玉鳳銜鈴，金龍吐佩。素奈朱李，枝條入簷，伎女樓上，坐而摘食。琛常會宗室，陳諸寶器，金瓶銀瓮百餘口，甌檠盤盒稱是。自餘酒器有水晶鉢、瑪瑙琉璃碗、赤玉卮數十枚。作工奇妙，中土所無，皆從西域而來。又陳女樂，及諸名馬。復引諸王按行府庫，錦罽珠璣，冰羅霧縠，充積其內。綉纈、紬綾、絲綵、越葛、錢絹等，不可數計。琛忽謂章武王融曰：「不恨我不見石崇，恨石崇不見我！」融立性貪暴，志欲無限，見之惋歎，不覺生疾。還家，卧三日不起。江陽王繼來省疾，謂曰：「卿之財産應得抗衡，何爲歎羨以至於此？」融曰：「常聞高陽一人寶貨多融，誰知河間，瞻之在前？」繼笑曰：「卿欲作袁術之在淮南，不知世間復有劉備也！」融乃蹶起，置酒作樂。

于時國家殷富，庫藏盈溢，錢絹露積於廊者，不可較數。及太后賜百官負絹，任意自取，朝臣莫不稱力而去。唯融與陳留侯李崇負絹過性，蹶倒傷踝。侍中崔光止取兩疋，太后問：「侍中何少？」對曰：「臣有兩手，唯堪兩疋，所獲多矣！」朝貴服其清廉。

經河陰之役，諸元殲盡，王侯第宅多題爲寺，壽丘里閭，列刹相望，祇洹鬱起，寶塔高淩。四月初八日，京師士女多至河間寺，觀其廊廡綺麗，無不歎息，以爲蓬萊仙室亦不是過。入其後園，見溝瀆蹇産，石磴礁嶢，朱荷出池，緑萍浮水，飛梁跨閣，高樹出雲，咸皆唧唧，雖梁王兔苑，想之不如也。

這部書凡寫北魏王朝統治階級儘管是實録，作者不加褒貶，却往往好像有意暴露他們的醜惡，而又斐然成章，引人入勝，具有小説風格。即如這裏寫諸王貪暴荒淫的生活，只借王子坊一個最典型的環境，勾勒出一兩個最典型的形象，又斬截，又概括，都是很高的手法。這在唐宋傳奇寫帝后遺事之前，是值得注意的。書中寫人間實事，如寫隱士趙逸（卷二），寫吹笳手田僧超（卷四），此例甚多。這當是沿着世説新語記社會風尚和人間言動那條道路前進而來的。上引毛晉的本書跋語，已經把世説新語裏的人物衛玠王衍之流來比擬作者的人格及其文章的風格了。

總之，我們讀這部書好像讀小説，比讀魏晉以來搜神志怪一類雜事短書，粗陳梗概的小説；比讀世説新語一類輯録歷史人物軼事的小説，都覺更加快意。我想這是由於書有體系，有史有文；不僅談神説怪，獵奇拾遺，而且叙述宛轉有致，文辭穠麗秀逸，富於小説趣味的緣故。到了唐人傳奇，大都自覺地創作小説，「作意好奇」，「盡幻設語」，叙述就更加曲折，文辭就更加恣肆了。我們從這裏可以看出中國小説從魏晉，經過南北朝，直到唐宋，它的歷史演變的過程。最後，我們以爲必須指出洛陽伽藍記一書單在中國小説史上就應該有它的一個重要的地位。至於這部書裏記録了許多神話，異聞，以及謡諺，大都是當時當地隨事隨人而伴有現實意義的民間口頭創作，它還涉及了流行民間的百戲和音樂。作者楊衒之是一個深入社會生活，留心民間文藝，汲取創作源泉的文學家，這很值得我們學習，也還應該引起民間文藝研究者的注意了。

關於校注體例和編次的方法，具詳在例言之内，這裏不再談了，附此説明。

〔一〕世説新語賞譽篇注引車頻秦書。高僧傳五釋道安傳。

〔二〕魏書序紀一。

〔三〕同書紀二。

〔四〕廣弘明集二十八。

〔五〕〔六〕魏書釋老志。全後魏文一。

〔七〕〔八〕〔九〕魏書紀四。

〔一〇〕湯用彤，漢魏兩晉南北朝佛教史四九六頁。

〔一一〕釋老志。全後魏文二。

〔一二〕〔一三〕〔一四〕〔一五〕釋老志。

〔一六〕〔一七〕〔一八〕〔一九〕魏書紀七。

〔二〇〕魏書韋閬附韋纘傳。

〔二一〕洛陽伽藍記序録。

〔二二〕參看本書附録年表，以後年號同此。

〔二三〕〔二四〕魏書釋老志。

〔二五〕魏書皇后列傳宣武靈皇后胡氏傳説：「太后性聰悟，多才藝。姑既爲尼，幼相依託，略得佛經大義。」

〔二六〕釋老志。

〔二七〕〔二八〕釋老志，下引任城王澄奏。

〔二九〕詳見本書卷一永寧寺條及注。

〔三〇〕魏書六十九，裴延儁傳。全後魏文三十八。自此以下，可參看漢魏兩晉南北朝佛教史頁五一二至五二二。

〔三一〕全後魏文三十三。魏書五十三，李孝伯附傳。又北史三十三。

〔三二〕全後魏文三十五。魏書六十六，李崇傳。

〔三三〕全後魏文四十四。魏書七十二，陽尼附傳。

〔三四〕全後魏文二十四。魏書六十七，崔光傳。

〔三五〕全後魏文四十七。魏書七十八，張普惠傳。

〔三六〕仝後魏文十七。魏書任城王澄傳。釋老志。

〔三七〕參看本書附編楊衒之傳略。

〔三八〕參看本書附編歷代著録及序跋題識史通補注篇、四庫總目提要、顧廣圻跋、朱紫貴序、吴若準序、唐晏叙例、張宗祥跋、陳寅恪書後各條。

〔三九〕同上附編内。

〔四〇〕道宣續僧傳菩提流支傳内附載楊衒之撰洛陽伽藍記事。又景德傳燈録記達摩與衒之談論的話，雖不大可靠（辨見附編傳略），但傳會傳説也有它的根據和來源，從這裏可見佛教徒早就認爲衒之對佛法是有研究的。

例言

一、本書分校與注兩部分：校文附於正文下，校文上加**校**字符號，以醒面目；注文別附於正文每章後面，用數目符號標明之。

二、本書傳世刻本，我所見到的有下列各種：

（一）如隱堂本 誦芬室與四部叢刊三編即據之影印

（二）吴琯古今逸史本

（三）緑君亭本 津逮祕書本即用此版併印，故與之實爲一本

（四）漢魏叢書本 王謨刻本

（五）徐鯍卿本 不題刻書年月，觀其字體及欵式，大概在清朝初期

（六）璜川吴氏真意堂活字本

（七）照曠閣學津討源本

（八）吴若準集證本

（九）洛陽西華禪院重刊集證本

（一〇）李葆恂重刊集證本

（一一）唐晏鉤沈本

（一二）日本大正藏經本

（一三）四部備要重印集證本

（一四）張宗祥合校本　一九三〇年商務印書館石印本

這些本子，各有長短。據内容分析，漢魏叢書本、徐鯇卿本源出於吴琯本，學津討源本源出於緑君亭本，西華禪院本、李葆恂本、四部備要本源出於吴若準本。吴若準本雖出於如隱堂本，實際他據的是鈔本，因此與如隱堂刊本有些不同。真意堂本則出於曹炎志校舊鈔本。歸納起來，可以合爲五類：一爲一類，二、四、五爲一類，三、七爲一類，六爲一類，八、九、十、十三爲一類。歷來公認如隱堂本爲最古最善，所以決定用它作爲底本，而以吴琯本、漢魏叢書本（漢魏本實出於吴琯本，因爲各校本多引以爲據，就不嫌重複，列在吴琯本後）、緑君亭本、真意堂本、吴若準集證本作爲主要校本。其他本子如有重要異文，亦爲標出。

至於唐晏鉤沈本、大正藏經本、張宗祥合校本皆不專主一本，從各本中擇長而定。唐本有時以意定之，張本、大正藏則注異文於下，並非别有佳本可據。因之這裏僅引異文異説，其他從略。

三、校文除依據各本互勘外，其他類書或古籍中引用及與本書有關係的，亦搜輯異文，以資校助。本書因向未見宋、元舊刻，引他書異文校勘斷到元代爲止。

四、正文雖有訛奪，仍舊不稍改動。其須補、須删、須正之字，除於校文内説明外，還用下列各種符號分别標明之，以便省覽。

（一）校字無論校誤或校異，均於所校文旁誌以黑點（·）；若原文有誤，灼然無疑的，則逕將正字列於誤字之下，加以括弧（）識之。

（二）原文疑衍而須删的，則於須删部分的起訖處加用雙綫三角括弧《》。

（三）原本空格，據他本或他書校補的，則於空格符號（□）旁誌以黑三角記號（▲）。

（四）原文雖不空格，但有缺文，據他本或他書校增的，則於所校增的起訖處加用單綫三角括弧〈〉。

五、本書行欵分章，主要依照如隱堂本原式，但爲顧到文意首尾清楚、便於閲讀起見，隨文略分段落（決無將文字前後移動）。讀者如要知道原式如何，祇要將文字逕接上文，即可恢復。

六、依據劉知幾史通所説，楊衒之著本書時曾自爲子注。不知何時子注與本文混在一起，遂難從區别。清代顧廣圻要仿全祖望整理水經注例分出子注，没有做成。吴若凖與唐晏根據此説，先後試行分析，都有缺點，有人論之已詳。張宗祥列舉本書子注不易分的理由，其説頗允。（上舉各説，均詳見於本書附編，此從略。）今天没有找到更古的本子或文與注不同定例的確論時，還是以依照原樣不强行分别爲宜。所以本書不敢襲取吴、唐二家的成規。

七、本書注本向來極少，現見的僅有周延年先生洛陽伽藍記注一種。屠敬山（寄）先生曾有注及校勘記各五卷，惜稿本於赴蒙古途中被盜刼去。（據敬山先生詩稿鴛鴦濼遇盜詩自注，稿爲其令孫伯範先生所示。）恐已不在人間。周注簡略，取資不多。兹將本注要點，略述如次：

（一）本注除解釋文字外，尤注重於北魏政治、宗教、社會史事的補充及考訂。

（二）解釋已詳於校文者，注從略。

（三）通常習用語，隨文自明者，注從略。

（四）引用舊説舊注及近人著作者，必標明所出，不敢掠美。

八、本書第五卷聞義里條下惠生、宋雲西域求法一文，舊有丁謙、張星烺及法國人沙畹（馮承鈞譯）等注箋。這裏注文就採用集注體例，與他注稍有不同。例别詳本注中，此略。

九、援引他書，所用標點符號，爲求全書統一起見，均依照本書例標點之，故間有與原書不相同的。

十、凡與本書有關的著録及題識等，輯録爲附編，列於書後。别輯佚文考與楊衒之傳亦列在附編内。

十一、考證史事，首重時地。按圖稽年，有助披覽，因别製洛陽城圖與年表列於附編，體例别詳本文。

十二、魏書原有闕佚，今本多經後人以北史等書補足。本書校注所援，如爲北史的補篇，理應直接引證，但爲了前後統一，免致瞀亂起見，仍概用「魏書」篇名，不爲别出。

十三、蘇繼廎、章丹楓二先生對本書第五卷惠生、宋雲西域求法部分提示不少寶貴意見，得益很多，謹此誌謝。

十四、由於學識和見聞所限，本書的校注方面，錯誤與遺漏處必多，熱望讀者賜以批評及指正。

再版例言

一、本次出版係據上海古籍出版社一九八二年版重新排版，個別標點及誤字予以改正，雙行小注改爲單行。

二、原版卷末附范祥雍先生補注四十六條和補漢魏洛陽平面實測圖一幅，現將補注條目移至前文相應位置，起訖處以【】符號標識；補圖移至附編三·圖説後。

三、原版於須正、須删、須補的字，分别以符號標明，其中須删、須補的文字符號容易引起歧義，本次根據當前古籍整理通用符號予以調整，其他一仍其舊。

（一）原版於須删的衍文，起訖處加用雙綫三角括弧（《》），本次首尾改用中括號（［］）標識。

（二）原版於所校增的文字起訖處加用單綫三角括弧（〈〉），本次首尾改用括號（）識之。

二〇一八年六月

上海古籍出版社

目録

各本皆無目，惟漢魏叢書本有之（附見後），而與如隱堂本不合，且亦有誤。今重訂此目，並以各條内附見諸寺分注於下，以便查考。

出版説明 …… 一
洛陽伽藍記校注序 …… 一
例言 …… 一
再版例言 …… 五
漢魏叢書本目録 …… 一
洛陽伽藍記序 …… 一
卷一　城内 …… 一
永寧寺 …… 一
芒山馮王寺 …… 一四
建中寺 …… 四二
長秋寺 …… 四六
瑶光寺 …… 四九
景樂寺 …… 五五
昭儀尼寺 …… 五八
願會寺 …… 五九
光明寺 …… 六〇
胡統寺 …… 六三
修梵寺 …… 六四
嵩明寺 …… 六四
景林寺 …… 六六

建春門……六九

卷二　城東……七七

明懸尼寺……七七
龍華寺……七九
瓔珞寺……八三
　慈善寺　暉和寺　通覺寺　暉玄寺
　宗聖寺（見後）　魏昌寺（見後）　熙平寺
　崇真寺（見後）　因果寺……八三
宗聖寺……八三
崇真寺……八四
　寶明寺　城内般若寺　城西融覺寺（見後）……八四
　禪林寺……八五
　靈覺寺……八六
魏昌尼寺……九二
石橋南景興尼寺……九三
建陽里……九三
　靈應寺……九四
莊嚴寺……九八
秦太上君寺……九九
正始寺……一〇五
平等寺……一一二
景寧寺……一二四
　建中寺　寶明寺……一二五
　歸覺寺……一三〇

卷三　城南……一四〇

景明寺……一四〇
大統寺……一四八
　招福寺　秦太上公二寺……一四八
報德寺……一五六
　文覺寺　三寶寺　寧遠寺　承光寺　正覺寺……一五七

龍華寺……一六九
追聖寺……一六九
宣陽門……一七〇
歸正寺……一七二
菩提寺……一八四
高陽王寺……一八八
崇虛寺……一九四

卷四　城西……一九六

沖覺寺……一九六
宣忠寺……二〇二
王典御寺……二〇七
白馬寺……二〇七
寶光寺……二一一
法雲寺……二一三
靈僊寺……二一五
開善寺……二一九
河間寺……二二四
追光寺……二三八
融覺寺……二四三
大覺寺……二四六
永明寺……二四八

卷五　城北……二六〇

禪虛寺……二六〇
凝圓寺……二六一
聞義里　宋雲家紀……二六五
後記　馮王寺　齊獻王寺　元領軍寺　劉長秋寺
閑居寺……三五三
棲禪寺　嵩陽寺　道場寺　中頂寺　升道寺
石窟寺　靈巖寺　白馬寺　照樂寺……三五四

附編一　佚文……三五七

楊衒之傳略……三五八

附編二 歷代著録及序跋題識……三六一
附編三 圖説……三八七
附編四 年表……三九五
後記……四一五

漢魏叢書本目録

卷一　城内

永寧寺　建中寺　長秋寺　瑶光寺　景樂寺　昭儀尼寺　胡統寺　修梵寺　景林寺

建春門司農寺按此司農寺非伽藍，不當列入。

卷二　城東

明懸尼寺　龍華寺　瓔珞寺　宗聖寺　崇真寺　魏昌尼寺　石橋南景興寺　建陽里

太康寺按太康寺乃晉朝舊寺，此時改爲靈應寺，且在崇義里，不當列。　莊嚴寺　秦太上君寺　正始寺

平等寺　景寧寺

卷三　城南

景明寺　大統寺　太上公二寺　報德寺　勸學里正覺寺按正覺寺在延賢里，不當列。　龍華寺　菩提寺　高陽王寺　崇虛寺

卷四　城西

沖覺寺　宣忠寺　王典御寺　白馬寺　光寶寺　法雲寺　準財里開善寺　追光寺　融覺寺　大覺寺　永明寺

卷五　城北

禪虛寺　疑玄寺

洛陽伽藍記序

校漢魏叢書本題作「伽藍記序例」。唐晏鈎沈本作「原序」。

魏撫軍府司馬楊衒之撰 校吴琯本、漢魏本、真意堂本魏上有後字。吴若準集證本撰作譔，同。

三墳五典〔一〕之説，九流〔二〕百代（氏）校各本皆作代。歷代三寶記九、大唐内典録四、續高僧傳一引作氏。按上句「三墳五典」爲一義，此句當亦相似。百代與九流義不相侔，必誤。蓋北朝及唐人書氏字常作氏，形與代極似，遂以致誤。本書卷一景林寺下「學極六經，説通百氏」，與此句法相同。可證。百氏猶百家。梅鼎祚釋文紀以爲三寶記字誤，傎矣。今據以正。之言，並理在人區，校吴集證本人作寰。按人區句係據後漢書西域傳，見注，集證本疑非。而義兼校三寶記兼作無。内典録、續僧傳作非。天外〔三〕。校吴集證本外作下，非。至於一乘〔四〕二諦〔五〕之原，三明〔六〕六通〔七〕校三寶記、内典録、續僧傳皆作「六通三達」。三達與三明義相同。之旨，西域備詳，東土靡記。自頂（項）日校各本皆作頂。内典録、續僧傳作項。按本書四白馬寺下記此事作「項背日月光」，詳見注。楊氏一人所言，不應彼此歧異。水經穀水注亦作「項佩白光」，則此句當以作項爲是，今正。三寶記作頃，亦項字之譌。感夢，滿月流光〔八〕，陽門飾豪校吴琯本、漢魏本作毫，三寶記、内典録、續僧傳同。按豪毫古通。眉之像，夜臺圖紺髮之形〔九〕。爾校吳琯本、漢魏本、真意堂本爾作邇，同。來奔競，其風遂廣〔一〇〕。至晉永嘉〔一一〕唯有寺四十二所〔一二〕。逮皇魏受圖〔一三〕，光宅嵩洛〔一四〕，篤信彌繁，法教逾盛。王侯貴臣，棄象馬〔一五〕如脱屣；校漢魏本屣作履。庶士豪家，捨資財若遺跡。於是昭提〔一六〕校各本昭作招。按昭與招音同，說見注。櫛比，校内典録比作批，非。寶塔駢羅。爭寫天上之姿〔一七〕，競摸校吳琯本、漢魏本、吳集證本作模。三寶記作摹。山中之影〔一八〕。金剎〔一九〕與靈臺〔二〇〕校三寶記作雲臺。按雲臺謂陵雲臺，見本書一瑶光寺下，亦通。比高，廣殿共阿房〔二一〕等壯。豈直木衣綈繡，土被朱紫〔二二〕而已哉！暨永熙〔二三〕多難，皇輿遷鄴〔二四〕，諸寺僧尼，亦與時徙〔二五〕。至武定〔二六〕五年，歲在丁卯，校各本皆同。三寶記作武定元年中，無歲在丁卯四字。按陳垣中國佛教史籍概論歷代三寶記篇云：「楊衒之自序見三寶記九，與今本異同數十字，皆比今本爲長。其最關史實者，爲今本武定五年，歲在丁卯，余因行役，重覽洛陽句。三寶記作武定元年中，無歲在丁卯四字，諸家皆未校出。據藏本，則此四字當爲後人所加。」陳先生雖未明言五年與元年爲孰是，揆其意似以三寶記爲然。考楊氏寫此記，即因行役洛陽而感作。寫成時期當距此極近。今按本書三報德寺下記武定四年，高歡遷石經於鄴，本書四永明寺下記武定五年，孟仲暉爲洛州開府長史。若依三寶記作元年，則作記之時，相距似覺過遠。且武定元年，高歡與宇文泰戰于邙山，洛州復入于東魏。以事理論之，此際兵馬倉卒，恐亦非衒之重遊洛陽之時。故仍以從今本作五年爲是。余因行役，重覽洛陽。城郭崩毁，宮室傾覆，寺觀灰燼，廟塔丘墟〔二七〕，校真意堂本、照曠閣本丘作邱，漢魏本作坵，同。墻被蒿艾，巷羅荊棘。校自城郭崩毁句下至此，三寶記作「墻宇傾毁，荆棘成林」。與今本不同。野獸穴於荒階，山鳥巢於庭樹。遊兒牧豎，躑躅於九逵〔二八〕；農夫耕稼（老），校各本皆作稼。三寶記作老。按農夫耕老正與上句「遊兒牧豎」爲對文。若作耕稼，與下句藝黍義嫌重複，故作老爲是。藝黍於雙闘（闕）〔二九〕。校吴琯本、漢魏本、真意堂本、吴集證本作闕。按字書無闘字。蓋闕字或書作鬭，因以致誤。當據正。麥秀之感，非獨殷墟〔三〇〕；黍離之悲，信哉周室〔三一〕。京城表裏校三寶記作内外。凡有一千餘寺〔三二〕，今日寮校吴琯本、漢魏本、真意堂本、吴集證本作寥。三寶記亦作寥。按寮與寥同，廣雅釋詁：「寮，空也。」廓，鍾校吴琯本、漢魏本、真意堂本、吴集證本皆作鐘。按鍾與鐘古字通。聲罕聞。恐後世無傳，故撰斯記。然寺數最校三寶記作衆。多，不可遍寫，今之所録，上校吴琯本、漢魏本、真意堂本、吴集證本上作止。三寶記亦作止。大伽藍〔三三〕。其中小者，取其詳世諦事，校三寶記作「詳異世，諦俗事」。吴琯本、漢魏本、真意堂本詳下有異字。因而出之。先以城内爲始，次及城外，表列門名，以遠近爲五篇。余才非著校三寶記著作注。述，多有遺漏。後之君子，詳其闕焉。

大和十七年，［後魏］校按後魏之號，乃後人稱拓跋氏魏以別於三國之魏。衒之魏臣，斷無自稱後魏之理。此殆後人旁注誤入正文。二字當衍。高祖遷都洛陽，詔司空公穆亮營造宮室〔三四〕。洛陽城門，依魏、晉舊名。校吴琯本、漢魏本、真意堂本舊下有門字。

東面有三門。北頭第一門校吳琯本、漢魏本無門字。曰「建春門」〔三五〕，漢曰「上東門」，阮籍詩曰「步出上東門」〔三六〕是也。魏、晉曰「建春門」，高祖因而不改。次南曰「東陽門」，漢曰「東中（中東）門」〔三七〕，校吳集證云：「水經注曰：東陽門，故中東門也。此二字倒。御覽作中東門是也。」按元河南志亦作中東門，當是。詳見注，今正。魏、晉曰「東陽門」，高祖因而不改。次南曰「青陽門」，校吳集證云：「按水經注：陽渠水於城東隅枝分，北逕清陽門，故清明門也。則凡青陽、青明之青字，皆當作清字。各本俱脱書水旁。惟何氏本（按即漢魏叢書本）於城内修梵寺作清陽門，不誤。」按水經穀水注朱謀瑋本作清陽門，吳氏當即據之。但趙一清與戴震校本皆改作青陽門。考青陽門在東面，自取爾雅釋天「春爲青陽」之義，則作青者實不誤。吳説殆非。又清明門，如隱堂本、緑君亭本、真意堂本皆作清，與穀水經注同，吳説亦誤。漢曰「望京門」〔三八〕，校元河南志作望門，見注。魏、晉曰「清校吳集證本清作青。明門」，高祖改爲「青校漢魏本、張合校本作清。陽門」。

南面有三（四）校吳琯本、漢魏本作四。張合校本亦作四。按四字爲是，説詳下文。門。東頭第一（門）校吳集證本一下有門字。按以東西兩面門文例之，此當有門字。今據補。曰「開陽門」。初，漢光武遷都洛陽，作此門始成，而未有名。忽夜中有柱自來在樓上。後瑯琊郡開陽縣言南門一柱飛去，使來視之，則是也。遂校吳琯本、漢魏本遂作因。以「開陽」校吳琯本、漢魏本、真意堂本陽下有縣字。按以文義言之，不當有縣字。爲名〔三九〕。自魏及晉，因而不改，高祖亦然。次西曰「平昌門」，漢曰「平門」〔四〇〕，魏晉曰「平昌門」，高祖因而不改。次西曰「宣陽門」〔四一〕，漢曰「津門」，校綠君亭本注云：「一本多一陽字。」吴琯本、漢魏本、真意堂本津下有陽字。按此文多有脱誤，説詳下。魏、晉曰「津校綠君亭本注云：「一作宣。」吴琯本、漢魏本、真意堂本作宣。陽門」，高祖因而不改。校唐晏鈎沈云：「水經注：穀水又南東屈，逕津陽門南。又東逕宣陽門南。又東逕平昌門南。又東逕開陽門南。是魏時洛陽南面有四門。而考之晉書地理志，亦云有四門。但西頭作建陽門，疑爲津字之誤。然爲四門則無異詞。此云三門，當存疑。」張合校云：「案水經穀水注穀水云云（按與唐氏引相同，今略）。是魏時南面四門，了無疑義。又案晉書地理志亦云南有四門。又案太平寰宇記南面凡三門。開陽門在巳上。次西，漢有小苑門，在午上，晉改曰宣陽門。引述征記曰：謻門即宣陽門也。引華延儁洛陽記曰：即漢之宫門。次西，漢曰津門，在未上。是宣陽門漢名小苑門，不名津陽。而津門漢又另是一門，非即宣陽門也。依此文則南面三門，平昌居中，東爲開陽，西爲宣陽。然宣陽實在午上，爲中門。則洛陽南面巳上一門，巳午之間一門，午上一門。未上無門，亦不可通。是知此條中有闕文。宣陽、津陽本係兩門，一在午上，一在未上，因中有奪誤，遂連爲一。各本見下文三門，因而據改首句四字爲三字。漢魏仍爲四字，雖非善本，亦可貴矣。」按元魏遷都洛陽，除西北隅新闢承明一門外，餘門悉仍其舊。漢、晉洛陽城爲十二門，後魏時則爲十三門。元河南志：「後魏京城，門十二。」其下列舉各門仍爲十三，是二字當爲三字之誤。又河南志及漢晉四朝洛陽宫城圖（繆荃孫附印在元河南志首），南面有四門。東首開陽門，漢同。次西平昌門，漢爲平城門。次西宣陽門，漢同。次西津陽門，漢同。志、圖所記後魏城闕，都本伽藍記。據此觀之，則當時所見本，南面自有四門，而宣陽、津陽別爲二門，與穀水注相同，可以無疑。又按本文「魏、晉曰津陽門，高祖因而不改」。即謂仍津陽舊名。顯與上文宣陽門不相涉，下有脱文，其誤猶可揣知。漢魏本改津陽爲宣陽，遂使原迹泯没，益滋迷惑。吴氏集證反謂作宣爲是，不知宣陽、津陽同見於本書卷三城南各條下，津陽字固不誤，吳氏亦失之毫睫。細審此文，「次西曰宣陽門」句下，當脱「漢曰宣陽門魏晉因而不改，高祖亦然，次西曰津陽門」二十一字。

西面有四門。南頭第一門曰「西明門」，漢曰「廣陽門」。魏、晉因而不改，高祖改爲「西明門」〔四二〕。校張合校云：「太平寰宇記作晉改曰西明門。」次北曰「西陽門」，漢曰「雍門」。魏晉曰「西明門」〔四三〕，高祖改爲「西陽門」。次北曰「閶闔門」，漢曰「上西門」，(上)校吳琯本、漢魏本、真意堂本有上字。按元河南志亦有上字，見注，此當有。有銅璇璣玉衡，以齊七政〔四四〕。魏、晉曰「閶闔門」，高祖因而不改。次北曰「承明門」。承明者，高祖所立，當校吳琯本、漢魏本無當字。金墉城〔四五〕前東西大道。遷京之始，宮闕未就，高祖住在金墉城。城西有王南寺，高祖數詣寺校吳集證本無寺字。沙門論議〔四六〕，校吳琯本、漢魏本作義。故通此門，而未有名，世人謂之新門。時王公卿士常校吳琯本、漢魏本、真意堂本作當。迎駕於新門。高祖謂御史中尉李彪〔四七〕曰：「曹植詩云：謁帝承明廬〔四八〕。此門宜以承明爲稱。」遂名之。

北面校吳琯本、漢魏本無面字。有二門。西頭曰「大夏門」，漢曰「夏門」，魏、晉曰「大夏門」〔四九〕。嘗校吳琯本、漢魏本作帝。真意堂本嘗上有帝字。造三層樓，去地二校吳琯本、漢魏本、真意堂本無二字。十丈。校吳琯本、漢魏本、真意堂本此下又有「高祖世宗造三層樓去地二十丈」十三字。吳集證云：「李善文選注引陸機洛陽記曰：大夏門，魏明帝所造，有三層，高百尺。又水經注：穀水又東歷大夏門下，故夏門也。陸機與弟書云：門有三層，高百尺，魏明帝造。據此，則嘗字當從何本作帝，其上脱去魏明二字。二字當從何本衍。」唐鈎沈本即據此作「魏明帝造三層樓，去地十丈。高祖、世宗造三層樓，去地二十丈」。按元河南志三大夏門下云：「宣武造三層樓，去地二十丈。洛陽城門樓皆兩重，去地百尺，唯大夏門甍棟峻麗。」此文即本伽藍記。則楊氏所稱大夏門樓，爲後魏宣武帝新造，非指魏明帝所造言也。吴氏説不可從。嘗字上疑脱世宗（即宣武帝之廟號）二字。吴琯、漢魏等本文嫌重複，疑原是別本異文之注，誤併入正文。

洛陽城門樓皆兩重，去地百尺，惟大夏門甍棟干雲。

東頭曰「廣莫門」，漢曰「穀門」，魏、晉曰「廣莫門」〔五〇〕，高祖因而不改。（自）**校**吴琯本、漢魏本、真意堂本有自字，義長，今據補。

廣莫門以西，至於大夏門，宮觀相連，被諸城上也。一**校**張合校云：「照曠無一字。」按照曠閣本此句亦別起行，門字在第二字，第一字空格，津逮祕書本與之同，但緑君亭初印本（津逮即用緑君亭板）一字尚有，則當因版壞所致，非原本缺也。門有三道，所謂九軌〔五一〕。**校**緑君亭本注云：「一作九逵。」吴琯本、漢魏本、真意堂本作九逵。

〔注釋〕

〔一〕左傳昭公十二年：楚靈王稱左史倚相「是能讀三墳、五典、八索、九丘」。杜預注：「皆古書名。」孔穎達疏：「周禮：外史掌三皇、五帝之書。鄭玄云：楚靈王所謂三墳五典是也。」

〔二〕九流是儒家者流、道家者流、陰陽家者流、法家者流、名家者流、墨家者流、縱横家者流、雜家者流、農家者流，見漢書藝文志。

〔三〕後漢書一百十八西域傳論：「神迹詭怪，則理絶人區；感驗明顯，則事出天外。」此二語即據之。

〔四〕佛教術語。譬喻佛法如車乘，能運載衆生到達涅槃岸。法華經方便品：「十方佛土中，唯有一乘法，無二亦無三，除佛方便説。」廣弘明集二十三僧肇鳩摩羅什法師誄：「二想之玄既明，一乘之奥亦顯。」

〔五〕亦佛教術語。諦即是實義。翻譯名義集七統論二諦篇：「中觀論云：諸佛依二諦，爲衆生説法。一以世俗諦，二第一義諦。良以佛之説法，語不徒然。凡所立言，咸詮實理。故聞法者悉有所證，以依二諦，爲機説故。」

〔六〕三明是過去宿命明、未來天眼明、現在漏盡明。肇論五涅槃無名論：「三明鏡於内，神光照於外。」亦稱三達。廣弘明集十五支遁阿彌陁佛讚：「恬智交泯，三達玄夷。」

〔七〕六通是天眼通、天耳通、他心通、宿命通、神足通、漏盡通。肇論五涅槃無名論：「騁六通之神驥，乘五衍之安車。」

〔八〕牟子理惑論：「昔孝明皇帝夢見神人，身有日光，飛在前殿，欣然悦之。明日，博問羣臣，此爲何神？有通人傅毅曰：臣聞天竺有得道者，號之曰佛，飛行虚空，身有日光，殆將其神也。於是上悟，遣使者……十二人於大月支寫佛經四十二章。」此事亦見本書四白馬寺條下，開始二句作「帝寱金人，長丈六，項背日月光明」。袁宏後漢記十亦作「帝夢見金人長大，項有日月光」。此將「項背日月光明」一語演成二句，是騈文體格。又按温子昇大覺寺碑（藝文類聚七十七）云：「顔如滿月。」則滿月亦可作佛面解。

〔九〕牟子理惑論：「（漢明帝）於南宫清涼臺及開陽城門上作佛像。明帝存時，預修造壽陵，陵曰顯節，亦於其上作佛圖像。」上句陽門指開陽門。下句夜臺指顯節陵，帝王墓稱陵。墳墓一閉，永不見明，故名夜臺。陸機挽歌詩：「送子長夜臺。」所以比稱壽陵。豪眉和紺髮是形容佛像容儀。詩豳風七月：「以介眉壽。」毛傳：「眉壽，豪眉也。」孔疏：「人年老者必有毫毛秀出者，故知眉謂豪眉也。」紺髮是謂佛髮作紺琉璃色。廣弘明集十三釋法琳辨正論：「如來身長丈六，方正不傾。圓光七尺，照諸幽冥。頂有肉髮，其髮紺青。」

〔一〇〕後魏自文成帝（拓跋濬）復興佛法之後，上下奉信，風氣爲變。從神龜元年（五一八）元澄奏議中，即可覘當時情形之一斑，作本文之旁證。今節録在下。魏書一百十四釋老志：「神龜元年，司空公尚書令任城王澄奏曰：惟高祖定鼎嵩、瀍，卜世悠遠。……故都城制云：城内唯擬一永寧寺。城郭内唯擬尼寺一所，餘悉城郭之外。……逮景明之初，微有犯禁。故世宗仰修先志，爰發明旨：城内不造立浮圖僧尼寺舍。……但俗眩虚聲，僧貪厚潤，雖有顯禁，猶自冒營。至正始三年（五〇六），沙門統惠深有違景明之禁。便云：營就之寺，不忍移毁。求自今已後，更不聽立。先旨含寬，抑典從請，前班之詔，仍卷不行。後來私謁，彌以奔競。……爾來十年，私營轉盛。……比日私造，動盈百數。或乘請公地，輒樹私福。或啓得造寺，限外廣制。……自遷都已來，年踰二紀，寺奪民居，三分且一。……今之僧寺，無處不有。或比滿城邑之中。或連溢屠沽之肆。或三五少僧，共爲一寺。梵唱屠音，連簷接響。像塔纏於腥臊，性靈没於嗜慾。真僞混居，往來紛雜。……非但京邑如此，天下州鎮僧寺亦然。侵奪細民，廣佔田宅。（下略）」

〔一一〕西晉懷帝（司馬熾）年號（三〇七——三一三）。

〔一二〕魏書釋老志：「晉世洛中佛圖有四十二所矣。」湯用彤漢魏兩晉南北朝佛教史（頁一六九）云：「今日可考者，西晉時亦有十數：白馬寺、祐録八正記法華經後記。東牛寺、同上菩薩寺、洛城西，見祐録七道行經記。石塔寺、伽藍記光寶寺條。愍懷太子浮圖、水經穀水注。滿水寺、名僧傳抄。磐鵄山寺、去都百餘里，見僧傳十。大市寺、僧傳十。宮城西法始立寺、比丘尼傳竺淨檢尼傳。竹林寺。同上。」按本書卷二建陽里條有「太康寺」，亦西晉時寺，爲湯氏所遺，可據補。

〔一三〕藝文類聚十一引尚書中候：「伯禹曰：臣觀河伯，面長，人首魚身，出水曰：吾河精也。授臣河圖。」受圖義即受命。

〔一四〕書堯典序：「昔在帝堯，聰明文思，光宅天下。」文選六左思魏都賦：「暨聖武之龍飛，肇受命而光宅。」光宅即光大所居。嵩即嵩山，在洛陽東南。洛即洛水，在洛陽南。嵩洛意即是洛陽。

〔一五〕維摩詰經佛道品：「奴婢童僕，象馬車乘，皆何所在。」象馬與奴僕對舉，以指財富。此文象馬義同。庾信陝州弘農郡五張寺經藏碑：「加以象馬無悋，衣裘是捨。」倪璠注引報恩經云：「如來爲一切父母故，當修難行苦行，難捨能捨，頭目、髓腦，國城、妻子、象馬、七寶、輦轝、車乘、衣服、飯食、卧具、醫藥，一切給與。」

〔一六〕昭提即招提，梵名 Caturdeśa. 玄應音義十六：「招提，譯云四方也。……正言拓鬬提奢，此云四方。譯人去鬬去奢，招經誤作招，以拓招相似，遂有斯誤也。」按拓提作招提，習訛已久，昭又招之同音通借。翻譯名義集七：「後魏太武始光元年，造伽藍，創立招提之名。」

〔一七〕本書五凝圓寺條下佛遺羅睺羅變形爲佛，從空而見真容，于闐王即置立寺舍，畫作羅睺羅像事，疑即指此。

〔一八〕廣弘明集十五謝靈運佛影銘序：「法顯道人，至自祇洹，具説佛影，偏爲靈奇。幽巖嵌壁，若有存形。容儀端莊，相好具足。……廬山法師聞風而悦。於是……摹擬遺量，寄託青彩。」詳見本書五凝圓寺下宋雲求法條那迦羅阿國佛影注。

〔一九〕刹，梵音刹摩，又音掣多羅。翻譯名義集七：「此云土田。……又復伽藍號梵刹者，輔行云：西域以柱表刹，示所居處也。……金刹，如法苑云：阿育王取金華金幡懸諸刹上，塔寺低昂。」

〔二〇〕靈臺在洛陽城南秦太師公寺東，見本書三大統寺條。水經穀水注：「穀水又逕靈臺北，望雲物也。漢光武所築，高六丈，方二十步。」

〔二一〕阿房，秦宮殿名。史記秦始皇本紀：「先作前殿阿房。東西五百步，南北五十丈。上可以坐萬人，下可以建五丈旗。周馳爲閣道，自殿下直抵南山，表南山之顛以爲闕。爲複道，自阿房渡渭，屬之咸陽，以象天極，閣道絶漢抵營室也。……作宮阿房，故天下謂之阿房宮。」房字古讀作旁。

〔二二〕文選三張衡西京賦：「木衣綈錦，土被朱紫。」薛綜注：「言皆綵畫如錦繡之文章也。」李善注：「説文云：綈，厚繒也。朱紫，二色也。」

〔二三〕後魏孝武帝（元修）第二年號（五三二——五三四）。

〔二四〕資治通鑑一百五十六梁武帝大通六年（五三四。魏孝武帝永熙三年）：「（孝武）帝西奔長安。……（高）歡入洛陽。……遂立清河王世子善見爲帝。……丞相歡以洛陽西逼西魏，南近梁境，乃議遷鄴。書下，三日即行。……東魏主發洛陽四十萬户，狼狽就道。」

〔二五〕魏書一百十四釋老志：「元象元年（五三八）秋，詔曰：梵境幽玄，義歸清曠；伽藍净土，理絶囂塵。前朝城内先有禁斷。自聿來遷鄴，率由舊章。而百辟士民，届都之始，城外新城，並皆給宅。舊城中暫時普借，更擬後須，非爲永久。如聞諸人多以二處得地，或捨舊城所借之宅，擅立爲寺。知非己有，假此一名。終恐因習滋甚，有虧恒式，宜付有司精加隱括。」是東魏遷鄴之後，立寺之風猶是盛行。

〔二六〕東魏孝静帝（元善見）第四年號（五四三——五四九）。

〔二七〕按資治通鑑一百五十八梁武帝大同四年（五三八。東魏孝静帝元象元年）：「東魏侯景、高敖曹等圍魏獨孤信于金墉。……景悉燒洛陽内外官寺，民居存者什二三。」楊衒之重覽洛陽時，正值經此戰役之後不久，故所見景象如此。廟塔皆指塔。塔，梵名窣堵坡，或作塔婆，簡稱爲塔。廟爲塔婆之義譯，見玄應音義六。

〔二八〕爾雅釋宮：「九達謂之逵。」郭璞注：「四道交出，復有旁通。」

〔二九〕太平寰宇記三西京洛陽縣：「晉書……又云：洛陽十二門，皆有雙闕石橋，橋跨陽渠水。」此指城門雙闕。水經穀水注：「今閶闔門外夾建巨闕，以應天宿。雖不如禮，猶象而魏之，上加復思（復思即是屏）以易觀矣。」此指宮門外雙闕。二義俱可通。但以指閶闔門闕言，更爲沈痛而切近。

〔三〇〕史記宋微子世家：「箕子朝周，過殷故虚，感宮室毁壞生禾黍。箕子傷之……乃作麥秀之詩以歌咏之。」

〔三一〕詩王風黍離序：「黍離閔宗周也。周大夫行役于宗周，過故宗廟宮室，盡爲禾黍。閔周室之顛覆，彷徨不忍去，而作是詩也。」

〔三二〕湯用彤漢魏兩晉南北朝佛教史（頁五一二）據魏書釋老志製有北魏寺僧數目表，今録後以供參考。

年代	寺數	僧尼數	附注
孝文帝太和元年（四七七）	（平城京内）約百所 （四方）六四七八	（京内）二千餘人 （四方）七七二五八人	太和十年遣一三二七僧尼還俗。
宣武帝延昌中（五一二至五一五）	（天下）一三七二七	（徒侣益衆）	此時已遷都洛陽。
孝明帝神龜元年（五一八）	（洛陽城内）五百		
魏末（五三四）	（洛陽）一三六七（伽藍記） （天下）三萬有餘	（天下）二百萬	佛經流通大集中國，凡有四百一十五部，合一千九百一十九卷。

【道宣釋迦方志下教相篇總述北魏佛教之盛云：「元魏君臨一十七帝，一百七十年，國家大寺四十七所，北臺，恒、安鐫石置龕連三十里。王公等寺八百三十九所，百姓所造寺者三萬餘所。總度僧尼二百餘萬，譯經四十九

部。佛教東流，此焉爲盛。」所記與釋老志異，爲數亦多。道宣唐初高僧，博聞多識，其言必有所據。】

〔三三〕亦名僧伽藍。翻譯名義集七：「僧伽藍譯爲衆園。僧史略云：爲衆人園圃。園圃生植之所。佛弟子則生殖道芽聖果也。」僧衆所住園爲伽藍，故以稱僧寺。

〔三四〕按魏書七高祖紀：太和十七年（四九三）九月「庚午，幸洛陽，巡故宮基址。帝顧謂侍臣曰：晉德不修，早傾宗祀，荒毁至此，用傷朕懷！遂詠黍離之詩，爲之流涕」。丁丑「仍定遷都之計。冬十月戊寅朔，幸金墉城，詔徵司空穆亮與尚書李沖、將作大匠董爵經始洛京」。十九年（四九五）「九月庚午，六宮及文武盡遷洛陽」。是營宮室在十七年，遷都在十九年。此文蓋言定遷都之計，非謂十七年遷洛京也。穆亮字幼輔，代人，魏書二十七有傳。

〔三五〕水經穀水注：「穀水又東屈南逕建春門石橋下，即上東門也。……一曰上升門。晉曰建陽（案陽字當作春，晉書地理志及伽藍記皆作春）門。」文選五十七宋孝武宣貴妃誄注引河南郡境界簿：「洛陽縣東城第一建春門。」

〔三六〕阮詩見文選二十三詠懷。李善注引河南郡圖經：「東有三門。最北頭曰上東門。」又古詩十九首亦有「驅車上東門」語。

〔三七〕元河南志二後漢城闕宮殿古蹟：「東面三門。……中曰中東門。」

〔三八〕水經穀水注：「穀水于城東南隅枝分，北注逕青陽門東，故清明門也。亦曰稅門，亦曰芒門。」元河南志二後漢城闕宮殿古蹟：「東面三門。南曰旄門，一作宣平門，又曰望門。」與此略有不同。

〔三九〕應劭漢官儀：「開陽門始成，未有名。夜有一柱來止樓上。琅邪開陽縣上言：縣南城門一柱飛去。光武皇帝使來識視之，良是。遂堅縛之，因刻記其年月以名門焉。」（此條各書援引頗多，文互有詳略，今依據平津館輯校本。）本文即據之。

〔四〇〕水經穀水注：「穀水又東逕平昌門南，故平門也。」元河南志二後漢城闕宮殿古蹟：「南面四門。正南曰平門，一作平城門。古今注曰：「建武十三年開。」

〔四一〕水經穀水注：「穀水又東逕宣陽門南，故苑門也，皇都遷洛，移置于此。對閶闔門，南直洛水浮桁。……門左即洛陽池處也。池東舊平城門所在矣。今塞。」

〔四二〕水經穀水注：「穀水又南逕西明門，故廣陽門也。」

〔四三〕前書：「穀水自閶闔門……南出逕西陽門，舊漢氏之西明門也。亦曰雍門矣。舊門在南，太和中以故門邪出，故徙是門。東對東陽門。」

〔四四〕書堯典：「在璿璣玉衡，以齊七政。」璇璣玉衡解各有不同，此指觀測天象之儀器。七政是日月五星。元河南志二：「北曰上西門。應劭漢官儀曰：上西門所以不純白者，漢家厄於戌，故以丹飾之。門上有銅璇璣玉衡。」朱文鑫天文考古録（頁一一八）云：「堯立渾儀，舜察璿璣，儀象之設，其來遠矣。漢武帝時，洛下閎營渾儀。章帝時，賈逵造銅儀。順帝時，張衡製渾象，以漏水轉之。璇璣所加，某星始見，某星方中，某星已没，皆如合符。……宋以銅製，梁以木製，魏以鐵製。南北兩朝之器，勝於魏晉。」

〔四五〕金墉城見本書一瑶光寺條下。水經穀水注：「魏明帝于洛陽城西北角築之，謂之金墉城。」魏書七高祖紀：太和十九年八月「金墉宮成。甲子，引羣臣歷宴殿堂。」

〔四六〕按魏書一百十四釋老志云：「高祖時沙門道順、慧覺、僧意、慧紀、僧範、道弁、惠度、智誕、僧顯、僧義、僧利，並以義行知重。」又四十五韋纘傳云：「高祖每與名德沙門談論往復，纘掌綴録，無所遺漏。」又同卷裴宣傳云：「高祖曾集沙門講佛，因命宣論難，甚有理詣，高祖稱善。」廣弘明集二十四有魏孝文帝聽諸法師一月三入殿詔。是拓跋宏善談佛義，對於僧徒極優禮，與此可以互證。【釋迦方志下教相篇魏高祖孝文帝下云：「於鄴造安養寺，召四方僧。六宮侍女皆持年三月六齋，有慕道者放令出家。手不釋卷，頃便爲講。爲先皇再治大覺，大行供施，度

僧尼一萬四千人。」】

〔四七〕李彪字道固，頓丘衛國人。魏書六十二有傳。

〔四八〕曹詩見文選二十四贈白馬王彪。李善注引陸機洛陽記：「承明門後宮出入之門。吾常怪謁帝承明廬，問張公。云：魏明帝作建始殿，朝會皆由承明門。」按陸機所説承明門，乃是曹魏時宮門，與孝文帝新立之門不同。

〔四九〕太平寰宇記三西京洛陽縣：「北面有二門。其西，漢曰夏門。晉改爲大夏門，正在亥上。魏略曰：董卓燒南北二宮。魏武帝更爲夏門内立北宮。至明帝，又造三層樓，高十丈。」

〔五〇〕水經穀水注：「穀水又東逕廣莫門北，漢之穀門也。北對芒阜，連領脩亘。」

〔五一〕太平御覽一百九十五引陸機洛陽記：「宮門及城中大道皆分作三。中央御道，兩邊築土墻，高四尺餘，外分之。唯公卿尚書章服道從中道，凡人皆從左右，左入右出。夾道種榆槐樹。此三道四通五達也。」（張氏合校據寰宇記引洛陽記，文較略。）

洛陽伽藍記校注卷第一

魏撫軍府司馬楊衒之撰　范祥雍校注

城内

校 如隱堂本原在標題「洛陽」下。吴琯本、漢魏本、緑君亭本、真意堂本、吴集證本皆另行，似覺醒目，今從之。以下各卷皆然，不具論。

永寧寺〔一〕，熙平〔二〕元年，靈太后胡氏〔三〕所立也，在宫前閶闔門〔四〕南一里御道西。校 續高僧傳一、開元釋教録六西作東。其寺東有太尉府〔五〕，西對永康里，南界昭玄曹〔六〕，北鄰御史臺。閶闔門前 校 吴集證本無前字。御道東，有左衛府。府南有司徒府〔七〕。司徒府 校 吴琯本、漢魏本司徒府三字不重。南有國子學，堂内有孔丘像，顔淵問仁、子路問政在側〔八〕。國子南有宗正寺，寺南有太廟，廟南有護軍府，府南有衣冠里。御道西有右衛府，府南有太尉府，校 元河南志三作太府寺。按水經穀水注亦謂「太尉、司徒兩坊間」，（見注〔七〕）則河南志誤也。府南有將作曹〔九〕，曹南有九級府，校 元河南志三將作曹南爲太社，無九級府。府南有太社〔一〇〕，社南有凌陰里，即四朝時藏冰處也〔一一〕。校 吴琯本、漢魏本、真意堂本此下有注云：「凌，里孕切，又如字。」疑是後人所加之音釋。

中有九層浮圖〔一二〕校 張合校本圖作屠，音同相通。一所，架木爲之，舉高九十丈。校 各本皆同。歷代三寶記九、大唐内典録四亦作九十丈。續僧傳、釋教録作九十餘丈。水經穀水注云：「自金露盤下至地四十九丈。」魏書釋老志云：「永寧寺佛圖九層高四十餘丈。」酈、魏、楊三人同爲魏臣，皆及見永寧浮圖，而所説不同如此。衒之嘗親自登臨（見後文），按理其説當可信。但考後魏尺度，前尺爲今市尺〇·八三四三尺；中尺爲〇·八三七〇尺；後尺爲〇·八八五三尺（見中國度量衡史）。即以最小比例合之，九百尺亦須今市尺七百尺以上；再以浮圖九層合之，每層須八十餘尺。如此建築物，今日尚艱爲之，況於一千四百年前之後魏乎？故楊氏所言，不過文辭誇美，固非事實，要以水經注與魏書之説爲可信。至後來釋書所言，則皆據衒之此記，不足論矣。有剎〔一三〕校三寶記、内典録作「上有寶剎」。續僧傳、釋教録作「上有金剎」。資治通鑑一百四十八云：「上剎復高十丈。」復高十丈，合去地一千尺〔一四〕。去京師校三寶記、内典録作「離京」。續僧傳、釋教録作「去臺」。百里，已校内典録已作即。遥校吴琯本、漢魏本已遥作「遥已」。見之。初掘基至黄泉下，得金像三千（十）校緑君亭本作十，注云：「一作千。」吴琯本、漢魏本、真意堂本亦作十。太平御覽六百五十八引作「三十」，當是，今正。又三寶記、内典録、續僧傳、釋教録皆作「三十二」。軀。太后以爲信法之徵，是以營建過度也〔一五〕。剎上校續僧傳、釋教録上作表。有金寶瓶，容二十五石。校續僧傳、釋教録、北山録五石作斛。三寶記、内典録作石。寶瓶下有承露金盤三十重，校三寶記、内典録、續僧傳、釋教録、北山録皆作「一十一重」。周匝皆垂金鐸，復有鐵鏁四道，引剎向浮圖校三寶記、内典録圖下有角字。四角，鏁上亦有金鐸，鐸校三寶記、内典録鐸字不重。大小如一石甕子。校三寶記、内典録、續僧傳、釋教録皆無子字。浮圖有校内典録無有字。九級，角角 校 三寶記無角角二字。皆懸金鐸，校 金鐸，三寶記、內典録作「金銅鈴鐸」。合上下有一百二 校 三寶記、內典録、續僧傳、釋教録作三。十鐸。浮圖有 校 內典録無有字。四面，面 校 三寶記、內典録面下有別各二字。有三 校 如隱堂影印本作二，但細審其字，二劃相距較寬，與其他二字不同，當係版壞所致，非字誤也。今仍作三。户六牕，校 三户六牕，三寶記、內典録作「三門六窗」。續僧傳、釋教録作「四面九間六窗三户」。户 校 內典録户作並。皆朱漆。扉 校 三寶記、內典録作扇。續僧傳、釋教録作扉扇。上有五行金釘，校 吴琯本、漢魏本作鈴。三寶記、內典録、續僧傳、釋教録皆作鈴。（其十二門二十四扇），校 三寶記、內典録有此句，意義較足，今據補。合有五千四百枚。校 三寶記、內典録、枚下有鈴字。復有金環鋪首〔一六〕，校 三寶記、內典録此句作「鈴下復鏤金鐶鋪首。」續僧傳、釋教録有字作施，鐶字作鐸。按北山録云：「朱扉鏤鐶，繡柱金鋪」，則有字似以作鏤爲是。［布］校 吴集證云：「各本皆無布字，此疑衍。」案三寶記、內典録、續僧傳等亦無此字，吴説是也。今衍。殫土木之功，窮造形之巧。校 吴琯本、漢魏本巧作力。三寶記、內典録此二句作「窮造製之巧，極土木之工」。佛事精妙，不可思議〔一七〕。校 三寶記、內典録佛事句上有「庶民子來匪日而作」八字。按此二語正與佛事句相偶，有之亦是。繡柱金鋪〔一八〕，駭人心目。至於高風永夜，校 三寶記、內典録此句作「至於秋月永夜高風」。寶 校 續僧傳作鈴。鐸和鳴，校 三寶記此下有「聲響諧韻，中霄晃朗，煜爚耀空」十二字。案北山録云：「秋風朗夜，熠爚耀空，鏗鏘之響，聞十餘里。」即本此文。十二字似當有。鏗鏘之聲 校 吴琯本、漢魏本聲作音。三寶記、續僧傳亦作音。聞及 校 三寶記、續僧傳無及字。十餘里。

浮圖北有佛校續僧傳、釋教録作正。殿一所，形如太極殿〔一九〕。校三寶記、内典録、續僧傳、釋教録無殿字。緑君亭本、真意堂本、照曠閣本殿下重殿字。中有丈八金像一軀，校吴集證云：「八字當是六字之訛。」案三寶記、内典録亦作丈八。佛書言佛身丈六、丈八皆有。資治通鑑一百四十八亦云：「有金像高丈八者一。」吴説非。中長校三寶記、内典録中長二字作「等身」。通鑑云：「如中人者十。」金像十軀，繡珠校三寶記、内典録繡珠二字作「編真珠」三字。像三軀，金織成像校各本皆無金與像二字，三寶記、内典録有。按依上文例，當有，今據補。五軀，玉像二軀，校三寶記、内典録有此四字，各本皆無。按續僧傳云：「中諸像設金玉繡作。」通鑑亦云：「玉像二。」則當有玉像，今本蓋脱，今據補。作功奇巧，冠於當世。僧房樓觀一千餘間〔二〇〕，雕梁粉壁，青繅（璅）校吴琯本、漢魏本、緑君亭本、真意堂本皆作璅。吴集證本作瑣，三寶記、内典録亦作瑣。案繅字音義皆非，蓋璅字之形誤。瑣字與璅字相同。今正。綺疏〔二一〕，難得而言。栝柏松椿，校吴琯本、漢魏本、真意堂本此句作「栝椿松柏」。三寶記、内典録松椿二字倒。續僧傳、釋教録松椿作「楨松」。扶疎[拂]簷(霤)；校此句各本皆同。三寶記、内典録作「扶蔬簷霤」，正與下文「布護堦墀」句相對，是也。今據補。拂字當衍。蔬與疎同。藂校吴琯本、漢魏本作翠。竹香草，布護〔二二〕校吴琯本、漢魏本作濩，三寶記亦作濩。護濩二字聲同相通。堦墀。校三寶記、内典録作庭。是以常景校三寶記、内典録景下有製字。碑云：「須彌〔二三〕寶殿，兜率〔二四〕净宫，莫尚於斯校三寶記、内典録、釋教録斯下有是字。也。」

外國所獻經像〔二五〕校三寶記、内典録經像上有「神異」二字。皆在此寺。寺院墻校三寶記、内典録院墻二字倒。皆施短校三寶記短作梠。椽，以瓦覆之，若今宮墻也。校三寶記、内典録此句作「狀若宮墻」。釋教録寺院墻下三句作「院牆周匝，皆施椽瓦」。四面各開一門。校三寶記、内典録四面上有「寺之」二字。南門樓三重，校三寶記、内典録此句作「其正南門有三重樓」。通三道，校三寶記、内典録三下有閣字。此二句續僧傳作「正南三門，樓開三道三重」。釋教録作「正樓三門，門樓開三道三重」。去地二十丈，形製似今端門〔二六〕。圖以雲氣，畫彩仙靈〔二七〕。綺校三寶記、内典録作列。□（錢）〔二八〕校各本空格作錢，三寶記、内典録亦作錢，今據補。青鏁，校吴琯本、漢魏本、真意堂本鏁作璅，同。□（輝）赫麗華。校吴琯本、漢魏本脱□。緑君亭本□作輝。今據補。三寶記、内典録、續僧傳、釋教録此句作「赫奕華麗」。拱校吴琯本、漢魏本、真意堂本拱下有夾字。三寶記拱作俠。續僧傳作挾。内典録、釋教録作夾。案俠、挾、夾三字相通。吴琯本與漢魏本之夾字，疑是傍注異文，誤併入正文。門有四力士、四獅子，飾以金銀，加之珠玉，裝校三寶記、内典録、續僧傳、釋教録作莊，同。嚴煥炳，校續僧傳、釋教録炳作爛。世所未聞。東西兩門亦皆校吴琯本、漢魏本亦皆作「皆亦」。三寶記、内典録作「悉亦」。續僧傳作「例皆」。如之。所可異者，唯樓二校吴琯本、漢魏本、真意堂本二作兩。三寶記、内典録、續僧傳亦作兩。重。北門一道校三寶記、内典録道下有上字。不施屋，校續僧傳此句作「北門通道，但露而置」。似烏頭門〔二九〕。四門外，校三寶記、内典録，續僧傳四上有其字。樹以校内典録樹以作「皆樹」。青槐，亘以緑校三寶記、内典録、續僧傳、釋教録作淥。水〔三〇〕，京邑行人，多庇其下。路斷飛塵，校三寶記、内典録飛塵作「車蓋」。不校内典録不作非。由奔（𢍜）校三寶記、内典録作淹。續僧傳、釋教録作渰。案淹、渰相同，渰雲本詩小雅大田，見註。釋文：「渰本又作弇。」此文當本作弇雲，因傳寫形似譌爲奔。今正。雲〔三一〕之潤；清風送涼，豈籍 校 吴琯本、漢魏本、真意堂本、吴集證本皆作藉。三寶記、内典録、續僧傳、釋教録亦作藉，古通。合歡〔三二〕之發。

詔中書舍人常景〔三三〕爲 校 續僧傳作制。寺碑文。景字 校 吴琯本、漢魏本、真意堂本脱字字。永昌，河内人也，敏學博通，知名海内。大和十九年，爲高祖所器，拔爲律學博士。校 吴集證云：「魏書官氏志有律博士。景本傳亦言：公孫良舉爲律博士，高祖親得其名。此學字疑衍。」案續僧傳作「脩律博士」。刑法疑獄，多訪於景。正始〔三四〕初，詔刊律令，永作通式〔三五〕。校 續僧傳此二句作「有詔令刊定律格，永成通式」。勑景共治書侍御史高僧裕〔三六〕、校 吴集證云：「按魏書袁翻傳作高綽，此舉其字也。」羽林監王元龜、校 各書皆作龜，唐鈎沈本作規，不知何據。尚書郎祖瑩〔三七〕、員外散騎侍郎李琰之〔三八〕等撰集其事。校 吴集證本作議，云：「何作事，誤。」案如隱堂本、吴琯本、緑君亭本、真意堂本皆作事，固不獨漢魏本爲然，吴説非。又詔太師彭城王勰〔三九〕、青州刺史劉芳〔四〇〕入預其議〔四一〕。景討正科條，商搉古今，校 續僧傳此二句作「景乃商確古今，條貫科猷」。甚有倫序，見行於世，今律二十篇〔四二〕是也。又共芳造洛陽宮殿門閣之名，經途里邑之號。出除長安令，時人比之潘岳〔四三〕。其後歷位中書舍人、黄門侍郎、祕書監、幽州刺史、儀同三司，學徒以爲榮焉。景入參近侍，出爲侯牧，居室貧儉，事等 校 續僧傳作若。農家，唯有經史，盈車滿架〔四四〕。

所校吴琯本、漢魏本、真意堂本所上有景字。著文集數百餘篇，給事校續僧傳事下有中字。封暐伯〔四五〕作序行於世。

裝飾畢功，明帝與太后共登之〔四六〕。視宫内校續僧傳作中。如掌中，校續僧傳作内。臨京師若家庭。以其目見宫中，禁人不聽升。衒之嘗與河南尹胡孝世校各本皆同，惟吴集證本作胡世孝。共登之，下臨雲雨，信哉不虛。時有西域沙門〔四七〕菩提達摩〔四八〕者，波斯國胡人也。起自荒裔，來遊中土，見金盤炫日，校緑君亭本注云：「一作目。」光照雲表；寶鐸含風，響出天外。歌詠讚校吴琯本、漢魏本讚作贊，同。歎，實校釋教録實作疑。是神功。自云：「年一百五十歲，歷涉諸國，靡不周遍。而此寺精麗，校釋教録麗作廬，誤。閻浮〔四九〕所無也。校吴琯本、漢魏本、真意堂本閻上有遍字。極校釋教録作訖。物（佛）校各本作佛，吴集證本作物。按釋教録作佛，説郛四引此亦作佛。物字蓋因聲近而誤，今正。境界，亦未有此。」口唱南無〔五〇〕，校吴琯本、漢魏本、真意堂本此下有或字。合掌連日。至孝昌〔五一〕二年中，校吴琯本、漢魏本、真意堂本無中字，續僧傳亦無中字。大風發屋拔樹。刹上寶瓶隨風而落，校續僧傳落作墮。入地丈餘。復命工匠，更鑄校吴琯本、漢魏本、真意堂本作著。吴集證云：「非是。」按續僧傳此句作「復命工人更安新者」。安與著義近，則著字亦可。新瓶。

建義〔五二〕元年，太原王爾朱榮〔五三〕總士馬於此寺。榮字天寶，北地秀容人也。世爲第一領民校各本皆作民，唐鈎沈本作氏。按爾朱榮傳亦作領民酋長，與此同，鈎沈本誤。酋長、博陵郡公。部落八千餘家，有馬【校】吳琯本、漢魏本有馬作馬有。數萬匹，富等天府〔五四〕。武泰〔五五〕元年二月中，帝崩〔五六〕，無子，立臨洮王世子釗以紹大業，年三歲。太后貪秉朝政，故以立之。榮謂并州刺史元天穆〔五七〕曰：「皇帝晏駕，春秋十九，海内士庶，猶曰幼君。況今奉未言之兒以臨天下，而望昇平，其可得乎？吾世荷國恩〔五八〕，不能坐看成敗。今欲以鐵馬【校】各本皆作馬。吳集證本作騎。按通鑑一百五十二作騎。五【校】吳琯本、漢魏本、真意堂本作三。千，赴哀山陵〔五九〕，兼問侍臣帝崩之由。君竟謂如何？」穆曰：「明公世跨并、肆〔六〇〕，【校】吳琯本、漢魏本此句作「明公世誇英武志」。真意堂本作「明公世誇并英武志。」緑君亭本此下有「英武志略」四字。雄才傑出。部落之民，控弦〔六一〕一萬。若能行廢立之事，伊、霍〔六二〕復見【校】吳琯本、漢魏本、真意堂本見下有於字。今日。」榮即【校】吳集證本即下有日字。共穆結異姓兄弟〔六三〕，穆年大，榮兄事之；榮爲盟主，穆亦拜榮。於是密議長君諸王之中，不知誰應當璧〔六四〕。遂於晉陽〔六五〕，人各【校】吳琯本、漢魏本人各作「令別」。真意堂本人作令。鑄像不成〔六六〕，唯長樂王子攸〔六七〕像，光相具足，端嚴特妙。是以榮意在長樂，遣蒼頭〔六八〕王豐【校】吳集證云：「魏書爾朱榮傳作相。」入洛詢【校】各本作約。吳集證本作詢。以爲主。長樂即許之，共剋期契〔六九〕。榮三軍皓素〔七〇〕，揚旌南出〔七一〕。太后聞榮舉兵，召王公議之。時胡氏專寵，皇宗怨望，[假]八（入）【校】吳琯本、漢魏本、真意堂本無假字。今據衍。吳集證云：「八，各本作入，皆誤。」按通鑑一百五十二云：「悉召王公等入議，宗室大臣皆疾太后所爲，莫肯致言。」即據此記，則入字爲是。且周禮小司寇八議文，與此義亦不合。如謂八座議，則八下當有座字，然各本皆無。吳說不可從。議者莫肯致言。唯黄門侍郎校吳琯本、漢魏本、真意堂本無侍字。徐統（紇）校吳琯本、漢魏本、真意堂本作紇。緑君亭本亦作紇，注云：「舊作統。」張合校云：「徐紇見魏書恩倖傳。不當作統。」案通鑑記此語亦作徐紇。紇又見本書二瓔珞寺條及四菩提寺條。今正。曰：「爾朱榮馬邑〔七二〕小胡，人才凡鄙，不度德量力〔七三〕，長校吳琯本、漢魏本、真意堂本作張。戟指闕，所謂窮轍拒輪，積薪候燎。今宿衛〔七四〕文武，足得一戰。但守河橋〔七五〕，觀其意趣。榮懸軍千里，兵老師弊。校吳琯本弊作敝，同。以逸待勞，破之必矣。」后然統（紇）校各本作紇，說見前。言，即遣都督李神軌〔七六〕、鄭季明〔七七〕校吳琯本、漢魏本無明字，下同。等領衆五千鎮河橋。四月十一日，榮過河内至高頭驛。校高頭驛，魏書爾朱榮傳作高渚。長樂王從雷陂校吳琯本、漢魏本作陵。通鑑考異七引作雷波，按雷波與雷陂，古讀音相近。亦作灅波（見後），同。作陵者誤。北渡赴榮軍所，神軌、季明等見長樂王往，遂開門降〔七八〕。十二日，榮軍於芒山〔七九〕之北，河陰〔八〇〕之野。十三日，召百官赴駕，至者盡誅之。王公卿士及諸朝臣死者三校吳琯本、漢魏本、真意堂本作二。吳集證云：「魏書孝莊本紀云：公卿以下二千餘人。」則此三字當從何本作二也。」按爾朱榮傳作一千三百餘人。通鑑從魏紀亦作二千餘人。說各不同，不如各存其異。千餘人〔八一〕。十四日，車駕入城，大赦天下，改號爲建義元年，是爲莊帝。于時新經大兵，人物殲盡，流迸之徒驚駭未出。莊帝校自于時至此二十字，吳琯本、漢魏本皆無之。

肇升太極〔八二〕，解網垂仁〔八三〕，唯散騎常侍山偉一人拜恩南闕〔八四〕。加榮使持節中外諸軍事大將軍、開府北道大行臺、都督十州諸軍事大將軍、領左右〔八五〕、太原王。其天穆爲侍中、太尉公、世襲并州刺史、上黨王。起家爲公卿牧守者，不可勝數。二十日，洛中草草〔八六〕，猶自不安，死生相怨，人懷異慮。貴室豪家，并校吴集證云：「各本并作棄，此殆因弃而譌。」按通鑑一百五十二云：「富者棄宅，貧者襁負。」蓋即本此，吴説是也。弃即棄字，與并形似而誤。宅競竄。貧夫賤士，襁負争逃。於是出詔，濫死者普加褒贈。三品以上贈三公，五品以上贈令僕，七品以上贈州牧，白民贈郡鎮〔八七〕。於是稍安。帝納榮女爲皇后。進榮爲柱國大將軍録尚書事，餘官如故；校吴集證本無此四字。進天穆爲大將軍，餘官皆如故。

永安〔八八〕二年五月，北海王元顥〔八九〕復入洛，在此寺聚兵。顥，莊帝從兄也，孝昌末，鎮汲郡，聞爾朱榮入洛陽，遂南奔蕭衍〔九〇〕。是年入洛，莊帝北巡〔九一〕。顥登皇帝位，改年曰建武元年。顥與莊帝書曰：「大道既隱，天下匪公〔九二〕；禍福不追，與能義絶〔九三〕。朕猶庶幾五帝〔九四〕，無取六軍。正校吴琯本、漢魏本作故。真意堂本作政。以糠粃萬乘，錙銖大寶〔九五〕，非貪皇帝之尊，豈圖六合〔九六〕之富。直以爾朱榮往歲入洛，順而勤王，終爲魏賊。逆刃加於君親〔九七〕，鋒鏑肆於卿宰〔九八〕，元氏少長，殆欲無遺〔九九〕。已有陳恒校吴集證本恒誤作桓。盜齊〔一〇〇〕之心，非無六卿分晉〔一〇一〕之計。但以四海横流〔一〇二〕，欲篡未可，暫樹君臣，假相拜置。害卿兄弟〔一〇三〕，獨夫介立〔一〇四〕，遵養待時〔一〇五〕，臣節詎久。朕覩此心寒，遠投江表，泣請梁朝，誓在復恥〔一〇六〕。風行建業〔一〇七〕，電赴三川〔一〇八〕。正欲問罪於爾朱，出卿【校】吴琯本、漢魏本出卿作「脱公卿」。真意堂本出作脱。按通鑑一百五十三亦作「出卿」，公字不當有。於桎梏〔一〇九〕，恤深怨於骨肉，解蒼生於倒懸〔一一〇〕。謂卿明眸擊節〔一一一〕，躬【校】吴琯本、漢魏本作供。來見我，共叙哀辛，【校】吴琯本、漢魏本、真意堂本辛作悴。同討兇羯〔一一二〕。不意駕入城【校】吴集證本作成。皐〔一一三〕，便爾北渡。雖迫於兇手，勢不自由，或□（貳）【校】緑君亭本、真意堂本作貳。吴琯本作訴。漢魏本作訢。案貳謂二心，與下句猜字相應，當是，今從之。生素懷，棄【校】棄疑索字之誤，説見注。劍〔一一四〕猜我。聞之永歎，撫衿而失。何者？朕之於卿，兄弟非遠，連枝分葉〔一一五〕，興滅相依。假有内鬩（閲），【校】各本皆作閲，是，今正。外猶禦侮〔一一六〕，況我與卿，睦厚偏篤，其於急難，凡今莫如〔一一七〕。棄親即讎，義將焉據也。且爾朱榮不臣之跡，暴於旁午〔一一八〕，謀魏【校】吴集證本魏作危。社稷，愚智同見。卿乃明白，疑於必然，託命豺狼，委身虎口。棄親助賊，兄弟尋戈。假獲民地，本是榮物，若克城邑，絶【校】通鑑作固。非卿有，徒危宗國，以廣寇仇。快賊莽之心〔一一九〕，假下莊之利〔一二〇〕，有識之士咸爲慙之。今家國【校】吴琯本、漢魏本、真意堂本、吴集證本家國作「國家」。隆替，在卿與我，若天道助順，誓兹義舉，則皇魏宗社與運無窮。儻【校】吴琯本、漢魏本、真意堂本作脱。通鑑此句作「脱或不然」，下三句省去。天不厭亂，胡羯未殄，鴟鳴狼噬，荐食〔一二一〕河北，在[校]吳琯本、漢魏本在作朱。按在榮與下句於卿爲對，二本非是。通鑑亦作在。榮爲福，於卿爲禍。豈伊異人〔一二二〕？尺書道意，卿宜三復。[校]吳琯本、漢魏本作覆。兼[校]各本作義。緑君亭本注云：「一作兼。」利是圖，富貴可保，狗人非慮〔一二三〕。終不食言，自相魚肉〔一二四〕。善擇元吉〔一二五〕，勿貽後悔。」此黄門[校]吳琯本、漢魏本此誤作北。唐鈞沈本門下有侍字。郎祖榮（瑩）[校]各本榮作瑩。吳集證云：「當從各本作瑩。」張合校云：「案魏書亦瑩。」今正。之詞也〔一二六〕。時帝在長子城〔一二七〕，太原王、上黨王來赴急。[校]吳琯本、漢魏本、真意堂本急下有難字。六月，帝圍河内，太守元桃湯、[校]張合校云：「魏書爾朱榮傳作元襲，此舉其字。」車騎將軍宗正珍孫等爲顥守，攻之弗克。時暑炎赫，將士疲勞。太原王欲使帝幸晉陽，至秋更舉大義。未決，召劉助[校]魏書爾朱榮傳作劉靈助，事又見魏書藝術列傳靈助本傳。但梁書陳慶之傳亦作劉助，與此同。疑靈助是助之字。筮之。助曰：「必克。」於是至明盡力攻之，如其言。桃湯、珍孫並斬首以殉三軍。顥聞河内不守，親率百僚出鎮河橋，特遷侍中安豐王延明〔一二八〕往守硤石〔一二九〕。七月，帝至河陽〔一三〇〕，與顥隔河相望。太原王命車騎將軍爾朱兆〔一三一〕潛師渡河，破延明於硤石。顥聞延明敗，亦散走。所將江淮子弟五千人，[校]緑君亭本、真意堂本、吳集證本人下重人字。莫不解甲相泣，握手成列〔一三二〕。[校]吳琯本、漢魏本、真意堂本、緑君亭本列作别。顥與數千（十）[校]各本千作十。吳集證云：「當從各本作十。」今從正。按通鑑云：「顥失據，帥麾下數百騎南走。」

騎欲奔蕭衍，至長社〔一三三〕，爲社校吳琯本、漢魏本、真意堂本社作村。民斬其首，傳送京師〔一三四〕。二十日，帝還洛陽，進太原王天柱大將軍，餘官亦如故；進上黨王太宰，餘官亦如故。

永安三年，逆賊爾朱兆囚莊帝於寺。時太原王位極心驕，功高意侈，與校綠君亭本、真意堂本作予。奪臧否肆意。帝恐校各本恐作怒。吳集證云：「當從各本作怒。」按恐字義亦可通。謂左右曰：「朕寧作高貴卿（鄉）校各本卿作鄉。吳集證云：「當從各本作鄉。」公死〔一三五〕，不作漢獻帝生〔一三六〕。」九月二十五日，詐言產太子，榮、穆並入朝，莊帝手刃榮於光明（明光）校各本皆作光明。案魏書孝莊紀作明光殿。元河南志三：「明光殿，莊帝誅爾朱榮之所。」近出土元天穆墓誌亦云：「永安三年九月二十五日，運巨横流，奄離禍酷，春秋四十二，暴薨於明光殿。」此最可信，今據以正。殿，穆爲伏兵魯暹校張合校云：「魏書作魯安。」所煞〔一三七〕，校各本皆作殺，下同。榮世子部落大人亦死焉。榮校各本榮字下皆有部字。吳集證本無。下車騎將軍爾朱陽都等二十人隨入東（朱）校吳琯本、漢魏本東作朱。按漢晉四朝洛陽宮城圖後魏京城朱華門在雲龍門内，則作朱是也，今從之。華門，亦爲伏兵所煞。唯右僕射爾朱世隆〔一三八〕素在家，聞榮死，總榮部曲，燒西陽門，奔河橋。至十月一日，隆與（榮）校綠君亭本、真意堂本有榮字，是。妻（北）校綠君亭本、真意堂本妻下有北字。吳集證云：「按魏書孝莊紀：上僕射爾朱世隆、榮妻鄉郡長公主率部曲焚西陽門，出屯河陰。則毛本有榮字是也。又榮本傳：榮妻北鄉郡長公主。則毛本有北字是也。」今補。鄉郡長公主至芒山馮王寺〔一三九〕爲榮追福(薦)校各本有薦字，吴集證本無。按有之義足。今補。齋，即遣爾朱侯討伐。爾朱那(弗)校吴琯本、漢魏本、真意堂本那作弗。通鑑考異七引作拂。弗與那形相近而譌，今正。律歸〔一四〇〕等領胡騎一千，皆白服，來至郭下，索太原王尸喪。帝升大夏門望之，遣主書牛法尚謂歸等曰：「太原王立功不終，陰圖釁逆，王法無親，已依正刑。罪止榮身，餘皆不問。卿等何爲不降，官爵如故？」歸曰：「臣從太原王來朝陛下，何忽今日枉致無理？臣欲還晉陽，不忍空去，願得太原王尸喪，生死無恨。」發言雨淚，哀不自勝。羣胡慟哭，聲振京師。帝聞之，亦爲傷懷。遣校吴琯本、漢魏本無遣字。待(侍)校各本作侍，是。中朱元龍〔一四一〕齎鐵券〔一四二〕與世隆，待之不死，官位如故。世隆謂元龍曰：「太原王功格天地，造校各本作道。吴集證本作造。濟生民，赤心奉國，神明所知。長樂不顧信誓，枉害忠良。今日兩行鐵字，何足可信？吾爲太原王報仇，終不歸降。」元龍見世隆呼帝爲長樂，知其不欸〔一四三〕，且以言帝。帝即出庫物，置城西門外，募敢死之士以討世隆。一日即得萬校緑君亭本萬下有餘字。人，與歸等戰於郭外，兇勢不摧。歸等屢涉戎場，便校吴琯本、漢魏本、緑君亭本、真意堂本便下有利字。擊刺〔一四四〕。京師士衆，未習軍旅，雖皆義勇，力不從心。三日頻戰，而游魂〔一四五〕不息。帝更募人斷河橋。有漢中人李苟(苗)校吴集證云：「按孝莊紀：通直散騎常侍假平西將軍都督李苗以火船焚河橋。此苟字或是苗字之誤，或另一人，無以辨之。又按苗本傳梓潼人，則與此言蜀人合也。」按李苗傳所記與此相合（見注），則荀自是苗誤，唐鈎沈本從之作苗，當是。爲水軍，從上流放火燒橋〔一四六〕。世隆見橋被焚，遂大剽生民，北上太行。帝遣侍中源校吳琯本、漢魏本作原。按魏書作源。子恭〔一四七〕、黄門郎楊寬〔一四八〕領步騎三萬鎮河内。世隆校吳琯本、漢魏本無世字，非。至高都〔一四九〕，立太原太守校吳琯本、漢魏本、真意堂本守作子，誤。長廣王曄〔一五〇〕校吳琯本、漢魏本曄下有「等瓮子」三字。爲主，校吳琯本、漢魏本主作王。改號曰建□（明）校各本空格作元。吳集證云：「□各本作元。又按孝莊紀：世隆推太原太守行并州刺史長廣王曄爲主，大赦所部，號年建明。則□當是明字，各本作元，非也。」按曄本傳亦作建明，吳説是也。各本元字當是涉下元字而衍。元年。爾朱氏自封王者八人。長廣王□（都）校各本空格作都。晉陽，遣潁川王校吳琯本、漢魏本、真意堂本無王字，非。爾朱兆舉兵向京師。子恭軍失利〔一五一〕，兆自雷波校吳琯本、漢魏本、緑君亭本、真意堂本作陂。通鑑考異七引作雷波。案魏書爾朱兆傳所言之灅波，當即同地。灅與雷，波與陂，聲同相通。涉渡，擒莊帝於式乾殿。帝初以黄河奔急，未謂兆得濟，校各本皆作「謂兆未得猝濟」。吳集證本與此同。不意兆不由舟楫，憑流而渡。是日水淺，不没校吳琯本、漢魏本、真意堂本作及。緑君亭本注云：「一作及。」通鑑作「水不没馬腹」。馬腹，故及此難〔一五二〕。書契所記，未之有也。衒之曰：「昔光武受命，冰橋宜（凝）校各本宜作凝。吳集證云：「當從各本作凝。」今正。於滹水〔一五三〕；昭烈中起，的盧踊於泥溝〔一五四〕。皆理合於天，神祇所福，校吳琯本、漢魏本福作將。故能功濟宇宙，大庇生民。若兆者蜂目豺聲〔一五五〕，行窮梟獍〔一五六〕，阻兵安忍，賊害君親。皇靈有知，鑒其凶德。反使孟津〔一五七〕由膝，贊其逆心。易稱大（天）校各本作天，是。道禍淫，校吴琯本、漢魏本、真意堂本淫作盈。鬼神福謙〔一五八〕，以此驗之，信爲虛説。」時兆營軍尚書省，建天子金鼓，庭設漏刻〔一五九〕，嬪御妃主皆擁之於幕〔一六〇〕。鎖帝於寺門樓上。時十二月，帝患寒，隨兆乞頭巾，兆不與。遂囚帝還校吴琯本、漢魏本、真意堂本還作送。晉陽，縊於三級寺。校魏書孝莊紀作三級寺，與此同。爾朱兆傳作五級寺。帝臨崩禮佛〔一六一〕，願不爲國王。又作五言曰：「權去生道促，憂來死路長。懷恨出國門，含悲入鬼鄉！隧門〔一六二〕一時閉，幽庭豈復光？思鳥吟青松，哀風吹白楊〔一六三〕。昔來聞死苦，何言身自當！」至太昌〔一六四〕元年冬，始迎梓宫〔一六五〕赴京師，葬帝靖陵〔一六六〕，校魏書孝莊紀作静陵，同。所作五言詩即爲挽歌詞〔一六七〕。朝野聞之，莫不悲慟。百姓校吴琯本、漢魏本下有聞者二字。觀者，悉皆掩涕而已！

永熙〔一六八〕三年二月，浮圖爲火所燒〔一六九〕，校續僧傳一、釋教録六作「爲天所震」。帝登淩校吴琯本、漢魏本、真意堂本作臨，誤。雲臺〔一七〇〕望火，遣南陽王寶炬〔一七一〕、録尚書長孫椎（稚）〔一七二〕校各本椎作稚。吴集證云：「當從各本及魏書作稚。」今正。案續僧傳作稚。釋教録誤作雅。將羽林一千捄校吴琯本、漢魏本、真意堂本捄作救，同。赴火所。莫不悲惜，垂淚而去。校案此二句與上文意不相屬，疑有脱誤。火初從第八級中，平旦大校吴琯本、漢魏本、真意堂本作火。發。當時雷雨晦冥，雜下霰雪。

百姓道俗，咸來觀火，悲哀之聲，振動京邑。時有三比丘〔一七三〕校續僧傳、釋教録三比丘作二道人。赴火而死。火經三月不滅，有火入地尋柱，校吴琯本、漢魏本此句作「有入地柱火尋柱」，説郛四引同。真意堂本作「有火入地柱尋柱」。續僧傳、釋教録作「入地刹柱」。周年猶有校説郛作存。煙氣。其年五月中，有人從象（東萊）郡校太平御覽六百五十八引作東萊郡。續僧傳、釋教録皆作東萊郡。北齊書二神武紀亦作東萊。張合校云：「案隋、唐有象縣，唐、宋有象州，從來未有象郡。」按秦有象郡，漢武帝改爲日南郡，見漢書地理志。又通典一百八十四：「隋平陳，置象州，因象山爲名，煬帝廢入始安郡。大唐復置象州，或爲象郡。」注云：「秦之象郡今合浦郡是也。非今象郡。」是秦與唐時皆有象郡，不可謂從來未有，張氏失考。但考唐之象郡，建置在銜之書後，又其地在今廣西省象縣，離海甚遠，與此不符，可以勿論。若秦之象郡，在今廣西省南境與越南北部。地雖近海，然按之史實，殊多不合。南北朝時無仍稱其地作象郡者，一也。其地僻處南朝之極南隅，與魏又國禁所限，商旅往來，雖有亦極稀，二也。秦郡地去洛陽遼遠，況又國境隔閡，以古代交通言之，非經年累月不達。今浮圖焚在二月，而五月中有人自其地來言，計時不過三月，若信是秦郡地，決無如是之速，三也。由此可知象字必誤。再考東萊郡在後魏時屬光州，見魏書地形志，即今山東省膠州半島之掖縣。其地瀕海，古航海出入之要道，距洛陽非遥。核以此文所言，毫無不合，則續僧傳等書作東萊，是也。又按道宣釋迦方志通局篇言永寧浮圖後爲天震「有人東海，亦見其相」。不云南海，而言東海，象郡爲東萊之誤，更得一證。今從之。餘詳注。來，云：「見浮圖於海中，光明照耀，儼然如校太平御覽引作若。新，海上之民咸皆見之。俄然霧起，浮圖遂隱〔一七四〕。」至七月中，平陽王〔一七五〕爲侍中斛斯椿〔一七六〕所使，校照曠閣本作逼。續僧傳、釋教録作挾。奔於長安〔一七七〕。十月而京師遷鄴〔一七八〕。

〔注釋〕

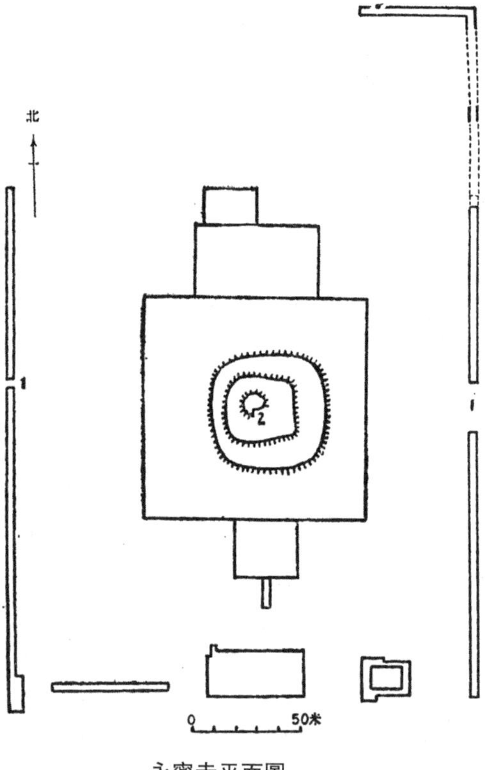

永寧寺平面圖

1. 門址　2. 塔基

〔一〕【中國科學院考古研究所洛陽工作隊於一九六二年勘查北魏都城遺址，已探明永寧寺及宮城範圍，查勘永寧寺「遺址在北魏宮城南門基址西南約一公里處，東距『縱三道』約二〇〇米，當地羣衆叫『永寧寺』，今隴海鐵路和鄭洛鐵路在寺院遺址北部穿過」（考古一九七三年第四期：漢魏洛陽城初步勘查）。其寺與塔基繪有平面圖附載於前。】

〔二〕魏肅宗孝明帝（元詡）第一年號（五一六——五一八）。

〔三〕胡太后，魏孝明帝（元詡）母，魏書十三有傳。

〔四〕三國志魏志三明帝紀裴注引魏略：「是年（即青龍三年）起太極諸殿……如漢西京之制。築閶闔諸門，闕外罘罳。」水經穀水注：「陽渠水……又南逕通門、掖門西，又南流東轉逕閶闔門南，魏明帝……改雉門爲閶闔門。」【漢魏洛陽城初步勘查云：「宮城的四面垣墻保存尚好，墻基雖已埋沒地下，還都能連接起來。南墻在今韓旗屯往白馬寺東西大道之北，東西直行，全長約六六〇米，墻基殘存高約一·三——二米。在南墻的偏西處，探見門址一座，形製宏偉，當是南墻的正門，按文獻記載北魏時叫『閶闔門』，當地羣衆傳稱爲『午門臺』。」】

〔五〕元河南志三：「太尉府在閶闔南，永寧寺東，西對永康里，即舊銅駞街。」

〔六〕魏書一百十四釋老志：「先是立監福曹，又改爲昭玄，備有官屬以斷僧務。……世宗即位，永平元年秋，詔曰：緇素既殊，法律亦異。……自今已後，衆僧犯殺人已上者，仍依俗斷。其餘犯悉付昭玄，以内律僧制之。」

〔七〕水經穀水注：「陽渠水又枝分夾路，南出逕太尉、司徒兩坊間，謂之銅駞街。」

〔八〕魏書九肅宗紀：正光元年「詔曰：……有司可豫繕國學，圖飾聖賢，置官簡牲，擇吉備禮」。二年「三月庚午，帝幸國子學，祠孔子，以顔淵配」。此處所舉之顔淵問仁、子路問政，當是國學内壁畫，與武梁祠堂相仿。問仁故事見論語顔淵篇，問政見子路篇。

〔九〕魏書一百十三官氏志有將作大匠，初在從第二品下；太和二十三年（四九九）改在從第三品。曹即曹省。

〔一〇〕水經穀水注：「渠水又西歷廟、社之間。」社即是太社。又「穀水又南逕西明門……門左枝渠東派入城逕太社前，又東逕太廟南。」

〔一一〕陸機洛陽記：「冰室在宣陽門内，常有冰，天子用賜王宮衆官。」（元河南志二引）水經穀水注：「洛陽諸宮名曰：南宮有謻臺、臨照臺。東京賦曰：其南則有謻門、曲榭，邪阻城洫。注：謻門，冰室門也。……謻門即宣陽門也，門内有宣陽冰室……舊在宣陽門内，故得是名。門既擁塞，冰室又罷。」按淩陰里在宣陽門内，當即酈道元所謂宣陽冰室。四朝謂後漢、魏、晉及後魏。周延年注謂「四朝謂魏遷洛以後，孝文、宣武、孝明、孝莊四帝之朝」，並無佐證，且此時孝莊尚未即位，其説非。

〔一二〕浮圖即塔，梵名窣堵波。大唐西域記一：「窣堵波，所謂浮圖也。」魏書一百十四釋老志：「自洛中構白馬寺，盛飾佛圖，畫迹甚妙，爲四方式。凡宫塔制度，猶依天竺舊狀而重構之，從一級至三、五、七、九，世人相承，謂之浮圖，或云佛圖。」

〔一三〕刹即表刹，見首篇序注。

〔一四〕【漢魏洛陽城初步勘查云：「永寧寺九層浮圖塔基位于寺院正中。今殘存高大夯土臺基，殘高約八米左右。塔基平面呈方形。分三層而上，頂上兩層在今地面上屹立可見。底層夯基近方形，東西約一〇一、南北約九八米，基高約二·一米；中層夯基面積較小，呈正方形，東西、南北各長五〇米，高約三·六米；頂層臺基係用土坯壘砌，呈方形，面積約有十米見方，殘高二·二米。這與水經注所載永寧寺『浮圖下基方十四丈』的面積相近。」（考古一九七三年第四期）】

〔一五〕永寧寺浮圖初建在代都平城。魏書一百十四釋老志：「天安二年……其歲高祖誕載，於時起永寧寺（廣弘明集二載此文作皇興元年，高祖孝武誕載，於恒安北臺起永寧寺），構七級佛圖，高三百餘尺，基架博敞，爲天下第一。」後爲火所焚。又六十七崔光傳：「皇興中，青州七級，亦號崇壯，夜爲上火所焚。」魏遷都後，靈太后又在洛陽興建，更突過前制。釋老志：「肅宗熙平中，於城内太社西起永寧寺，靈太后親率百寮表基立刹。佛圖九層高四十餘丈。其諸費用不可勝計。」又靈皇后胡氏傳：「尋幸永寧寺，親建刹於九級之基，僧尼士女赴者數萬人。」水經穀水注：「永寧寺，熙平中始製也，作九層浮圖。浮圖下基方十四丈，自金露槃下至地四十九丈，取法代都七級而又高廣之。雖二京之盛，五都之富，利剎靈圖未有若斯之構。……其地故曹爽故宅。經始之日，於寺院西南隅得爽窟室，下入土可丈許。地壁悉纍方石砌之。石作細密，都無所毀。其石悉入法用。」可與本書互證。至於浮圖工程主要人員，現可考知者有郭安興。魏書九十一藝術傳：「世宗、肅宗時，豫州人柳儉，殿中將軍關文備、郭安興並機巧。洛中永寧寺製九層浮圖，安興爲匠也。」又有綦母懷文亦曾參加修理工程，續高僧傳三十三勒那漫提傳：「時信州刺史綦母懷文巧思多知，天情博藝，每國家營宮室器械，無所不關。利益公私，一時之最。又敕令修理永寧寺。」

〔一六〕三輔黃圖二：「金鋪，扉上有金華，中作獸及龍蛇鋪首以銜環也。」按即古時之門飾，作獸形以銜金鐶。

〔一七〕魏書十九任城王澄傳云：「靈太后銳於繕興，在京師則起永寧、太上公等佛寺，功費不少。外州各造五級浮圖，又數爲一切齋會，施物動至萬計。百姓疲於土木之功。金銀之價爲之踊上。削奪百官事力，費損庫藏，兼曲費左右，日有數千。」胡后佞佛損民，所費如此，實兆後來爾朱之禍，與此可以互證。

〔一八〕即金鐶鋪首。

〔一九〕三國志魏志三明帝紀：青龍三年三月「大治洛陽宮，起昭陽、太極殿。」初學記二十四：「歷代殿名或沿或革，惟魏之太極，自晉以降，正殿皆名之。摯虞決疑要注云：其制有陛，右城左平。平以文塼相亞次，城者爲階級也。九錫之禮，納陛以登，謂受此陛以登殿。」

〔二〇〕【漢魏洛陽城初步勘查云：「在塔基南北側，各有二層夯築臺基，一層接着一層緊挨相連，從此升階到達中心塔基，它與塔基構成了完整的建築布局。例如南側二層臺階，最南的呈長條形，位處正中，南對寺院南墻正門，夯基距地二·四米，次南的方形臺階，距地僅一·五米，這二座夯築臺階似是『月臺』前階道。北側的二座臺階亦是

如此。這類臺階當是通往中心塔址的南北階道。」「從勘查情況觀察，寺内僧房樓觀主要分佈在九層浮圖的東西兩側。」】

〔一一一〕後漢書六十四梁冀傳：「冀乃大起第舍……窗牖皆有綺疎青瑣。」李賢注：「綺疎謂鏤爲綺文。青瑣謂刻爲瑣文而以青飾之也。」漢書九十八元后傳注：「孟康曰：以青畫户邊鏤中，天子制也。」

〔一一二〕文選三張衡東京賦：「聲教布濩，盈溢天區。」薛綜注：「布濩猶散被也。」

〔一一三〕山名，義譯爲妙高、妙光、安明、善積。佛經言南贍部洲等四大洲之中心，有須彌山，在大海之中，頂上爲帝釋天所居。大智度論七：「須彌山有二天處、四天處、三十三天處。」

〔一一四〕梵名，義譯爲知足，謂於五欲界知止足故。普曜經：「其兜術（即兜率）天有大天宫，名曰高幢，廣長二千五百六十里，菩薩常坐爲諸天人敷演經典。」

〔一一五〕魏書一百十四釋老志：「太安初，有師子國胡沙門邪奢遺多、浮陁難提等五人奉佛像三到京都。……又沙勒湖（當是胡誤）沙門赴京師致佛鉢並畫像迹。」太安是魏文成帝年號，其時尚未遷洛，此所説京都或京師是指平城。但由此可以推知魏都在洛陽時，外國僧人攜來經像必夥。

〔一一六〕文選三東京賦注引洛陽宫舍記：「洛陽有端門。」胡三省通鑑一百三十八注：「端門，宫之正南門。」

〔一一七〕後漢書六十四梁冀傳：「圖以雲氣仙靈。」

〔一一八〕謝朓直中書省詩：「風動萬年枝，日華承露掌。玲瓏結綺錢，深沈映朱綱。」綺錢義與綺疎相近。又文選一班固西都賦：「金釭銜璧，是爲列錢。」李善注：「言金釭銜璧，行列如錢也。」列錢與綺錢義不同，此文似以綺錢爲是。

〔一一九〕營造法式二烏頭門：「唐六典：六品以上仍通用烏頭大門。唐上官儀投壺經：第一箭入謂之初箭；再入謂之烏頭，取門雙表之義。義訓表揭閥閱也。」注：「揭音竭，今呼爲欞星門。」又二十小木作功限：「烏頭門一坐雙扇雙腰串造。」

〔三〇〕此二語本左思吴都賦。李善注：「古之表道，或松或槐。亘，引也。」

〔三一〕詩小雅大田：「有渰淒淒，興雨祁祁。」毛傳：「渰，雲興貌。」

〔三二〕古今注下：「合歡樹似梧桐，枝弱葉繁，互相交結。每一風來，輒自相解，了不相絆綴。樹之階庭，使人不忿。」按即夜合花。【合歡有合昏、夜合、青裳等異名，見本草綱目三十五下。文選五十三嵇康養生論云：「合歡蠲忿，萱草忘憂，賢愚所共知也。」李善注引古今注仝上。此花屬豆科，落葉喬木。二四偶數羽狀複葉。小葉甚多，呈鐮狀，夜間成對相合。夏季開花。此借喻青槐送涼，使人爽快，不待於合歡花夜間發香始然。】

〔三三〕常景，魏書八十二有傳。

〔三四〕魏世宗宣武帝（元恪）第二年號（五〇四——五〇八）。

〔三五〕魏書八世宗紀：「正始元年十二月「己卯，詔羣臣議定律令。」又一百十一刑罰志：「正始元年（五〇四）冬，詔曰：議獄定律，有國攸慎。輕重損益，世或不同。先朝垂心憲典，刊革令軌；但時屬征役，未之詳究，施於時用，猶致疑舛。尚書門下可於中書外省論律令。諸有疑事，斟酌新舊，更加思理。增減上下，必令周備，隨有所立，別以申聞，庶於循變協時，永作通式。」

〔三六〕高綽字僧裕，渤海蓨人，魏書四十八有傳。本傳：「又詔參議律令。」

〔三七〕祖瑩字元珍，范陽遒人，魏書八十二有傳。本傳：「以參議律曆，賜爵容城縣子。」

〔三八〕李琰之字景珍，隴西狄道人，魏書八十二有傳。

〔三九〕彭城王勰字彦和，獻文帝（拓跋弘）第六子，魏書二十一有傳。本傳：「議定律令，勰與高陽王雍八座朝士有才學者五日一集，參論軌制應否之宜。而勰夙侍高祖，兼聰達博聞，凡所裁決，時彦歸仰。」

〔四〇〕劉芳字伯文，彭城叢亭里人，魏書五十五有傳。本傳：「議定律令，芳斟酌古今，爲大議之主。其中損益，多芳意也。」

〔四一〕魏書袁翻傳：「正始初，詔尚書門下於金墉中書外省考論律令。翻與門下録事常景、孫紹、廷尉監張虎、律博士侯堅固、治書侍御史高綽、前軍將軍邢苗、奉車都尉程靈虯、羽林監王元龜、尚書郎祖瑩、宋世景、員外郎李琰之、太樂令公孫崇等並在議限，又詔太師彭城王勰、司州牧高陽王雍、中書監京兆王愉、前青州刺史劉芳、左衛將軍元麗、兼將作大匠李韶、國子祭酒鄭道昭、廷尉少卿王顯等入預其事。」

〔四二〕隋書三十三經籍志：「後魏律二十卷。」程樹德九朝律考後魏律考上從魏書、通典及唐律疏義考得篇目十五，今抄録篇名如後（按語及注從省）：

「魏律篇目：刑名律、法例律、宫衛律、違制律、户律、厩牧律、擅興律、賊律、盜律、鬪律、繫訊律、詐僞律、雜律、捕亡律、斷獄律。」程氏又云：「考晉律、後周律、梁律均有請賕、告劾、關市、水火篇目，似亦魏律所應有。南朝諸律不立婚姻篇目。後周户律之外，别有婚姻律，北齊作婚户，似後魏原有婚姻一篇，周仍其舊，齊則合爲婚户也。」

〔四三〕潘岳字安仁，西晉時著名才人，晉書五十五有傳。

〔四四〕景本傳：「景自少及老，恒居事任，清儉自守，不營産業，至於衣食，取濟而已。耽好經史，愛翫文詞。若遇新異之書，殷勤求訪，或復質買，不問價之貴賤，必以得爲期。」

〔四五〕周延年注：「封暐伯魏書作偉伯，渤海人，字君良。」按魏書三十二有封偉伯傳，但偉伯在正光末爲蕭寶夤所殺，死時年三十六，本傳亦未言官給事。常景死在武定八年，相距二十餘年，偉伯決不能爲其作序。若謂早年所預寫，文集尚未編定，即倩人作序，此例亦罕見。封暐伯當另有其人，周説疑非。

〔四六〕魏書六十七崔光傳云：「（熙平）二年（五一七）八月，靈太后幸永寧寺，躬登九層浮圖。光表諫曰：……今經始既就，子來自勸，基搆已興，雕絢漸起，紫山華臺，即其宫也。伏願息聖躬之勞，廣風靡之化，因立制防，班之條限，以遏囂汙，永歸清寂。下竭肅穆之誠，上展瞻仰之敬。勿踐勿履，顯固億齡。融教闡悟，不其博歟！」

〔四七〕翻譯名義集一：「沙門，或云桑門……此言功勞，言修道有多勞也。什師云：佛法及外道，凡出家者皆名沙門。肇云：出家之都名也。」魏書一百十四釋老志：「諸服其道者，則剃落鬚髮，釋累辭家，結師資，遵律度，相與和居治心修浄，行乞以自給，謂之沙門，或曰桑門，亦聲相近。總謂之僧，皆胡言也。」

〔四八〕菩提達摩是中國禪宗初祖。其生平，自傳燈録流行後，傳説頗多失實。湯用彤漢魏兩晉南北朝佛教史所記傳略（頁七八〇），考訂頗核，今録在後（夾注係依照原文）：「菩提達磨磨亦作摩。者，南天竺人，續傳本傳。或云波斯人。伽藍記。神慧疎朗，聞皆曉悟。志存大乘，冥心虚寂，通微徹數，定學高之。續傳。其來中國，初達宋境南越，末又北度至魏。此語出續傳。據此可知達摩於劉宋時至中國。在洛見永寧寺之壯麗，自云：年百五十歲，歷涉諸國，靡不周遍。而此寺精麗，遍閻浮所無也。極佛境界，亦未有此。口唱南無，合掌連日。伽藍記。又嘗見洛陽修梵寺金剛，亦稱爲得其真相。亦見伽藍記。達摩先遊嵩洛。見續傳慧可傳，後世傳其住少林寺。或曾至鄴。續傳題爲北齊鄴下南天竺僧。又慧可亦鄴中僧。隨其所止，誨以禪教。續傳。常以四卷楞伽授學者，以天平年（五三四至五三七）前滅化洛濱。續傳。或云：遇毒卒。舊唐書神秀傳及寶林傳。」

〔四九〕梵名，亦譯閻浮提。翻譯名義集三世界篇：「大論云：閻浮，樹名，其林茂盛。此樹於林中最大。提名爲洲。此洲上有此樹林。……以閻浮樹，故名爲閻浮洲。此洲有五百小洲圍繞，通名閻浮提。」大唐西域記一：「南贍部洲，舊曰：閻浮提洲。」

〔五〇〕翻譯名義集四衆善行法篇：「南無，或那謨，或南摩。此翻歸命。要律儀翻恭敬。善見論翻歸命覺，或翻信從。」

〔五一〕魏孝明帝（元詡）第四年號（五二五——五二七）。

〔五二〕魏孝莊帝（元子攸）第一年號（五二八）。

〔五三〕爾朱榮字天寶，北秀容人，魏書七十四有傳。

〔五四〕戰國策秦策一：蘇秦説秦惠王曰：「此所謂天府，天下之雄國也。」高誘注：「府，聚也。」

〔五五〕臨洮王（元釗）年號（五二八）。

〔五六〕通鑑一百五十二：梁武帝大通二年（五二七。魏孝明帝孝昌三年）二月「魏肅宗亦惡（鄭）儼、（徐）紇等，逼於太后，不能去。密詔（爾朱）榮舉兵內向，欲以脅太后。……儼、紇恐禍及己，陰與太后謀酖帝。癸丑，帝暴殂」。趙翼二十二史劄記十三云：「孝明帝之崩，本胡太后倖臣鄭儼、徐紇所爲，魏收書及北史本紀皆不見其迹，但云：武泰元年二月癸丑，帝崩於顯陽殿。」按楊衒之是魏臣，故亦爲魏諱，所記與魏收書相同，不如通鑑接近事實。

〔五七〕元天穆爲高涼王孤六世孫，魏書十四有傳。

〔五八〕魏書七十四爾朱榮傳：「高祖羽健……從駕（謂魏太祖）平晉陽，定中山，論功拜散騎常侍。以居秀容川，詔割方三百里封之，長爲世業。……曾祖鬱德、祖代勤繼爲領民酋長。代勤，世祖敬哀皇后之舅。……高宗末，假寧南將軍，除肆州刺史。高祖賜爵梁郡公。……父新興，太和中繼爲酋長。……除右將軍光禄大夫……轉散騎常侍、平北將軍、秀容第一領民酋長。……肅宗世，以年老啓求傳爵於榮，朝廷許之。」自爾朱羽健至榮五世皆受魏官爵，故榮言如此。

〔五九〕帝王墓古稱山陵。水經渭水注：「秦名天子冢曰山，漢曰陵。」此是言肅宗之陵。

〔六〇〕謂并州與肆州，皆爲爾朱榮統治地區。

〔六一〕即謂習射士卒。漢書婁敬傳：「冒頓單于兵彊，控弦四十萬騎。」顔注：「控，引也，謂皆引弓也。」

〔六二〕伊霍謂伊尹與霍光。伊尹，商臣，放湯孫太甲于桐宫，三年，太甲改過，乃復位，見尚書太甲序。霍光，漢臣，廢昌邑王（劉髆），立武帝孫劉詢爲帝，是爲宣帝，見漢書霍光傳。

〔六三〕魏書十四元天穆傳：「六鎮之亂，尚書令李崇、廣陽王深北討。天穆奉使慰勞諸軍，路出秀容。爾朱榮見其法令齊整，有將領氣，深相結託，約爲兄弟。」是結異姓兄弟在謀起兵之前，與衒之説不同。依情理推測，似以魏書説爲合。

〔六四〕左傳昭公十三年：「初，（楚）共王……有寵子五人，無適立焉。乃大有事于羣望，而祈曰：請神擇於五人者使主社稷！乃徧以璧見於羣望曰：當璧而拜者，神所立也。……乃與巴姬密埋璧於大室之庭，使五人齊而長入拜。康王跨之。靈王肘加焉。子干、子皙皆遠之。平王弱，抱而入，再拜皆厭紐。」本文借言爲繼承王位。

〔六五〕晉陽在今山西省太原市。

〔六六〕通鑑一百五十二胡三省注：「魏人立后皆鑄像以卜之。慕容氏謂冉閔以金鑄己像不成，胡人鑄像以卜君，其來尚矣。故爾朱榮效之。」

〔六七〕長樂王子攸即孝莊帝，爲彭城王勰子，初封長樂王。

〔六八〕漢書七十二鮑宣傳：「蒼頭廬兒皆用致富，非天意也。」注：「孟康曰：黎民黔首，黎、黔，皆黑也。……漢名奴爲蒼頭，非純黑，以别於良人也。……臣瓚曰：漢儀注官奴給書計從侍中已下爲蒼頭青幘。」按即謂奴僕。

〔六九〕共剋期契即嚴切限定期約。後漢書七十一鍾離意傳：「意遂於道解徒桎梏，恣所欲過，與剋期，俱至無或違者。」

〔七〇〕漢書一高帝紀：「三老董公遮説漢王曰：……項羽爲無道，放殺其主，天下之賊也。夫仁不以勇，義不以力，三軍之衆，爲之素服，以告之諸侯。爲此東伐，四海之内，莫不仰德，此三王之舉也。漢王曰：善。……於是漢王爲義帝發喪，袒而大哭……兵皆縞素。」皓素與縞素同義（後漢書順帝紀注：「縞，皓也。繒之精白者曰縞。」）此言爲肅宗發喪。

〔七一〕按元天穆墓誌云：「孝昌三年（五二七），牝雞失德，雄雉亂朝，肅宗暴崩，禍由酖毒。天柱（按謂爾朱榮）爲永世恒捍，王實明德茂親，同舉義兵，尅定京邑。」又笱景墓誌云：「乃屬武泰在運，昏后亂政。魏道中微，社稷無主。丞相（謂爾朱榮）以世荷蕃屏，志存匡復，起兵晉陽，問罪伊闕。」此雖出於爾朱黨人諛詞，然大略與史相同。酖毒事亦可補魏書之闕。

〔七二〕在今山西省朔縣。漢書地理志縣在雁門郡。太平寰宇記五十一朔州：「在漢即雁門之馬邑縣。……晉亂，其地爲猗盧所據，晉懷帝時，（劉）琨表以鮮卑猗盧爲大單于，封代公，徙馬邑縣，即其地也。後魏都代地，即今郡，屬畿内。孝文帝遷洛之後，又於今州北三百八十里定襄故城置朔州，領盛樂、廣牧二縣。葛榮之亂，州又廢。」按其時馬邑縣已廢，此是用舊稱。

〔七三〕語本左傳隱公十一年，謂以弱敵强。

〔七四〕宿衛是直宿保衛禁闈者。後漢書耿秉傳：「秉常領禁兵，宿衛左右。」

〔七五〕晉書三十四杜預傳：「預又以孟津渡險有覆没之患，請建河橋于富平津。……及橋成，帝從百寮臨會，舉觴屬預曰：非君此橋不立也。」又四武帝紀：泰始十年九月「立河橋于富平津。」其地當在今河南省孟縣南，自晉至五代，向爲兵争要地。

〔七六〕李神軌小名青肫，頓邱人，魏書六十六有傳。

〔七七〕鄭季明，滎陽開封人，魏書五十六有傳。

〔七八〕據魏書五十六鄭先護傳：「莊帝之居藩也，先護深自結託。及爾朱榮稱兵向洛，靈太后令先護與鄭季明等固守河梁。先護聞莊帝即位於河北，遂開門納榮。」又六十六李神軌傳：「爾朱榮之向洛也，復爲大都督，率衆禦之。出至河橋，值北中不守，遂便退還。尋與百官候駕於河陰，仍遇害焉。」是開城投降者是鄭先護與鄭季明，李神軌未降，且隨同百官至河陰迎駕。此恐是楊衒之傳聞之誤。

〔七九〕芒山即是北邙山，在洛陽故城北。元和郡縣志五河南府偃師縣：「北邙山在縣北二里，西自洛陽縣界東入鞏縣界。舊說云：北邙山是隴山之尾，乃衆山總名，連嶺脩亘四百餘里。」

〔八〇〕河陰故城在今河南省孟津縣東。【元和郡縣志五云：「（河陽）縣西南十三里遮馬隄，即後魏爾朱榮殺朝士千三百餘人於此。」唐河陽縣轄境較廣，跨孟津河南北，後魏河陰故城屬之，今河南孟縣（舊孟津縣）。】

〔八一〕魏書七十四爾朱榮傳：「（四月）十二日，百官皆朝於行宮。十三日，榮惑武衞將軍費穆之說，乃引迎駕百官於行宮西北，云欲祭天。朝士既集，列騎圍遶，責天下喪亂、明帝崩卒之由，云皆緣此等貪虐，不相匡弼所致。因縱兵亂害，王公卿士皆斂手就戮，死者千三百餘人。」又四十四費穆傳：「爾朱榮向洛，靈太后徵穆令屯小平。及榮推奉莊帝，河梁不守，穆遂棄衆先降。穆素爲榮所知，見之甚悅。穆潛說榮曰：公士馬不出萬人，今長驅向洛，前無橫陳者，正以推奉主上順民心故耳。既無戰勝之威，羣情素不厭伏。今以京師之衆，百官之盛，一知公之虛實，必有輕侮之心。若不大行誅罰，更樹親黨，公還北之日，恐不得度太行而內難作矣。榮心然之，於是遂有河陰之事。」

〔八二〕太極即太極殿，注見前。魏書十孝莊紀：「車駕入宮，御太極殿。」

〔八三〕史記三殷本紀：「湯出，見野張網四面，祝曰：自天下四方，皆入吾網。湯曰：嘻，盡之矣！乃去其三面，祝曰：欲左左，欲右右，不用命，乃入吾網。」此借喻行仁政，下大赦令。孝莊紀：「詔曰：……朕躬應茲大命，德謝少康，道愧前緒。猥以眇身，君臨萬國，如涉淵海，罔知所濟。可大赦天下。」即指此事。

〔八四〕山偉字仲才，洛陽人，魏書八十一有傳。本傳：「爾朱榮之害朝士，偉時守直，故免禍。及莊帝入宮，仍除偉給事黃門侍郎。」

〔八五〕通鑑一百五十二胡三省注：「領左右，領左右千牛備身也。」按領左右即領軍左右，總領禁兵，元乂曾爲此官，見下建中寺條。胡説疑非。

〔八六〕詩小雅巷伯：「勞人草草。」鄭箋：「草草者憂將妄得罪也。」

〔八七〕通鑑一百五十二胡三省注「身無官爵，謂之白民，猶言白丁也。郡鎮，郡守鎮將也。」

〔八八〕魏孝莊帝（元子攸）第二年號（五二八——五三〇）。

〔八九〕元顥，北海王詳之子，魏書二十一有傳。

〔九〇〕蕭衍即南朝梁武帝。魏書元顥傳：「武泰初，以顥爲侍中、驃騎大將軍、開府儀同三司、相州刺史以禦（葛）榮。顥至汲郡，屬爾朱榮入洛，推奉莊帝，詔授顥太傅，開府、侍中、刺史、王並如故。顥以葛榮南侵，爾朱縱害，遂盤桓顧望，圖自安之策。……顥既懷異謀……以事意不諧，遂與子冠受率左右奔於蕭衍。」

〔九一〕魏書十孝莊紀：永安二年（五二九）五月「甲戌，車駕北巡。乙亥，幸河內。丙子，元顥入洛」。

〔九二〕禮記禮運：「大道之行也，天下爲公。」此文改變用之，意義恰相反。

〔九三〕易繫辭：「天地設位，聖人成能。人謀鬼謀，百姓與能。」韓康伯注：「人謀，況議於衆以定失得也；鬼謀，況寄卜筮以吉凶也。不役思慮而失得自明；不勞探討而吉凶自著。類萬物之情，通幽深之故，故百姓與能，樂推而不厭也。」孔穎達疏：「天下百姓親與能人，樂推爲主也。」本文禍福與失得、吉凶意義相同。與能義絶即謂百姓不親與賢能推以爲主，正與繫辭傳原義相反。

〔九四〕據史記五帝本紀張守節正義云：「太史公依世本、大戴禮以黄帝、顓頊、帝嚳、唐堯、虞舜爲五帝，譙周、應劭、宋均皆同。而孔安國尚書序、皇甫謐帝王世紀、孫氏注世本並以……少昊、顓頊、高辛、唐、虞爲五帝。」五帝據傳説皆是以繼承或揖讓而得帝位，不藉武力。此與下句無取六軍義相應。

〔九五〕禮記儒行：「雖分國如錙銖，不臣不仕。」鄭注：「言君分國以禄之，視之輕如錙銖矣。八兩曰錙。」釋文：「銖……説文云：權分十黍之重。」易繫辭：「聖人之大寶曰位。」此言輕視帝位。

〔九六〕六合指天地四方。莊子齊物論：「六合之外，聖人存而不論；六合之内，聖人論而不議。」

〔九七〕此是指爾朱榮殺胡太后及幼主事。魏書十三靈皇后胡氏傳：「太后對榮多所陳説，榮拂衣而起。太后及幼主並沈於河。」

〔九八〕此指高陽王雍等被殺在河陰事。詳見下。

〔九九〕魏書十孝莊紀：「車駕巡河，而至陶渚。（爾朱）榮以兵權在己，遂有異志。乃害靈太后及幼主，次害無上王劭、始平王子正，又害丞相高陽王雍，司空公元欽、儀同三司元恒芝、儀同三司東平王略、廣平王悌、常山王邵、北平王超、任城王彝、趙郡王敏、中山王叔仁、齊郡王温，公卿已下二千餘人。」諸王皆是元氏宗族，故言「殆欲無遺」。

〔一〇〇〕陳恒是齊卿，弒害齊簡公（壬）于舒州，事見左傳哀公十四年。後陳氏至田午時（依古本竹書紀年），遂篡奪齊國，立爲諸侯。

〔一〇一〕六卿是晉國之韓、趙、魏、范、中行及智氏。史記三十九晉世家：頃公「十二年，晉之宗家祁傒孫、叔嚮子相惡於君。六卿欲弱公室，乃遂以法滅其族，而分其邑爲十縣，各令其子爲大夫。晉益弱，六卿皆大」。其後六卿自相併奪，祇存韓、趙、魏三家。晉世家又云：「靜公二年，魏武侯、韓哀侯、趙敬侯滅晉侯而三分其地。靜公遷爲家人，晉絶不祀。」

〔一〇二〕孟子滕文公篇：「洪水横流，氾濫於天下。」此是喻國内混亂不寧。

〔一〇三〕兄弟指無上王劭與始平王子正。劭是莊帝兄，子正是弟。遇害事見前注。

〔一〇四〕此言一人孤立無助。書泰誓：「獨夫受洪惟作威。」孟子梁惠王篇：「聞誅一夫紂。」獨夫受即一夫紂。文選十五張衡思玄賦：「孑不羣而介立。」

〔一〇五〕詩周頌酌：「於爍王師，遵養時晦。時純熙矣，是用大介。」毛傳：「遵，率；養，取；晦，昧也。」孔疏：「率此師以取是闇昧之君。」此言爾朱榮待有時機，即欲篡奪。

〔一〇六〕魏書二十一元顥傳：「顥見（蕭）衍泣涕自陳，言辭壯烈。衍奇之，遂以顥爲魏主，假之兵將，令其北入。」

〔一〇七〕建業，故城在今江蘇省南京市，是梁朝京城地。讀史方輿紀要二十江寧縣：「建康城在府治南，本秦秣陵縣地。……獻帝春秋：建安十七年，孫權自京口徙秣陵……改曰建業。吴赤烏十年，繕脩宫室，改作太初宫居之。……晉平吴後爲秣陵。太康三年復分秣陵之水北置建鄴縣，爲丹陽郡治。建興初，改曰建康。」南朝稱其地爲建康，本文是用吴時舊稱。元顥傳：「永安二年（五二九），於梁國城南，登壇燔燎，號孝基元年。」

〔一〇八〕三川，郡名，秦置。漢改爲河南郡，見漢書地理志。其地有河、洛、伊三川。洛陽在漢時屬河南郡。此言攻克河南境地迅速如電。

〔一〇九〕桎梏爲手足刑具。周禮秋官掌囚：「中罪桎梏。」鄭注：「在手曰梏，在足曰桎。」

〔一一〇〕孟子公孫丑篇：「民之悦之，猶解倒懸也。」趙注：「倒懸喻困苦也。」

〔一一一〕按文選四左思蜀都賦：「巴姬彈弦，漢女擊節。」擊節即按拍，此蓋借用作愜心之意。

〔一一二〕爾朱榮是羯族人，故云。

〔一一三〕城皋即成皋。太平寰宇記五十二孟州汜水縣：「成皋故關在縣東南二里。南門名成皋，北門名王路。洛陽記云：洛陽在四關之内，左成皋關。」又名虎牢。水經河水注：「成皋縣之故城在伾上，縈帶伾阜，絶岸峻周，高四十許丈。城張翕險崎而不平。……魯襄公二年，晉成公與諸侯會于戚，遂城虎牢以逼鄭求平也。……秦以爲關，漢乃縣之。」按元顥傳：「莊帝詔濟陰王暉業爲都督，於考城拒之，爲顥所擒。又尅行臺楊昱於滎陽，爾朱世隆自虎牢走退，莊帝北幸。」本文即指此事。

〔一一四〕按左傳桓公十年：「虞叔有玉，虞公求旃……乃獻之。又求其寶劍，叔曰：是無厭也，無厭將及我。遂伐虞公，故虞公出奔共池。」虞公與虞叔爲弟兄，此句疑即用此事，以比喻莊帝懷疑顥貪得無厭。若然，則棄字恐是索字之形譌。索與求義相同。

〔一一五〕文選二十九蘇武詩：「骨肉緣枝葉，結交亦相因。四海皆弟兄，誰爲行路人；況我連枝樹，與子同一身。」此是比喻弟兄關係之密切。

〔一一六〕詩小雅常棣：「兄弟鬩於墻，外禦其侮。」毛傳：「鬩，很也。」鄭箋：「兄弟雖内鬩而外禦也。」

〔一一七〕前書：「脊令在原，兄弟急難。」毛傳：「急難，言兄弟之相救於急難。」前書又云：「凡今之人，莫如兄弟。」

〔一一八〕漢書霍光傳顔注：「一縱一横爲旁午，猶言縱横也。」

〔一一九〕賊莽即謂王莽。王莽篡漢即位，假託禪讓，國號新，見漢書王莽傳。

〔一二〇〕史紀七十陳軫傳云：「(卞)莊子欲刺虎，館竪子止之曰：兩虎方且食牛，食甘必争；争則必鬬。鬬則大者傷，小者死，從傷而刺之，一舉必有雙虎之名。卞莊子以爲然，立須之。有頃，兩虎果鬬，大者傷，小者死。莊子從傷者而刺之，一舉果有雙虎之功。」

〔一二一〕左傳定公四年：「吳爲封豕長蛇，以荐食上國。」杜注：「荐，數也。」

〔一二二〕詩小雅頍弁：「豈伊異人？兄弟匪他。」鄭箋：「豈有異人疏遠者乎？皆兄弟與王至親。」此亦表示兄弟至親，不比旁人。

〔一二三〕漢書賈誼傳臣瓚注：「㠯身從物曰徇。」徇與殉同。此言從爾朱榮之非計。

〔一二四〕史記七十張儀傳：「鄭袖日夜言懷王曰：……妾請子母俱遷江南，毋爲秦所魚肉也。」魚肉意即殺害。

〔一二五〕易坤：「黄裳元吉。」孔疏：「元，大也。」

〔一二六〕魏書八十二祖瑩傳：「元顥入洛，以瑩爲殿中尚書。莊帝還宮，坐爲顥作詔罪狀爾朱榮，免官。」

〔一二七〕水經濁漳水注：漳水「又東逕長子縣故城南，周史辛甲所封邑也。春秋襄公十八年：晉人執衛行人石買于長子，即是縣也。秦置上黨郡治此」。魏書一百六地形志：并州上黨郡「前漢治長子城」。按故城在今山西省長子縣西。

〔一二八〕元延明，安豐王猛之子，魏書二十有傳。本傳：「莊帝時兼尚書令大司馬。及元顥入洛，延明受顥委寄，率衆收河橋。顥敗，遂將妻子奔蕭衍，死於江南。」元延明墓誌：「車駕北巡，事起倉卒，祕事難聞，遂乖奔赴。皇輿南反，誅賞方行，政出權强，深猜俊傑。公方借力善隣，討兹君側。而江南卑濕，地非養賢，隨賈未歸，忽焉反葬，以梁中大通二年三月十日薨於建康，春秋四十七。」所記雖是飾詞，亦可參考。

〔一二九〕通鑑一百五十三胡三省注：「五代志：河南熊耳縣有後魏崤縣，又有硤石山。唐志：陝州硤石縣本崤縣，有硤石塢。」按元和郡縣志六陝州：「硤石縣本漢陝縣地，屬弘農郡。自漢至宋不改。後魏孝文分陝縣東界置崤縣。明帝二年，分陝、崤二縣置崤郡。隋文罷郡，以崤縣屬陝州。大業二年，廢入陝縣。義寧元年，重置，理硤石塢。貞觀中，改名硤石縣。」叙述頗詳，可見唐志之硤石縣，元魏時不稱硤石，其地在今河南省陝縣東南，亦非爾朱兆渡河破元延明處，此是胡氏失考。清嘉慶一統志二百五河南府：「硤石，在孟津縣西二十里。晉永嘉末，魏浚與流人數百家東保河陰之硤石。後魏永安二年，爾朱榮與元顥相持於河上，榮使爾朱兆、賀拔勝自馬渚西硤石夜渡，皆即此。」讀史方輿紀要四十八孟津縣下略同。按照地理言之，當是。

〔一三〇〕太平寰宇記五十二孟州：「河陽郡……在周爲畿内蘇忿生之邑，後爲晉邑。……後屬魏，魏哀王改爲河雍。至漢又爲河陽縣，魏、晉同之，屬河内郡。後入後漢劉聰、後秦姚宏亦如之。」又河陽縣：「縣以在河之北爲名，屬河内郡。今縣西北三十五里有古城，即漢理所。冀州圖云：河陽在河内郡南六十四里，有宮闕，魏、晉如之。」

〔一三一〕爾朱兆字萬仁，榮從子，魏書七十五有傳。

〔一三二〕梁書三十二陳慶之傳：「洛陽陷，慶之馬步數千人結陣東反。（爾朱）榮親自來追。值嵩山水洪溢，軍人死散，慶之乃落鬚髮爲沙門，間行入豫州。」本書卷二平等寺條云：「七月，北海大敗，所將江淮子弟五千盡被俘虜，無一得還。」

〔一三三〕長社，魏書地形志在鄭州潁川郡。讀史方輿紀要四十七河南省許州：「長社廢縣，今州治。漢潁陰縣地，屬潁川郡。東魏武定七年，移潁州及潁川郡治潁陰，改曰鄭州；復置長社縣爲州郡治。」元顥被殺地，孝莊紀作臨潁，墓誌作潁川臨潁縣。按長社與臨潁，魏時同屬潁川郡，地壤接近，故傳聞稍有不同。

〔一三四〕魏書十孝莊紀：永安二年七月「癸酉，臨潁縣卒江豐斬元顥，傳首京師」。據黄文相北史朔閏表是年七月朔爲辛亥，照此推算，癸酉是二十三日。元顥墓誌：「永安三年七月廿一日薨于潁川臨潁縣，時年三十六。」墓誌所記廿一日是元顥被殺日期，孝莊紀之二十三日當是京師得訊日期，可無牴牾。但永安二年與三年相差一年，本書亦在二年，究屬孰誤？按永安三年四月平万俟醜奴與蕭寶夤，七月平王慶雲，九月殺爾朱榮與元天穆，此後擾亂直至莊帝被擒，則元顥事決非三年發生，明甚。若謂元顥以二年失敗，隔年被殺。惟元顥敗走，原欲重投梁朝。決無經年後尚留在臨潁被殺之理。且楊衒之與魏收皆爲當時目擊其事之人，所記相同，不至均誤。所以墓誌之三年或係寫碑人偶誤，不須致疑於此。

〔一三五〕高貴鄉公即曹髦。三國志魏志高貴鄉公紀裴注引漢晉春秋：「帝見威權日去，不勝其忿，乃召侍中王沈、尚書王經、散騎常侍王業謂曰：司馬昭之心，路人所知也。吾不能坐受廢辱，今日當與卿自出討之。……帝遂帥僮僕數百鼓譟而出文王（即司馬昭）第。……中護軍賈充又逆帝戰于南闕下。……太子舍人成濟……即前刺帝，刃出於背。」

〔一三六〕漢獻帝即劉協。後漢書九獻帝紀：「皇帝遜位，魏王丕稱天子，奉帝爲山陽公，邑一萬户，位在諸侯王上。」

〔一三七〕魏書七十四爾朱榮傳：「帝伏兵於明光殿東廊，引榮及榮長子菩提、天穆等俱入。坐定，光禄少卿魯安、典御李侃晞等抽刀而至。榮窘迫，起投御坐，帝先横刀膝下，遂手刃之。安等亂斫榮與天穆、菩提，同時俱死。」此事又可參考本書四宣忠寺條。

〔一三八〕爾朱世隆字榮宗，爲榮從弟，魏書七十五有傳。

〔一三九〕魏書八十三外戚列傳馮熙傳：「熙……信佛法，自出家財在諸州鎮建佛圖精舍……所費亦不貲。而在諸州營塔寺，多在高山秀阜。……其北邙寺碑文中書侍郎賈元壽之詞。」馮熙爵昌黎王，此寺是其營建，因稱爲馮王寺。

〔一四〇〕通鑑一百五十四胡三省注：「爾朱度律時在世隆所，或者拂律歸即度律也。」

〔一四一〕朱瑞字元龍，代郡桑乾人，魏書八十有傳。

〔一四二〕漢書一高帝紀：「又與功臣剖符作誓，丹書鐵契，金匱石室，藏之宗廟。」鐵契即鐵券。淩揚藻蠡酌編：「其制如瓦，外刻履歷恩數之詳，以記其功；中鐫免罪減禄之數，以防其過。字嵌以金，各分左右；左頒功臣，右藏內府，有故則合之以取信。」

〔一四三〕廣雅釋詁：「款，誠也。」不款即無投誠意。

〔一四四〕擊刺是指劍術。史記一百二十七日者列傳：「齊張仲、曲成侯以善擊刺，學用劍，立名天下。」

〔一四五〕易繫辭：「精氣爲物，游魂爲變。」此是言變亂不止。

〔一四六〕魏書七十一李苗傳：「(爾朱)世隆擁榮部曲屯據河橋，還逼都邑。孝莊親幸大夏門，集羣臣博議。百寮恇懼，計無所出。苗獨奮衣而起曰：……請以一旅之衆，爲陛下徑斷河梁。……莊帝壯而許焉。苗乃募人於馬渚上流以舟師夜下。去橋數里，便放火船，河流既駛，倏忽而至。賊於南岸望見火下，相蹴争橋，俄然橋絶，没水死者甚衆。苗身率士卒百許人泊於小渚，以待南援。既而官軍不至，賊乃涉水與苗死鬬。衆寡不敵，左右死盡，苗浮河而歿。」又七十五爾朱世隆傳：「會李苗燒絶河梁，世隆乃北遁。」

〔一四七〕源子恭字靈順，西平樂都人，魏書四十一有傳。

〔一四八〕楊寬字蒙仁，華陰人，魏書五十八、周書二十二有傳。

〔一四九〕讀史方輿紀要四十三山西省澤州：「高都城，在州東三十里。……漢置高都縣，屬上黨郡，魏、晉因之。慕容永置建興郡於此。後魏真君九年省，和平五年後置郡。永安初改置建州，又置高都郡治焉。三年，魏主誅爾朱榮，爾朱世隆自洛城北走至建州，刺史陸希質拒守，世隆攻屠之。」魏書一百六地形志：「建州治高都城。」

〔一五〇〕長廣王曄字華興，小字盆子，南安王楨孫，魏書十九有傳。本傳：「爾朱榮之死也，世隆等奔還并州，與爾朱兆會於建興。乃推曄爲主，大赦所部，號年建明。」

〔一五一〕魏書七十五爾朱兆傳：「子恭下都督史仵龍開壘降兆，子恭退走。兆輕兵倍道從河梁西涉渡，掩襲京邑。」

〔一五二〕魏書十莊帝紀：「爾朱兆、爾朱度律自富平津上率騎涉渡，以襲京城，事出倉卒，禁衛不守。」又七十五爾朱兆傳：「先是河邊人夢神謂己曰：爾朱家欲渡河，用爾作灅波津令，爲之縮水脈。月餘，夢者死。及兆至，有行人自言知水淺處。以草往，往表插而導道焉，忽失其所在，兆遂策馬涉渡。是日，暴風鼓怒，黃塵漲天，騎叩宮門，宿衛乃覺，彎弓欲射，袍撥弦矢不得發，一時散走。」按兆傳所説多怪誕不可信，但由此可見當時人皆以此事出於突然，又爲莊帝戒備疏忽諱飾，遂假託神話以相傳會。此種心理正可與楊氏之評語作互證，故附録在此。

〔一五三〕後漢書二十王霸傳：「（王）郎移檄購光武。……光武即南馳至下曲陽，傳聞王郎兵在後，從者皆恐。及至虖沱河，候吏還白：河水流澌，無船不可濟。官屬大懼。光武令霸往視之。霸恐驚衆，欲且前，阻水，還即詭曰：冰堅可度。官屬皆喜。光武笑曰：候吏果妄語也。遂前。比至河，河水亦合，乃令霸護度。」

〔一五四〕三國志蜀志先主傳裴注引世語：「備屯樊城，劉表禮焉，憚其爲人，不甚信用。曾請備宴會，蒯越、蔡瑁欲因會取備。備覺之，僞如厠，潛遁出。所乘馬名的盧。騎的盧走墮襄陽城西檀溪水中，溺不能出。備急曰：的盧，今日危矣！可努力。的盧乃一踊三丈，遂得過。乘桴渡河，中流而追者至。」按世説新語德行篇注引伯樂相馬經云：「馬白額入口至齒者，名曰榆鴈，一名的盧。奴乘客死，主乘棄市，凶馬也。」的爲旳之俗字。

〔一五五〕左傳文公元年：「楚子將以商臣爲太子，訪諸令尹子上。子上曰：君之齒未也。……且是人也，蠭目而豺聲，忍人也，不可立也。」蠭與蜂同。

〔一五六〕漢書二十五郊祀志：「祠黄帝用一梟破鏡。」孟康注：「梟，鳥名，食母；破鏡，獸名，食母。」破鏡即是獍。此以比喻很戾忘恩之人。

〔一五七〕水經河水注「河南有鉤陳壘……河水于斯有盟津之目。論衡曰：武王伐紂，升舟，陽侯波起，疾風逆流。武王操黄鉞而麾之，風波畢除。中流，白魚入于舟，燔以告天，與八百諸侯咸同此盟，尚書所謂不謀同辭也。故曰孟津，亦曰盟津，尚書所謂東至于孟津者也。又曰富平津。」

〔一五八〕易謙：「天道虧盈而益謙，地道變盈而流謙，鬼神害盈而福謙。」

〔一五九〕文選五十六新漏刻銘注引司馬彪續漢書：「孔壺爲漏，浮箭爲刻。下漏數刻，以考中星昏明星焉。」周禮夏官挈壺氏鄭注：「壺，盛水器也。世主挈壺水以爲漏。」詩齊風東方未明孔疏：「蓋天子備官，挈壺掌漏，雞人告時。」此句言備天子之禮。

〔一六〇〕魏書七十五爾朱兆傳：「兆撲殺皇子，汙辱妃嬪。」

〔一六一〕【釋迦方志下教相篇魏敬宗孝莊帝下云：「造五精舍，一萬石像。」孝莊祚促，尚有興作，臨終猶禮佛，可見時風所染深矣。】

〔一六二〕左傳僖公二十五年：「晉侯請隧。」杜注：「闕地通路曰隧，王之葬禮也。」

〔一六三〕陶潛挽歌詩：「荒草何茫茫，白楊亦蕭蕭。」

〔一六四〕魏孝武帝（元脩）第一年號（五三二）。

〔一六五〕禮記檀弓：「天子之棺四重：水兕革棺被之，其厚三寸。杝棺一，梓棺二。」梓宫即是梓棺。梓宫見漢書六十八霍光傳。顔師古注：「以梓木爲之，親身之棺也。爲天子制，故亦稱梓宫。」

〔一六六〕【黄明蘭洛陽北魏景陵位置的確定和静陵位置的推測云：「一九七六年冬，洛陽市郊區邙山公社上砦大隊平整土地時，在其村南大塚前挖出石人一軀，身高三·一四米。……與此同時出土的還有一石人頭，其面部與石人同。石人出土地點在塚南，相距約十二米。塚高約十五米，直徑約三〇米，因此我們推定此石人當爲陵墓前神道兩側的翁仲。」（文物一九七八年第七期）從出土石人的雕刻手法和藝術形象推定是帝王陵前之翁仲，由此而推測此大塚爲孝莊帝静陵，附有静陵示意圖、静陵石人出土照片及石人照片，詳見該文。静陵即靖陵。】

〔一六七〕古今注中：「薤露、蒿里並哀歌也，出田横門人。横自殺，門人傷之，爲作悲歌。言人命薤上露，易晞滅也；亦謂人死魂魄歸于蒿里。……至孝武時，李延年乃分二章爲二曲，薤露送王公貴人，蒿里送士大夫庶人。使挽柩者歌之，世呼爲挽歌，亦謂之長短歌，言人壽命長短定分不可妄求也。」

〔一六八〕魏孝武帝（元脩）第二年號（五三二——五三四）。

〔一六九〕【漢魏洛陽城初步勘查云：「（永寧）塔其頂層尚殘留地柱痕迹六七個，平面呈正方形，約〇·五米見方。地柱壁燒成青紅色琉泡，其間有木柱殘迹。臺基表面及其周圍盡見灰燼和燒土塊、磚瓦碎片及殘佛像頭等遺物。據當地羣衆説，抗戰期間曾在這裏挖出殘佛像多件。……從今殘存遺迹，説明這座九層樓閣式佛塔，確係毀于烈火。」】

〔一七〇〕凌雲臺詳見本卷瑶光寺條及注。

〔一七一〕南陽王寶炬爲京兆王愉子，即西魏孝文帝，魏書二十二有傳，北史五有西魏文皇帝紀。

〔一七二〕長孫稚字承業，魏書二十五有傳。

〔一七三〕比丘，梵名，意即出家人或脩道人。翻譯名義集一七衆弟子篇：「大論云：比丘名乞士，清浄活命故；復次比名破，丘名煩惱，能破煩惱故；復次比名怖，丘名能，能怖魔王及魔人民。……涅槃説四種比丘：一者畢竟道，二者示道，三者受道，四者汙道。」

〔一七四〕魏書一百十二靈徵志：「出帝永熙三年（五三四）二月永寧寺九層佛圖災，既而時人咸言：有人見佛圖飛入東海。永寧佛圖靈像所在。天意若曰：永寧見災，魏不寧矣。勃海，齊獻武王之本封也。神靈歸海，則齊室將興之驗也。」北齊書二神武紀：「天平元年（按天平是東魏孝静帝年號，元年即孝武帝永熙三年，惟二月佛圖災時，魏尚未分東西，孝静帝亦未即位。北齊繼承東魏，故史追改前號）二月，永寧寺九層浮圖災。既而人有從東萊至，云及海上人咸見之於海中，俄而霧起乃滅。說者以爲天意若曰，永寧見災，魏不寧矣。飛入東海，渤海應矣」。據此，明見此乃諂諛高歡之徒，因永寧火燒，虚搆神話以媚上，仿圖讖符命之例，固不足怪；而象郡之決爲東萊，更無可疑。

〔一七五〕平陽王即魏孝武帝（元脩），原爲平陽王。帝因與高歡不諧，往長安依宇文泰，魏遂分成東、西二國。孝武是西魏尊元脩之謚號，東魏人不稱，呼作出帝或用元脩即位前爵號，故魏收書作出帝平陽王。衒之是東魏臣，因亦同稱。【北史五孝武皇帝紀云：「諱脩，字孝則，廣平武穆王懷之第三子也。……永安三年封平陽王。」其即位爲帝事見本書卷二平等寺及注。】

〔一七六〕斛斯椿字法壽，廣牧富昌人，魏書八十有傳。

〔一七七〕北史五孝武皇帝紀：永熙三年（五三四）五月「帝内圖高歡，乃以斛斯椿爲領軍，使與王思政等統之，以爲心膂。軍謀朝政，咸決於椿。……辛卯，下詔戒嚴，揚聲伐梁，實謀北討。……秋七月己丑，帝親總六軍十餘萬，次河橋。高歡引軍東度。景（即丙字，避唐諱）午，帝率南陽王寶炬、清河王亶、廣陽王湛、斛斯椿以五千騎宿於瀍西楊王別舍……衆知帝將出，其夜亡者過半，清河、廣陽二王亦逃歸。略陽公宇文泰遣都督駱超、李賢和各領數百騎赴，駱超先至。戊申，賢和會帝於崤中。己酉，高歡入洛，遣婁昭及河南尹元子思領左右侍官追帝，請迴駕。……八月，宇文泰遣大都督趙貴、梁禦甲騎二千來赴，乃奉迎。帝過河謂禦曰：此水東流，而朕西上！若得重謁洛陽廟，是卿等功也。帝及左右皆流涕。宇文泰迎帝於東陽，帝勞之，將士皆呼萬歲。遂入長安」。

〔一七八〕遷鄴事見篇首序注。

建中寺，普泰〔一〕元年，尚書令樂平王爾朱世隆〔二〕所立也。本是閹官司空劉騰〔三〕宅。屋宇奢侈，梁棟踰制，一里之間，廊廡充溢，堂比宣光殿〔四〕，門匹乾明門〔五〕，博敞弘麗，諸王莫及也。在西陽門内御道北，所**校**吴琯本、漢魏本無所字。謂延年里劉騰宅〔六〕。東有太僕寺〔七〕，寺東有乘黄署〔八〕，署東有武庫署〔九〕，即魏相國司馬文王〔一〇〕府，庫**校**吴琯本、漢魏本、真意堂本庫上有武字。東至閶闔宫**校**吴琯本、漢魏本、真意堂本無宫字。案元河南志三：「武庫署在乘黄署東，東至宫門。」則此當有宫字。門是也。

西陽門内御道□(南)**校**緑君亭本、真意堂本空格作南。吴琯本、漢魏本不空格。按元河南志三：「永康里在西陽門御道南。」則南字是，今據補。有永康里。里内復有領軍將軍元乂〔一一〕**校**照曠閣本、吴集證本、張合校本作乂，元河南志三亦作乂。吴琯本、漢魏本、真意堂本作義，下同。説詳注。宅。掘**校**元河南志三掘作穿。故井得石銘，云是漢太尉荀彧〔一二〕宅。正光〔一三〕年中，元乂專權，太后幽隔永巷〔一四〕，騰爲謀主〔一五〕。乂是江陽王繼〔一六〕之子，太后妹壻〔一七〕。熙平初，明帝幼沖，諸王權**校**吴琯本、漢魏本、真意堂本權作勸。上。太后拜乂爲侍中領軍左右，令總禁兵，委以腹心〔一八〕，反得幽隔永巷六年〔一九〕。太后哭曰：「養虎自齧，長虺成蛇〔二〇〕。」至孝昌二 校 吳琯本、漢魏本、真意堂本無二字。吳集證云：「按綱目太后反政在元年，此作二，疑缺誤也。」按此當是記元乂被誅之年，連敍及太后反政事，説見注。年，太后反政，遂誅乂等〔二一〕，没騰田宅。元乂誅日，騰已物故，太后追思騰罪，發墓殘尸〔二二〕，使其神靈無所歸趣〔二三〕。校 吳琯本、漢魏本、真意堂本作聚。以宅賜高陽 校 吳琯本、漢魏本、真意堂本無高陽二字，非。王雍〔二四〕。（雍薨，太原王爾朱榮停憩其上，榮被誅。）校 各本皆無。説郛四有此十五字。按下文云「爾朱世隆爲榮追福」，與此義正相應。有之當是，今據以補。建義（明）校 吳集證云：「義當作明。」按建義是莊帝第一年號，時爾朱榮尚未死，決非。建明爲東海王曄年號，考下文相合，吳説是也。今從之。元年，尚書令樂平王〔二五〕爾朱世隆爲榮追福，題以爲寺，朱門黄閣，所謂僊居也。以前廳爲佛殿，後堂爲講室，校 吳琯本、漢魏本室作堂。金花寶蓋，遍滿其中。有一涼風堂，本騰避暑之處，淒涼常冷，經夏無蠅，有萬年千歲之樹也〔二六〕。

〔注釋〕

〔一〕魏節閔帝（元恭）年號（五三一）。

〔二〕爾朱世隆見上永寧寺條注。

〔三〕劉騰，平原人，魏書九十四閹官列傳有傳。本傳：「騰幼充宮役，手不解書，裁知署名而已。姦謀有餘，善射人意。靈太后臨朝，特蒙進寵，多所干託，內外碎密，棲棲不倦。」

〔四〕宣光殿，魏殿名。元河南志三：「劉騰廢靈太后於此殿。」

〔五〕乾明門，元河南志三：「宮東門。」

〔六〕魏書九十四劉騰傳：「騰之初治宅也，奉車都尉周特爲之筮，不吉，深諫止之。騰怒而不用。特告人曰：必困於三月四月之交。至是果死。廳事甫成，陳屍其下。」所説雖不全可信，但可知此宅完成日，劉騰即死。

〔七〕前書：「靈太后臨朝，以與于忠保護之勳，除崇訓太僕，加中侍中。」據此，太僕寺即是劉騰之辦公處所。

〔八〕乘黄即是飛黄，馬名。淮南子覽冥訓高誘注：「飛黄，乘黄也。出西方，狀如狐，背上有角，壽千歲。」通典二十五：「乘黄署，後漢太僕有未央厩令。魏改爲乘黄厩。乘黄古之神馬，因以爲名。晉以下因之。」

〔九〕漢時官有武庫丞，隸屬於執金吾，見漢書百官公卿表及漢官儀上。此沿襲漢名，是管藏兵器之官署。

〔一〇〕司馬文王即司馬昭，晉書三有紀。

〔一一〕元义魏書十六有傳。近出土元乂墓誌作元乂，羅振玉松翁近稿跋云：「傳稱义字伯儁小字夜义。傳中載咸陽王禧子樹在梁遺公卿百僚書有元义本名夜义，弟羅實名羅刹語，似其名當是夜叉之叉，故史作义，不作乂。然以字伯儁考之，殆取儁乂之義，則誌作乂者是，史作义者非也。」趙萬里漢魏南北朝墓誌集釋云：「魏書、北史及近出元玕墓誌俱作叉，乃小字夜义之省，蓋其初名。此誌與洛陽伽藍記作乂，則後來改名也。」按宋本魏書作元义，元大德本北史作元叉。考宋元俗字有义與乂，皆爲義之别寫，見劉復宋元以來俗字譜，疑其來源出於六朝别體。义、乂、義三字相通，吴琯等本作義可證。叉字乃隨筆之誤。羅趙二氏説疑非。

〔一二〕荀彧字文若，三國時人，三國志魏志十及後漢書一百有傳。

〔一三〕魏肅宗孝明帝（元詡）第三年號（五二〇——五二五）。

〔一四〕北史四魏肅宗孝明帝紀：正光元年「七月景（即丙字）子，侍中元义、中常侍劉騰奉帝幸前殿，矯皇太后詔，歸政遜位。乃幽皇太后北宮，殺太傅清河王懌，總勒禁旅，決事殿中。」永巷，三輔黃圖六：「永，長也；宮中之長巷，幽閉宮女之有罪者。」

〔一五〕魏書九十四閹官列傳劉騰傳：「吏部嘗望騰意，奏其弟爲郡帶戍，人資乖越，清河王懌抑而不與。騰以爲恨，遂與領軍元乂害懌，廢太后於宣光殿。宮門晝夜長閉，内外斷絶，騰自執管鑰，肅宗亦不得見，裁聽傳食而已。太后服膳俱廢，不免饑寒。……乂以騰爲司空公，表裏擅權，共相樹置。乂爲外禦，騰爲内防，迭直禁闥，共裁刑賞。」

〔一六〕元繼字世仁，南平王霄子，爲江陽王根後，襲封江陽王，乂是其長子，魏書十六有傳。

〔一七〕魏書十六元乂傳：「靈太后臨朝，以乂妹夫，除通直散騎侍郎。乂妻封新平郡君，後遷馮翊郡君，拜女侍中。乂以此意勢日盛。」元乂墓誌：「道武皇帝之玄孫，太師京兆王之世子，尚宣武胡太后妹。」

〔一八〕元乂傳：「尋遷侍中，餘官如故，加領軍將軍。既在門下，兼總禁兵，深爲靈太后所信委。」

〔一九〕胡太后以正光元年（五二〇）七月被幽禁，正光六年（五二五）四月復位攝政，計被幽時期爲六年。

〔二〇〕虺，小蛇。國語吳語：「爲虺弗摧，爲蛇將若何？」韋昭注：「虺小蛇大也。」

〔二一〕魏書九孝明帝紀：孝昌元年（五二五）四月（按是年六月始改元爲孝昌，四月尚爲正光六年，魏書追改前元，史例如此）「辛卯，皇太后復臨朝攝政，引羣臣面陳得失，詔曰：……騰身既往，可追削爵位。乂之罪狀，誠合徽纆，但以宗枝舅戚，特加全貸，可除名爲民」。又十六元乂傳：「未幾有人告乂及其弟爪謀反……靈太后以妹壻之故，未忍便決。……羣臣固執不已，肅宗又以爲言，太后乃從之，於是乂及弟爪並賜死於家。」元乂墓誌：「孝昌二年三月廿日，詔遣宿衛禁兵二十人夜圍公第……與第五弟給事中山賓（按魏書元爪傳爪字景邕，給事中。與誌不同）同時遇害，春秋卌有一。」是太后反政時，元乂未即被殺。此文孝昌二年正與墓誌乂被殺時期相合，可得一證。

〔二二〕魏書九十四閹官列傳劉騰傳：「太后反政，追奪爵位，發其冢，散露骸骨，没入財產。」

〔二三〕【按元乂墓在今洛陽市北前海資村東南，於一九二五年被人發掘，墓石出于此時。其後一九七四年一月，洛陽博物館二次發掘，墓内發見有星象圖等，見文物一九七四年第十二期河南博物館之河南洛陽北魏元乂墓調查。是發墓殘尸，不過泄一時之憤，其後猶以殘骸墓葬。】

〔二四〕高陽王雍字思穆，獻文帝（拓跋弘）之子，魏書二十一有傳。

〔二五〕魏書七十五爾朱世隆傳：「推長廣王曄爲主。曄以世隆爲開府儀同三司尚書令、樂平郡王。」

〔二六〕洞冥記二：「元鼎元年，起招仙閣。……進⿰山房嵻山細棗，出⿰山房嵻山，山臨碧海上，萬年一實，如今之軟棗，咋之有膏。」初學記二十八引玉策記：「千歲松樹四邊披起，上杪不長，望而視之，有如偃蓋。」又引廣志：「千歲老松子，色黃白，味似栗，可食。」但細繹本文，蓋言有年久老樹，誇稱萬年千歲，以與上文「所謂僊居也」相應，似不必定指何樹。

長秋寺，劉騰所立也。騰初爲長秋〔一〕**校**吳琯本作春，誤。[令]**校**說郛四無令字。按魏書騰傳「爲大長秋卿」。官氏志第三品有大長秋卿。長秋令卿未見他書，令字當從說郛衍。卿，因以爲名。在西陽門**校**漢魏本西作南。按各本皆作西，西陽門見於衒之序後所叙各門中。漢魏本誤。内御道北一里，亦在延年里，即是晉中朝〔二〕時金市〔三〕處。

寺北有濛汜池〔四〕，夏則有水，冬則竭矣。中有三層浮圖一所，金盤靈刹〔五〕，曜諸城内。作六牙白象負釋**校**吴琯本、漢魏本、真意堂本釋作什。迦〔六〕在虚空**校**吴琯本、漢魏本無空字。中〔七〕。莊嚴佛事〔八〕，悉用金玉。工作**校**吴琯本、漢魏本工作作「作工」。之異，難可具陳。四月四日，此像常出〔九〕，辟邪師子〔一〇〕導引其前。吞刀吐火〔一一〕，騰驤一面；綵幢上索〔一二〕，詭譎不常。奇伎異服，冠於都市。像停之處，觀者如堵，迭相踐躍，常有死人。

〔注釋〕

〔一〕漢書十九百官公卿表「大長秋」。顔師古注：「秋者收成之時；長者恒久之義，故以爲皇后官名。」

〔二〕中朝是稱西晉都洛陽時，世説新語及晉書亦常用之。

〔三〕太平御覽一百九十一引洛陽記：「金市在大城西。」又云：「按金市在臨商觀西，兑爲金，故曰金市。」水經穀水注引洛陽記：「陵雲臺西有金市，金市北對洛陽壘。」

〔四〕元河南志二魏城闕宫殿古蹟：「明帝於宫西鑿池以通御溝，義取日入濛汜爲名。至晉張載作賦曰：幽瀆傍集，潛流獨注。澹淡滂沛，更來迭去，仰承河漢，吐納雲霧。」又魏書一百十四釋老志：「魏明帝曾欲壞宫西佛圖，外國沙門乃金盤盛水，置於殿前，以佛舍利投之於水，乃有五色光起。於是帝歎曰：自非靈異，安得爾乎？遂徙於道，爲作周閣百間，佛圖故處鑿爲濛汜池，種芙蓉於中。」

〔五〕金盤靈刹即前永寧寺下云：「刹上有金寶瓶……寶瓶下有承露金盤。」此乃浮圖頂上之形製。

〔六〕魏書一百十四釋老志：「所謂佛者，本號釋迦文者，譯言能仁，謂德充道備堪濟萬物也。」此處釋迦即言佛像。

〔七〕法苑珠林十四千佛篇引因果經云：「爾時菩薩欲降母胎，即乘六牙白象發兜率宫，無量諸天作諸妓樂，燒衆名香，散天妙華，隨菩薩滿虚空中，放大光明，普照十方，以四月八日明星出時，降神母胎。」此佛像即據此經故事刻作。

〔八〕金剛般若波羅密經：「菩薩莊嚴佛土不？」華嚴經探玄記三：「莊嚴有二義：一是具德義，二是交飾義。」按本文是用第二義。

〔九〕按法顯傳于闐國云：「法顯等欲觀行像，停三月日。其國中十四大僧伽藍，不數小者。從四月一日，城裏便灑掃道路，莊嚴巷陌。其城門上張大幃幕，事事嚴餝，王及夫人采女皆住其中。瞿曇帝僧是大乘學，王所敬重，最先行像。離城三四里，作四輪像車，高三丈餘，狀如行殿。七寶莊校，懸繒幡蓋。像立車中，二菩薩侍，作諸天侍從，皆金銀雕瑩，懸於虚空。像去門百步，王脱天冠，易着新衣，徒跣持華香，翼從出城迎像。頭面禮足，散花燒香。像入城時，門樓上夫人采女遥散衆華，紛紛而下。如是莊嚴供具，車車各異。一僧伽藍則一日行像，白月一日爲始，至十四日行像乃訖。」是知四月行像，日期各異，故此寺以四月四日，昭儀寺以四月七日（見後），而七日諸像皆會於景明寺（見本書三景明寺下），當亦沾染西域風氣所致。

〔一〇〕辟邪、師子，並獸名。漢書九十六西域傳：「烏弋山離國王「有桃拔、師子、犀牛。」孟康注：「桃拔一名符拔，似鹿長尾，一角者或爲天鹿，二角或爲辟邪。師子似虎，正黄有髯耏，尾端茸毛大如斗。」師子即獅子。此是百戲化裝，非真獸。

〔一一〕此言幻伎。文選二張衡西京賦：「吞刀吐火，雲霧杳冥。」太平御覽七百三十七引崔鴻北涼録：「元始十四年七月，西域貢吞刀吐火祕幻奇伎。」

〔一二〕文選二張衡西京賦：「跳丸劍之揮霍，走索上而相逢。」薛綜注：「索上長繩繫兩頭於梁，舉其中央，兩人各從壹頭上交相度，所謂儛絙者也。」抱朴子十二辨問篇：「使之跳丸弄劍，踰鋒投狹，履絙登幢，擿盤緣案……凡人爲之，而周、孔不能，况過於此者乎？」按本文綵字疑即今北方人呼踩蹻之踩，音同通用。綵幢上索與上文「吞刀吐火」句爲對文，義即葛洪所説「履絙登幢」。魏書一百九樂志云：「（天興）六年（四〇三）冬，詔太樂、總章、鼓吹，增修雜伎，造五兵、角觝、麒麟、鳳皇、仙人、長虵、白象、白虎及諸畏獸、魚龍、辟邪、鹿馬、仙車、高絙、百尺、長趫、緣橦、跳丸、五案，以備百戲，大饗設之於殿庭，如漢、晉之舊也。」（高絙、百尺、長趫、緣橦當即綵幢上索。）是元魏百戲傳之已久。

瑶光寺，世宗宣武皇帝〔一〕所立，在閶闔城 校 吴琯本、漢魏本、真意堂本無城字。吴集證云：「按此言城門，所以別宫前之閶闔門也。各本俱脱去城字，誤也。」門御道北，東去千秋門〔二〕二里。

千秋門内道北有西游園，園 校 吴琯本、漢魏本、真意堂本園字不重。中有淩雲臺，即是魏文帝所築者〔三〕。臺上有八角井，高祖於井北造涼風觀，登之遠望，校 吴琯本、漢魏本遠望作「望遠」。目極洛川；臺下有碧海曲池；臺東有 校 吴琯本漢魏本無有字。宣慈觀，去地十 校 吴琯本、漢魏本、真意堂本十上有一字。丈。觀東有靈芝釣臺〔四〕，累木爲之，出於海中〔五〕，去地二十丈。風生户牖，雲起梁棟，丹楹刻桷，圖寫列僊。刻石爲鯨魚〔六〕，背負釣 校 吴琯本、漢魏本釣作鈎，誤。臺，既如從地踊出，又似空中飛下。釣臺南有宣光殿〔七〕，北有嘉福殿〔八〕，西有九龍殿，殿前九 校 吴琯本、漢魏本、真意堂本九作有。龍吐水成一海〔九〕。凡四殿，皆有飛閣向靈芝 校 吴琯本、漢魏本、真意堂本芝下有臺字。往來。三伏〔一〇〕之月，皇帝在靈芝臺以避暑。

有五層浮圖一所，去地五十丈〔一一〕。僊掌淩虚〔一二〕，鐸垂雲表，作工之妙，埒美永寧。講殿校吴琯本、漢魏本、真意堂本殿作堂。尼房，五百餘間，綺疏〔一三〕連亘，户牖相通，珍木香草，不可勝言。牛筋〔一四〕狗骨〔一五〕之木，雞頭〔一六〕鴨脚〔一七〕之草，亦悉備焉。椒房〔一八〕嬪御，學道之所，掖庭〔一九〕美人，並在其中〔二〇〕。亦有名族處女，性愛道場，落髮辭親，來儀〔二一〕校各本儀作依。吴集證本作儀。説郛四亦作儀。此寺，屏珍麗之飾，服修道之衣，投心入（八）校吴琯本、緑君亭本、真意堂本作八。吴集證云：「按大品經説八正，曰正見、正思維、正語、正業、正命、正精進、正念、正定，則此入字當作八。」按八正與下一乘句爲對文，吴説是，今據正。正，歸誠一乘〔二二〕。永安三年中，爾朱兆入洛陽〔二三〕，縱兵大掠，時有秀容胡騎〔二四〕數十校吴琯本、漢魏本十下有人字。入瑶光校吴琯本、漢魏本、真意堂本無瑶光二字。寺婬穢。自此後頗獲譏訕。校吴琯本、漢魏本、真意堂本訕作誚。京師語曰：「洛陽男校吴琯本、漢魏本、真意堂本男作女。兒急作髻〔二五〕，瑶光寺尼奪作校吴琯本、漢魏本、真意堂本作作女。壻。」

瑶光寺北有承明門〔二六〕，有金墉城，即魏氏所築〔二七〕。（晉永康中，惠帝幽于金墉城。東有洛陽小城，永嘉中所築。）〔二八〕校此二十二字，各本皆有，吴集證本無，與此同。今據各本補。唐鈎沈本「晉永康中惠帝幽於金墉城」十一字補在「有金墉城」句下，「東有洛陽小城永嘉中所築」十一字補在文末「有如雲也」句下。城東北角有魏文帝百尺樓〔二九〕，年雖校吴琯本、漢魏本、吴集證本雖作歲。久遠，形製如初。校吴琯本、漢魏本、真意堂本製作制，同。高祖在城内作光極殿，因名金墉城門爲光極門〔三〇〕。又作重樓飛閣，遍城上下，從地望之，有如雲也〔三一〕。

〔注釋〕

〔一〕魏世宗宣武帝名恪，魏書八有紀。

〔二〕吴若準集證：「按水經注：千秋門，右宫門也。」元河南志三：千秋門「宫西門，西對閶闔門。」

〔三〕三國志魏志二文帝紀：黄初二年「是歲築陵雲臺。」元河南志二魏城闕宫殿古蹟：「陵雲臺，文帝黄初二年築，在宣陽門内，韋誕題名榜，經日髮白，爲轆轤絞上。楊龍驤洛陽記曰：高二十丈（按藝文類聚六十二、太平御覽一百七十七引，皆作二十三丈），登之見孟津。世説曰：陵雲臺樓觀極精巧，先稱平衆材，輕重當宜，然後造構，乃無錙銖，遞相負揭。臺雖高峻，常隨風摇動，而終無崩壞。明帝登臺，懼其勢危，别以大材扶持之，樓即便頽壞。論者謂輕重力偏故也。」按陵雲臺至後魏時尚在，不聞有崩壞或重修事，世説之語恐不可信。又世説巧藝篇注引洛陽宫殿簿：「陵雲臺上壁方十三丈，高九尺；樓方四丈，高五丈；棟去地十三丈五尺七寸五分也。」元河南志二晉城闕宫殿古蹟引述征記：「臺有明光殿，西高八丈，累塼作道，通至臺上。登臺迴眺，究觀洛邑，暨南望少室，亦山岳之秀極也。」

〔四〕三國志二魏志文帝紀：「黄初三年「是歲穿靈芝池。」太平御覽六十七引晉宫閣名：「靈芝池廣長百五十步，深二丈，上有連樓飛觀，四出閣道釣臺，中有鳴鶴舟、指南舟。」

〔五〕海中指碧海曲池。

〔六〕漢宫昆明池有石鯨魚。文選二張衡西京賦：「鯨魚失流而蹉跎。」李善注引三輔舊事：「清淵北有鯨魚，刻石爲之，長三丈。」杜甫秋興詩：「昆明池水漢時功，武帝旌旗在眼中。織女機絲虚月夜，石鯨鱗甲動秋風。」亦即謂之。此當是模倣前代製造而精巧過之。

〔七〕宣光殿見前建中寺條注。

〔八〕嘉福殿是三國魏殿名。魏文帝（曹丕）、明帝（曹叡）皆死在此殿，見三國魏志本紀。

〔九〕三國志魏志二十五高堂隆傳：「青龍中，大治殿舍。……帝遂復崇華殿，時郡國有九龍見，故改曰九龍殿。」又明帝紀裴注引魏略：「（青龍三年）通引穀水過九龍前，爲玉井綺欄，蟾蜍含受，神龍吐出。使博士馬均作司南車，水轉百戲。歲首建巨獸，魚龍曼延，弄馬倒騎，備如漢西京之制。」此是三國魏時引穀水穿九龍池之大概。水經穀水注：「渠水……又枝流入石，逗伏流注靈芝九龍池。魏太和中，皇都遷洛陽，經構宫極，脩理街渠，務窮幽（據趙校釋本）隱，發石視之，曾無毁壞。又石工細密，非今之所擬，亦奇爲精至也。遂因用之。」據此，則後魏之靈芝與九龍池建築，皆是承襲曹魏時舊基而增飾之。

〔一〇〕廣韻入聲一屋伏字：「歷忌釋（原作歷也釋名，此從顧廣圻校）曰：伏者何？金氣伏藏之日。金畏火，故三伏皆庚日。」

〔一一〕按本書所舉浮圖之高度，多作溢辭，不可拘執。説詳永寧寺條永寧浮圖高九十丈校語，以後不重論。

〔一二〕漢書二十五郊祀志：「又作柏梁銅柱承露仙掌之屬矣。」蘇林注：「僊人以手掌擎盤承甘露。」文選一班固西都賦：「抗仙掌以承露，擢雙立之金莖。」本文借喻浮圖刹上之金盤，形製見永寧寺條。

〔一三〕綺疏見前永寧寺條注。

〔一四〕陸璣毛詩草木鳥獸蟲魚疏上：「杻，檍也。葉似杏而尖，白色，皮正赤，爲木多曲少直，枝葉茂好。……人或謂之牛筋，或謂之檍，材可爲弓弩榦也。」

〔一五〕前書：「枸樹，山木，其狀如櫨，一名枸骨。」按枸字與狗音同，可以相通，故本文作狗骨。又方以智通雅四十三云：「顧野王曰：枸榾木中箭，謂其有刺。今此樹到處有之，曰貓頭刺，冬不凋，大者可充黃楊製器。時珍言狗骨與冬青相亂。枸榾葉長，四方而有八稜，稜有刺，與冬青遠甚。」此又一說，是也。今公園種之，或謂之聖誕樹。至廣雅釋草之「草麻黃莖，狗骨也」則爲草類，與此不同。

〔一六〕方言三：「䓈芡，鷄頭也。北燕謂之䓈，青、徐、淮、泗之間謂之芡，南楚江、湘之間謂之雞頭。」

〔一七〕齊民要術三種葵注：「按今世葵有紫莖白莖二種，種別，復有大小之殊，又有鴨脚葵也。」

〔一八〕文選一班固西都賦：「後宮則有掖庭椒房，后妃之室。」李善注引三輔黃圖：「長樂宮有椒房殿。」漢書車千秋傳顔注：「椒房，殿名，皇后所居也。以椒和泥塗壁，取其温而芳也。」

〔一九〕掖庭亦是后妃居室。西都賦注引漢官儀：「婕妤以下皆居掖庭。」

〔二〇〕按後魏皇后出家爲尼居瑶光寺者有孝文廢皇后馮氏、宣武皇后高氏與孝明皇后胡氏，皆見魏書皇后傳。則其他妃嬪及貴族婦女在此寺出家者，其數之多，可以推知，所以本文云然。【三原于氏鴛鴦七誌齋藏石有魏瑶光寺尼慈義墓誌銘，其文云：「尼諱英，姓高氏，勃海條人也，文照皇太后之兄女，世宗景明四年，納爲夫人正妃。五年，拜爲皇后。帝崩，志願道門，出爲尼，以神龜元年九月廿四日薨於寺。十月十五日遷葬於芒山。弟子法王等一百人，痛容光之日遠，懼陵谷之有移，敬銘泉石，以誌不朽。其辭曰：三空杳眇，四果修綿。得門其幾，惟哲惟賢！猗與上善，獨悟斯緣！出塵解累，業道西禪。方窮福養，永保遐年。如何弗壽，禍降上天！徒衆號慕，涕泗漣連！哀哀戚屬，載擗載援。長辭人世，永即幽泉！式銘玆石，芳猷有傳。」此尼即宣武皇后高氏，後爲靈太后胡氏所害。魏書皇后列傳云：「天下冤之。喪還瑶光佛寺，殯葬皆以尼禮。」此可與史互證。】

〔二一〕書益稷：「鳳皇來儀。」孔傳：「儀，有容儀。」

〔二二〕一乘見篇首序注。

〔二三〕此指爾朱兆自雷陂渡河，擒莊帝（元子攸）於式乾殿事，見前永寧寺條。

〔二四〕秀容，地名，指北秀容，爲爾朱氏所居。魏書一百六地形志秀容郡屬肆州，有秀容城。地在今山西省朔縣西北。或言秀容即美容。

〔二五〕説文新附字：「髫，總髮也。」

〔二六〕承明門爲魏高祖孝文帝（拓跋宏）所闢，見篇首原序。

〔二七〕水經穀水注：「穀水又東逕金墉城北，魏明帝于洛陽城西北角築之，謂之金墉城。」又：「皇居創徙，宮極未就，止蹕于此（按即金墉城），構宵榭于故臺，所謂臺以停停也。南曰乾光門，夾建兩觀，觀下列朱桁千塹以爲御道。東曰含春門，北有𨗉門。城上西面列觀，五十步一睥睨。屋臺置一鐘以和漏鼓。西北連廡函蔭，墉比廣樹。炎夏之日，高祖（原作視，今從全、戴校改）常以避暑，爲緑水池一所在金墉也。」【漢魏洛陽故城初步勘查云：「經過勘查發見了三座小城，各有墻垣，并結連爲一整組建築。它北靠邙山，南依大城，墻垣寬厚而堅實，地勢高亢而險要，城小而固，實爲洛陽城的軍事要塞。」又云：「三座小城連在一起，平面略呈『目』字形，南北長約一〇四八，東西寬約二五五米，總面積約二六萬平方米。甲城位處最北，依靠邙山，地勢較高，面積亦較大，保存較完整。四面墻垣依然屹立于地面之上，西北角墻垣殘高六米左右，係版築夯墻，土質純淨，結實堅固，寬約一二——一三米。乙城介於甲丙之間，隻立東西墻，聯接甲、丙城，地勢狹長而平坦，墻基多已埋入地下，寬約一二米，土質髒黑，夯築堅實。丙城于大城西北隅，呈南北長方形，土質純淨，夯打得也很堅固。三座小城外皆有隆凸的『墻垛』建築，其中大部份已經破壞了，現存十一座。……這種『墻垛』是屬于防御性的設施。在甲城的四周和乙、丙城外，均見河水環流，與水經注的記載完全可以得到印證。」】

〔二八〕讀史方輿紀要四十八河南府洛陽縣：「金墉城，故洛陽城西北隅也；魏明帝築。……嘉平六年，司馬師廢其主芳，遷于金墉。延熙二年，魏主禪位於晉，出舍金墉城。晉楊后及愍懷太子至賈后之廢，皆遷金墉。永康二年，趙王倫篡位，遷惠帝自華林西門出居金墉城，改曰永昌宮。其後每有廢置，輒于金墉城内（下略）。」永康是晉惠帝（司馬衷）第三年號（三〇〇——三〇一）。水經穀水注：「穀水逕洛陽小城北，因阿舊城，憑結金墉，故向城也。永嘉之亂，結以爲壘，號洛陽壘。故洛陽記曰：陵雲臺西有金市，金市北對洛陽壘者也。」永嘉見篇首原序注。

〔二九〕水經穀水注：「魏文帝（戴校本删此三字）起層樓于東北隅。」趙一清校釋云：「寰宇記西京洛陽城下云：金墉城内，在故城西北角，魏明帝所築也。洛陽地圖云：金墉城内有百尺樓。一清按西北角之上當是叙洛陽故城，今本失之。又城爲明帝築，則層樓不應云文帝起也。蓋亦明帝之衍文。」按本文亦作魏文帝。考太平御覽一百七十六引洛陽地記：「洛陽城内西北角有金墉城；東北角有樓高百尺，魏文帝造也。」皆與穀水注同，則文字不誤。且樓與城之建築本不相關（百尺樓似非城樓），不能謂樓必造在城之後，趙氏説似覺不妥。

〔三〇〕據穀水注金墉城三門（見前注），無光極門。漢晉四朝洛陽宮城圖金墉城圖有光極門，在南面乾光門内，光極殿前。

〔三一〕魏書九十一藝術列傳蔣少游傳：「改作金墉門樓，皆所措意，號爲妍美。」

景樂寺，太傅清河文獻王懌〔一〕所立也。懌是孝文皇帝之子，宣武皇帝之弟。閶闔南御道（東），西

校 吴集證云：「按此處疑有脱誤，子注言望永寧寺正相當，則閶闔宮前之門也。子注言西有司徒府，則御道西當作御道東也（吴本以望永寧寺正相當寺西有司徒府等語爲子注，故所説云然）。」按閶闔門前御道東有左衛府，

府南有司徒府（見永寧寺下）。此寺西有司徒府，則寺當御道東，吴説是也。唐鈎沈本在西上補東字，西字屬下讀。今從之。望永寧寺正相當。寺西有司徒府，東有大將軍高肇〔二〕宅，北連義井里。（義）井校吴集證本與此同。各本井上有義字。按義井二字爲里名，似不當省，今補。里北門外有桑校吴琯本、漢魏本、真意堂本桑作叢。元河南志三亦作叢。樹數校綠君亭本、真意堂本數下有十字。株，枝條繁茂，下有甘井一所，石槽鐵罐，供給行人，飲水庇陰，校吴琯本、漢魏本、吴集證本作蔭。多有憩者。有佛殿一所，像輦〔三〕在焉，雕刻巧妙，冠絶一時。堂廡周環，曲房連接，輕條拂戶，花蘂被庭。至於大校吴琯本、漢魏本、真意堂本大作六，説郛四亦作六。吴集證云：「大，何本作六，誤。」又本書四王典御寺下「至於六齋，常擊鼓歌舞也」，吴集證本亦改六爲大。按道宣釋迦方志教相篇云：「魏高祖孝文皇帝……六宮侍女皆持年三月六齋。」則六齋爲魏時所習行，不能謂誤，吴説未允，不如各存其舊。六齋注見卷三大統寺條。齋，常設女樂。歌聲繞梁，舞袖徐轉，絲管寥亮，諧妙入神。以是尼寺，丈夫不得入。得往觀者，以爲至天堂。及文獻王薨〔四〕，寺禁稍寬，百姓出入，無復限礙。後汝南王悦〔五〕復脩之。悦是文獻之弟。召校吴琯本、漢魏本、真意堂本召作詔。諸音樂，逞伎寺內。奇禽怪獸，舞抃殿庭，校吴琯本、漢魏本庭作亭。飛空幻惑，世所未覩〔六〕。異端奇術，總萃其中。剥驢投校吴琯本投作拔，漢魏本作扱。井，植棗種瓜〔七〕，須臾之間皆得食。校吴琯本、漢魏本食上有賜字。綠君亭本、真意堂本食下有之字。士女觀者，目亂睛校吴琯本、漢魏本、真意堂本睛作精。迷。自建義·**校**吳琯本、漢魏本義字空格。已後，京師頻有大兵，此戲遂隱也。

〔注釋〕

〔一〕元懌字宣仁，魏書二十二有傳。按本傳不載文獻謚號，元寶建墓誌云：「祖相國清河文獻王。」【新出土元懌墓誌云：「孝昌元年……謚曰文獻，禮也。」又本書卷四沖覺寺下亦云「謚曰文獻」。】與此同，可補史闕。又按續高僧傳八法貞傳云：「清河王元懌、汝南王元悦並折腰頂禮，諮奉戒訓。」是元懌弟兄皆奉信佛教，故立景樂、沖覺、融覺（二寺並見本書四）諸寺。

〔二〕高肇，北海人，文昭皇后之兄，魏書八十三外戚列傳有傳。

〔三〕像輦當即似法顯傳于闐國行像之四輪像車，見上長秋寺條注。又本書二景興寺有金像輦，可以參考。

〔四〕魏書清河王懌傳：「正光元年（五二〇）七月，（元）乂與劉騰逼肅宗於顯陽殿，閉靈太后於後宮，囚懌於門下省，誣懌罪狀，遂害之，時年三十四。」

〔五〕元悦，魏書二十二有傳。本傳謂悦「爲性不倫，俶儻難測。……懌爲元乂所害，悦了無讎恨之意」。【本傳又稱「悦好讀佛經，嘗斷酒肉粟稻，惟食麥飯」。又陶齋藏石記卷七有汝南王元悦造墖記爲正光三年（五二二）造。蓋悦亦承風佞佛，故修塔造像，與此復修景樂寺及敬事法貞，同出一貫。】

〔六〕此指魚龍幻戲。漢書九十六西域傳贊謂漢武帝世「作巴俞、都盧、海中、碭極、漫衍、魚龍、角抵之戲」。顔師古注：「漫衍者，即張衡西京賦所云：巨獸百尋，是爲曼延者也。魚龍者，爲含利之獸，先戲於庭極，畢，乃入殿前，激水化成比目魚，跳躍漱水，作霧障日，畢，乃化成黃龍八丈，出水敖戲於庭，炫耀日光。西京賦云：海鱗變而成龍，即爲此色也。」又見前長秋寺條注。

〔七〕此亦是言幻術。後漢書一百十六西南夷傳：「永寧元年，撣國王雍由調復遣使者詣闕朝賀，獻樂及幻人，能變化吐火，自支解易牛馬頭。」剥驢投井即是易牛馬頭之類。太平御覽七百三十七引孔偉七引：「弄幻之時，因時而作，殖瓜種菜，立起尋尺，投芳送臭，賣黄售白。」漢書六十一張騫傳：「大宛諸國發使隨漢使來觀漢廣大，以大鳥卵及犛軒眩人獻於漢。」顔注：「眩讀與幻同。即今吞刀吐火、植瓜種樹、屠人截馬之類皆是也。本從西域來。」

昭儀尼寺，閹官等所立也，在東陽門内一里御道南。東陽門内 校 吴集證云：「内字下疑脱去御字。」按元河南志三亦無御字，與此同。道北太［北］校 吴琯本、漢魏本、真意堂本無北字。元河南志三亦作太倉署。此北字當是涉上文北字而誤衍。倉、導官二署〔一〕。東南 校 元河南志三云：「治粟里，導官署南。」無東字。治粟里，倉司官屬住其内。

太后〔二〕臨朝，閹寺〔三〕專寵，宦者之家，積金滿堂。校 説郛四作「金玉滿堂」。是以蕭忻云：「高軒斗升 校 按斗升二字無義，疑有誤。者，（盡是）校 緑君亭本、真意堂本有「盡是」二字。按文例當有之，今據補。閹官之 校 吴琯本、漢魏本、真意堂本無之字，誤脱。鼇 校 各本鼇作嫠。吴集證云：「鼇當從各本作嫠。」説郛四亦作嫠。按鼇與嫠同，見注。婦〔四〕；胡馬鳴珂〔五〕者，莫不 校 吴琯本、漢魏本、真意堂本、吴集證本作非。説郛四亦作非。黄 校 吴琯本、漢魏本作英，誤。門之養息〔六〕也。」忻，陽平人也。愛尚文籍，少有名譽，見闇 校 吴琯本、漢魏本作閹。寺寵盛，遂發此言，因即知名，爲治書侍御史〔七〕。

寺有一佛二菩薩，塑工精絶，京師所無也。四月七日〔八〕，常出詣景明〔九〕，景明三像恒出迎之，伎樂之盛，與劉騰〔一〇〕相比。堂前有酒樹麵木〔一一〕。

昭儀寺有池，京師學徒謂之翟泉也。衒之按杜預注春秋云：「翟泉在晉太倉西南〔一二〕。」按晉太倉在建春門内〔一三〕，今太倉在東陽門内，此地今在校今在二字疑倒。太倉西南，明非翟泉也〔一四〕。後隱士趙逸〔一五〕云：「此地是晉侍中石崇〔一六〕家池，池南有緑珠樓〔一七〕。」於是學徒始寤，經過者想見緑珠之容也。

池西南有願會寺，中書舍人（侍郎）校按各本皆如此。太平御覽九百七十三、太平廣記四百七、元河南志三、説郛四皆作中書侍郎。按魏書翊本傳言歷中書侍郎，王翊墓誌亦謂「特除中書侍郎」，則舍人當是侍郎之誤，今據正。王翊〔一八〕校吴集證本翊誤作翃。捨宅所立也。佛堂前生校吴琯本、漢魏本、真意堂本生作有。御覽、廣記皆作生，與此同。桑樹一株，直上五尺，枝條横遶，柯葉傍布，形如羽蓋〔一九〕。復校吴琯本、漢魏本、真意堂本作覆。高五尺，又然。凡爲五重，每校御覽、廣記每下有一字。重葉校吴琯本、漢魏本、真意堂本葉下有生字。椹各異，京師道俗謂之神桑。觀者成市，施校吴琯本、漢魏本、真意堂本施上有布字。御覽亦有布字，廣記無。者甚衆。帝聞而惡之，以爲惑衆，命給事中校御覽、廣記皆無中字。黄門侍郎元紀伐殺校緑君亭本無殺字。之。其日雲霧晦冥，下斧之處，血流校御覽、廣記血流作「流血」。至地，見者莫不悲泣。

寺南有宜壽里，内有苞信縣令段（段）校緑君亭本、吳集證本作段，是。今正。暉〔二〇〕宅，地下常聞校御覽六百五十八引聞下有有字。鍾校説郛四鍾下有磬字。各本鍾，作鐘。聲。時見五色光明，照於堂宇。暉其（甚）校各本作甚，惟吳集證本作其，與此同。按御覽六百五十八、廣記九十九引亦作甚，今正。異之，遂掘光所，得金像一軀，可高三尺。（並）有校御覽有作並。廣記有上有並字。按依文義當有並字。今補。二菩薩，趺校吳琯本、漢魏本、真意堂本趺下有坐字。上銘云：校緑君亭本、吳集證本云作曰。御覽作曰，廣記作云。「晉太校御覽、廣記作泰。始〔二一〕二年五月十五日侍中中書監校吳琯本、漢魏本、真意堂本監作令。御覽、廣記、元河南志皆作監，與此同。荀勗〔二二〕造。」暉遂捨宅爲光明寺。時人咸云：「此荀勗舊宅。」校御覽作「此地是荀勗宅」。廣記作「此是荀勗故宅」。其後，盜者欲竊此像，像校吳琯本、漢魏本、真意堂本像字不重，誤。廣記亦重。與菩薩合聲喝賊，盜者驚怖，應即校廣記應即作「即時」。殞倒。衆僧聞像叫聲，遂來捉得賊。校廣記此句作「遂擒之」。

〔注釋〕

〔一〕太倉與導官是主管糧食之官。漢書百官公卿表太倉屬治粟内史，導官屬少府。通典二十六：「太倉署於周官有廩人、下大夫、上士。秦官有太倉令丞，漢因之，屬大司農。後漢令主受郡國傳漕穀。其滎陽敖倉官，中興皆屬河南尹，歷代並有之。」導字當作䆃。説文禾部䆃字，據段玉裁注：「漢書百官表、後書殤帝和帝紀皆有䆃官，注皆云：䆃官主擇米。鄧后詔曰：減大官䆃官，自非共陵廟稻粱米，不得䆃擇。光武詔曰：郡國異味，有豫養䆃擇之勞。凡作導者譌字也。」通典二十六：「導官署，周有舂人，秦漢有令丞，屬少府。漢東京令丞主舂御米及作乾糒，屬大司農。歷代皆有之。」

〔二〕太后指靈太后胡氏。

〔三〕禮記内則：「深宫固門，閽寺守之。」鄭玄注：「閽掌守中門之禁也；寺掌内人之禁令也。」宫内都以閹官充之，故閹官亦稱做閹寺。

〔四〕左傳昭公十九年：「莒有婦人，莒子殺其夫，已爲嫠婦。」杜注：「寡婦爲嫠。」釋文：「嫠，本又作釐。」閹官蓄嬪御，故以釐婦譏誚之。魏書九十四閹官列傳劉騰傳：「又頗役嬪御，時有徵求婦女器物，公然受納。」劉騰家中公開蓄婦女，其他閹官倣行必多，從蕭忻此語，亦可證明。

〔五〕珂是飾馬之玉，貴族所用。鳴珂以喻馬行喧鬧聲。

〔六〕黄門即閹官，養息即養子。

〔七〕魏書官氏志有治書侍御史，爲第六品。

〔八〕佛教徒以四月八日爲釋迦誕辰，例有盛會。魏時佛會集中在景明寺，故於前一日各寺先出佛像，詳見卷三景明寺下。

〔九〕即景明寺，見本書卷三。

〔一〇〕劉騰是指長秋寺，見前，因是騰立，故以爲稱。

〔一一〕南史海南諸國傳：頓遜國「又有酒樹，似安石榴，采其花汁，停甕中數日成酒」。南方草木狀中：「桄榔樹似栟櫚實，其皮可作綆，得水則柔韌，胡人以此聯木爲舟。皮中有屑如麪，多者至數斛，食之與常麪無異……出交真、交趾。」【段公路北户録二云：「桄榔莖葉與波斯草、古散、椰子、檳榔小異。其木如莎樹皮、欀木皮，出麪，可食。洛陽伽藍記昭儀寺『有酒樹麪木』，得非桄榔乎？」崔龜圖注云：「廣志云：『莎樹出麪。』華陽國志云：『交趾望縣有櫰木，皮中有如白米屑者，乾擣之，水淋似麵，可作餅。』……會要又云：『都句樹似栟櫚，木中出屑如麵，可啖，出交州。』」然則酒樹麵木有多種，大抵爲棕櫚科植物，產於南方，此當是移種洛陽，北人稀見，視作珍異。】

〔一二〕見春秋僖公二十九年注。原注爲：「翟泉，今洛陽城内太倉西南池水也。」

〔一三〕晉太倉見後。

〔一四〕按水經穀水注：「渠水又東逕杜元凱所謂翟泉北，今無水。坎方九丈六尺，深二丈餘，似是人功而不類于泉陂，是驗非之一證也。又皇甫謐帝王世紀云：王室定，遂徙居。成周小不受王都，故壞翟泉而廣之。泉源既塞，明無故處，是驗非之二證也。杜預言翟泉在太倉西南。既言西南，于洛陽不得爲東北，是驗非之三證也。稽之地說，事幾明矣，不得爲翟泉也。」亦是辨此池水，較楊氏說更詳。

〔一五〕趙逸見卷二建陽里東條。

〔一六〕石崇字季倫，晉書三十三有傳。

〔一七〕晉書石崇傳：「時趙王倫專權，崇甥歐陽建與倫有隙。崇有伎曰綠珠，美而豔，善吹笛，孫秀使人求之……崇竟不許。秀怒，乃勸倫誅崇、建。……遂矯詔收崇及潘岳、歐陽建等。崇正宴於樓上，介士到門。崇謂綠珠曰：我今爲爾得罪。綠珠泣曰：當效死於官前。因自投于樓下而死。」此言綠珠樓當是指綠珠自殉處。太平寰宇記三洛陽縣下：「石崇宅有綠珠樓，今謂之狄泉是也。」

〔一八〕王翊字士遊，王肅之姪，魏書六十三有傳。按王翊墓誌云「字仕翔」，與本傳異。

〔一九〕文選三東京賦：「羽蓋威蕤。」薛綜注：「羽蓋，以翠羽覆車蓋也。」

〔二〇〕周延年注：「暉字長祚，武威姑臧人，見魏書。」按段長祚爲段承根之父，先仕西秦，後歸魏，因欲南奔，爲魏世祖太武帝（拓跋燾）所殺，見魏書段承根傳。不聞其曾任苞信縣令。且其死時，離魏徙都洛陽時尚遠，亦不當在洛陽有住宅；又當時奉佛尚未盛行，太武帝且嚴禁廢止，更不可能有捨宅作寺事。因之，此段暉當另有其人，與段長祚不涉，周氏説誤。

〔二一〕太始爲晉武帝（司馬炎）第一年號（二六五——二七四）。

〔二二〕荀勗字公曾，晉書三十九有傳。

胡統寺，太后從姑〔一〕所立也，入道爲尼，遂【校】説郛四作自。居此寺。在永寧南一里許。寶塔〔二〕五重，金刹〔三〕高聳。洞房〔四〕周匝，對户交疎〔五〕，【校】吴琯本、漢魏本疎作窻。朱柱素壁，甚爲佳麗。其寺諸尼，帝城名德，善於開導〔六〕，工談義理，常入宮與太后説法。其資養緇流〔七〕，徒（從）【校】各本徒作從。吴集證云：「當從各本作從。」今正。無比也。

〔注釋〕

〔一〕魏書十三宣武靈皇后胡氏傳：「太后性聰悟，多才藝。姑既爲尼，幼相依託，略得佛經大義。」本文之從姑與魏書之姑疑是一人。

〔二〕魏書釋老志：「建宮宇謂爲塔。塔亦胡言，猶宗廟也，故世稱塔廟。」

〔三〕金刹見首篇原序注。

〔四〕洞房即深房。楚辭招魂：「姱容脩態，絙洞房些。」文選十一魯靈光殿賦：「洞房叫窱而幽邃。」

〔五〕文選二十九古詩十九首：「交疏結綺牕，阿閣三重階。」李善注：「薛綜西京賦注曰：疏，刻穿之也。」按疏是窗飾。

疏與疎同。

〔六〕荀子儒效篇：「教誨開導成王使諭於道。」佛教徒以善巧方便説法，使人領悟，亦稱開導。

〔七〕僧徒著緇衣，故稱緇流或緇徒。魏世宗（元恪）詔云：「緇素既殊，法律亦異。」（見釋老志）緇謂衣緇之僧徒；素謂衣素之平民。

修梵寺，在**校**吴琯本、漢魏本無在字。清陽門内御道北。蒿（嵩）各本蒿作嵩。吴集證本作蒿，與此同。按説郛四亦作嵩。今從之。明寺復在修梵寺西，並雕**校**吴琯本、漢魏本雕作墁。牆峻宇〔一〕，比屋連甍，亦是名寺也。

修梵寺有金剛〔二〕，鳩鴿**校**太平御覽六百五十八引鴿作鴒。不入，鳥雀不棲。菩提達磨**校**吴琯本、漢魏本、真意堂本、照曠閣本磨作摩，音同相通。云：「得**校**御覽得上有「元精」二字。其真相也。」

寺北有永和里，漢太師董卓〔三〕之宅也。里南北皆有池，卓之所造，今猶有水，冬夏不竭。里中太傅録尚書長孫稚、尚書右僕射郭**校**吴集證本作李云：「李當從各本作郭，魏書有郭祚無李祚也。」按如隱堂及各本皆作郭，可證吴氏所見非如隱原本。祚〔四〕、吏部尚書邢鸞〔五〕、**校**吴集證云：「魏書、綱目並作巒。」唐鈎沈本從之改作巒。按各本及太平廣記三百二十七、元河南志三皆作鸞，當各存其舊。太平寰宇記三洛陽縣下作蠻，乃巒或鸞字之誤。廷尉卿元洪超〔六〕、衛尉卿許伯桃〔七〕、梁（涼）**校**吴琯本、漢魏本、真意堂本、吴集證本梁作涼。廣記、河南志亦作涼。張合校云：「案魏書尉成興名聿，亦作涼州刺史。」今據各書改正。州刺史尉成興〔八〕等六宅，皆高門華屋，齋館敞麗，楸槐蔭途，桐楊夾植，當世名爲貴里。掘此地者，校廣記無者字。輒得金玉寶玩之物。校吴集證本物作屬。邢校廣記邢字上有時字。鸞家常掘（得）校廣記及寰宇記、元河南志掘下皆有得字。按依文義有之爲是。今補。丹砂校寰宇記作「金沙」。及錢數十萬，銘云：「董太師之物。」後（夢）校寰宇記及元河南志後下皆有夢字。按依文義當有，今據補。廣記亦無，與今本同。卓夜中隨鸞索此物，鸞不與之，經年校廣記年下有而字。鸞遂校廣記無遂字。卒矣〔九〕。校廣記無矣字。寰宇記作「無病而卒」。

〔注釋〕

〔一〕書五子之歌：「峻宇雕墻。」孔傳：「峻，高大。雕，飾畫。」

〔二〕酉陽雜俎十一廣知篇云：「故洛陽修梵寺有金剛二，鳥雀不集。元魏時梵僧菩提達摩稱得其真相也。」當即據此。又云：「都下佛寺往往有神像，鳥雀不污者。鳳翔山人張盈善飛化甲子，言：或有佛寺金剛，鳥不集者非其靈驗也。蓋由取土處及塑像時，偶與晨旺相符也。」此解釋更爲迷信不足聽，録之以廣異聞。按金剛像鳥雀不污，當是因雕塑逼真，故飛鳥不敢近。今農民於田間紮稻草作人像以驚鳥，亦同此意，固不須故神其事。金剛，梵名跋闍羅波膩，寺門前之神像。翻譯名義集二：「跋闍羅波膩，梁云：金剛。應法師云：跋闍羅，此云金剛；波膩，此云手。謂手執金剛杵以立名。正法念云：昔有國王夫人生千子，欲試當來成佛之次第，故俱留孫探得第一籌，釋迦當第四籌，乃至樓至當千籌。第二夫人生二子，一願爲梵王，請千兄轉法輪；次願爲密跡金剛神，護千兄教法。世傳樓至化身，非也，乃法意王子。據經唯一人，今狀於伽藍之門而爲二像。夫應變無方，多亦無咎，出索隱記。」

〔三〕董卓後漢書一百二有傳。案卓傳云：「是時洛中貴戚，室第相望，金帛財産，家家殷積。卓縱放兵士，突其廬舍，淫略婦女，剽虜資物，謂之捜牢。」後卓避山東義兵，燒洛陽宮廟，又發墓捜寶，逼漢帝遷都長安。倉卒之際，金銀寶物或不能盡帶，故埋於地下。太平寰宇記三洛陽縣下：「董卓宅，郡國志曰：在永和里。掘地取得金玉寶玩。」

〔四〕郭祚字季祐，太原人，魏書六十四有傳。

〔五〕魏書六十五有傳，作邢巒。本傳：「高祖因行藥至司空府，見巒宅，遣使謂巒曰：朝行藥至此，見卿宅乃住東望德館，情有依然。巒對曰：陛下移構中京，方建無窮之業，臣意在與魏昇降，寧容不務永年之宅。」據此，邢巒宅在魏徙都初即建置。

〔六〕元洪超，遼西公意烈之玄孫，魏書十五有傳。

〔七〕衛尉許伯桃亦見續高僧傳三十曇無最傳。

〔八〕尉聿字成興，魏書二十六有傳。

〔九〕邢巒傳：「延昌三年（五一四），暴疾卒，年五十一。」

景林寺，在開陽門内御道東。講殿疊起，房廡連屬，丹楹炫日，繡桷迎風，實爲勝地。寺西有園，多饒奇果。春鳥秋蟬，鳴聲相續。中有禪房一所〔一〕，内置祇洹精舍〔二〕，形製雖小，巧構難（比）。加□（以）**校**各本加上有比字（漢魏本作此，乃比之僞），句；空格作以字，與加字連屬下讀。吴集證本與此同。今從各本補。禪閣虛静，隱室凝邃，嘉樹夾牗（牖），**校**吴琯本、漢魏本、吴集證本作牖。按字書無牗字，當誤，今正。芳杜匝階，雖云朝市，想同巖谷〔三〕。静行之僧，繩坐〔四〕其内，飱。校吴琯本、漢魏本、真意堂本作餐。緑君亭本作飡。風服道，結跏數息〔五〕。有石銘一所，國子博士盧白頭〔六〕爲其文。白頭一校吴琯本、漢魏本、真意堂本無一字。字景裕，校吴集證云：「按景裕一字白頭，見魏書本傳，此句疑有倒誤。」按魏書儒林列傳作「盧景裕字仲孺，小字白頭」。則白頭本有二字，兩書所記有異，不能强爲之合。范陽〔七〕人也。性愛恬静，丘園放敖〔八〕，校吴琯本、漢魏本、真意堂本敖作傲。學極六經，説校吴琯本、漢魏本、真意堂本説作疏。緑君亭本注云：「一作疏。」通百氏〔九〕。普泰初，起家爲國子博士〔一〇〕。雖在朱門，以注述爲事，注周易行之於世也〔一一〕。

〔注釋〕

〔一〕禪房即是坐禪室。時北朝禪法頗風行（與後來禪宗不同）。水經淄水注云：「陽水東逕故七級寺禪房南，水北則長廡偏駕，迴閣承阿；林之際，則繩坐疏班，錫鉢間設，所謂脩脩釋子，眇眇禪棲者也。」與此可以互證。禪法之流傳，據續高僧傳二十六習禪篇論云：「自釋教道東，心學唯尠，逮於晉世，方聞睿公（即僧睿）。故其序云：慧理雖少，足以開神達命；禪法未傳，至於攝緣繫想，寄心無地。時翻大論，有涉禪門，因以情求廣其行務。童壽（即鳩摩羅什）宏其博施，乃爲出禪法要解等經。自斯厥後，祖習逾繁。曇影道融，厲精於淮北；智嚴慧觀，勤志於江東。山栖結衆，則慧遠標宗；獨往孤征，則僧羣顯異。雖復攝心之傳，時或漏言，而茂績芳儀，更開正級，不可怪也。」

〔二〕祇洹，梵名，亦譯作祇陀，即祇樹給孤獨園。翻譯名義集三帝王篇：祇陀「或云祇洹。……西域記云：逝多，唐言勝林。舊曰祇陀，訛也。諸經言祇樹者，西域記云：時給孤獨願建精舍，佛命舍利子隨瞻揆焉。唯太子逝多園地爽塏。尋詣太子，具以情告。太子戲言：金徧乃賣。善施聞之，心豁如也。即出金藏，隨言布地。有少未滿，太子請留曰：佛誠良田，宜植善種。即於空地，建立精舍。世尊即告阿難曰：自今已來，應謂此地爲逝多樹給孤獨園」。本文是指禪房内脩法處所。

〔三〕脩禪法須要静寂，宜於山棲穴處，如北朝鹿苑之石窟與嵩高之少林寺、嵩陽寺等，皆爲當時有名之禪寺。此禪房在城内，故云想同巖谷，以示其地之幽静。

〔四〕高僧傳十竺佛圖澄傳：「澄坐繩牀，燒安息香，呪願數百言。」繩坐是坐繩牀，亦即坐禪牀。繩牀之形製，據南海寄歸内法傳：「西方僧衆將食之時，必須人人浄洗手足，各各别踞小牀。高可七寸，方纔一尺，藤繩織内，脚圓且輕，卑幼之流小拈隨事。雙足蹋地，前置盤盂。……東夏諸寺，牀高二尺以上，此則無不合坐，坐有高牀之過。……然靈巖四禪牀，高一尺。古德所製，良有來由。」【又四分律十一云：「繩牀者有五種：旋脚繩牀、直脚繩牀、曲脚繩牀、入陛繩牀、無脚繩牀。」十誦律十八所記更繁。此並印度所用，中土所傳，不詳何種。】

〔五〕結跏即結跏趺坐。慧琳一切經音義八：「案金剛頂及毘盧遮那等經，坐法差别非一，今略有三（疑當作二）種。一曰吉祥，二曰降魔。凡坐皆以先以右趾押左股，後以左趾押右股，此即左押右，手亦左居上，名曰降魔坐。諸禪宗多傳此坐。若依明藏教瑜伽法門，即傳吉祥爲上，降魔坐有時而用。其吉祥坐先以左趾押右股，後以右趾押左股，令二足掌仰於二股之上。手亦右押左仰，安跏趺之上，名爲吉祥坐。……若依祕密瑜伽身語意業，舉動威儀，無非密印，坐法差别，並須師授。或曰半加，或名賢坐，或像輪王，或住調伏，與此法相應，即授此坐，皆佛密意有所示也。」數息就是數息觀，五停心觀之一種。數出入之息，使心想停静。梵名阿那波那，阿那是入息，波那是出息，亦見慧琳音義二十六。

〔六〕魏書八十四儒林傳有傳。

〔七〕本傳作范陽涿人。按范陽郡在幽州，治涿，見魏書地形志。故城在今河北省涿縣。

〔八〕本傳：「少聰敏，專經爲學。居拒馬河，將一老婢作食，妻子不自隨從。又避地大寧山，不營世事，居無所禁，惟在注解。……止於園舍，情均郊野，謙恭守道，貞素自得，由是世號居士。」

〔九〕漢書叙傳：「緯六經，綴道綱，總百氏，贊篇章。」按魏書本傳：「景裕注周易、尚書、孝經、論語、禮記、老子，其毛詩、春秋左氏未訖。」

〔一〇〕本傳：「前廢帝初，除國子博士，參議正聲，甚見親遇，待以不臣之禮。……普泰初，後除國子博士，進退其間，未曾有得失之色。」

〔一一〕本傳：「景裕雖不聚徒教，所注易大行世。」按盧景裕之易學傳授，據北史儒林傳云：「自魏末大儒徐遵明門下講鄭玄所注周易，遵明以傳盧景裕及清河崔瑾。景裕傳權會、郭茂。權會早入鄴都，郭茂恒在門下教授。其後能言易者，多出郭茂之門。」隋書經籍志云：「周易一帙十卷，盧氏注。」舊唐書經籍志、唐書藝文志同。稱盧氏，不題名，馬國翰玉函山房叢書輯本序以爲即盧景裕。

建春門内御道南，**校**吴集證本此條雖提行，但仍低一格，與下文均作爲景林寺之子注。有勾盾〔一〕、**校**吴琯本、漢魏本、吴集證本勾作句，同。典農〔二〕、籍田〔三〕三署。籍田南有司農寺。御道北有空地，擬作東宮〔四〕，晉中朝〔五〕時太倉處也。太倉南**校**太平寰宇記三、元河南志三皆作「西南」。有翟泉，周迴三里，即春秋所謂王子虎、晉狐偃盟於翟泉也〔六〕。水猶澄清，洞底明靜，**校**緑君亭本静作浄。鱗甲潛藏，**校**吴琯本、漢魏本、真意堂本藏作泳。緑君亭本注云：「一作泳。」辨其魚鼈。**校**吴琯本、漢魏本鼈作鱉，同。高祖於泉北置河南尹〔七〕，中朝**校**吳琯本、漢魏本、真意堂本中上有晉字。時**校**吳集證本無時字。步廣里也〔八〕。

泉西有華林園〔九〕，高祖以泉在園東，因名**校**元河南志三名下有爲字。蒼龍海。華林園中有大海，即漢（魏）**校**各本皆作漢。按天淵池爲三國魏所鑿，見注。漢東京無天淵池，此漢字不合，疑是魏字之誤。天淵池〔一〇〕，池中猶有文帝**校**吳集證云：「文字上疑脱去魏字。」按上漢字乃魏字之誤，故此逕云文帝，並無脱字，吳説未允。九華臺〔一一〕。高祖於臺上造清涼殿〔一二〕。世宗在海内作蓬萊山〔一三〕，山上有僊人館。上**校**吳琯本、漢魏本上作山。有釣臺殿，並作虹蜺閣，乘虛來往。至於三月禊日〔一四〕，季秋巳**校**吳琯本、漢魏本巳作良。緑君亭本、真意堂本作九。吳集證云：「按古人春秋脩禊，皆用上巳，各本誤也。」按秋禊用上巳，各書未見，吳説不知何據。辰，皇帝駕龍舟鷁首〔一五〕，遊於其上。**校**吳琯本、漢魏本上作山。海西有藏冰室，六月出冰以給百官。海西南有景山**校**玉海一百六十歷代殿名後魏有景陽殿，似即此殿。若然，山字疑當作陽。殿〔一六〕。山**校**吳琯本、漢魏本、真意堂本無山字。按據下「山西有姮娥峯」句例，當有山字。東有羲和嶺，嶺上有温風室；山西有姮娥峰，峰上有露寒**校**吳琯本、漢魏本露寒作寒露。按羲和嶺與姮娥峯相對，温風室與寒露館亦相對，此文似以作寒露爲是。館，並飛閣相通，淩山跨谷。山北有玄武池〔一七〕，山南有清暑殿〔一八〕。殿東有臨澗亭，殿西有臨危臺。景陽**校**吳琯本、漢魏本、真意堂本陽下有觀字。山南有百果園，果列作林，**校**太平御覽九百六十五引此句作「果別作一林」。林各有[校]御覽有下有一字。堂。有僊人棗〔一九〕，長五寸，把之兩頭俱出，核細如鍼，[校]御覽鍼作針，同。霜降乃熟，食之甚美。俗傳云出崑崙山，一曰西王母棗〔二〇〕。又有僊人桃，其色赤，表裏照徹，得霜即熟。[校]吴琯本、漢魏本、緑君亭本、真意堂本作「得嚴霜乃熟」。太平御覽九百六十七作「得霜乃熟」。亦出崑崙山，一曰[校]御覽曰下有西字。王母桃也〔二一〕。柰林[校]唐鈎沈本柰改作果。南有[校]曾慥類説六有作百，誤。石碑一所，魏明帝[校]魏明帝之明字疑當作文，説見下「爲其羽翼」注。所立也，題云「苗[校]水經穀水注作茅，下同。類説作苗，與此同。茨之碑」。高祖於碑北作苗茨堂〔二二〕。永安中年，莊帝馬射〔二三〕於華林園，百官皆來讀碑，疑苗字誤。國子博士李同軌〔二四〕曰：「魏明英才，世稱三公（祖）〔二五〕，祖（公）[校]各本公祖皆作祖公，此蓋倒誤，今正。幹、（仲）[校]各本皆有仲字，此脱去，今補。宣〔二六〕，□（爲）[校]吴集證本亦空格，各本皆作爲，今補。其羽翼〔二七〕，但未知本意如何，不得言誤也。」衒之時爲奉朝請〔二八〕，因即釋曰：「以蒿覆之，[校]類説作「以蒿芝」，誤。故言苗茨〔二九〕，何誤之有？」衆咸稱善，以爲得其旨歸。柰林[校]唐鈎沈本柰改作果。【按上文云「果列成林」，與此文相應，柰字當作果，下「柰林」之柰字亦同。唐鈎沈本並改作「果」，似是。】西有都堂，有流觴池〔三〇〕，堂東有扶桑海。凡此諸海，皆有石竇流於地下，西通穀水，東連陽渠〔三一〕，亦與翟泉相連。若旱魃爲害〔三二〕，[校]吴集證本害作虐，云：「各本作害，誤。」穀水注之不竭；離畢滂潤〔三三〕，陽穀[校]吴集證云：「穀當作渠。」泄之不盈。至於鱗甲異品，羽毛殊類，濯波浮浪，如似自然也。

〔注釋〕

〔一〕漢書十九百官公卿表有鉤盾，顏師古注：「鉤盾主近苑囿。」通典二十六：鉤盾署「漢鉤盾令，宦者，典諸近園苑遊觀之事，屬少府。後漢亦有之。晉大鴻臚屬官有鉤盾令」。

〔二〕通典二十六：「典農中郎將、典農都尉、典農校尉，並曹公（即曹操）置。晉武帝太始二年（二六六），罷農爲郡縣，後復有之。」

〔三〕漢書十九百官公卿表大司農屬官有籍田令丞。通典二十六：「籍田令，掌耕國廟社稷之田。於周爲甸師。漢文帝初立籍田令。漢東京及魏並不置，晉武太始十年復置。」

〔四〕東宮即太子宮。詩衛風碩人：「東宮之妹。」毛傳：「東宮，齊太子也。」孔疏：「太子居東宮，因以東宮表太子。」按建春門路名東宮街（見水經穀水注），當是因此東宮地以名。

〔五〕中朝見本卷長秋寺注。

〔六〕春秋僖公二十九年：「夏六月，會王人、晉人、宋人、齊人、陳人、蔡人、秦人盟于翟泉。」左氏傳：「公會王子虎、晉狐偃、宋公孫固、齊國歸父、陳轅濤塗、秦小子慭盟于翟泉。」水經穀水注：「（天淵）池水又東流，入洛陽縣之南池，池即故翟泉也。南北百一十步，東西七十步。……今案周威烈王葬洛陽城內東北隅，景王塚在洛陽太倉中。翟泉在兩冢之間側，廣莫門道東，建春門路北，路即東宮街也，于洛陽爲東北。」

〔七〕魏書一百十三官氏志河南尹第三品。元河南志三：「河南尹廨，翟泉之北。」

〔八〕水經穀水注引陸機洛陽記：「步廣里在洛陽城內宮東。」元河南志二：「步廣里在翟泉側，晉起居注曰：永嘉元年，里内地陷，有二鵝出，一蒼一白，蒼者沖天，白者在地。陳留孝廉董養曰：步廣里即周之翟泉，舊盟會之地也。（下略）」

〔九〕洛陽圖經：「華林園在城内東北隅，魏明帝起，名芳林園，齊王芳改爲華林。」（文選二十應貞華林園集詩注引）魏書九十三恩倖列傳茹皓傳：「遷驃騎將軍，領華林諸作。皓性微工巧，多所興立。爲山於天淵池西，採掘北邙及南山佳石。徙竹汝、潁，羅蒔其間，經構樓館，列於上下。樹草栽木，頗有野致，世宗心悦之。」

〔一〇〕三國志二魏志文帝紀：黄初五年（二二四）「是歲穿天淵池」。

〔一一〕前書：黄初七年（二二六）「三月，築九華臺」。

〔一二〕玉海一百六十歷代殿名後魏有清涼殿。

〔一三〕水經穀水注：「穀水又東枝分南入華林園，歷疏圃南。圃中有古玉井，井悉以珉玉爲之，以緇石爲口，工作精密，猶不變古，燦焉如新。又逕瓊華宫南，歷景陽山北。山有都亭，堂上結方湖，湖中起御坐石也。御坐前建蓬萊山。曲池接筵，飛沼拂席，南面射侯，夾席武峙，背山堂上則石崎嶇，巖嶂峻險。雲臺風觀，纓巒帶阜。遊觀者升降阿閣，出入虹陛，望之狀鳧没鸞舉矣。其中引水飛臯，傾瀾瀑布，或枉渚聲溜，潺潺不斷。竹柏蔭于層石，繡薄叢于泉側。微飈暫拂，則芳溢于六空，實爲神居矣。其水東注天淵池，池中有魏文帝九華臺，殿基悉是洛中故碑累之，今造釣臺于其上。」叙述頗詳，與此可互證。

〔一四〕廣雅釋天：「禊，祭也。」晉書禮志：「漢儀季春上巳，官及百姓皆禊於東流水上，洗濯祓除，去宿垢。而自魏以後，但用三日，不以上巳也。晉中朝，公卿以下至于庶人皆禊洛水之側。趙王倫篡位，三日，會天泉（即淵字，避唐諱。下同）池，誅張林。懷帝亦會天泉池賦詩。陸機云：天泉池南石溝引御溝水，池西積石爲禊堂，本水流杯飲酒。亦不言曲水。」後魏修禊亦在天淵池，與晉中朝相同。

〔一五〕淮南子本經訓：「龍舟鷁首，浮吹以娱。」高誘注：「龍舟，大舟也，刻爲龍文。鷁，大鳥也，畫其像著船頭，故曰鷁首。」宋書十五禮志引月令：「暮春，天子始乘舟。」又引蔡邕章句：「陽氣和暖，鮪魚時至，將取以薦寢廟，故因是乘舟禊於名川也。」據此，駕舟以祓禊，猶承襲漢風。

〔一六〕三國志魏志二十五高堂隆傳：「景初元年（二三七）……帝愈增崇宮殿，雕飾樓閣。鑿太行之石英，采穀城之文石，起景陽山於芳林之園，建昭陽殿於太極之北。鑄作黄龍鳳皇奇偉之獸，飾金墉、陵雲臺、陵霄闕。百役繁興，作者萬數，公卿以下至于學生莫不展力。帝乃躬自握土以率之。」魏書六十四郭祚傳：「高祖曾幸華林園，因觀故景陽山。祚曰：山以仁静，水以智流，願陛下脩之。高祖曰：魏明以奢失於前，朕何爲襲之。」

〔一七〕玉海一百七十四歷代池名後魏有玄武池。

〔一八〕玉海一百六十歷代殿名後魏有清暑殿。

〔一九〕酉陽雜俎十八木篇：「晉時太倉南有翟泉；泉西有華林園；園有仙人棗，長五寸，核細如鍼。」

〔二〇〕太平御覽九百六十五引晉宫闕名：「華林園棗六十二株，王母棗十四株。」

〔二一〕太平御覽九百六十七引晉宮闕名：「華林園桃七百三十株，白桃三株，侯桃三株。」據此，華林園之棗林及桃林，在晉時已有，此是舊林或新栽，則無從考知。

〔二二〕水經穀水注：「（天淵）池南直魏文帝茅茨堂，前有茅茨碑，是黄初中所立也。」趙一清校釋：「洛陽伽藍記曰：華林南有石碑一所（下省）云云。陳氏耀文天中記曰：衒之魏人，親釋苗茨之義，道元謂黄初所立，誤矣。一清按天淵池，黄初五年所穿；九華臺，黄初七年所築。或茅茨堂亦丕所建，特其碑是叡所立，未可知也。」按魏書十九任城王澄傳云：「車駕還洛，引見王公侍臣於清徽堂。……次之凝閑堂，高祖曰：名目要有其義，此蓋取夫子閑居之義。不可縱奢以忘儉，自安以忘危。故此堂後作茅茨堂。」與本文同以此堂爲後魏高祖所置，與水經注不同。楊衒之親見碑文，所説當可信。疑水經注之魏文帝應作孝文帝，即高祖，因下文黄初年號，爲後人改孝作魏而誤。趙氏説「茅茨堂亦丕所建」，乃未細讀伽藍記文之疏忽。至於石碑則疑是黄初時立，伽藍記上文之魏明帝或是魏文帝之誤，説見下。

〔二一三〕馬射即習騎射。通典七十七：「北齊三月三日，皇帝常服乘輿詣射所，升堂即坐。皇太子及羣官坐定，登歌進酒行爵，皇帝入便殿，更衣以出，驊騮令進御馬，有司進弓矢。帝射訖，還御坐，射懸侯，又畢。羣官皆射五埒。……又季秋大射，皇帝備大駕，常服御七寶輦，射七埒。」北齊制度大抵承襲後魏，馬射之儀想來當亦彷彿。

〔二一四〕李同軌，高邑人，魏書八十四儒林列傳有傳。本傳：「遷國子博士。」

〔二一五〕鍾嶸詩品下：「魏武帝、魏明帝詩，曹公古直，甚有悲涼之句。叡不如丕，亦稱三祖。」蓋謂曹操、曹丕、曹叡。

〔二一六〕王粲字仲宣，劉楨字公幹，三國志魏志二十一並有傳。

〔二一七〕吴集證云：「按明帝時，劉、王二人已殁，衒之不應謬誤至此。按水經注池南直魏文帝茅茨堂，前有茅茨碑，是黄初中立。此當是刊本誤以文帝爲明帝也。陳耀文天中記據此以正善長之誤謬，失之矣。」趙一清水經穀水注校釋亦云：「李同軌以公幹、仲宣羽翼明帝，亦未是。劉、王皆丕客，至叡時二人骨朽久矣。」按李同軌魏書稱其「學綜諸經，多所治誦」，恐無如此疏失。吴氏據穀水注「茅茨碑黄初中立」語，以爲本書刊本誤以文帝爲明帝，説當是。

〔二一八〕魏書一百十三官氏志奉朝請從第七品。通典二十九：「奉朝請無員，本不爲官，漢東京罷省，三公外戚皇室諸侯多奉朝請。奉朝請者，奉朝會請召而已。」

〔二一九〕吴集證云：「按魏書任城王澄傳：次之凝閑堂，高祖曰：此蓋取天子閑居之義，不可縱奢以忘儉，自安以忘危。故此堂後作茅茨堂。則苗字是茅字之誤也。按説文茨以茅葦蓋屋，衒之蓋據之以釋碑，蒿疑茅字之訛。蒿，菽也，即香蒿也，不可以覆屋也。」按苗茨若作茅茨，意義易曉，百官不致疑誤，無須解釋。考說文苗字，段注云：「古或假苗爲茅，如士相見禮古文艸茅作艸苗。洛陽伽藍記所云魏時苗茨之碑，實即茅茨，取堯舜茅茨不翦也。」其說是也。又考集韻平聲三蕭眉鑣切下有苗字，又有茅字，注：「易拔茅連茹。鄭康成讀。」可見苗、茅二字，古本相通。碑文用古文苗字，水經注與魏書改爲今文茅字，固無差異，吴說有誤。蒿字可以作稾或藳之或字，見集韻上聲晧韻。說文禾部：「稾，稈也。」稈即乾草，可以覆屋。蒿字亦不誤，吴說並非。

〔三〇〕宋書十五禮志：「魏明帝天淵池南設流杯石溝，燕羣臣。」流觴池或即此地。（太平御覽一百七十七引述征記：「廣陽門北，魏明帝流杯池猶有處所。」天淵池不在廣陽門北，述征記所言，或另有其地。）

〔三一〕水經穀水注：「又自樂里道屈而東出陽渠。……漢司空漁陽王梁之爲河南也，將引穀水以溉京都，渠成而水不流，故以坐免。後張純堰洛以通漕，洛中公私贍穰。是渠今引穀水，蓋純之創也。」

〔三二〕詩大雅雲漢：「旱魃爲虐，如惔如焚。」毛傳：「魃，旱神也。」

〔三三〕詩小雅漸漸之石：「月離于畢，俾滂沱矣。」毛傳：「畢，噣也。月離陰星則雨。」鄭箋：「將有大雨，微氣先見於天。」滂潤與滂沱同義，雨多貌。

洛陽伽藍記校注卷第二

魏撫軍司馬楊衒之撰　范祥雍校注

城東

明懸尼寺，彭城武宣王勰所立也〔一〕，在建春門外石樓（橋）校吴集證云：「樓當作橋，各本俱誤。」按水經注穀水「逕建春門石橋下」。據此，吴説當是。今從之。南。穀水周圍，校吴琯本、漢魏本、真意堂本圍作迴。案元河南志三作圍。遶城至建春門外，東入陽渠石橋。校河南志三無石字。吴琯本、漢魏本橋作檻。橋校吴琯本、漢魏本無橋字。案河南志亦無橋字。有四柱，校河南志四柱作「四石柱」。在道南，銘云：「漢陽嘉四年將作大匠馬憲造〔二〕。」逮我孝昌三年，大雨頽橋，校吴琯本、漢魏本無橋字。柱始埋没。校河南志作「大雨道南柱埋没」。道北二柱，至今猶存。衒之案劉澄之山川古今記〔三〕、戴延之西征記〔四〕並云「晉太康元年造〔五〕」，此則失之遠矣。按澄之等並生在江表，未校吴琯本、漢魏本未作來。遊中土，假校吴琯本、漢魏本假作暇。因征校吴集證本作行，云：「行，各本作征，非是。」役，暫來經過；至於舊事，多非親覽，聞諸道路，便爲穿鑿，誤我後學，日月已甚！

有三層塔一所，未加莊嚴。

寺東有中朝時常滿倉，高祖令爲租場，天下貢賦所聚蓄**校**吴集證本無蓄字，云：「聚字下各本有一蓄字。」也。

〔注釋〕

〔一〕北史十九彭城王勰傳：「景明、報德寺僧鳴鐘欲飯，忽聞勰薨，二寺一千餘人皆嗟痛，爲之不食，但飲水而齋。」由此可見勰必虔信佛教，故僧人與之有特殊感情，此寺爲其所立，亦得一證。

〔二〕水經穀水注：「穀水又東屈，南逕建春門石橋下，即上東門也。……橋首建兩石柱。橋之右柱銘云：陽嘉四年（一三五）乙酉壬申，詔書以城下漕渠東通河濟，南引江淮，方貢委輸，所由而至。使中謁者魏郡清淵馬憲監作石橋梁柱，敦敕工匠，盡要妙之巧。攢立重石，累高周距，橋工路博，流通萬里云云。河南尹邳崇隗、丞渤海重合雙福、水曹掾中牟任防、史王蔭、史趙興、將作吏睢陽申翔、道橋掾成皋卑國、洛陽令江雙、丞平陽降監、掾王騰之，主石作右北平山仲。三月起作，八月畢成，其水依柱。又自樂里道屈而東出陽渠。」按陽嘉（一三二至一三五）爲東漢順帝第二年號。穀水注稱中謁者，本書作將作大匠，當是中謁者充將作大匠。此文省略，應以穀水注爲準。

〔三〕隋書三十三經籍志有「永初山川古今記二十卷，齊都官尚書劉澄之撰」。又有「司州山川古今記三卷，劉澄之撰」。姚振宗考證二十一云：「案永初山川古今記據宋書州郡志即永初郡國志，不僅記山川一門也。此三卷殆即前二十卷之佚出者。」

〔四〕隋書三十三經籍志有「西征記二卷，戴延之撰」。又有「西征紀一卷，戴祚撰」。章宗源考證六云：「按……唐志惟有戴祚，無延之。他書所引多稱延之，惟開封見鴿事（按謂封氏聞見紀所引），御覽同作戴祚。據封氏言祚晉末從劉裕西征姚泓，水經洛水注言延之從劉武王西征，是祚與延之本一人，祚乃其名，而以字行。隋志兩見，當係重出。」

〔五〕案下崇真寺條云：「出建春南（當衍）門外一里餘，至東石橋南北而行，晉太康元年造。」魏昌尼寺條云：「東臨石橋，此橋南北行，晉太康元年中朝市南橋也。澄之等蓋見北（當作此）橋銘，因以橋爲太康初造也。」與此可互參，蓋劉澄之等誤以馬市石橋當作陽渠石橋，故楊氏辨之。

龍華寺，宿衛羽林虎賁等校吴琯本、漢魏本、真意堂本無等字。所立也。在建春門外陽渠南。寺南有租場。校吴集證本場下有里字，云：「各本無里字。」案租場即上文「中朝時常滿倉，高祖令爲租場」者。元河南志亦無租場里之名，吴本里字非也。

陽渠北有建陽里，里校河南志里下有内字。有土臺，高三丈，上作二精舍。趙逸云：「此臺是中朝旗亭〔一〕也。」上有二層樓，懸鼓擊之以罷市。有鍾校各本鍾作鐘，古相通，下同。一口，撞之聞五十里。太后以鍾聲遠聞，遂移在宮内，置凝校吴琯本、漢魏本凝作疑。閒堂〔二〕前，講内典，校吴琯本、漢魏本講内典三字作「所與内講」四字。沙門打爲時節。初，校吴琯本、漢魏本、真意堂本初上有孝昌二字。張合校本亦有，云：「綜以孝昌元年降魏。」蕭衍子豫章王綜校吴琯本、漢魏本、真意堂本綜上有蕭字。按説郛四亦有。來降，聞此鍾聲，以爲奇異，造聽（鐘）校各本聽下有鐘字。吴集證云：「聽字下當從各本補一鐘字。」按説郛亦有鐘字。梁書及南史作聽鐘鳴。今據各本補。歌〔三〕校吴琯本、漢魏本歌下有詞字。三首行。校吴琯本、漢魏本、真意堂本無行字。傳於世。

綜字世□，校吴琯本、緑君亭本、真意堂本空格作讚。漢魏本作務。張合校云：「案魏書蕭贊傳：字德文，本名綜。」按據下文此字當作務。梁書及南史作世謙，説郛作纘。僞齊昏主寶卷遺腹子也〔四〕。寶卷臨政淫亂，吴人苦之。雍州刺史蕭衍立南康王寶融爲主，舉兵向秣陵，事既克捷，遂殺寶融而自立〔五〕。寶卷有美人吴景暉，時孕綜經月，衍因幸校吴琯本、漢魏本作納。景暉，及綜生，認爲己子，小名緣覺，封豫章王。綜形貌舉止，甚似昏主〔六〕，其母告之，令自方便。綜遂歸我聖闕，更改名曰讚，校吴集證云：「魏書作贊。」按説郛讚作纘，與梁書及南史合。字世務〔七〕，始爲寶卷追服三年喪。明帝拜綜太尉公，封丹陽王。永安年中，尚莊帝姊校漢魏本姊作妹。吴集證云：「姊，何本作妹，按魏書贊本傳作姊爲是。」壽陽公主〔八〕，校説郛公主作「長公主」。字莒犁。公主容色美麗，綜甚敬之，與公主語，常自稱下官〔九〕。授校吴琯本、漢魏本、真意堂本作後。下有除字。按説郛亦作後除。徐（齊）校吴琯本、漢魏本、真意堂本徐作齊。吴集證云：「據贊本傳，徐疑齊字之譌。」案魏書孝莊紀亦作齊州刺史。考莊帝時徐州刺史爲元孚與爾朱仲遠，見吴廷燮後魏方鎮年表，則此文作齊爲是，今據正。州刺史，加開府。及京師傾覆，綜棄州北走。時爾朱世隆專權，遣校説郛遣作追。取公主校説郛下重主字。至洛陽。世隆逼之，公主罵曰：「胡狗，敢辱天王女乎？（我寧受劍而死，不爲逆胡所污。）」校緑君亭本有此十二字，張合校本從之。按説郛亦有，污下並有也字，共十三字。今從毛本補。世隆怒之，遂縊殺之〔一〇〕。校吴琯本、漢魏本、真意堂本之下有矣字。

〔注釋〕

〔一〕文選二張衡西京賦：「旗亭五重，俯察百隧。」薛綜注：「旗亭，市樓也。」

〔二〕魏書十九任城王澄傳：「車駕還洛，引見王公侍臣於清徽堂。……次之凝閑堂，高祖曰：名目要有其義，此蓋取夫子閑居之義，不可縱奢以忘儉，自安以忘危。故此堂後作茅茨堂。」元河南志三：「凝閑堂，胡太后置鐘於此室。」

〔三〕梁書五十五豫章王綜傳：「初，綜既不得志，嘗作聽鐘鳴、悲落葉辭以申其志。大略曰：聽鐘鳴，當知在帝城。參差定難數，歷亂百愁生。去聲懸窈窕，來響急徘徊。誰憐傳漏子，辛苦建章臺。聽鐘鳴，聽聽非一所。懷瑾握瑜空擲去，攀松折桂誰相許。昔朋舊愛各東西，譬如落葉不更齊。漂漂孤鴈何所栖，依依別鶴夜半啼。聽鐘鳴，聽此何窮極？二十有餘年，淹留在京域。窺明鏡，罷容色，雲悲海思徒掊抑！其悲落葉云（辭略）。當時見者莫不悲之。」

〔四〕魏書五十九蕭贊傳：「初蕭衍滅寶卷，宮人吴氏始孕，匿而不言，衍仍納之，生贊以爲己子，封豫章王。及長……其母告之以實。贊晝則談謔如常，夜則銜悲泣涕。……值元法僧以彭城叛入蕭衍，衍命贊爲南兗、徐二州刺史，都督江北諸軍事，鎮彭城。於時肅宗遣安豐王延明、臨江王彧討之。贊遣使密告誠款……夜出，步投彧軍。孝昌元年（五二五）秋，屆于洛陽。陛見之後，就館舉哀，追服三載。……朝廷賞賜豐渥，禮遇隆厚，授司空，封高平郡開國公、丹陽王，食邑七千户。」南史五十三豫章王綜傳：「初綜母吴淑媛在齊東昏宮，寵在潘、余之亞，及得幸於武帝，七月而生綜，宮中多疑之。淑媛寵衰怨望。及綜年十四五……因密報之曰：汝七月日生兒，安得比諸皇子？……綜相抱哭，每日夜恒泫泣。……在西州於別室歲時設席祠齊氏七廟，又累微行至曲阿拜齊明帝陵。然猶無以自信，聞俗説以生者血瀝死者骨，滲即爲父子。綜乃私發齊東昏墓，出其骨，瀝血試之，既有徵矣。……

（普通）六年（五二五），魏將元法僧以彭城降，帝使綜都督衆軍，權鎮彭城，并攝徐州府事。……與魏安豐王元延明相持，夜潛與梁話、苗文寵三騎開北門，涉汴河，遂奔蕭城。……延明……送于洛陽。……綜至魏，位侍中司空、高平公、丹陽王。綜改名纘，字德文。追服齊東昏斬衰，魏太后及羣臣並弔。」

〔五〕資治通鑑一四五：齊和帝（蕭寶融）中興二年（五〇二）三月「齊和帝至姑孰。丙辰，下詔禪位于梁」。四月「丙寅，梁王（蕭衍）即皇帝位于南郊，大赦改元。……丁卯，奉和帝爲巴陵王，宫于姑孰」。「戊辰……上（蕭衍）……乃遣所親鄭伯禽詣姑孰，以生金進王。王曰：我死不須金，醇酒足矣。乃飲沈醉，伯禽就摺殺之」。

〔六〕魏書蕭贊傳：「贊機辯文義，頗有可觀，而輕薄俶儻，猶見父之風尚。」

〔七〕按魏書蕭贊傳云：「贊字德文，本名綜，入國，寶夤改焉。」是蕭贊改名，爲蕭寶夤主之。梁書及南史綜傳皆言「綜字世謙」，「改名纘，字德文」，與此亦不同。

〔八〕魏書蕭贊傳：「建義初（五二八），隨爾朱榮赴晉陽，莊帝徵贊還洛，轉司徒，遷太尉，尚帝姊壽陽長公主，出爲都督齊、濟、西兖三州諸軍事，驃騎大將軍，開府儀同三司，齊州刺史。」按莊帝母元勰妃李媛華墓誌有女二人，長楚華，適馮顥；次季瑶，適李彧，無壽陽公主。疑公主非適出，與莊帝爲異母姊妹。

〔九〕宋龔頤正續釋常談云：「通典曰：宋孝武多猜忌，諸國吏人于本國君不得稱臣，而稱下官，事在孝武紀中。一説昔之稱臣，皆通稱焉，梁武帝始改臣爲下官。」（説郛三十五）

〔一〇〕蕭贊傳：「爾朱兆入洛，爲城民趙洛周所逐。公主被録還京。爾朱世隆欲相陵逼，公主守操被害。贊既棄州爲沙門……未幾……遇病而卒，時年三十一。」

瓔珞寺在建春門外御道北，所謂建陽里也，即中朝時白社 校吳琯本社誤作杜。漢魏本白社誤作曰杜。池（地），校吳琯本、漢魏本池作地。吳集證云：「當從何本作地。」按說郛四亦作地，今正。董威輩（輦）校吳琯本、漢魏本、吳集證本輩作輦。按水經注、晉書、寰宇記、元河南志皆作輦，今正。所居處〔一〕。里內有瓔珞、慈善、暉和、通覺、暉玄、宗聖、魏昌、熙平、崇真、因果等十寺〔二〕。里內士庶二千餘户，信崇三寶，衆僧刹 校吳琯本、漢魏本、真意堂本刹作利。養，百姓所供也。

〔注釋〕

〔一〕水經穀水注：「（陽渠）水南即馬市……北則白社故里。昔孫子荆會董威輦於白社，謂此矣。以同載爲榮，故有威輦圖。」晉書九十四隱逸列傳董京傳：「字威輦……常宿白社中，時乞於市，得碎殘繒絮，結以自覆；全帛佳緜，則不肯受。或見推排罵辱，曾無怒色，孫楚時爲著作郎，數就社中與語，遂載與俱歸，京不肯坐。……後數年，遁去，莫知所之。於其寢處，惟有一石竹子及詩二篇。」

〔二〕十寺中宗聖、魏昌、崇真三寺又見於後文，吳若準集證本以此三寺各條均低一格，附隸於本條下，當是依據此文以改。

宗聖寺 校吳集證本自此條至建陽里東有綏民里條皆各低一格，附隸於瓔珞寺條下。有像一軀，舉 校吳琯本、漢魏本、真意堂本無舉字。案說郛四亦無。高三丈八尺，端嚴殊特，相好畢備，士庶瞻仰，目不暫瞬。此像一出，市井皆空，炎光騰 校吳琯本、漢魏本、真意堂本無騰字。輝，赫赫 校吳琯本、漢魏本、真意堂本赫字不重。獨絶世表。妙伎雜樂，亞於劉騰〔一〕，城東士女多來此寺觀看也。

〔注釋〕

〔一〕即謂城内長秋寺，爲劉騰所立，見本書卷一。

崇真寺**校**太平廣記九九引下有有字。比丘惠凝**校**法苑珠林一百十一利害篇引作慧嶷，下同。死一**校**珠林一作經，廣記及説郛四無一字。七日還活。經**校**廣記經作云。閻羅王〔一〕檢閲，**校**珠林此句作「時與五比丘次第於閻羅王所閲過」。以錯名放免，**校**珠林作「嶷以錯召放令還活」。惠凝具説：「過去之時，有五比丘同閲。**校**珠林作「具説王前事，意如生官無異。五比丘亦是京邑道人，與嶷同簿而過」。一比丘云是**校**廣記無是字。寶明寺**校**珠林寺下有僧字。智聖，**校**珠林聖作聰。廣記聖下有以字，屬下讀。坐**校**珠林坐上有「自云生來」四字。禪苦行，**校**珠林行下有「爲業」二字。得升天堂。有一比丘**校**珠林作「復有比丘」。是**校**珠林及廣記是字上有一云字。般若寺**校**珠林寺下有僧字。道品，以誦四（十卷）**校**各本四下有「十卷」二字。吴集證云：「各本作以誦四十卷涅槃。法苑珠林作自云誦涅槃經四十卷，廣記作以誦涅槃四十卷，此係脱落。」按説郛亦作四十卷涅槃，今據各本補。涅槃〔二〕，亦升天堂。有一比丘**校**珠林作「復有比丘」。云是**校**吴琯本、漢魏本無是字。融覺寺**校**珠林寺下有僧字。曇謨最〔三〕，講涅槃、華嚴〔四〕，**校**珠林作「狀注云講涅槃、華嚴」。領**校**珠林領上有恒常二字。衆千人。**校**珠林此句下有「解釋義理」四字。閻羅王云：**校**珠林作「王言」。『講經者校珠林者作「衆僧」，句下又有「我慢貢高」四字。心懷彼我，以驕淩物，校珠林作「憍己數物」，數當是凌之譌。比丘中校珠林中字上有之字。第一校吳琯本、漢魏本、真意堂本無一字。麤行。今唯試坐禪誦經，不問講經。』校珠林無今唯試下至此十一字。其校説郛無其字。曇謨最曰：『貧道立身校廣記作「貧身立道」，倒誤。已來，唯好講經，實不闇校吳琯本、漢魏本、真意堂本闇作諳。廣記亦作諳，同。誦。』校珠林此節作「最報王言，立身已來，實不憍慢，惟好講經」。閻羅王勑校吳琯本、漢魏本勑作曰。説郛亦作曰，廣記作令。付司，校珠林此句作「王言付司」。即有青衣十人，校自「即有」句起至下若「私有財物造經像者」止，如隱堂本原缺此頁，别據鈔補，自毛扆時所見本已然。送曇謨最向西北門，校珠林作「送最向於西北入門」。屋舍皆黑，校吳琯本、漢魏本、吳集證本黑作異。説郛亦作異。似非好處。有校珠林有作復。一比丘云校説郛無云字。是禪林寺校珠林寺下有僧字。道弘，自云：『教化四輩檀越〔五〕，造一切經，人中校珠林中下有金字。象十軀。』閻羅王曰：校珠林作「王言」。『沙門之體，必須攝心守道，校珠林守道作「道場」。志在校珠林在作念。禪誦，不干世事，校珠林干作預。此句下又有「勤心念戒」四字。不作有爲。雖造作經象，正欲得它人財物；既得它物，校珠林無「雖造作經象」下至此十六字，作「教化求財」四字。貪心即校廣記即作既。起；既懷貪心，校珠林及廣記皆無此四字。便是三毒〔六〕不除，校廣記除作出。具足煩惱。』校珠林無便是下十字，作「三毒未除」四字。亦付司，校珠林作「付司依式」。仍與曇謨最同入黑門。校珠林作「還有青衣執送與最同入一處」。有一比丘校珠林作「又有比丘」。云是靈覺寺【校】珠林寺下有僧字。寶明，【校】珠林明作真。自云：『出【校】珠林出上有未字。家之前，嘗【校】珠林嘗作曾。作隴西太守，【校】珠林此句下有「自知苦空，歸依三寶，割捨家資」十二字。造靈覺寺【校】珠林下重寺字。成，即棄【校】珠林無即字，棄作舍。官入道。雖不禪誦，禮拜不缺。』閻羅【校】珠林無閻羅二字。王曰：『卿作太守之日，曲理【校】珠林理作情。枉法，劫奪民【校】珠林民作人，蓋避唐諱。財，【校】珠林此句下有「以充己物」四字。假作此寺，非卿之力，何勞說此。』亦付司，【校】珠林作「亦復付司准式」。廣記無司字。青衣送入黑門。」【校】珠林此句下有「似非好處。慧嶷爲以錯召免問，放令還活，具說王前過時事意，時人聞己，奏胡太后」三十二字。太后聞之，【校】珠林作「太后以爲靈異」。廣記作「時魏太后聞之」。魏字當係後加。遣黃門侍郎徐紇〔七〕依惠凝所說，【校】珠林作「即遣黃門侍郎依嶷所陳」。即訪寶明【校】廣記明下有等字。寺。【校】吴集證云：「法苑珠林作訪問聰等五寺。此句疑有差訛」。城東有寶明寺，城內【校】廣記內作中。有般若寺，城西有融覺〔寺〕、【校】吴集證本、唐鈎沈本、張合校本無寺字。按廣記引無寺字，今據衍。禪林、靈覺等三寺〔八〕。問【校】廣記問上有并字。智聖、道品、曇謨最、道弘、寶明等，皆實有之。【校】按自「城東有寶明寺」至此四十二字，珠林作「並云有此，死來七日，生時業行，如嶷所論不差」。議曰：「人死有罪福。」【校】廣記無「議曰」下七字。說郛死字下有定字。即請坐禪僧一百人，常在殿內【校】廣記內作中。供養之。詔：「不聽持經象沿路【校】廣記沿路作「巷路」。乞索，若私有【校】廣記有作用。財物造經象者任意〔九〕。」凝【校】廣記及說郛作「惠凝」。亦入白鹿山〔一〇〕居【校】吴琯本、漢魏本、真意堂本，居作小。說郛亦作小。廣記作居，與此同。隱脩道。自此以後，京邑校吳琯本、漢魏本邑作師。廣記邑下有之字。比丘，悉皆校廣記悉皆作「皆事」。禪誦，不復以講經爲意〔一一〕。出建春〔南〕校吳琯本、漢魏本、真意堂本無南字。吳集證云：「當從何本衍。」按元河南志及說郛皆無南字，吳說當是。今衍。門外一里餘至東石橋南校綠君亭本、真意堂本、吳集證本南作西。北而行，晉太康元年造。橋南有魏朝時馬市〔一二〕，校吳琯本、漢魏本有魏朝時馬市作「即中朝牛馬市」。綠君亭本作「有中朝時牛馬市」。真意堂本作「即中朝時牛馬市」。吳集證云：「案此石橋即水經注所謂馬市石橋也。言東所以別建春門外馬憲所造之橋也。毛斧季謂世傳如隱堂刊本此卷内脱三紙，好事者傳寫補入。『晉太康元年』至『刑嵇康之所也』二十三字，以下文較之，當是重文複出也。」張合校云：「案水經注作馬市。寰宇記：三市。洛陽記云：大市名金市，在大城西南。羊市在大城南，馬市在大城東。舊置丞。馬（按下當脱上字）皆無牛字。」按元河南志作「有晉時牛馬市」。說郛馬市作「牛馬市」。則舊本作「中朝時牛馬市」者相傳已久，於義亦通，存異可也，不必以洛陽記議之爲非。如隱堂本此文不在鈔補頁内，可證吳氏未見原書，臆度之誑也。刑嵇康〔一三〕校真意堂本嵇作稽。之所也。

橋北大道西有建陽里，大道東有綏民里，里内有河間劉宣明宅。神龜年中，以直諫忤旨，校說郛旨作時。斬於都市訖，校說郛訖上有斬字。目不瞑，尸行百步，時人談以枉死。宣明少有名譽，精通經史，危行及於誅死〔一四〕。校吳琯本、漢魏本、真意堂本死作也。

〔注釋〕

〔一一〕閻羅王是梵名，佛教中謂地獄主；亦譯作琰魔等名，翻譯名義集二鬼神篇云：「琰魔或云琰羅，此翻静息，以能静息造惡者不善業故。或翻遮，謂遮令不造惡故。或閻磨羅，經音義，應云：夜磨盧迦，此云雙世，鬼官之總世也。或翻亦云閻羅餤魔，聲之轉也，亦云閻魔羅社，此云雙王。兄及妹皆作地獄主，兄治男事，妹治女事，故曰雙王。或翻苦樂並受，故云雙也。婆沙、顯揚并正法念皆言鬼趣所收。瑜伽地獄趣收。」

〔二〕大般涅槃經，北涼曇無讖譯。出三藏記集八作三十六卷，大唐内典録四作四十卷，開元釋教録四亦作四十卷，注云：「或三十六卷，第五譯，玄始三年（四一四）出，十年（四二一）十月二十三日訖。梵本具足有三萬五千偈，今所譯者止萬餘偈，三分始一耳。」（隋書經籍志所説與此異，疑有譌，今不取。）今藏經中涅槃經有兩本：一爲大般涅槃經四十卷，題北涼中天竺沙門曇無讖譯；一爲南本大般涅槃經三十六卷，題北涼中天竺沙門曇無讖譯，劉宋沙門釋慧觀同謝靈運再治。出三藏記之三十六卷蓋指南本。

〔三〕本書卷四融覺寺下云：「比丘曇謨最，善於禪學，講涅槃、華嚴，僧徒千人。」續高僧傳三十曇無最傳：「姓董氏，武安人也。……諷誦經論，堅持律部，偏愛禪那，心虛静謐。時行汲引，咸所推宗。兼博貫玄儒，尤明論道……曾於邯鄲崇尊寺説戒，徒衆千餘，並是常隨門學。……後敕住洛都融覺寺，寺即清河文獻王懌所立。……最善宏敷導，妙達涅槃、華嚴，僧徒千人，常業無怠。天竺沙門菩提留支見而禮之，號爲東土菩薩。嘗讀最之大乘義章，每彈指唱善，飜爲梵字，寄傳大夏，彼方讀者皆東向禮之爲聖人矣。然其常以宏法爲任。元魏正光元年（五二〇），明帝加朝服大赦，請釋、李兩宗上殿。齋訖，侍中劉滕（當作騰）宣敕，請諸法師等與道士論義。時清通觀道士姜斌與最對論。……帝時加斌極刑，西國三藏法師菩提留支苦諫，乃止配徒馬邑。最學優程譽，繼乎魏史；藉甚騰聲，移肆通國。遂使達儒朝士，降階設敬，接足歸依。佛法中興，惟其開務。後不測其終。」

〔四〕大方廣佛華嚴經六十卷，東晉佛陀跋陀羅譯。開元釋教録三注云：「初出元五十卷，後人分爲六十卷。沙門支法領得梵本來，義熙十四年（四一八）三月於道場寺出，元熙二年（四二〇）六月十日訖，法業筆受。」又唐實叉難陀譯本爲八十卷，周延年注以晉唐兩譯本都爲八十卷，誤。

〔五〕檀越是梵名，義爲施主。南海寄歸内法傳一：「梵云陀那鉢底，譯爲施主。陀那是施，鉢底是主；而云檀越者，本非正譯，略去那字，取陀音上轉名爲檀，更加越字。意道由行檀捨，自可越渡貧窮。妙釋雖然，終乖正本。」

〔六〕大智度論三十一：「我所心生故，有利益我者生貪欲，違逆我者而生瞋恚。此結使不從智生，從狂惑生故，是名爲癡。三毒爲一切煩惱之根本，悉由吾我。」三毒即謂貪瞋癡。

〔七〕徐紇，博昌人，魏書九十三恩倖列傳有傳。

〔八〕案五寺祇寶明寺見本卷，融覺寺見卷四，餘三寺本書不載。

〔九〕案北魏風行造像，其記辭見於各金石書者極夥，而近今發現，未見著録者，爲數尤多。考其文辭，大都爲祈福求報之語，了無深意，但由此可考見北朝佛教流行之普遍。王昶金石萃編三十九北朝造像諸碑總論云：「按造像立碑，始於北魏，迄於唐之中葉。大抵所造者，釋迦、彌陁、彌勒及觀音、勢至爲多。或刻山崖，或刻碑石，或造石窟，或造佛堪（原注：或作龕，或作碪），或造浮圖。其初不過刻石，其後或施以金塗綵繪。其形模之大小廣狹，製作之精粗不等。造像或稱一區（原注：或作堰，或作軀），或稱一堪，其後乃稱一鋪。造像必有記（原注：記後或有銘頌），記後題名。昶所得搨本計自北魏至隋約百餘種，則其餘之散軼寺廟塔院者，當不可勝記也。嘗推其故，蓋自典午之初，中原板蕩，繼分十六國，沿及南北朝魏、齊、周、隋以迨唐初，稍見平定。旋經天寶安、史之亂，干戈擾攘。民生其間，蕩析離居，迄無寧宇，幾有尚寐無訛，不如無生之歎。而釋氏以往生西方極樂淨土，上昇兜率天宮之説誘之，故愚夫愚婦相率造像，以冀佛祐，百餘年來，漫成風俗。釋氏謂彌陁爲西方教主，觀音、勢至又能率念佛人歸於淨土。而釋迦先説此經，彌勒則當來次補佛處。故造像率不外此。綜觀造像諸記，其祈禱之詞，上及國家，下及父子，以至來生，願望甚賒。其餘鄙俚不經，爲吾儒所必斥，然其幸生畏死，傷亂離而想太平，迫於不得已，而不暇計其妄誕者；仁人君子閱此，所當惻然念之，不應遽爲斥詈也。考造像之人官職姓氏地名有足資考證者，悉已分疏本條。其稱謂之無關典實，而散見各碑者，今更彙録於此。凡造像之人，自稱曰佛弟子、正信佛弟子、清信士、清信女、優婆塞、優婆夷。凡出資造像者，曰像主、副像主、東西南北四面像主、發心主、都開光明主、光明主、天宫主、南面北面上堪中堪像主、檀越主、大像主、釋迦像主、無量壽佛主、都大檀越、都像主、像齋主、左右葙齋主。造塔者曰塔主。造鐘者曰鐘主。造浮圖者曰東面西面南面浮圖主。造燈者曰登主（原注：同燈）、登明主、世石主（原注：未詳）。勸化者曰化主、教化主、東西南北面化主、左右葙化主、都化主、大都化主、大化主、都録主、坐主、高坐主。邑中助緣者曰邑主、大都邑主、都邑主、東西面邑主、邑子、邑師、邑正、左右葙邑正、邑老、邑胥（原注：疑同胥）、邑謂（原注：疑同諝，亦同胥）、邑渭（原注：疑同謂，亦即胥）、邑政（原注：疑同正）、邑義、邑日（原注：未詳）、都邑忠正、邑中正、邑長、鄉正、邑平正、鄉黨治律（原注：並未詳）其寺職之稱曰和上、比丘、比丘尼、都維那、維那、典録、典坐、香火、沙彌、門師、都邑維那、邑維那、行維那、左右葙維那、左右葙香火。其名目之繁如此。撮其大凡，以廣異聞。而造像題記之梗概備于此矣。入唐以後，不復贅論云。」

〔一〇〕太平寰宇記五十六衛州共城縣下云：「白鹿山在縣西北五十三里，西與太行連接，上有天門谷、百家巖。盧思道西征記云：孤巖秀出，上有石，自然爲鹿形，遠視皎然獨立，厥狀明淨，有類人工，故此山以白鹿爲稱。又水經注云：長泉水源出白鹿山。」

〔一一〕俞正燮癸巳存稿十二洛陽伽藍記條云：「融覺寺曇謨最講涅槃華嚴，又譯諸經。天竺流支寫以胡書，傳之西域，謂之東方聖人。文在伽藍記卷四。而卷二崇真寺惠凝親見閻羅王責最以講經者心懷彼我，以智凌物。付司，即有青衣十人送最向西北門，屋舍皆黑，似非好處。胡太后聞之，京師比丘悉皆禪誦，不復以講經爲意。最實聽慧高僧，即有淩物，然以視噉肉、嗇酒、毆罵、淫穢以爲聖賢菩薩地位者，最不宜受業報。蓋僧家是非淆亂，不可思議。至惠凝所説造作金像，正欲得他人財物，及劫奪民財，假作佛寺，俱付司入黑門。此閻羅王所判，則灼然是非之心矣。」按此故事似係出於坐禪派僧徒所僞造，以攻擊異派，甚至如曇謨最本脩禪學，唯以兼明論道，遂亦不惜加以誣蔑。宗派鬬争，用心至深，俞氏謂爲不可思議者，由於未考當時佛教之情勢耳。湯用彤漢魏兩晉南北朝佛教史（七七八頁）云：「此故事或雖僞傳，然頗可反映當時普通僧人之態度。後魏佛法本重脩行。自姚秦顛覆以來，北方義學衰落。一般沙門自悉皆禪誦，不以講經爲意，遂至坐禪者，或常不明經義，徒事脩持。道宣僧傳習禪篇曾論及此。文曰：頃世定士，多削義門，隨聞道聽，即而依學，未曾思擇，扈背了經。每緣極旨，多虧聲望，吐言來誚，往往繁焉。或復耽著世定，謂習真空。誦念西方，志圖滅惑。肩頸掛珠，亂掐而稱禪數；衲衣乞食，綜計以爲心道。又有依託堂殿，遶旋竭誠。邪仰安形，苟在曲計。執以爲是，餘學並非。冰想鏗然，我倒誰識。斯並戒見二取，正使現行，封附不除，用增愚魯，向若纔割世網，始預法門，博聽論經，明閑慧戒。然後歸神攝慮，憑準聖言。動則隨戒策修，靜則不忘前智。固當人法兩鏡，真俗四依。達智未知，寧存妄識。如斯習定，非智不禪。則衡嶺台崖扇其風也。道宣所言，雖指隋唐僧人，然禪法興盛，智學廢替，自更易發生此類現像。北朝末葉，衡岳慧思、天台智顗極言定慧之必雙修，或亦意在糾正北朝一般禪僧之失歟？」

〔一二〕水經穀水注：「（陽渠）水南即馬市。舊洛陽有三市，斯其一也。亦嵇叔夜爲司馬昭所害處也。」

〔一三〕嵇康字叔夜，晉書四十九有傳。

〔一四〕魏書九肅宗紀：神龜二年（五一九）九月「瀛州民劉宣明謀反，事覺，伏誅」。與本書大異。或當時誣以反罪，故衒之謂「時人談以枉死」，此可以正史之訛。北史肅宗紀與資治通鑑皆不載此事，當亦是疑魏書之語爲妄而删之。又按魏書五十八楊昱傳云：「神龜二年（五一九），瀛州民劉宣明謀反，事覺逃竄。（元）乂乃使（武昌王元）

和及元氏誣告昱藏隱宣明。」此雖出於元乂誣告，然宣明必與楊昱素稔，故能搆成罪詞。楊昱爲楊椿之子，一門富貴，交往冠冕，宣明如爲其友，必非平民可知。又史稱楊播弟兄「恭德慎行，爲世師範，漢之萬石家風，陳紀門法，所不過也。諸子秀立，青紫盈庭」。由此而論，宣明爲人略可推知。魏收書多誣，劉宣明一事幸賴此文爲之雪冤，亦可見楊氏之具有史才也。

魏昌尼寺，閹官瀛州刺史李次壽〔一〕所立也，在里東南角，即中朝牛馬市處也，刑嵇康【校】真意堂本嵇作稽。之所。東臨石橋，【校】吴琯本、漢魏本作「臨東石橋」。案前條云：「出建春南門外一里餘至東石橋，南北而行。」則此文似以作臨東石橋爲是。但東臨石橋，於義亦通。此【校】吴琯本、漢魏本、真意堂本此作北，北上空一格。橋南北行，晉太康元年中朝時市南橋也。澄之等〔二〕蓋見北【校】緑君亭本、吴集證本北作此。橋銘，因而以橋〔三〕爲太康初造也。

〔注釋〕

〔一〕李次壽，魏書九十四閹官列傳有傳。本傳云：「李堅字次壽，高陽易人也。高宗初，因事爲閹人。」「世宗初，出爲安東將軍瀛州刺史。本州之榮，同於王質。所在受納，家産巨萬。」

〔二〕謂劉澄之、戴延之等，見前明懸尼寺條。

〔三〕此橋謂建春門外石橋。

石橋南道有景興尼寺，亦閹官等所共立也。有金像輦〔一〕，去地三尺，施寶蓋，四面垂金鈴七寶珠，飛天伎樂，望之雲表。作工甚精，難可揚推（摧）〔二〕。校吴琯本、漢魏本推作確。緑君亭本、真意堂本作摧。今從之。像出之日，常詔羽林一百人舉此像。絲竹雜伎，皆由旨給。

〔注釋〕

〔一〕金像輦即本書卷一景樂寺條之像輦，乃載佛像車輛，備行像之用。詳見卷一長秋寺條注。

〔二〕文選四左思蜀都賦：「請爲左右揚摧而陳之。」李善注引許慎淮南子注云：「揚摧，粗略也。」

建陽里東校建陽里字，各本皆頂格，惟吴集證本低一格，與前各條同繫於瓔珞寺條下。有綏民里，里內有洛陽縣，臨渠水。縣門外有洛陽令楊機清德碑〔一〕。

綏民里東崇校説郛四崇誤作宗。義里，里內有京兆人杜子休宅。地形顯敞，門臨御道。校按太平廣記八十一道作路。時有隱士趙逸，校廣記逸下有者字。云是晉武時人，晉朝舊事，多所記録。正光初，來至京師，見子休宅，歎息曰：「此宅校太平御覽六百五十八及廣記引皆無宅字。中校廣記中作晉。朝時太康寺也。」時校説郛無時字。人未校御覽、廣記及説郛未下皆有之字。信，遂問寺之由緒。校御覽無緒字。廣記此句作「問其由」。逸云：校廣記作「答曰」。「龍驤將軍王濬〔二〕平吴之校廣記無之字。後，始校廣記無始字。立此校吴琯本、漢魏本無此字。寺。本有三層浮圖，用塼爲之。」

指子休園中校廣記無中字。曰：「此是故處。」子休掘而驗之，果得塼數十校御覽及廣記無十字。萬，兼校御覽、廣記及説郛兼作并。有石銘云：「晉太康六年，歲次乙巳，九月甲戌朔，八日辛巳〔三〕，儀同三司襄陽侯王濬敬造。」時園中果菜豐蔚，林木扶疎，乃服逸言，號爲聖人。子休遂捨宅校吴琯本、漢魏本、真意堂本無宅字。爲靈應寺，所得之塼，還爲校按廣記還爲二字作造字。三層浮圖。好事者尋逐之，校吴琯本、漢魏本、真意堂本尋逐之三字作「遂尋」二字。按廣記無尋逐之三字，説郛作「遂尋逸」。問：「晉朝京師，校吴琯本、漢魏本、真意堂本師作民。何如今日？」逸曰：「晉時校廣記時作朝。民少於今日。王侯第宅校吴琯本、漢魏本無宅字。與今日相似。」又云：「自永嘉以來，二校曾慥類説六引作三，誤。百餘年，建國稱王者十有六君〔四〕，皆校説郛皆上有吾字。遊其都邑，校廣記邑作鄙。目見校類説見作覩。其事。國滅校類説滅作亡。之後，觀其史書，皆非實録。莫不推過於人，引善自向。符（苻）校案説郛符作苻。考晉書載記十二云：「（蒲）洪亦以讖文有草付應王，又其孫堅背有艸付字，遂改姓苻氏。」元和姓纂二略同。符氏別有姓。據此，符字當誤，今依説郛正。生〔五〕雖好勇嗜酒，亦仁而不煞。校各本煞作殺。觀其治典，未爲凶暴，及詳其史，天下之惡皆歸焉。符（苻）校説郛作苻，今據正，説詳前。堅〔六〕自是賢主，賊君取位，妄書生校吴琯本、漢魏本、真意堂本生作君。説郛亦作君。惡。凡諸史官，皆是校吴琯本、漢魏本、真意堂本作此。廣記亦作此。類也。人皆貴遠賤近，以爲信然。當今之人，亦生愚死智，惑已甚矣！」人校吴琯本、漢魏本無人字。

説郛亦無。問其故。逸曰：「生時中庸之人耳。校吴琯本、漢魏本耳作爾。及其校吴琯本、漢魏本無其字。説郛亦無。死也，碑文墓志，校各本志作誌，同。廣記、説郛亦作誌。莫不校吴琯本、漢魏本、真意堂本莫不二字作必。窮天地之大德，盡校廣記無盡字。生民之能事，爲君共堯舜連衡，爲臣與伊皋校廣記皋作尹。説郛作周。等跡。牧民之官，校吴琯本、漢魏本官作臣，按説郛亦作臣。浮虎慕其清塵〔七〕；執法之吏，埋輪謝其梗校緑君亭本誤作梗。直〔八〕。所謂生爲盜跖，死校類説死作没。爲夷齊，妄校按類説妄作佞。言傷正，華辭損實。」當時構校廣記構作作。説郛作搆。文之士，慚逸此言。步兵校尉李澄校廣記澄作登。問曰：「太尉府前塼浮圖，形製甚古，猶未崩毁，校廣記無此句。未知早晚造？」校廣記作「未知何年所造」。逸云：校吴琯本、漢魏本云作曰。「晉義熙十二年，劉裕伐姚泓〔九〕，軍人所作。」汝南王〔一〇〕聞校吴琯本、漢魏本聞下有之字。而異之，拜爲義父。校廣記無「拜爲義父」四字。因而校廣記無而字。問：「何所服餌，以致長校廣記長作延。年？」逸云：「吾不閑校吴琯本、漢魏本、緑君亭本、真意堂本閑作閒，同。養生，自然長壽。郭璞〔一一〕嘗爲吾筮云，壽年五百歲。今始餘校緑君亭本餘作逾。説郛亦作逾。半。」帝校吴琯本、漢魏本、真意堂本作常。説郛亦作常。廣記作帝。給步挽車一乘，遊於市里。所經之處，多記校廣記記作説。舊跡。三年以後遁去，莫知所在。

崇儀（義）校吴集證本儀作義，云：「各本作儀，誤。」照曠閣本作義。案上文作崇義里，元河南志亦作崇義里，吴説是也。今正。里東有七里橋，以石爲之，中朝杜預之荆州出頓之所也〔一二〕。七里橋東一里，郭門開三道，時人校吴琯本、漢魏本、真意堂本無時人二字。案元河南志有。號爲三門。離別者多云：「相送三門外。」京師士子，送去迎歸，常在此處。校吴琯本、漢魏本、真意堂本處下有也字。

〔注釋〕

〔一〕楊機字顯略，天水冀人，魏書七十七有傳。本傳云：「熙平中，爲涇州平西府長史，尋授河陰令，轉洛陽令。京輦服其威風，希有干犯。凡訴訟者，一經其前，後皆識其名姓，并記事理，世咸異之。」

〔二〕王濬，晉書四十二有傳。本傳云：「尋以謠言，拜濬爲龍驤將軍，監益梁諸軍事。」太康元年（二八〇）正月，濬發自成都。……攻吴。」「於是順流鼓棹，徑造三山。（孫）皓遣游擊將軍張象率舟軍萬人禦濬，象軍望旗而降。皓聞濬軍旌旗器甲屬天滿江，威勢甚盛，莫不破膽。用光禄勳薛瑩、中書令胡沖計，送降文於濬。……濬入於石頭。」

〔三〕按資治通鑑目録（用劉羲叟長曆）及汪曰楨長術輯要太康六年（二八五）八月朔爲丙戌，十月朔爲乙酉。以此排算，九月朔決非甲戌，陳垣二十史朔閏表九月朔爲丙辰，是也。九月甲戌朔乃太康八年（二八七），然王濬卒在太康六年十二月（見晉書武帝紀），故亦非是。此文「九月甲戌朔八日辛巳」疑有錯誤。

〔四〕十六君謂十六國之君，即前趙劉淵、後趙石勒、前燕慕容儁、前秦苻健、後秦姚萇、蜀李雄、後涼吕光、後燕慕容垂、西秦乞伏國仁、北燕馮跋、南涼秃髮烏孤、南燕慕容德、北涼沮渠蒙遜、夏赫連勃勃、前涼張軌、西涼李暠等。

〔五〕晉書載記十二有傳。載記云：「苻生字長生，健第三子也。幼而無賴，祖洪甚惡之。……健卒，僭即皇帝位。中書監胡文、中書令王魚言於生曰：比頻有客星孛于大角，熒惑入于東井。……於占不出三年，國有大喪，大臣戮死。……生於是殺其妻梁氏及太傅毛貴，車騎、尚書令梁楞，左僕射梁安。未幾，又誅侍中、丞相雷弱兒及其九子二十七孫。」「生雖在諒闇，游飲自若，荒酖淫虐，殺戮無常。常彎弓露刃，以見朝臣。錘鉗鋸鑿，備置左右。又納董榮之言，誅其司空王墮，以應日蝕之災。饗羣臣于太極前殿，飲酣樂奏，生親歌以和之，命其尚書令辛牢典勸。既而怒曰：何不强酒？猶有坐者，引弓射牢而殺之。於是百寮大懼，無不引滿昏醉，汙服失冠，蓬頭僵仆，生以爲樂。」「初，生兇暴嗜酒……及即僞位，殘虐滋甚，酖湎於酒，無復晝夜。羣臣朔望朝謁，罕有見者，或至暮方出。臨朝輒怒，惟行殺戮。動連月昏醉，文奏因之遂寢。納姦佞之言，賞罰失中。左右或言陛下聖明宰世，天下惟歌太平。生曰：媚於我也。引而斬之。或言陛下刑罰微過。曰：汝謗我也。亦斬之。所幸妻妾，小有忤旨，便殺之，流其尸于渭水。又遣宫人與男子裸交於殿前。生剥牛羊驢馬，或燗雞豚鵝，三五十爲羣，放之殿中。或剥死囚面皮，令其歌舞，引羣臣觀之以爲嬉樂。宗室勳舊，親戚忠臣，殺戮略盡。……左右忤旨而死者，不可勝記。至於截脛刳胎，拉脅鋸頸者動有千數。」崔鴻十六國春秋（湯球輯本）前秦録所記略同，當是依據秦史舊文，因襲誣罔。故劉知幾史通曲筆篇云：「昔秦人不死，驗苻生之厚誣。」即據本文而言。

〔六〕苻堅，晉書載記十三有傳。載記云：「生既殘虐無度，梁平老等亟以爲言，堅遂弒生。……以升平元年（三五七），僭稱大秦天王。」

〔七〕後漢書一百九儒林列傳劉昆傳：「稍遷侍中、弘農太守。先是崤、黽驛道多虎災，行旅不通。昆爲政三年，仁化大行，虎皆負子渡河。」

〔八〕後漢書八十六張綱傳：「漢安元年（一四二）選遣八使徇行風俗，皆耆儒知名，多歷顯位。唯綱年少，官次最微。餘人受官之部，而綱獨埋其車輪於洛陽都亭，曰：豺狼當路，安問狐狸？遂奏（劾）……大將軍冀。……書御，京師震竦。」

〔九〕資治通鑑一百十七晉安皇帝義熙十二年（四一六）「二月，加太尉（劉）裕中外大都督。裕戒嚴伐秦。……琅邪王德文請啓行戎路，脩敬山陵，詔許之」。十月「甲子，(檀)道濟進逼洛陽。丙寅，(姚)洸出降。……己丑，詔遣兼司空高密王恢之脩謁五陵，置守衛。太尉裕以冠軍將軍毛脩之爲河南、河内二郡太守，行司州事，戍洛陽」。劉裕，宋武帝。姚泓，後秦主。

〔一〇〕汝南王悦見本書卷一景樂寺條及注。按魏書二十二悦傳云：「悦好讀佛經，覽書史。爲性不倫，俶儻難測。……有崔延夏者以左道與悦遊，合服仙藥松朮之屬。時輕與出採芝，宿於城外小人之所。遂斷酒肉粟稻，唯食麥飯，又絶房中，而更好男色。」又本書三菩提寺條崔涵死後復活，人謂是鬼，「汝南王賜黄衣一具」，是元悦性好奇誕，與此可以互證。

〔一一〕郭璞字景純，晉書七十二有傳。本傳：「妙於陰陽算曆。有郭公者，客居河東，精於卜筮，璞從受業。公以青囊中書九卷與之。由是遂洞五行、天文、卜筮之術，攘災轉禍，通致無方，雖京房、管輅不能過也。」

〔一二〕晉書三武帝紀：咸寧四年(二七八)十一月「辛卯，以尚書杜預都督荆州諸軍事」。

莊嚴寺在東陽門外一里御道北，所謂東安里也。北爲租場〔一〕。里内有駙馬都尉司馬恍、

校吴琯本、漢魏本恍作洸。吴集證云：「案魏書有司馬悦，悦之子朏尚世宗妹華陽公主，拜駙馬都尉。」張合校云：「魏書有司馬悦，不尚主。司馬氏尚主者無洸名。不知名誤抑官誤。」唐鈎沈本徑改恍作悦。案元河南志三作司馬悦。

濟州刺史分

校吴琯本、漢魏本、緑君亭本、真意堂本分作介。案元河南志三作刁。分姓各姓氏書未見，必誤。爲介爲刁，無旁證可稽，不敢臆斷。【元河南志三分作刁。按魏書三十八刁雍傳附刁整傳云：「相州刺史山陽王(按山陽當作中山)熙在鄴起兵，將誅元乂等，事敗，傳首京師。……整弟婦即熙姊，遂收其屍藏之，後乃還熙所親。

又聞而致憾，因以熙弟略南奔蕭衍，誣整將叛，送整與弟宣及子恭等幽縶之。」又附刁雙傳云：「中山王熙之誅也，熙弟略投命於雙。……雙乃遣從子昌送達江左。……略姊饒安公主，刁宣妻也，頻訴靈太后，乞徵略還。」據此刁宣爲刁整之弟，饒安公主之夫，元熙、元略之姊夫。刁整傳「與弟宣」之宣字，乃宣之形訛。此文「分宣」當從元河南志改作「刁宣」。原校失考，今予改正。】宣、幽州刺史李真奴〔二〕、校吴集證云：「案魏書真奴，李訢小名，范陽人，終官徐州刺史。此作幽，疑傳刻之誤。」按李訢父李崇嘗爲幽州刺史，或因之而誤。元河南志三誤作李直奴。豫州刺史公孫驤〔三〕校按元河南志驤作讓。等校吴琯本、漢魏本無等字。四宅。

〔注釋〕

〔一〕租場見本卷明懸尼寺條。

〔二〕李訢魏書四十六有傳。

〔三〕吴廷燮後魏方鎮年表上引此文列在神龜二年（四一九）。

秦太上君寺，胡太后校說郛四后下有之字。所立也〔一〕，在東陽門（外）校吴集證本門下有外字。按元河南志三亦有外字，今據補。二里校吴琯本、漢魏本無此二字。御道北，所謂暉文里。里內有太保崔光〔二〕、太傅李延實〔三〕、冀州刺史李詔（韶）〔四〕、校吴琯本、漢魏本詔字空格。緑君亭本、真意堂本作韶。吴集證云：「以魏書考之，當從各本作韶。」案下文作韶，今據正。元河南志三亦作韶。祕書監校吴琯本、漢魏本、真意堂本脱監字。鄭道昭〔五〕等四宅。並豐堂崛起，高門洞開。趙逸云：「暉文里是晉馬道里。**校**吳琯本、漢魏本、真意堂本「暉文里」句在下文「亦有千數」句下。延實宅是蜀主劉禪宅。延實宅東有脩和宅，是吳王**校**照曠閣本王作主。按元河南志三亦作主。孫皓宅〔六〕。李韶**校**吳琯本、漢魏本韶字空格。宅是晉司空張華〔七〕宅。」

當時太后正號崇訓〔八〕，**校**吳集證本自「當時太后」至「因以名焉」三十二字移在上文「胡太后所立也」句下，云：「各本俱在下文司空張華宅句下，今移於此作子注。」唐鈎沈本自「當時太后」至「亦有千數」九十一字移在上文「所謂暉文里」句下作子注。按說郛四自「太后正號崇訓」至「因以名焉」句在「胡太后之所立也」句下（說郛無在東陽門二里御道北句），下文接寺在暉文里之內句。說郛引文雖有省略，但於此猶可考見此節文字原次當屬於上，吳氏說近之。唐氏移動過多，似覺不妥。母（儀）**校**緑君亭本、真意堂本母下有儀字。按說郛亦有儀字，今補。天下，號父爲秦太上公〔九〕，**校**說郛公作君。母爲秦太上君。**校**說郛君作后。爲母追福，因以名焉。

中有五層浮圖一所，修**校**吳琯本、漢魏本、修字空格。剎入雲，高門向街。佛事莊飾，等於永寧〔一〇〕。誦室禪堂，周流重疊，花林芳草，**校**如隱堂本「芳草」下至「好馳虛譽阿」止，係闕葉抄補。徧滿階墀。常有大德名僧，講一切經。受業沙門，亦有千數。**校**吳琯本、漢魏本此下有「趙逸云：暉文里是晉馬道里。李□宅是晉司空張華宅。」真意堂本下有「暉文里是晉馬道里」。

太傅李延實者，莊帝舅也。永安年中，除青州刺史〔一一〕。臨去**校**太平廣記四百九十三臨去作「將行」。說郛作「辭去」。奉辭，**校**說郛無奉辭二字。帝謂實曰：「懷甎原注云：「音專。下同。」緑君亭本、吳集證本無。之俗，世號難治。舅宜好用心，校曾慥類説六心下有腹字。副朝廷所委。」實答曰：「臣年迫桑榆〔一二〕，氣同朝露，人間稍遠，日近松邱〔一三〕，臣已久乞閒退。陛下渭陽〔一四〕興念，寵及老臣，使夜行罪校按廣記罪作非。人〔一五〕，裁錦萬里〔一六〕，敬奉明敕，不敢失墜。」校廣記墜作墮。時黄門侍郎楊寬在帝側，不曉懷甎之義，私問舍人温子昇〔一七〕。（子昇）校緑君亭本、真意堂本重子昇二字。按廣記、説郛皆重，今據補。曰：「聞校廣記聞上有吾字。至校真意堂本至譌作子。尊兄彭城王〔一八〕校吴琯本、漢魏本脱尊兄彭城王五字。作青州刺史，問校廣記問作聞。其（俗），類説作問其俗。於義當是，今據補。賓客從至青州（者）廣記州下有者字。有之義足，今據補。云：『齊土之民，風俗淺薄，虚論高談，專在榮利。太守初欲入境，皆校廣記皆上有百姓二字。懷甎叩首校説郛首作頭。以美其意。校吴集證云：「意字，李璧王荆公詩注引廣記作來，字義似長。」案李璧引見王荆公詩注二十七公闢枉道見過詩注。及其代下還家，以甎擊之。』言其向背速於反掌。是以京師謡語云：『獄中無繫囚，舍内校類説内作邊。無青州，假令家道惡，校吴琯本、漢魏本惡字空格。腹校廣記、類説、説郛腹皆作腸。中不懷愁。』懷甎之義起在於此也。」

潁川荀濟〔一九〕，風流名士，高鑒妙識，獨出當世。清河崔叔校廣記叔作淑。仁〔二〇〕稱齊士大夫。曰〔二一〕：校曰上疑脱濟字，説見注。「齊人外矯仁義，校廣記仁義作「庶幾」。内懷鄙吝，輕同羽毛，利等錐刀〔二二〕。好馳虚譽，阿附校吴琯本、漢魏本附字空格。成名。威勢所在，側肩競入，校廣記自「側肩競入」至「慕勢最甚」十八字作「促共歸之。苟無所資，隨即舍去，言囂薄之甚也」。求其榮利，甜然濃校吴琯本、漢魏本、真意堂本濃下有泗譬二字。於四方，慕勢最甚。」號齊士子爲慕勢諸郎。臨淄官徒有校吴琯本、漢魏本、真意堂本有作布。在京邑，聞懷甄慕勢，咸校吴琯本、漢魏本咸作或。共恥之。唯崔孝忠〔二三〕一人不以爲意。問其故，孝忠曰：「營丘風俗，太公餘化〔二四〕；稷下儒校吴琯本、漢魏本儒作孔。林〔二五〕，禮義所出。今雖凌遲，足爲天下模楷。苟濟人非許、郭〔二六〕，不識東家〔二七〕，雖復莠言校吴琯本、漢魏本莠言作「苗莠」。自口〔二八〕，未宜榮辱也。」

〔注釋〕

〔一〕秦太上君爲胡太后母，魏書八十三外戚列傳胡國珍傳：「又追京兆郡君（國珍妻皇甫氏）爲秦太上后。太上后景明三年薨於洛陽，於此十六年矣。」又同書九十四劉騰傳云：「洛北永橋太上公太上君及城東三寺皆主脩營。」是此寺乃胡太后遣閹官劉騰主營。

〔二〕崔光字長仁，清河人。魏書六十七有傳。

〔三〕李延實字禧，隴西人，魏書八十三有傳。

〔四〕李韶字元伯，魏書三十九有傳。

〔五〕鄭道昭字僖伯，滎陽人，魏書五十六有傳。

〔六〕唐晏鉤沈云：「戴延之西征記曰：東陽門外道北，吴、蜀二主第宅，去城二里，墟基猶存。」按洛陽故宮名亦云：「馬市在城東，蜀、吴二王館與相連。」（文選三十八張悛爲謝詢求爲諸孫置守冢人表注引）

〔七〕張華字茂先，晉書三十六有傳。

〔八〕魏書三十一于忠傳云：「靈太后居崇訓宮，忠領崇訓衛尉。」（資治通鑑一四八同）胡太后亦號崇訓太后，胡昭儀墓誌云：「宣武皇帝崇訓皇太后之從姪。」

〔九〕魏書八十三外戚列傳胡國珍傳：「太后……追崇（國珍）假黄鉞使持節侍中、相國、都督中外諸軍事、領太尉公、司州牧，號太上秦公，加九錫，葬以殊禮。」

〔一〇〕永寧浮圖見本書卷一永寧寺條。

〔一一〕魏書八十三外戚列傳李延寔傳云：「莊帝即位，以元舅之尊，超遷侍中太保……尋轉司徒公，出爲使持節侍中、太傅、録尚書事、青州刺史。爾朱兆入洛，乘輿幽縶，以延寔外戚，見害於州館。」延寔爲青州刺史，魏書無年月。吴廷燮後魏方鎮年表上青州下列於永安三年，云：「按蕭贊永安二年十月爲司徒，延寔以是月爲青州。」

〔一二〕後漢書四十七馮異傳：「始雖垂翅回溪，終能奮翼黽池，可謂失之東隅，收之桑榆。」李賢注：「桑榆謂晚也。」又世説新語上言語篇：「謝太傅語王右軍曰：中年傷於哀樂，與親友別，輒作數日惡。王曰：年在桑榆，自然至此。」亦言晚年。

〔一三〕松邱謂墳墓。

〔一四〕渭陽，詩秦風篇名，詩序云：「渭陽，康公念母也。康公之母，晉獻公之女。文公遭驪姬之難未反，而秦姬卒。穆公納文公，康公時爲太子，贈送文公于渭之陽，念母之不見也。我見舅氏，如母存焉。」按莊帝母李氏爲延寔之妹，據彭城武宣王妃李氏墓誌卒在正光五年（五二四）正月十五日，距永安二年（五二九），死已五年，故延寔云然。

邱」語相應。

〔一五〕三國魏志二十六田豫傳云：「年過七十而以居位，譬由鐘鳴漏盡，而夜行不休，是罪人也。」此與上文「日近松邱」語相應。

〔一六〕左傳襄公三十一年：「子皮欲使尹何爲邑。子産曰：少，未知可否。子皮曰：……使夫往而學焉，夫亦愈知治矣。子産曰：不可。……子有美錦，不使人學製焉。大官大邑，身之所庇也，而使學者製焉。其爲美錦，不亦多乎？」裁錦即是製錦（杜預注云：「製，裁也。」），此謙言治邑，如學裁錦。

〔一七〕温子昇字鵬舉，太原人，魏書八十五有傳。

〔一八〕莊帝兄彭城王劭，魏書二十一有傳。本傳云：「起家宗正少卿。又除使持節、假散騎常侍、平東將軍、青州刺史。孝昌末，太后失德，四方紛擾，劭遂有異志。爲安豐王延明所啓，乃徵入爲御史中尉。」吴廷燮後魏方鎮年表上以劭爲青州刺史在孝昌三年（五二七）。

〔一九〕荀濟，北史八十三文苑列傳有傳。本傳云：「字子通，其先潁川人，世居江左。濟初與梁武帝布衣交，知梁武當王，然負氣不服。……梁武將誅之，遂奔魏，館于崔㥄家。」後濟爲高澄所殺。崔㥄亦爲崔休之子，與叔仁爲弟兄。按荀濟亦爲反對佛教者，見廣弘明集七叙列代王臣滯惑解。

〔二〇〕崔叔仁爲崔休子，魏書六十九有傳。

〔二一〕曰字是指荀濟曰，據下文「荀濟人非許郭」語可知。

〔二二〕左傳昭公六年：「錐刀之末，將盡争之。」杜預注：「錐刀末，喻小事。」

〔二三〕崔孝忠爲崔脩和之子，崔挺之侄。博陵安平人，魏書五十七有傳。本傳謂其「有容貌，無他才識」。

〔二四〕史記三十二齊世家：「於是武王已平商而王天下，封師尚父於齊營邱。……太公至國脩政，因其俗，簡其禮。通工商之業，便魚鹽之利，而人民多歸齊，齊爲大國。」

〔二五〕史記七十四孟荀列傳云：「自騶衍與齊之稷下先生，如淳于髡、慎到、環淵、接子、田駢、騶奭之徒，各著書言治亂之事，以干世主。」索隱：「按稷，齊之城門也。或云：稷，山名。謂齊之學士集於稷門之下也。」

〔二六〕許是許劭，郭是郭泰，皆以善品鑒人物著名，後漢書九十八並有傳。

〔二七〕三國志魏志十一邴原傳注引邴原別傳云：「欲遠遊學，詣安丘孫崧。崧辭曰：君鄉里鄭君，君知之乎？原答曰：然。崧曰：鄭君學覽古今，博聞彊識，鈎深致遠，誠學者之師模也。君乃舍之，躡屣千里，所謂以鄭爲東家丘者也。原曰：……君謂僕以鄭爲東家丘，君以僕爲西家愚夫邪？」

〔二八〕語見詩小雅正月。毛傳：「莠，醜也。」

正始寺，百官等所立也〔一〕。正始中立，因以爲名。在東陽門外御道西，校吴琯本、漢魏本、真意堂本西作南。綠君亭本注云：「一作南。」按元河南志三作西。所謂敬義里也。里内有典虞曹。校吴琯本、漢魏本無曹字。按元河南志有。簷宇精校各本精作清。吴集證本作精，與此同。淨，美於叢（景）林。校吴琯本、漢魏本叢作景。按景林寺見本書卷一。此言寺清淨勝過景林，似以作景爲是，今從之。衆僧房前，高林對牗（牖），校吴琯本、漢魏本、吴集證本作牖，今據正。青松綠校吴琯本、漢魏本綠作青。檉，連枝交映。多有枳樹而不中食。有石碑一枚，背上校吴琯本、漢魏本無上字。有侍中崔光施錢四校綠君亭本注云：「一作七。」十萬〔二〕，陳留侯校吴集證本無侯字，云：「毛本崇（按當是留誤）下有一侯字。」按魏書崇襲爵陳留公。侯或是公字訛。據高陽王寺子注則當作陳留侯李崇也。」李崇〔三〕施錢二十萬，自餘百官各有差，少者不減五千已下，後人刊之。

敬義里南有昭校吳琯本、漢魏本昭作招。德里。里內有尚書僕射游肇〔四〕、御史尉李彪〔五〕、(七)兵[部]尚書崔林(休)〔六〕、校吳琯本、漢魏本兵部尚書四字作七兵書。吳集證云：「案魏書百官志（案魏書無百官志，當作官氏志，吳偶失察）無兵部尚書官名；列傳中亦無崔林其人。惟列傳第五十七有崔休，肅宗朝進號撫軍將軍七兵尚書。據此當作七兵尚書。崔休，各本誤休作林，何本又脱尚字也。」按吳説是也，元河南志三正作「七兵尚書崔休」可證。今據正。幽州刺史常景、司農張倫〔七〕等五宅。彪景出自儒生，居室儉素。惟倫最爲豪侈，齋宇光麗，校吳琯本、漢魏本麗字空格。服翫精奇，車馬出入，逾於邦君。園林山池之美，諸王莫及。倫造景陽山〔八〕，有若自然。其中重巖複嶺，嶔崟相屬；深蹊洞壑，邐遞校吳琯本、漢魏本、真意堂本遞作逶。連接。高林巨樹，足使日月蔽虧；懸葛垂蘿，能令風煙出入。崎嶇石路，似壅而通；崢嶸澗道，盤紆復直。是以山情野興之士，遊以忘歸。天水人姜質〔九〕，志性疏誕，麻衣葛巾，有逸民之操，見偏愛之，如不能已，遂造亭校元河南志亭作庭。山賦行傳於世。其辭曰：「今校嚴可均全後魏文今作夫。按全後魏文與孫星衍續古文苑（疑亦是嚴氏所校）所據爲舊寫本伽藍記，並加校訂，間與各本不同，故今校正採之。偏重校吳琯本、漢魏本二字作「千童」。者愛校吳琯本、漢魏本無愛字。唐鈞沈云：「按此有缺字。」昔先民之重校全後魏文無重字。續古文苑謂重是衍文。由樸由純。然則純樸之體，與造化而(梁)津[勉]。校各本勉作梁。吳集證云：「勉字當從各本作梁。按津梁當作梁津，協韻。」按全後魏文、續文苑作「梁津」。今從之。濠上之客〔一〇〕，□校吳集證云：「□各本無。」柱下之吏〔一一〕，校各本吏作史。吳集證本作吏與此同。卧（悟）校各本卧作悟。吳集證云：「當從各本作悟。」全後魏文、續文苑亦作悟。今據正。無爲以明心，託自然以圖志，校吳琯本、漢魏本志作治。輒以山水爲富，不以章甫〔一二〕爲貴。任性浮沈，若淡兮無味。今司農張氏，實鍾校吳琯本、漢魏本、緑君亭本、真意堂本鍾作踵。全後魏文亦作踵。其人。巨量接校各本接作焕。吳集證本作接，與此同。全後魏文、續文苑亦作焕。於物表，夭矯洞達其真。青松未勝其潔，白玉不比其珍。校吳琯本、漢魏本、真意堂本珍作稱。心托空而栖（栖）校各本作栖，今據正。有，情入古以如新。校吳琯本、漢魏本、真意堂本新作心。既不專流蕩，校吳琯本、漢魏本、真意堂本蕩作宕。同。又不偏華上，校各本上作尚。吳集證本作上。案上與尚古字通。卜居動静之間，不以山水爲忘。庭起半丘半壑，聽以目達心想。進不入聲校吳琯本、漢魏本、真意堂本入聲作「爲身」。榮，退不爲隱放。爾乃決石通泉，拔嶺巖校吳琯本、漢魏本巖作簷。前。斜校吳琯本、漢魏本斜字空格。與危雲等曲，校吳琯本、漢魏本、緑君亭本、真意堂本曲作並。全後魏文亦作並。危與曲棟相連。下天津之高霧，納滄海之遠煙。纖列之狀一如（如一）校吳琯本、漢魏本、吳集證本一如作如一。全後魏文、續文苑亦作如一。按一古與下千年爲對文，當是，今據正。唐鈎沈本作「如上」。古，崩剥之勢似千年。若乃絶嶺懸坡，校吳琯本、漢魏本、緑君亭本、真意堂本坡譌作波。真意堂本作陂。蹭蹬蹉跎。（泉）水校吳琯本、漢魏本、緑君亭本、真意堂本水上有泉字。全後魏文、續文苑亦有。吴集證云：「水字上疑脱一字。」今據各本補。紓(紆)校吴琯本、漢魏本、真意堂本紆作未。吴集證本、張合校本作紆。全後魏文亦作紆，今據正。徐如浪峭，山□(石)校各本空格作石，今據補。吴集證本空格與此同。高下校吴琯本、漢魏本、真意堂本高下作「不高」。復危多。五尋百拔，校吴琯本、漢魏本拔作援。十步千過，則知巫山[一三]弗及，□□(未審)各本二空格作「未審」。吴集證本空二格與此同。全後魏文、續文苑亦作「未審」。今補。蓬萊[一四]如何。其中煙花露校吴琯本、漢魏本露作霧。草，或傾或倒。校各本倒作頽。吴集證云：「倒各本作頽，誤。此與上草字協韻。」全後魏文、續文苑作頽。霜幹風枝，半聳半垂。玉葉校吴琯本、漢魏本、真意堂本葉作蕋。金莖，散滿階墀。校全後魏文、續文苑墀作坪。按墀與上垂字協韻，不必作坪。燃目之綺，校吴琯本、漢魏本此句作「然綺目之色」。真意堂本作「然目之色」。裂校吴琯本、漢魏本作列。古字相通。鼻之馨，既共陽校吴琯本、漢魏本陽作緑。春等茂，復與白雪齊清。或言神明之骨，陰陽之精，天地未覺校唐鈎沈本覺作解。生此，異人校吴琯本、漢魏本異人作「人鬼」。焉識校吴琯本、漢魏本識作職。其中(名)。校全後魏文、續文苑中作名，於韻協，今據正。唐鈎沈本亦作名。羽徒紛校吴琯本、漢魏本紛作分。泊，色雜蒼黄。緑頭紫頰，好翠連芳。白鷴(鶴)[一五]校吴琯本鷴作鸝，誤。漢魏本、吴集證本作鶴。全後魏文亦作鶴。按白鷴不合説見注，今從漢魏等本正。生於異縣，丹足出自校吴琯本、漢魏本自作於。真意堂本作于。他鄉。皆遠來以臻此，藉水木以翱翔。不憶校吴琯本、漢魏本憶作意。春於沙漠，遂忘秋於高陽。非斯人之感至，伺候鳥之迷方。豈下吴琯本、漢魏本下作不。俗之所務，入校吴琯本、漢魏本入下有有字。神怪之異□（趣）。校綠君亭本空格作趨。吴琯本、漢魏本、真意堂本作趣。全後魏文作趣。今從之。能造者其必詩，敢往者無不賦。之或就饒風校吴琯本、漢魏本、真意堂本饒風作「堯封」，誤。之地，或入多雲校綠君亭本多雲作「雲多」。之處。氣校吴琯本、漢魏本、真意堂本氣字空格。續古文苑校云：「氣字乃菊之訛上當脱一字，今無以補之。」全後魏文徑作菊，唐鈎沈本從之，菊上並空一格。嶺與梅岑，隨春校續古文苑校云：「春下當脱一秋字。」之所悟。校吴琯本、漢魏本、真意堂本悟字空格。遠爲神僊所賞，近爲朝士所知。求解脱於服佩，預校吴琯本、漢魏本、真意堂本預作務。全後魏文、續文苑作須。參次於山垂。校吴琯本、漢魏本、真意堂本垂作陲。子英遊魚於玉質〔一六〕，王喬繫鵠於松枝〔一七〕。方丈〔一八〕不足以妙詠歌校吴琯本、漢魏本、真意堂本歌字在方丈上。按此與下文疑有脱譌。此處態校吴琯本、漢魏本態譌作熊。多奇。嗣宗〔一九〕聞之動魄，叔夜〔二〇〕聽此驚魂。恨不能鑽地一出，校吴琯本、漢魏本、真意堂本一出作「出一」，一屬下讀。醉此山門。别有王孫公子，遜遁容儀；思山念水，命駕相隨。逢校吴琯本、漢魏本逢作峯，誤。岑愛曲，值石陵欹。□（庭）校各本□作庭。吴集證本空格與此同。全後魏文、續文苑作迺。今從各本補。爲仁智之田，故能種此石山。森羅校吴琯本、漢魏本、真意堂本羅作列。兮草木，長育兮風煙。孤松既能却老，半石亦可留年。若不坐卧兮於其側，春夏兮其校全後魏文、續文苑其作共。遊陟。白骨兮徒自朽，方寸心兮校吴琯本、漢魏本無心兮二字。真意堂本無心字。何所憶？」

〔注釋〕

〔一〕【武定三年立洛州魏報德寺玉像（七佛頌）碑碑側題名有「百官寺」（陶齋藏石記九），疑即此寺之異名。】

〔二〕按魏書六十七崔光傳云：「崇信佛法，禮拜讀誦，老而逾甚。終日怡怡，未曾恚忿。……每爲沙門朝貴請講維摩、十地經，聽者常數百人。即爲二經義疏三十餘卷，識者知其疎略。」是光信佛甚篤，故此寺捨錢最多。

〔三〕李崇字繼長，頓邱人，魏書六十六有傳。

〔四〕游肇字伯始，廣平人，魏書五十五有傳。

〔五〕李彪字道固，頓邱人，魏書六十二有傳。

〔六〕崔休，字思盛，清河人，魏書六十九有傳。

〔七〕張倫字天念，上谷沮陽人，張袞之玄孫，魏書二十四有傳。本傳：「孝莊初，遷太常少卿，不拜；轉大司農。卒官。」

〔八〕按華林園内有景陽山，見本書一建春門内條。張倫此山疑是仿作，故亦稱景陽。

〔九〕嚴可均全後魏文五十四注云：「案北史成淹傳：淹子霄好爲文詠，坦率多鄙俗，與河東姜質等朋游相好，詩賦間起，知音之士，所共嗤笑。」【顔氏家訓文章篇云：「近在并州有一士族，好爲可笑詩賦，挑擎邢、魏諸公，衆共嘲弄，虛相讚説。便擊牛釃酒，招延聲譽。其妻明鑒婦人也，泣而諫之。此人歎曰：『才華不爲妻子所容，何況行路！』至死不覺。」王利器顔氏家訓集解叙録中引此文，以爲「這個人就是姜質」。又引魏書成淹傳以證。按魏書及北史所記成霄與姜質詩賦「知音之士，所共嗤笑」，確與「并州一士」相類，但家訓未明言其人，王氏又乏確證。考姜質作亭山賦，雖不詳年代，以張倫孝莊初（五二八）遷轉大司農（見魏書本傳）推之，前後當不遠。顔之推投北齊約在天保六年（五五五），相距二十七年，況在并州見此士族時期更後乎？姜質縱或存在，老耄衰頽，未必再有「招延聲

譽」之豪興矣。即此一端，明非其人，王氏之言，出於影響，不足憑信。然於此可覘北朝士多鄙俚，故庾信致慨於韓陵片石也。】

〔一〇〕莊子秋水篇：「莊子與惠子遊於濠梁之上。」

〔一一〕史記老莊申韓列傳：「老子者……周守藏室之史也。」索隱：「按藏室史乃周藏書室之史也。又張湯傳：老子爲柱下史。即藏室之柱下，因以爲官名。」

〔一二〕禮記儒行篇：「孔子對曰：……長居宋，冠章甫之冠。」釋文：「章甫，殷冠也。」

〔一三〕水經江水注：「江水歷峽東逕新崩灘……其下十餘里，有大巫山，非惟三峽所無，乃當抗峯岷、峨，偕嶺衡、疑。其翼附羣山，並概青雲，更就霄漢，辨其優劣耳。……其間首尾百六十里，謂之巫峽，蓋因山爲名也。自三峽七百里中，兩岸連山，略無闕處。重巖疊嶂，隱天蔽日，自非停午夜分，不見曦月。」

〔一四〕史記二十八封禪書：「自威、宣、燕昭使人入海求蓬萊、方丈、瀛洲。此三神山者，其傳在勃海中，去人不遠，患且至，則船風引而去。蓋嘗有至者，諸僊人及不死之藥皆在焉。其物禽獸盡白，而黄金銀爲宮闕。未至，望之如雲；及到，三神山反居水下；臨之，風輒引去，終莫能至云。」

〔一五〕按鹷與䴇同，䴇爲鴒之或字，見集韻平聲青韻。鴒爲鶺鴒鳥，陸璣毛詩草木鳥獸蟲魚疏云：「大如鷃雀……背上青灰色，腹下白，頸下黑，如連錢。」據此與白鹷之稱不合，且於「異縣」亦不符。此鹷字當從漢魏等本作鶴爲是。

〔一六〕周延年注：「子英，古仙人。劉向列仙傳云：子英者，舒鄉人也。葛洪神仙傳敘：英氏乘魚以登遐。」

〔一七〕文選十一天台山賦云：「王喬控鶴以沖天。」李善注：「列仙傳曰：王子喬者周靈王太子晉也。道人浮丘公接以上嵩高山。三十餘年後，人於山上見之，告我家於七月七日待我於緱氏山頭。果乘白鶴駐山頭。」按鶴與鹷古字常通用。

〔一八〕方丈，三神山之一，注見上。

〔一九〕晉阮籍字嗣宗。

〔二〇〕晉嵇康字叔夜。

平等寺，廣平武穆王懷〔一〕**校**吴琯本、漢魏本無王懷二字。捨宅所立也。**校**吴琯本、漢魏本、真意堂本無也字。在青陽門外二里御道北，所謂孝敬里也。堂宇宏美，林木蕭森，平臺複道，獨顯當世。

寺門外**校**吴集證本外下有有字。按法苑珠林五十二伽藍篇亦有有字。金像一軀，高二丈八尺，相好端嚴，常有神驗。國之吉凶，先炳祥異〔二〕。孝昌三年十二月中，**校**吴集證本無中字。按珠林無中字。此像面有悲容，兩目**校**珠林無兩目二字。垂淚，遍體皆濕，時人號曰佛汗。京師士女空市里往**校**珠林無里往二字。而**校**説郛四無而字。觀之。有**校**珠林有下有一字。比丘以淨綿拭其淚，須臾之間，綿濕都盡，更換**校**説郛無換字。以它綿，**校**吴琯本、漢魏本此句作「更以他綿換」。珠林作「更以他緜換拭」。俄然復濕，如此三日乃止。**校**珠林下有至字，屬下句。明年四月，爾朱榮入洛陽，誅戮百官〔三〕，死亡塗地。**校**珠林下有至字，屬下句。永安二年三月，此像復汗，士庶復往觀之。**校**珠林作「京邑士庶復往觀視」。五月，北海王**校**珠林無王字。入洛，莊帝北巡。七月，北海大敗，所將校吳琯本、漢魏本將誤作陁。江、淮子弟五千校珠林千下有「餘人」二字。盡被俘虜，無一得還〔四〕。永安三年七月，此像悲泣如初。校珠林初下有汗字。每經神驗，朝夕（野）校珠林夕作野，義似長，今從之。惶懼，禁人不聽觀之。校珠林之作視。至十二月，爾朱兆入洛陽校珠林無陽字。擒莊帝，校珠林、説郛帝下重帝字。崩校吳琯本、漢魏本、真意堂本脱崩字。於晉陽〔五〕。在京校珠林無在京二字。宮殿空虛，百日無主。唯尚書令司州牧樂平王爾朱世隆鎮京師，商旅四通，盜賊不作〔六〕。建明二年，長廣王〔七〕從晉陽赴京師，至郭外。世隆以長廣本枝疎校吳琯本、漢魏本無疎字。遠〔八〕，政校吳琯本、漢魏本無政字。行無聞，校吳琯本、漢魏本聞作問。逼禪與校吳琯本、漢魏本、真意堂本與作位。廣陵王恭〔九〕。（恭）校吳琯本、漢魏本、緑君亭本、真意堂本重恭字，是。今據補。是莊帝從父兄也。正光中，爲黄門侍郎，見元乂校吳琯本、漢魏本、真意堂本乂作義。照曠閣本、吳集證本作乂。秉權，政校吳琯本、漢魏本政下有多字。歸近習，遂佯啞不語，校吳琯本、漢魏本無不語二字。不預世事〔一〇〕。永安中，遁於上洛山中，校吳琯本、漢魏本無山中二字。州刺史泉企執而送之。莊帝疑恭姦詐，夜遣人盜掠衣物，復校吳琯本、漢魏本、真意堂本無復字。按通鑑考異引亦無復字。拔刀劍欲煞校各本作殺，同。之，恭張口以手指校通鑑考異引指作拈。舌，竟乃校吳琯本、漢魏本、真意堂本無乃字。按通鑑考異有乃字。不言。莊帝信其真患，放令歸第〔一一〕。恭常住校吳琯本、漢魏本、真意堂本常住二字作往。龍華寺〔一二〕，至時校吳琯本、漢魏本、真意堂本無時字。照曠閣本時作是。世隆等廢長廣而立焉〔一三〕。禪文曰：「皇帝咨廣陵王恭。自我皇魏之有天下也，累聖開輔，重基衍業；奄有萬邦，光宅四海。故道溢百王，德漸無外。而孝明晏駕，人神□(乏)王(主)〔一四〕。校吴琯本、漢魏本、真意堂本□王作乏主，今據補。吴集證本作□主。故杜國大將軍、大丞相、太原王榮地實封陝〔一五〕，任惟外相，乃心王室，大懼崩淪，故推立長樂王子攸〔一六〕以續絶業。庶九鼎之命日隆，七百之祚惟永〔一七〕。然羣飛未寧〔一八〕，横流且及〔一九〕，皆狼顧鴟張，岳立基趾。校吴琯本、漢魏本、真意堂本趾作址。吴集證云：「基址二字疑是綦峙之誤。魏書李騫釋情賦中亦有既雲擾而海沸，亦岳立而綦峙之語。」丞相一麾，校吴集證本作揮。大定海内。而子攸不顧宗社，讎忌勳德，招聚校吴集證本聚作散，云：「當從各本作聚。」輕俠，左右壬校案壬字原本漫漶作士，今據緑君亭本、真意堂本、吴集證本作壬。吴琯本、漢魏本作王，亦壬之譌字。人〔二〇〕。校吴琯本、漢魏本無人字。遂虐甚剖校吴琯本、漢魏本剖作割。心〔二一〕，痛齊鉗齒〔二二〕，校吴琯本、漢魏本、真意堂本鉗齒作「齒劍」。豈直金板校吴琯本、漢魏本、真意堂本、吴集證本板作版，同。告怨〔二三〕大鳥感德〔二四〕而已！於是天下之望，俄然已移。竊以宸極不可以校各本以作久。吴集證本作以，與此同。曠，神器豈容無主，故權從衆議，暫馭兆民。今六軍南邁，已次河浦，瞻望帝京，赧然興愧。自惟薄寡，校吴琯本、漢魏本、真意堂本薄寡作「寡薄」。本枝疎遠，豈宜仰異校吴琯本、漢魏本、真意堂本、吴集證本異作冀。天情，俯乖民望。惟王德表生民〔二五〕，聲高萬古。往以運屬殷憂，時(遭)多

□難，校各本此句作「時遭多難」。吳集證本與此同。今從各本補，空格當刪。卷懷積載，括囊有年〔二六〕。今天眷明德，民懷奧主〔二七〕，曆數允集〔二八〕，歌訟校吳琯本、漢魏本訟作訶。同臻〔二九〕。乃徐發樞機〔三〇〕，副兹竚屬，便敬奉璽綬，歸於別邸。王其寅踐成業，允執其校吳琯本、漢魏本、真意堂本其作厥。中，雖休勿休，日慎一日，敬之哉！」校吳琯本、漢魏本、緑君亭本、真意堂本下重「敬之哉」三字。恭讓曰：「天命至重，曆數匪輕，自非德協三才〔三一〕，功濟校吳琯本、漢魏本濟作齊。四海，無以入選帝圖，允當師錫〔三二〕。臣既寡昧，識無光校各本光作先。吳集證本作光，與此同。遠，景命雖降，不敢仰承。校吳琯本、漢魏本承作忝。乞收成旨，以允愚衷。」又曰：「王既德膺圖籙〔三三〕，僉屬攸歸；便可允執其中，入光大麓〔三四〕。不勞揮遜〔三五〕，致爽人神。」校吳琯本、漢魏本、真意堂本、吳集證本人神作「神人」。凡恭校吳琯本、漢魏本、緑君亭本、真意堂本凡恭作「恭凡」。讓者二(三)，校各本二作三，今據正。於是即皇帝位，改號曰普泰。黄門侍郎邢子才〔三六〕爲赦文，叙述莊帝枉煞太原王之狀。廣陵王曰：「永安〔三七〕手翦强臣，非爲失德。直以天未厭亂，逢校各本逢上有故字，吳集證本無，與此同。成濟〔三八〕之禍。」謂左右：「將詔校吳琯本、漢魏本、真意堂本詔作筆。吳集證云：「何本作筆，非。」按資治通鑑一百五十五作「因顧左右取筆」，則筆字自可。來，朕自作之。」直言〔三九〕：「門下〔四〇〕，朕以寡德，運屬樂推，思與億兆，同兹大慶。肆校緑君亭本肆作賜。案通鑑作肆。眚之科〔四一〕，一依恒式。」廣陵杜口八載，至是始言，海內庶士，咸稱聖君。於是封長廣爲東海王，世隆加儀同三司尚書令樂平王，餘官如故；贈太原王相國晉王，加九錫〔四二〕，立廟於芒嶺首陽上。舊有周公廟，世隆欲以太原王功比周公，故立此廟。廟成，爲火所災。有一柱焚之不盡，後三日，雷雨，震電霹靂，擊爲數叚(段)。校緑君亭本、真意堂本、吴集證本作段，是，今正。柱下石及廟瓦皆碎於山下。復命百官議校吴琯本、漢魏本議作設，非。通鑑亦作議。太原王配饗。司直〔四三〕劉季明議云：「不合。」世隆問其故。季明曰：「若配世宗〔四四〕，於宣武無功；若配孝明，親害其母〔四五〕；若配莊帝，爲臣不終，校吴琯本、漢魏本、真意堂本終作忠。按通鑑作終，與此同。爲莊帝所戮。以此論之，無所配也。」世隆怒曰：「卿亦合死。」季明曰：「下官既爲議臣，依禮而言。不合聖心，俘翦校通鑑俘翦作「翦戮」。惟命。」議者咸歎季明不避强禦，莫不歎伏焉〔四六〕。世隆既有忿言，校自季明不避强禦至此十七字，吴琯本、漢魏本無。緑君亭本注云：「一本無季明不避强禦十七字。」季明終得無患。初，世隆北叛，莊帝遣安東將軍史仵校緑君亭本仵作五，注云：「一作忤，下同。」張合校云：「案魏書爾朱兆傳作下都督史仵龍，官異。」按通鑑作安東將軍史仵龍，與此同，當即據之。龍、平北將軍楊校緑君亭本注云：「一作羊。」吴集證云：「案魏書仵作五，楊作羊，毛本殆據書以校此也。又源子恭傳作史仵龍。」按通鑑楊作陽。文義，各領兵三千守太行領，校各本領作嶺，古通用。侍中源子恭校吴琯本、漢魏本源作原。鎮河内。及爾朱兆馬首南向，仵龍、文義等率衆先降〔四七〕。子恭見仵龍、文義等降，亦望風潰散。兆遂乘勝逐北，直入京師，兵及闕下，矢流王室。校室字各本同。張合校本作屋，疑誤。至是論功，仵龍、文義各封一千户。廣陵王曰：「仵龍、文義，於王有勳，於國無功。」竟不許。時人稱帝剛直。彭城王爾朱仲遠〔四八〕，世隆之兄也，鎮滑臺〔四九〕，表用其下都督□瑗校緑君亭本瑗上無空格。吴集證云：「按魏書列傳有賓瑗裴瑗二人，未知孰是，未敢臆補。」按通鑑逕作「表用其下都督爲西兗州刺史」，不著姓名，是此上缺文，北宋時已然。爲西兗州刺史，先用後表〔五〇〕。廣陵荅曰：「已能近補，何勞遠聞？」世隆侍宴，（帝）校吴琯本、漢魏本、吴集證本有帝字，是。今據補。每言：「太原王貪天之功，以爲己力，罪有校吴琯本、漢魏本、緑君亭本、真意堂本有作亦。合死。」世隆等愕然。自是已後，不敢復校吴琯本、漢魏本無復字。入朝。輒專擅國權，凶慝滋甚。坐持校吴琯本、漢魏本持作符。按通鑑亦作「坐符臺省」。臺省，校吴琯本、漢魏本、真意堂本省下有掾字。家總萬機。事無大小，先至隆第，然後施行〔五一〕。天子拱己南面，無所干預。

永熙元年，平陽王入纂大業〔五二〕，始造五層塔一所。平陽王，武穆王少子〔五三〕。詔中書侍郎魏收〔五四〕等爲寺碑文。至二（三）校各本皆作二。按孝武帝奔長安，在永熙三年七月，十月京師遷鄴，見本書卷一永寧寺條及魏書出帝紀。此文下亦言奔長安及遷鄴事，則二字必爲三字之誤，今正。年二月五日，土木畢工，校吴琯本、漢魏本、緑君亭本、真意堂本工作功，同。帝率百僚作萬僧校説郛四僧作人。會〔五五〕。其日，寺門外有石象校各本象作像。吴集證本作象。同。無故自動，低頭復舉，竟日乃止。帝躬來禮拜，怪其詭異。中書舍人盧景宣校吴琯本、漢魏本盧景宣譌作靈景。曰：「石立社移〔五六〕，上古有此，陛下何怪也？」帝乃還宫。七月中，帝爲侍中斛斯椿所使，校照曠閣本使作逼。奔於校吴集證本無於字。長安。至十月終，而京師遷鄴焉〔五七〕。

【注釋】

〔一〕廣平王懷，魏書二十二有傳，文闕略殊甚，事實全佚，惟卷八世宗紀延昌元年（五一二）正月丙辰「司州牧、廣平王懷進號驃騎大將軍、儀同三司」，卷九肅宗紀延昌四年（五一五）二月癸未「驃騎大將軍、廣平王懷爲司空」，八月己丑「司空、廣平王懷爲太保，領司徒」，熙平二年（五一七）三月丁亥「太保、領司徒、廣平王懷薨」。近出土元懷墓誌云：「魏故侍中、太保、領司徒公、廣平王姓元諱懷，字宣義，河南洛陽乘軒里人。顯祖文皇帝之孫，高祖孝文皇帝之第四子，世宗宣武皇帝之母弟，皇上之叔父也。……延愛二皇，寵結三世，姿文挺武，苞仁韞哲……享年不永，春秋卅，熙平二年三月廿六日丁亥薨。追崇使持節、假黄鉞、都督諸軍事、太師、領太尉公，侍中、王如故，顯以殊禮，備物九錫，謚曰武穆，禮也。」事跡雖略，尚可以補史闕。元懷謚武穆，見於此記及墓誌外，又見於魏書十一出帝紀、金石録二十一范陽王碑跋、元懷子元悌與元誨墓誌及元靈耀墓誌，獨魏書孝文五王傳作文穆（傳云「文昭皇后生廣平文穆王懷」），其誤趙明誠已言之，此不再辨。

〔二〕魏書一百十二靈徵志云：「永安、普泰、永熙中，京師平等寺定光金像每流汗，國有事變，時咸畏異之。」即記此像。又同書云：「大和十九年六月，徐州表言丈八銅像汗流於地。」亦言銅像流汗，與此事相類。

〔三〕即謂河陰之事，見卷一永寧寺條注。

〔四〕卷一永寧寺條云：「所將江淮子弟五千人莫不解甲相泣，握手成列。」梁書陳慶之傳云：「洛陽陷，慶之馬步數千人結陣東反。（爾朱）榮親自來追，值嵩山水洪溢，軍人死散。」

〔五〕事見卷一永寧寺條。

〔六〕資治通鑑一百五十五：「魏自敬宗被囚，宮室空近百日，爾朱世隆鎮洛陽，商旅流通，盜賊不作。」語即據此。

〔七〕長廣王曄，魏書十九有傳。事見永寧寺條。

〔八〕元曄爲南安王楨之孫，景穆帝曾孫，故云本枝疎遠。

〔九〕廣陵王恭即前廢帝，廣陵惠王羽之子，魏書十一有紀。

〔一〇〕魏書前廢帝紀云：「正光二年，正常侍，領給事黃門侍郎。帝以元乂擅權，遂稱疾不起。久之，因托瘖病。」

〔一一〕前書：「王既絶言，垂將一紀，居於龍花寺，無所交通。永安末，有白莊帝者，言王不語，將有異圖。民間遊聲，又云有天子之氣。王懼禍，逃匿上洛。尋見追躡，執送京師，拘禁多日，以無狀獲免。」

〔一二〕龍華寺在洛陽城南，爲廣陵王所立，見本書卷三。

〔一三〕魏書七十五爾朱世隆傳云：「世隆與兄弟密謀，以元曄疏遠，欲推立前廢帝。而爾朱度律意在寶炬，乃曰：廣陵不言，何以主天下？世隆兄彥伯密相敦喻，乃與度律同往龍花佛寺觀之，後知能語，遂行廢立。」又爾朱彥伯傳云：「前廢帝潛默龍花佛寺，彥伯敦喻往來，尤有勤款。」資治通鑑一五五：「關西大行臺郎中薛孝通說爾朱天光曰：廣陵王，高祖猶子，夙有令望，沈晦不言，多歷年所。若奉以爲主，必天人允叶。天光與世隆等謀之，疑其實瘖，使爾朱彥伯潛往敦喻，且脅之。恭乃曰：天何言哉！世隆等大喜。」

〔一四〕孝明帝死事見卷一永寧寺條。

〔一五〕公羊傳隱公五年云：「天子三公者何？天子之相也。天子之相則何以三？自陝而東者，周公主之；自陝而西者，召公主之；一相處乎內。」

〔一六〕長樂王子攸即孝莊帝，見卷一永寧寺條。

〔一七〕左傳宣公三年：「成王定鼎于郟鄏，卜世三十，卜年七百，天所命也。」

〔一八〕文選四十八揚雄劇秦美新云：「神歇靈繹，海水羣飛。」李善注：「海水喻萬民，羣飛言亂。」

〔一九〕孟子滕文公篇：「洪水橫流，氾濫于天下。」

〔二〇〕壬人即佞人。漢書九元帝紀：「是故壬人在位。」

〔二一〕史記三殷本紀：「紂愈淫亂不止……比干……迺强諫紂。紂怒曰：吾聞聖人心有七竅。剖比干觀其心。」

〔二二〕周延年注云：「鉗齒疑指范雎事，魏齊大怒，使舍人笞擊雎，折脇摺齒。索隱：摺，拉折之也。」按范雎事見史記七十九范雎傳，與此文義似不切合，疑別有所據，但不能詳究，因録以待考。

〔二三〕文選四十任昉百辟勸進今上牋云：「金版出地，告龍逢之怨。」李善注引論語陰嬉讖云：「庚子之旦，金版尅書，出地庭中，曰臣族虐王禽。」又引宋均曰：「謂殺關龍之後，庚子旦，庭中地有此版異也。」

〔二四〕後漢書八十四楊震傳：「順帝即位，樊豐、周廣等誅死。震門生虞放、陳翼詣闕追訟震事，朝廷咸稱其忠。乃下詔除二子爲郎，贈錢百萬，以禮改葬於華陰潼亭，遠近畢至。先葬十餘日，有大鳥高丈餘，集震喪前，俯仰悲鳴，淚下霑地。葬畢，乃飛去。郡以狀上，時連有災異，帝感震之枉。……於是時人立石鳥象於其墓。」

〔二五〕詩大雅有生民篇。詩序云：「生民尊祖也。后稷生於姜嫄，文武之功起于后稷，故推以配天焉。」按本文借喻初生之時。

〔二六〕易坤：「六四，括囊无咎无譽。象曰：括囊无咎，慎不害也。」王弼注：「括，結。」此借喻佯瘖不言。

〔二七〕左傳昭公十三年：「國有奧主。」孔疏：「奧主，國内之主。」

〔二八〕論語堯曰篇：「堯曰：咨爾舜，天之曆數在爾躬，允執其中。」集解：「曆數謂列次也。」邢昺疏：「孔注尚書云謂天道。謂天曆運之數，帝王易姓而興，故言曆數謂天道。鄭玄以曆數在汝身，謂有圖録之名。何云列次，義得兩通。」

〔二九〕孟子萬章篇：「堯崩，三年之喪畢，舜避堯之子於南河之南。天下諸侯朝覲者不之堯之子，而之舜；訟獄者不之堯之子，而之舜；謳歌者不謳歌堯之子，而謳歌舜。故曰天也。夫然後之中國，踐天下位焉。」

〔三〇〕易繫辭傳：「言行，君子之樞機，樞機之發，榮辱之主也。言行，君子之所以動天地也，可不慎乎？」韓康伯注：「樞機，制動之主。」

〔三一〕前書云：「易之爲書也，廣大悉備，有天道焉，有人道焉，有地道焉，兼三才而兩之。」此三才即謂天、地、人。

〔三二〕尚書堯典云：「師錫帝曰：有鰥在下，曰虞舜。」孔傳：「師，衆；錫，與也。」按此謂衆所推與。

〔三三〕文選三張衡東京賦云：「高祖膺籙受圖，順天行誅，杖朱旗而建大號。」薛綜注：「膺籙謂當五勝之籙；受圖卯金刀之語。」李善注引春秋命曆引曰：「五德之運徵，符合膺籙次相代。」按圖籙即謂讖緯文字。

〔三四〕尚書舜典：「納于大麓，烈風雷雨弗迷。」孔傳：「麓，録也。納舜使大録萬機之政，陰陽和，風雨時，各以其節，不有迷錯愆伏，明舜之德合於天。」

〔三五〕揮與撝同，揮遜猶撝謙。易謙云：「无不利，撝謙。」王弼注：「指撝皆謙，不違則也。」

〔三六〕邢劭字子才，北齊書三十六、北史四十三有傳。

〔三七〕永安是莊帝年號，故以稱之。

〔三八〕成濟爲司馬昭黨，弒魏主曹髦，見卷一永寧寺條注。

〔三九〕魏書十一前廢帝紀：「入自建春雲龍門，昇太極前殿，羣臣拜賀畢，登閶闔門，詔曰：朕以寡薄，撫臨萬邦，思與億兆，同兹慶泰。可大赦天下，以魏爲大魏，改建明二年爲普泰元年。其税市及税鹽之官可悉廢之。百雜之户，貸賜民名，官任仍舊。天下調絹四百一匹。内外文武普汎四階。合叙未定第者亦沾級。除名免官者特復本資，品封仍舊。」與本書所記詔文稍有不同。

〔四〇〕胡三省通鑑一百五十五注：「魏晉以來，出命皆由門下省，故其發端必曰敕門下。」

〔四一〕胡三省注（同前書）：「春秋莊二十二年：肆大眚。杜預注曰：赦有罪也。易稱赦過宥罪，書稱眚災肆赦，傳稱肆眚圍鄭，皆放赦罪人，蕩滌衆故，以新其心。」

〔四二〕公羊傳莊公元年：「王使榮叔來，錫桓公命。」何休注：「禮有九錫：一曰車馬，二曰衣服，三曰樂則，四曰朱户，五曰納陛，六曰虎賁，七曰弓矢，八曰鈇鉞，九曰秬鬯，皆所以勸善扶不能。」按魏書七十四爾朱榮傳：「前廢帝初，世隆等得志。……詔曰：故假黄鉞、持節、侍中、相國、録尚書、都督中外諸軍事、天柱大將軍、司州牧、太原王，榮，惟岳降靈，應期作輔，功侔伊、霍，德契桓、文。方籍棟梁，永康國命，道長運短，震悼兼深。前已褒贈，用彰厥美。然禮數弗窮，文物有闕，遠近之望，猶或未盡。宜循舊典，更加殊錫，可追號爲晉王，加九錫，給九旒、鑾輅、虎賁、班劍三百人，輼輬車，準晉太宰、安平獻王故事，謚曰武。」

〔四三〕胡三省通鑑一百五十五注：「杜佑通典曰：後魏永安三年，高道穆奏廷尉置司直十人，位在正監上，不署曹事，唯覆理御史檢劾事。」

〔四四〕宣武帝（元恪）廟號世宗。

〔四五〕謂殺孝明帝母胡太后。

〔四六〕魏書七十四爾朱榮傳：「詔曰：武泰之末，乾樞中圮，丕基寶命，有若綴旒。晉王榮固天所縱，世秉忠誠，一匡邦國，再造區夏，俾我頽綱，於斯復振。雖勳銘王府，德被管弦，而從祀之禮，於兹尚闕，非所以酬懋實於當時，騰殊績於不朽。宜遵舊典，配享高祖廟庭。」據此，是當時實因季明之議，故不得不遠配饗於高祖廟庭。魏書不載季明此議，遂覺事例特殊，此可以補其闕。

〔四七〕魏書七十五爾朱兆傳：「兆與世隆等定謀攻洛。兆遂率衆南出，進達太行。大都督源子恭下都督史仵龍開壘降兆，子恭退走。兆輕兵倍道，從河梁西涉度，掩襲京邑。」

〔四八〕爾朱仲遠爲爾朱榮之從弟，魏書七十五有傳。

〔四九〕滑臺今河南省滑縣治。元和郡縣志八滑州白馬縣下云：「州城即古滑臺城。城有三重，又有都城，周二十里。相傳云衛靈公所築小城。昔滑氏爲壘，後人增以爲城，甚高峻堅險。臨河亦有臺，慕容時，宋公遣征虜將軍任仲德攻破之，即魏武破袁紹，斬文醜於此岸者。」

〔五〇〕魏書七十五爾朱仲遠傳：「孝莊即阼……尋進督三徐州諸軍事，餘如故。仲遠上言曰：將統參佐人數不足，事須在道更僕，以充其員。竊見比來行臺採募者，皆得權立中正，在軍定第，斟酌授官。今求兼置，權濟軍要。詔從之。於是隨情補授，肆意聚斂。」則仲遠之先用後表，自孝莊帝時已然。本傳又言：「仲遠專恣尤劇，方之彥伯、世隆，最爲無禮，東南牧守，下至民俗，比之豺狼，特爲患苦。」

〔五一〕魏書七十五爾朱世隆傳：「及爲尚書令，常使尚書郎宋遊道、邢昕在其宅聽視事。東西別坐，受納訴訟，稱命施行，其專恣如此。既總朝政，生殺自由，公行淫佚，無復畏避。信任羣小，隨其與奪。又欲收軍人之意，加汎除授，皆以將軍而兼散職，督將兵吏無虛號者，自此五等大夫，遂致猥濫，又無員限，天下賤之。」

〔五二〕平陽王元脩即孝武帝，魏書稱出帝，卷十一有紀。資治通鑑一五五云：「高歡以安定王疎遠，使僕射魏蘭根慰諭洛邑，且觀節閔帝（即廣陵王元恭）之爲人，欲復奉之。蘭根以帝神采高明，恐於後難制，與高乾兄弟及黃門侍郎崔㥄共勸歡廢之。……歡遂幽節閔帝於崇訓佛寺。歡入洛陽……時諸王多逃匿，尚書左僕射平陽王脩，懷之子也，匿於田舍。歡欲立之，使斛斯椿求之。……椿從（王）思政見脩，脩色變，謂思政曰：得無賣我邪？

曰：不也。曰：敢保之乎？曰：變態百端，何可保也？椿馳報歡，歡以四百騎迎脩入氈帳，陳誠，泣下霑襟。脩讓以寡德。歡再拜，脩亦拜。歡出備服御，進湯沐，達夜嚴警。昧爽，文武執鞭以朝，使斛斯椿奉勸進表。椿入帷門，磬折延首而不敢前。脩令思政取表視之，曰：便不得不稱朕矣。乃爲安定王作詔策而禪位焉。」

〔五三〕魏書出帝紀：「廣平武穆王懷之第三子也。」

〔五四〕魏收字伯起，鉅鹿下曲陽人，北齊書三十七、北史五十六有傳。

〔五五〕按胡太后嘗追念父國珍，設萬人齋，二七人出家，見魏書外戚列傳。是風氣所染，由來已久。又魏書八十四李同軌傳云：「永熙二年（五三三），出帝幸平等寺，僧徒講法，敕同軌論難，音韻閑朗，往復可觀。出帝善之。」則平等寺又爲講法之所。

〔五六〕北堂書鈔一百六十引瑣語：「齊東有二石，高八尺，博四尺，而入於海。」又引春秋後傳：「周赧王四年，濟東有二石，高三尺有餘，相從而行，入海數百步。」石立之事疑即謂此。史記六國年表周顯王三十三年：「宋太丘社亡。」呂祖謙大事記解題云：「古者立社，植木以表之，因謂其木爲社。……所謂太邱社亡者，震風凌雨，此社之樹摧損散落，不見蹤迹。」社移之事疑即謂此。

〔五七〕遷鄴事見卷首序注。【陶齋藏石記九魏報德寺玉像七佛頌碑乃武定三年（五四五）所立，碑側題名有「平等寺僧岦」，距遷鄴之時十一年矣。】

景寧寺，太保司徒公楊 **校** 說郛四楊作陽。椿〔一〕所立也，在青 **校** 吴琯本、漢魏本、吴集證本青作清。下同。陽門外三里御道南，所謂景寧里也。高祖遷都洛邑，椿創居 **校** 說郛居作屋，誤。此里，遂分宅爲寺，因以名之。制飾甚美，綺柱朱【校】各本朱作珠。簾。椿弟慎〔二〕，【校】按魏書本傳及通鑑一百五十五慎作順。下同。冀州刺史，慎弟津〔三〕，司空，並立性寬雅，貴義輕財。四世同居，一門三從，朝貴義居，未之有也〔四〕。普泰中，爲爾朱世隆所誅〔五〕。後捨宅爲建中寺〔六〕。出青陽門外三里御道北，有孝義里。里西北角有蘇秦冢〔七〕。冢旁有寶明寺。衆僧常見秦出入此冢，車馬羽儀，若今宰相也。【校】如隱堂本自上平等寺「（無所）干預」至此「（若今）宰相」止，係闕葉補鈔。

孝義里東即是洛陽小寺，（市）【校】吴琯本、漢魏本寺作市。按元河南志三正作「洛陽小市」，今據正。北有車騎將軍張景仁宅。景仁，會稽山陰人也。正光（景明）【校】正光當是「景明」之誤，説見注，今正。年初，從蕭寶夤〔八〕【校】緑君亭本、真意堂本夤作寅。歸化，拜羽林監，賜宅城南歸正里〔九〕，民間號爲吴人坊，南來投化者多居其内。近伊洛二水，任其習御。里三千【校】按元河南志三千作十。餘家，自立巷［寺］【校】吴琯本、漢魏本、真意堂本無寺字。緑君亭本注云：「一作市。」吴集證云：「寺字當從何本衍。」按吴説是。元河南志作自立巷市，無寺字。市，所賣口味，多是水族，時人謂爲魚鼈寺（市）【校】吴琯本、漢魏本、真意堂本作市。按元河南志三亦作市，今據正。也。景仁住此以爲恥，遂徙居孝義里【校】吴琯本、漢魏本無里字。焉。時朝廷方欲招懷荒服，待吴兒【校】吴琯本、漢魏本、真意堂本兒作人。甚厚，蹇（褰）【校】各本作褰，今正。裳【校】吴琯本、漢魏本、真意堂本裳作衣。渡於江者，皆居不次之位。景仁無汗馬之勞，高官通顯。永安二年，蕭衍遣主書陳慶之送北海入洛陽，僭帝位〔一〇〕。慶之爲侍中。景仁在南之日，與慶之有舊，遂設酒引邀慶之過宅，司農卿蕭彪、尚書右丞張嵩並在其坐。彪亦是南人，唯有中大夫楊元慎、【校】酉陽雜俎八夢篇記楊元慎解夢事，慎作稹。給事中大夫王眴是中原士族。慶之因醉謂蕭、張等曰：「魏朝甚盛，猶曰五胡〔一一〕。正朔相承，【校】吴琯本、漢魏本、真意堂本相作之。當在江左，秦皇玉璽〔一二〕，今在梁朝。」元慎正色曰：「江左假息，僻居一隅。地多濕蟄，【校】照曠閣本蟄作熱。攢育蟲蟻，壃土瘴癘〔一三〕，蛙黽【校】吴琯本、漢魏本黽作黿。共穴〔一四〕，人鳥同羣。短髮之君，無杼【校】吴琯本、漢魏本杼作抒。首之貌；文身之民，稟叢（藂）【校】當作藂，以形近似而譌。藂陋語本魏都賦，詳見本注。各本皆誤。陋之質〔一五〕。浮於三江，棹於五湖〔一六〕。禮樂所不沽（沾），【校】吴琯本、漢魏本、緑君亭本、真意堂本作沾，今據正。吴集證本作治。憲章弗能革。雖復秦餘漢罪〔一七〕，雜以華音，【校】吴琯本、漢魏本音作言。復閩、楚難言，不可改變。【校】吴琯本、漢魏本、真意堂本改變作「變改」。雖立君臣，上慢下暴。是以劉劭殺父於前〔一八〕，休【校】吴琯本、漢魏本休字空格。龍淫母於後〔一九〕，見【校】緑君亭本見作悖。吴集證本作背。逆人倫，禽獸不異。加以山陰請壻賣夫〔二〇〕，朋淫於家，不顧譏笑。卿沐其遺風，未【校】吴琯本、漢魏本未作來。沽（沾）【校】各本作沽，今正。禮化，所謂陽翟之民，不知癭之爲醜〔二一〕。我魏膺籙受圖〔二二〕，定鼎嵩洛〔二三〕，五山爲鎮〔二四〕，四海爲家。移風易俗之典，與五常（帝）【校】緑君亭本、真意堂本常作帝，今據正。而並跡；禮樂憲章之盛，淩校吴琯本、漢魏本、真意堂本作陵。百王而獨高。豈（宜）校吴琯本、漢魏本豈作宜。義長，今從之。卿魚鱉之徒，慕義來朝，飲我池水，啄我稻粱，何爲不遜，以［以］校各本以字不重，當衍。至於此？」慶之等見元慎清詞雅句，縱横奔發，杜口流汗，合校各本合作含。聲不言。於後數日，慶之遇病，心上急痛，訪人解治。元慎自云「能解」，校吴琯本、漢魏本無慶之遇病至此十八字。慶之遂憑元慎。校吴琯本、漢魏本憑下空四格，無元慎二字。元慎即口含水噀慶之曰：「吴人之鬼，住居建康，小作冠帽，短製衣裳。自呼阿儂，語則阿傍〔二五〕。菰稗爲飰〔二六〕，茗飲作漿〔二七〕，呷啜蓴校吴琯本、漢魏本、真意堂本蓴作鱒。羹〔二八〕，唼嗍蟹黄〔二九〕，手把荳蔻，〔三〇〕口嚼梹校吴琯本、漢魏本、真意堂本作檳，同。榔〔三一〕。乍至中土，思憶本鄉。急手〔三二〕校吴琯本、漢魏本、真意堂本急手作「急急」。緑君亭本注云：「一作急急，後同。」速去，還爾丹陽〔三三〕。若其寒門〔三四〕之鬼，□頭校吴琯本、漢魏本、真意堂本頭字空格。猶脩，網魚漉校吴琯本、漢魏本漉作灑。鼈，在河之洲。咀嚼菱藕，捃拾鷄頭〔三五〕，蛙羹蚌臛，以爲膳羞。布袍芒履，倒騎水牛，洗（沅）、校各本作沅，是，今據正。湘、江、漢，鼓棹遨遊。隨波遡浪，噞喁沈浮〔三六〕，白苧校吴琯本、漢魏本、真意堂本苧作紵。起舞〔三七〕，揚波發謳〔三八〕。急手校吴琯本、漢魏本、真意堂本急手作「急急」。速去，還爾揚州〔三九〕。」慶之伏枕曰：「楊君見辱深矣。」自此後，吴兒更不敢解語。校吴琯本、漢魏本解語二字空格。北海尋伏誅。其慶之還奔蕭衍，校吴琯本、漢魏本、綠君亭本、真意堂本下重衍字，屬下句。用校吴琯本、漢魏本、真意堂本用下有其字。爲司州刺史〔四〇〕，欽重北人，特異於常。朱异〔四一〕校吴琯本、漢魏本异作忌。案資治通鑑一百五十三作朱异，與此同。怪復校綠君亭本、真意堂本復作而。按通鑑亦作而。問之。曰：「自晉、宋以來，號洛陽爲荒土，校吴琯本、漢魏本土作中。此中校吴琯本、漢魏本無中字。謂長江以北，盡是夷狄。昨至洛陽，始知衣冠士族，並在中原。禮儀富盛，人物殷阜，目所不識，校吴琯本、漢魏本此句作「耳目所識」。真意堂本作「耳目所不識」。口不能傳。所謂帝京翼翼〔四二〕，四方之則。始（如）校吴琯本、漢魏本、綠君亭本、真意堂本皆作如，今據正。登泰山者卑培塿〔四三〕，涉江海者小湘、沅。北人安可不重？」慶之因此羽儀服式，悉如魏法。江表士庶，競相模楷，褒衣博帶〔四四〕，被及秣陵〔四五〕。

元慎，弘農人，晉冀州刺史嶠六世孫。曾祖泰，從宋武入關〔四六〕，爲上洛太守。七年背僞校吴琯本、漢魏本、真意堂本僞作魏，非。來朝〔四七〕，明校吴琯本、漢魏本無明字。帝賜爵臨晉侯，廣武郡陳郡太守，贈涼州刺史，謚烈校吴琯本、漢魏本烈字空格。侯。祖撫，明經，爲中博士。父辭，校吴琯本、漢魏本辭作甜。自得丘壑，不事王侯。叔父許，河南令、蜀郡太守。世以學行著聞，名高州里。元慎情校吴琯本、漢魏本、真意堂本、吴集證本情作清。尚卓逸，少有高操，仁（任）校吴琯本、漢魏本、綠君亭本、真意堂本皆作任，今據正。心自放，不爲時羈。樂水愛山，好游林澤。博識文淵，清言入神，造次應對，莫有稱者。讀老、莊，善言玄理。性嗜酒，飲至一石，神不亂。常慷慨歎不得與阮籍校吴琯本、漢魏本籍作藉。同時生。不願仕宦，爲中散，常辭疾退閑。未常校各本作嘗。修敬諸貴，亦不慶弔親知，校綠君亭本知作諸。吴琯本、漢魏本、真意堂本知下有諸字。貴爲交友，故時人弗識也。或有人慕其高義，校吴琯本、漢魏本義作儀。投刺在門，元慎稱疾高卧。加以意思深長，善於解夢。孝昌校綠君亭本、真意堂本昌下有元字。年，廣陵（陽）校按魏書、北史紀傳皆作廣陽王，元湛墓誌同。則陵字譌，唐鈞沈本改作陽，是也。太平御覽九百五十四亦皆作「廣陵」，與此同。則沿誤已久矣。酉陽雜俎八夢篇作「廣陽」，尚不誤，今正。王元淵〔四八〕校吴琯本、漢魏本王元二字空格。初除儀同三司，總衆十萬，校御覽十萬二字作「北」。討葛榮，夜夢著衮衣校吴琯本、漢魏本衣下空一格。倚槐樹而校御覽無而字。立，以爲吉徵，問於元慎。校御覽下重元慎二字，屬下讀。曰：「三公之祥。」淵甚悦之。元慎退還，告人曰：「廣陵（陽）死矣！槐字是木傍鬼，死後當得三公。」廣陵（陽）果爲葛榮校酉陽雜俎作爾朱榮，誤。所煞〔四九〕，校各本煞作殺，同。追贈司空（徒）公〔五〇〕，校司空公當作司徒公，説見注。御覽及酉陽雜俎皆作司徒，今正。終如其言。建義（初），校各本義下有初字。吴集證云：「義字下當從各本有一初字。」今補。陽城太守薛令伯，聞太原王誅百官〔五一〕、立莊帝，棄郡東走。忽夢射得雁，以問元慎。元慎曰：「卿執羔，大夫執雁〔五二〕，君當得大夫之職。」俄然令伯除爲諫議大夫。京兆許超校綠君亭本超作兆。夢盜羊入獄，問於元慎。

元慎曰：「君當得陽城令。」校酉陽雜俎陽城作「城陽」。其後，有功封城陽侯。校各本皆作「陽城侯」。酉陽雜俎作「城陽侯」，與此同。元慎解夢，義出方途，校各本方作万。吴集證云：「方當從各本作萬，此因万而誤也。」按方途謂方術之途，義亦可通。隨意會情，皆有神驗。雖令與侯小乖，按令今百里，即是古諸侯。以此論之，亦爲妙著，時人譬之周宣〔五三〕。及爾朱兆入洛陽，即棄官與華陰隱士王騰周遊上洛山〔五四〕。

孝義里東市北殖校吴琯本、漢魏本殖作植。太平廣記四百三十九亦作植。貨里，里校廣記里字不重。有太常民劉胡，兄弟四人，以屠爲業。永安年中，胡煞校各本作殺，同。猪，猪忽唱乞命，聲及四鄰。鄰校吴琯本、漢魏本鄰字不重。人謂胡兄弟相毆校吴琯本、漢魏本無毆字。廣記亦無。鬭而校廣記無而字。來觀之，乃猪也。校廣記猪下有胡字，屬下句。即捨宅爲歸覺寺，合家人校按廣記無人字。入道焉。

普泰元年，此寺金像生毛〔五五〕，眉校太平廣記一百三十九眉下有鬢字。髮悉皆具足。尚書左丞魏季景〔五六〕謂人曰：「張天錫有此事〔五七〕，其國遂滅，此亦不祥之徵。」至明年而廣陵被廢死〔五八〕。

〔注釋〕

〔一〕楊椿字延壽，華陰人，楊播弟，魏書五十八有傳。

〔二〕楊順，魏書五十八有傳。

〔三〕楊津字羅漢，魏書五十八有傳。

〔四〕魏書五十八楊播傳云：「播家世純厚，並敦義讓，昆季相事，有如父子。播剛毅，椿、津恭謙，與人言自稱名字。兄弟旦則聚於廳堂，終日對，未曾入內。有一美味，不集不食。廳堂間往往幃幔隔障，爲寢息之所，時就休偃，還共談笑。椿年老，曾他處醉歸，津扶侍還室，仍假寢閤前，承候安否。椿、津年過六十，並登台鼎，而津嘗旦暮參問，子姪羅列階下，椿不命坐，津不敢坐。椿每近出，或日斜不至，津不先飯，椿還，然後共食。食則津親授匙箸，味皆先嘗。椿命食，然後食。津爲司空，於時府主皆引僚佐，人就津求官，津曰：此事須家兄裁之，何爲見問？初津爲肆州，椿在京宅，每有四時嘉味，輒因使次附之；若或未寄，不先入口。椿每得所寄，輒對之下泣。兄弟皆有孫，唯椿有曾孫，年十五六矣。椿常欲爲之早娶，望見玄孫。自昱已下，率多學尚，時人莫不欽羨焉。一家之內，男女百口，緦服同爨，庭無間言。魏世以來，唯有盧淵兄弟及播昆季，當世莫逮焉。」

〔五〕前書：「世隆等將害椿家，誣其爲逆，奏請收治。前廢帝不許，世隆復苦執，不得已，下詔付有司檢聞。世隆遂遣步騎夜圍其宅。（爾朱）天光亦同日收椿於華陰，東西兩家無少長皆遇禍，籍其家。世隆後乃奏云：楊家實反，夜拒軍人，遂盡格殺。廢帝惋悵久之，不言而已。知世隆縱擅，無如之何。」又楊侃傳：「莊帝將圖爾朱榮也，侃與其內弟李晞、城陽王徽、侍中李彧等咸預密謀。爾朱兆之入洛也，侃時休沐，遂得潛竄，歸於華陰。普泰初，天光在關西，遣侃子婦父韋義遠招慰之，立盟，許恕其罪。侃從兄昱恐爲家禍，令侃出應，假其食言，不過一人身歿，冀全百口。侃往赴之。秋七月，爲天光所害。」楊侃爲楊播之子，楊椿之姪。爾朱氏害楊氏蓋由結怨於侃所致。

〔六〕按城內有建中寺，本是閹官劉騰宅，後賜高陽王元雍。建明元年，爾朱世隆爲爾朱榮追福，題以爲寺，見本書卷一建中寺條。不知與此建中寺是否爲一寺。

〔七〕按太平寰宇記三河南道河南縣下以蘇秦冢在北芒山後，與此不同。

〔八〕蕭寶夤字智亮，南齊明帝（蕭鸞）子，魏書五十九、南齊書五十一有傳。按蕭寶夤降魏，本書卷三宣陽門内條云：「景明初」，史載在景明二年，考是年梁武帝（蕭衍）廢齊和帝（蕭寶融）而自立，故寶夤奔魏，封會稽公，賜宅歸正里，景仁隨來，當在同年。此「正光」二字必是「景明」之譌。

〔九〕歸正里見卷三宣陽門外四里條。

〔一〇〕元顥入洛事見卷一永寧寺條。

〔一一〕五胡謂匈奴、羯、鮮卑、氐、羌五種胡人，魏爲鮮卑民族。

〔一二〕王佐新增格古要論十一玉璽考：「通鑑綱目：漢光武建武三年春正月，馮異大破赤眉，劉盆子降，得傳國璽綬。慈湖王幼學集覽云：璽，王者印也。綬，帶也；所以繫璽。黃赤綬四彩，武都紫泥封，盛以青囊，白素裹兩端，無縫，尺一版中約署。衛宏曰：秦以前以金銀方寸璽。秦始皇得楚和氏璧，乃以玉爲之，螭獸紐，在六璽之外。李斯書之，其文曰：受命于天，既壽永昌。秦王子嬰以獻于漢高帝，謂之傳國璽。王莽篡逆，使安陽侯王舜迫王太后求之。太后怒罵而不與，舜言益切，后出璽投之地，璽因歸莽。莽敗，王憲得之。李松入長安，斬憲取璽，送上更始。更始降赤眉，樊崇等立劉盆子。盆子以璽綬奉上光武。至獻帝時，董卓作亂，掌璽者投諸井。富春孫堅入洛討卓，軍於城南，見井中有五色光，浚井得璽。袁術僭逆，乃拘堅妻奪之。時廣陵刺史徐璆徵詣京師，道爲術所劫。後術死，璆得璽還，以上獻帝於許昌，時建安四年己卯夏也。漢以禪魏文帝，魏以禪晉武帝。前趙主劉聰使劉曜入洛陽，執晉懷帝，取璽詣平陽獻聰。後爲後趙石勒所并，璽乃歸勒。勒（按當作後趙）爲魏冉閔（原誤作閎，今正）所滅，璽屬閔。閔敗，璽存其大將軍蔣幹，求救於晉征西將軍謝尚。尚使其將戴施據枋頭，遂入鄴，助守，給（當是紿誤）幹得璽以還建康，時東晉穆帝永和八年（三五二）壬子也。佐按自璽寄於劉、石，凡五十五年，而晉後得之。是後宋、齊、梁相繼傳之。梁元帝承聖元年壬申夏四月，盜竊梁傳國璽歸之北齊。蓋侯景得之。景死，其侍中趙思賢棄之草間，至廣陵以告郭元建，元建取以送鄴。」按此文實據元楊桓之傳國璽考，見輟耕録二十六，稍有修正，因録之。

〔一三〕文選六左思魏都賦云：「宅土熇暑，封疆障（與瘴同）癘。」張載注：「吳蜀皆暑濕，其南皆有瘴氣。」

〔一四〕前書：「吳與鼃黽同穴。」

〔一五〕前書：「宵貌蕞陋，稟質遳脆，巷無杼首，里罕耆耋。」張注：「方言曰：燕記曰，豐人杼首。杼首，長首也。燕謂之杼。交、益之人，率皆弱陋，故曰無杼首也。」李注：「左氏傳曰：蕞爾小國。杜預曰：蕞爾，小貌也。廣雅：質，軀也。」此杼首與蕞陋二句所本，故叢字當是蕞字之誤。史記三十一吳世家：「於是太伯仲雍二人乃犇荆蠻，文身斷髮，示不可用。」集解：「應劭曰：常在水中，故斷其髮，文其身以象龍子，故不見傷害。」斷髮則髮短，故此稱短髮，義同。

〔一六〕史記二十九河渠書云：「於吳則通渠三江五湖。」按三江五湖之説甚多，莫衷一是，以與本文無涉，不備舉。

〔一七〕文選六左思魏都賦云：「漢罪流禦，秦餘徙帑。」劉注引貨殖傳云：「秦破趙，遷卓氏於蜀。漢時日南、比景、合浦、九真亦皆有徙者，息夫躬、孫寵之屬焉。」

〔一八〕劉劭爲宋文帝（劉義隆）太子。南史十四元凶劭傳：「始興王濬素佞事劭，並多過失。慮上知，使（女巫嚴）道育祈請，欲令過不上聞。歌儛呪詛，不捨晝夜。……遂爲巫蠱，刻玉爲上形像，埋於含章殿前。……（王）鸚鵡、（陳）天興及寧州所獻黄門慶國並與巫蠱事。……既而慶國……乃以白上。上驚惋，即收鸚鵡家，得劭、濬手書，皆呪詛巫蠱之言。得所埋上形像於宮內。……上詰責劭、濬，劭、濬唯陳謝而已。道育變服爲尼，逃匿東宮。濬往京口，又以自隨。……三十年正月，大風飛霰且雷。上憂有竊發，輒加劭兵，東宮實甲萬人。其年二月，濬自京口入朝……復載道育還東宮，欲將西上。有告上云：……有一尼服食出入征北内，似是嚴道育。上使掩得二婢，云道育隨征北還都。上惆悵惋駭，須檢覆，廢劭，賜濬死。……上以謀告之（潘淑妃），妃以告濬。濬報劭，因有異謀。每夜饗將士……密與腹心……謀之。其月二十一日夜，詐作上詔……因使（張）超之等集素所養士三千餘人皆被甲，云有所討。……明旦，劭以朱服加戎服上，乘畫輪車，與蕭斌同載，衛從如常入朝儀，從萬春門入……馳入雲龍、東中華門，及齋閣，拔刃徑上合殿。上其夜與尚書僕射徐湛之屏人語，至旦，燭猶未滅。門階户席，並無侍衛。上以几自鄣，超之行殺，上五指俱落，並殺湛之。劭進至合殿中閤，文帝已崩」。

〔一九〕休龍是宋孝武帝劉駿之字。南史十一后妃列傳孝武昭路太后傳云：「生孝武帝。……孝武即位，奉尊位曰太后。……太后居顯陽殿。上於閨房之内，禮敬甚寡，有所御幸，或留止太后房内，故人間咸有醜聲。宮掖事祕，莫能辨也。」（魏書九十七島夷劉裕傳謂劉駿「四年獵于烏江之榜口，又遊湖縣之滿山，並與母同行，宣淫肆意」。）

〔二〇〕宋書七前廢帝紀：「山陰公主淫恣過度，謂帝曰：妾與陛下雖男女有殊，俱託體先帝。陛下六宮萬數，而妾唯駙馬一人，事不均平，一何至此！帝乃爲主置面首左右三十人。」

〔二一〕説文：「癭，頸瘤也。」桂馥義證：「吕氏春秋盡數篇：輕水之所多秃與癭人。注云：癭咽疾。淮南地形訓：險阻之氣多癭。注云：氣衝喉而結，多癭疾也。博物志：山居之民多癭腫疾，由於飲泉之不流者。今荆南諸山郡東多此疾。」按陽翟故治在今河南省禹縣。

〔二二〕圖籙見上平等寺條注。

〔二三〕左傳宣公三年：「成王定鼎于郟鄏。」此指魏孝文帝遷都洛陽。

〔二四〕爾雅釋山：「河南華，河西嶽，河東岱，河北恒，江南衡。」又云：「泰山爲東嶽，華山爲西嶽，霍山爲南嶽，恒山爲北嶽，嵩高爲中嶽。」此言五山當指後説之五嶽，其地皆在魏國境内。

〔二五〕吴語呼人多冠以阿字。按顧炎武日知録三十二云：「隸釋漢殽阬碑陰云：其間四十人，皆字其名而繫以阿字。如劉興阿興、潘京阿京之類，必編户民未嘗表其德，書石者欲其整齊而强加之，猶今閭巷之婦以阿挈其姓也。成陽靈臺碑陰有主吏仲東阿東。又云：惟仲阿東年在元冠，幼有中質。又可見其年少而未有字。抱朴子：禰衡游許下，自公卿國士以下，衡初不稱其官，皆名之云阿某，或以姓呼之爲某兒。三國志吕蒙傳注：魯肅拊蒙背曰：非復吴下阿蒙。世説注：阮籍謂王渾曰：與卿語不如與阿戎語，皆其小時之稱。婦人以阿挈姓，則隋獨孤后謂雲昭訓爲阿雲，唐蕭淑妃謂武后爲阿武，韋后降爲庶人稱阿韋，劉從諫妻裴氏稱阿裴，吴湘娶顔悦女，其母焦氏稱阿顔阿焦是也。亦可以自稱其親，焦仲卿妻詩堂上啓阿母，阿母謂阿女是也。亦可爲不定何人之辭。古詩：道逢鄉里人，家中有阿誰。三國志龐統傳：先主謂曰：向者之論，阿誰爲失？晉書沈充傳：敦作色曰：小人阿誰，是也。阿者助語之辭，古人以爲慢應聲。老子唯之與阿，相去幾何。今南人讀爲入聲，非（原注：魏志東夷傳東方人名我爲阿）。」據此，則名字繫阿字，不止吴人，特吴語較爲普遍。

〔二六〕菰，廣雅釋草：「蔣也。其米謂之雕胡。」王氏疏證：「菰之可食者：小曰菰菜，蘇頌本草圖經所云茭白是也；大曰菰首，爾雅所云出隧蘧蔬，西京雜記所云緑節是也。二者皆可爲蔬，而惟菰米可以作飯。故鄭司農以爲六穀之一，後鄭注大宰九穀，亦云有粱苽也。宋玉諷賦云：爲臣炊雕胡之飯。淮南詮言訓云：菰飯犓牛弗能甘也。蓋古者以爲美饌焉。」稗，説文：「禾别也。」段玉裁注：「謂禾類而别於禾也。左傳云：用秕稗也。杜云：稗，草之似穀者。稗有米，似禾可食，故亦種之。如淳曰：細米爲稗。」飰即飯字。卷子原本玉篇餅字：「字書：飰也。野王案今並爲飯字也。」今本玉篇以餅飰並爲飯之俗字。

〔二七〕茗飲見本書卷三報德寺條。

〔二八〕陸璣毛詩草木鳥獸蟲魚疏：「茆與荇葉相似，葉大如手，赤圓，有肥者，着手中滑不得停。莖大如匕柄。葉可以生食，又可鬻滑美（疑是羹誤）南人謂之蓴菜。」晉書九十二張翰傳：「齊王冏辟爲大司馬東曹掾……翰因見秋風起，乃思吴中菰菜蓴羹鱸魚膾……遂命駕而歸。」是蓴羹爲吴中美饌。呷啜即飲嘗。

〔二九〕噈，集韻入聲覺韻爲敇之或字，音朔。敇，説文：「吮也。」唼音色甲切，與啑同。唼噈爲雙聲連緜字，義同。蟹黄，即蟹膏，太平御覽九四二引嶺表録異：「黄膏蟹，殼内有膏如黄蘇，加以五味，和殼熥之，食亦有味。赤母蟹，殼内黄赤膏如鷄鴨子黄，肉白如豕，膏實其殼中，淋以五味，蒙以細麵，爲蟹饆饠，珍美可尚。」

〔三〇〕南方草木狀：「豆蔻花，其苗如蘆，其葉似薑，其花作穗，嫩葉卷之而生。花微紅，穗頭深色。葉漸舒，花漸出。舊説此花食之破氣消痰，進酒增倍。」

〔三一〕前書：「檳榔樹高十餘丈，皮似青銅，節如桂竹，下本不大，上枝不小，調直亭亭，千萬若一。森秀無柯，端頂有葉。葉似甘蕉，條派開破。仰望眇眇，如插叢蕉於竹杪；風至獨動，似舉羽扇之掃天。葉下繫數房，房綴數十實，實大如桃李。天生棘重累其下，所以禦衛其實也。味苦澀。剖其皮，鬻其膚，熟如貫之，堅如乾棗。以扶留藤古賁灰并食，則滑美下氣消穀。出林邑，彼人以爲貴。婚族客必先進，若邂逅不設，用相嫌恨。」

〔三二〕按本書卷三菩提寺條崔暢拒崔涵回家，有「急手（吴琯等本作急急）速去，可得無殃」語，卷四白馬寺條寶公謂趙法和，有「東厢屋，急手作」語，與此相類。是急手二字疑爲當時俗語，義爲急速。吴琯等本作急急，似非。

〔三三〕丹陽，南朝郡名，屬揚州。

〔三四〕寒門猶言寒微之家，賤詞。

〔三五〕方言三：「蔆、芡，雞頭也。北燕謂之蔆，青、徐、淮、泗之間謂之芡，南楚江、湘之間謂之雞頭。」

〔三六〕文選五左思吴都賦：「噞喁沉浮。」劉逵注：「噞喁，魚在水中羣出動口貌。」

〔三七〕宋書樂志：「白紵舞，按舞辭有巾袍之言，紵本吴地所出，宜是吴舞也。」

〔三八〕楚辭九歌河伯：「與女遊兮九河，衝風起兮水揚波。」

〔三九〕揚州，梁武帝普通年（五二〇——五二六）後，治臺城西，領郡八：丹陽、淮南、宣城、吴、吴興、歷陽、信義、南陵，見徐文范東晉南北朝輿地表七。

〔四〇〕梁書三十二陳慶之傳：「中大通二年（五三〇），除都督南、北司、西豫、豫四州諸軍事，南北司二州刺史。」按南司州時治安陸界南義陽，領郡十七；北司州時治義陽，領郡六。並見徐文范東晉南北朝輿地表七。

〔四一〕朱异，錢塘人，梁書三十八有傳。

〔四二〕詩大雅緜：「作廟翼翼。」孔疏：「翼翼然嚴正。」

〔四三〕培塿本作部婁，左傳襄公二十四年：「部婁無松柏。」杜預注：「部婁，小阜。」

〔四四〕漢書七十一雋不疑傳：「不疑……褒衣博帶，盛服至門上謁。」顔師古注：「褒，大裾也。言著褒大之衣，廣博之帶也。」

〔四五〕秣陵即建康，在今江蘇省南京，詳見卷一永寧寺條注。

〔四六〕南史一宋武帝紀：晉義熙十二年（四一六）「會姚興死，子泓新立，兄弟相殺，關中擾亂。四月乙丑，帝表伐關洛，乃戒嚴北討。」十三年（四一七）八月，「王鎮惡剋長安，禽姚泓。……至是而關中平」。

〔四七〕按七年是魏明元帝（拓跋嗣）泰常七年（四二二），是年五月宋武帝劉裕卒。魏書三明元帝紀：「十有二月，遣壽光侯叔孫建等率衆自平原東渡，徇下青兗諸郡。劉義符（宋少帝）兗州刺史徐琰聞渡河，棄守走。叔孫建遂東入青州，司馬愛之、秀之先聚黨濟東，皆率衆來降。」楊泰降魏當亦在此時。

〔四八〕廣陵王淵，魏書十八有傳作廣陽王深，北史帝紀及太武五王傳、資治通鑑亦作深，孝明帝紀作廣陽王淵。按元湛墓誌：「父諱淵，侍中吏部尚書司徒公雍州刺史廣陽忠武王。」則原爲淵字，作深者，蓋唐人避高祖（李淵）諱所改。孝明帝紀孝昌二年（五二六）五月：「以……廣陽王淵爲驃騎大將軍儀同三司，尋爲大都督，率都督章武王融北討（鮮于）脩禮。」八月「癸巳，賊帥元洪業斬鮮于脩禮，請降，爲賊黨葛榮所殺。」是元淵出師原討鮮于脩禮，後因脩禮死，葛榮得其衆。此言討葛榮，蓋據後事言之。

〔四九〕魏書十八深（按即淵）傳：「（葛）榮以新得大衆，上下未安，遂北度瀛州。深便率衆北轉，榮東攻章武王融，戰敗於白牛邏，深遂退走，趨定州。聞刺史楊津疑其有異志，乃止於州南佛寺，停三日夜。乃召都督毛謚等六七人臂肩爲約，危難之際，期相拯恤。謚疑深意異，乃密告津云：深謀不軌。津遣謚討深，深走出。謚叫噪追躡，深遂與左右行至博陵郡界，逢賊遊騎，乃引詣葛榮。賊徒見深，頗有喜者。榮新自立，内惡之，乃害深。莊帝追復王爵，贈司徒公，謚曰忠武。」

〔五〇〕按魏書本傳及元湛墓誌皆作司徒公，此空字當誤。

〔五一〕爾朱榮誅百官事見卷一永寧寺條。

〔五二〕周禮春官大宗伯：「以禽作六摯，以等諸臣……卿執羔，大夫執鴈。」鄭注：「羔，小羊，取其羣而不失其類。鴈，取其候時而行。」

〔五三〕三國志魏志二十九有傳。隋書經籍志有「占夢書一卷，周宣等撰。」

〔五四〕胡三省資治通鑑一五五注：「上洛山在洛州上洛郡上洛縣界。」

〔五五〕按魏書一一二靈徵志云：「永安三年（五三〇），京師民家有二銅象，各長尺餘，一頭上生毫四；一頭上生黑毫一。」與此事亦略同。

〔五六〕魏季景，鉅鹿下曲陽人，北史五十六有傳。

〔五七〕湯球十六國春秋輯補七十三前涼録云：「(天錫)三年，姑臧北山楊樹生松葉；西苑牝鹿生角。東苑銅佛生毛。」按張天錫後爲苻堅所滅，在位十三年，與上事相隔十年。

〔五八〕北史五節閔帝紀：普泰二年「夏四月辛巳，高歡與廢帝(元朗)至芒山，使魏蘭根慰喻洛邑，且觀帝之爲人。蘭根忌帝雅德，還致毀謗，竟從崔㥄議，廢帝於崇訓佛寺，而立平陽王脩，是爲孝武帝。帝既失位，乃賦詩曰：朱門久可患，紫極非情翫。顛覆立可待，一年三易換。時運正如此，唯有脩真觀。五月景(按即丙字)申，帝遇弑，殂於門下省，時年三十五。」廣陵即節閔帝。

洛陽伽藍記校注卷第三

魏撫軍府司馬楊衒之撰　范祥雍校注

城南

景明寺，宣武皇帝所立也[一]。校吴琯本、漢魏本無也字。説郛四亦無也字。景明年中立，因以爲名。在宣陽門外一里御道東。其寺東西南北，方五百步。前望嵩山、少室[二]，却負帝城[三]，青林垂影，緑水爲文。形勝之地，爽塏[四]獨美。山懸堂[光]觀，(光)盛一千餘間。校各本堂作臺，光觀二字倒（吴琯本間字空格）。今光觀二字從乙。吴集證本與此同，云：「按此十字疑有脱誤。」(複殿重房)，校各本皆有此四字。吴集證本無，與此同。按此與下句「交疏對霤」爲對文，有之爲是，今據補。交疏對霤[五]，青臺紫閣，浮道相通[六]，雖外有四時，而内無寒暑。房簷之外，皆是山池，竹松校吴琯本、漢魏本竹松作「松竹」。蘭芷，垂列堦墀，含風團露，流香吐馥。至正光校吴琯本、漢魏本光作元。按魏無正元年號，譌。年中，太后始造七層浮圖一所，去地百仞。是以邢子才碑文云「俯聞校吴琯本聞字空格。漢魏本聞作仰。激電，旁校吴琯本旁作傍，通。屬[七]奔星」校吴琯本星字空格。是也。莊飾華麗，侔於永寧[八]。金盤寶鐸[九]，焕爛霞表。

寺有三池，萑蒲菱藕，水物生焉。或黄甲紫鱗，出没於繁校吴琯本、漢魏本、吴集證本繁作蘩。古相通用。藻，(或)校吴琯本、漢魏本、緑君亭本、真意堂本皆有或字。按此與上或字相應，依文勢當有，今補。青鳧白雁，浮沈校吴琯本、漢魏本、真意堂本浮沈作「沈浮」。於緑水。礶校礶疑是磑之譌，説見注。磑舂簸〔一〇〕，皆用水功。

伽藍之妙，最得校吴琯本、漢魏本得作爲。按説郛亦作爲。稱首。時世好崇福，四月七日，京師諸像皆來此寺〔一一〕。尚書祠校吴琯本、漢魏本、真意堂本、吴集證本祠下有部字。按説郛亦有部字。曹録像凡校吴琯本、漢魏本凡作名，説郛亦作名。真意堂本凡上有名字。有一千餘軀。至八月(日)〔節〕〔一二〕，校各本月節二字作日字。吴集證云：「以上句四月七日校之，當從各本爲長。」按吴説是也。説郛亦作日字。今從各本正。以次入宣陽門，向閶闔宫前受皇帝散花〔一三〕。于時金花映日，寶蓋浮雲，旛幢若林，香煙似霧。梵樂法音，聒動天地。百戲騰驤，所在駢比。名僧德衆，負錫〔一四〕爲羣；信徒法侣，持花成藪。車騎填咽〔一五〕，繁衍相傾。時有西域胡沙門見此，唱言佛國。至永熙年中，始詔國子祭酒邢子才爲寺碑文〔一六〕。

子才〔一七〕河間人也。志性通敏，風情雅潤，校漢魏本此句作「風雅潤朗」。吴琯本作「風雅潤」，潤下空格。下帷覃思〔一八〕，温故知新〔一九〕，文宗學府，騰校吴琯本、漢魏本、真意堂本騰作跨。班、馬而孤上〔二〇〕；英規勝範，淩校吴琯本、漢魏本、真意堂本淩作陵，同。許、郭而獨高〔二一〕。是以衣冠之士，輻湊其校吴琯本、漢魏本其作在。門；懷道之賓，去來滿室。昇校吴琯本、漢魏本、真意堂本昇作升，相通。其堂者，若登孔氏之門〔二二〕；沾其賞者，猶聽校吴琯本、漢魏本、真意堂本聽作得。東吴之句〔二三〕。籍甚當時，聲馳遐邇。正光中，校吴琯本、漢魏本、真意堂本中作末。解褐爲世宗挽郎、奉朝請〔二四〕，尋進中書侍郎黄門。子才洽聞博見，無所不通，軍國制度，罔不訪及〔二五〕。自王室不靖，虎門業廢〔二六〕，後校吴琯本、漢魏本、真意堂本後作復。遷國子祭酒，謨訓上庠。子才罰惰賞勤，專心勸誘，青領之生〔二七〕，竟校各本竟作競。吴集證云：「當從各本作競。」按竟字疑因競壞半字而譌。懷雅術。洙、泗之風〔二八〕，兹焉復盛。永熙年末，以母老辭，帝不許之。子才恪請懇至，校吴琯本、漢魏本恪請作「辭請」，緑君亭本、真意堂本作「辭情」。辭校吴琯本、漢魏本、緑君亭本、真意堂本辭作涕。淚俱下，帝乃許之，詔以光禄大夫歸養私庭，所生（在）校吴琯本、漢魏本、緑君亭本、真意堂本生作在。吴集證云：「按所生謂母也。各本作所在，誤矣。」按北齊書邵傳云「詔所在特給兵力五人」，與此文正相同，則在字爲是，吴説非是。今從各本正。之處，給事力五人，歲一朝以備顧問〔二九〕。王侯祖道，若漢朝之送二疏〔三〇〕。暨皇居徙鄴〔三一〕，民訟殷繁，前格後詔，校吴琯本、漢魏本、真意堂本此句作「前革後沿」。緑君亭本格下注云：「一作革」；詔下注云：「一作沿」。吴集證云：「各本作前革後沿，誤。」自相與校緑君亭本、真意堂本與作予。奪，法吏疑獄，簿領成山。乃勑子才與散騎常侍温子昇撰麟趾新制十五篇〔三二〕，省府以之決疑，州郡用爲治本。武定中，除驃騎大將軍西兗州刺史，爲政清静，吏民安之〔三三〕。後【校】吴琯本、漢魏本、真意堂本後作復。徵爲中書令。時戎馬在郊，朝廷多事，國禮朝儀，咸【校】吴琯本、漢魏本、真意堂本咸作或。緑君亭本注云：「一作或。」自子才出。所製詩賦詔策章表碑頌讃【校】吴琯本、漢魏本、真意堂本讃作贊，同。記五百篇〔三四〕，皆傳於世。鄰國欽其模楷〔三五〕，朝野以爲美談也。

〔注釋〕

〔一〕魏書一百十四釋老志云：「世宗篤好佛理，每年常於禁中親講經論，廣集名僧，標明義旨，沙門條録爲内起居焉。上既崇之，下彌企尚，至延昌中，天下州郡僧尼寺積有一萬三千七百三十七所，徒侶逾盛。」【釋迦方志下教相篇魏世宗宣武帝下云：「於式乾殿自講維摩經。造普通、大定四寺，常供千僧。」按普通、大定二寺不見於此書，疑不在洛陽京城。尚有二寺未名，景明寺或在其中。又武定三年（五四五）所立洛州建德寺造玉像碑碑側題名有「景明寺法師僧晏」（陶齋藏石記九）。】

〔二〕嵩山在洛陽東南，少室爲嵩山之最西峯。元和郡縣志五河南道登封縣下云：「嵩高山在縣北八里，亦名外方山。又云東曰太室，西曰少室，嵩高總名，即中岳也。山高二十里，周迴一百三十里。少室山在縣西十里，高十六里，周迴三十里，潁水源出焉。」

〔三〕帝城指洛陽城。

〔四〕左傳昭公十七年杜預注：「爽，明；塏，燥。」

〔五〕疏即疏窗，説文作𤕟。霤，屋簷。楚辭大招云：「觀絶霤只。」王逸注：「霤，屋宇也。」

〔六〕浮道疑即史記一百十七司馬相如傳：「馳游道而脩降兮」之游道，正義：「游，游車也；道，道車也。」説文游古文作逆，與浮形音相近，故游言或作浮言，游食或作浮食，此浮字當亦爲游字之轉借。

〔七〕屬與矚通。

〔八〕魏書一百十四釋老志云：「景明寺佛圖亦其（永寧寺）亞也。」

〔九〕金盤寶鐸，見本書卷一永寧寺條。

〔一〇〕字書無礶字，疑是䃺字，俗書或作礳，因譌爲礶。䃺與磑義相同，説文：「磑，䃺也。古者公輸般作磑。」舂，擣粟也。簸，揚米去康也，並見説文。此蓋謂水磨與水碾。農政全書十八云：「水磨，凡欲置此磨，必當選擇用水地所，先儘并岸，擗水激轉。或別引溝渠，掘地棧木。棧上置磨，以軸轉磨中，下徹棧底，就作卧輪，以水激之，磨隨輪轉，比之陸磨，功力數倍。此卧輪磨也。又有引水置閘，甃爲峻槽，槽上兩傍，植木架以承水，激輪軸，軸要別作竪輪，用擊在上卧輪一磨，其軸末一輪，傍撥周圍木齒一磨。既引水注槽，激動水輪，則上傍二磨隨輪俱轉。此水機巧異，又勝獨磨。此立輪連二磨也。」「水碾，水輪轉碾也。後漢書崔亮教民爲輾，奏於方張橋東堰谷水，造水輾數十區。豈水輾之制，自此始歟？其輾制上同，但作卧輪或立輪，如水磨之法，輪軸上端穿其碢幹，水激則碢隨輪轉，循槽轢穀，疾若風雨。日所毁米，比於陸輾，功利過倍。」所言雖是明制，但由此亦略可考見古代農村水功情況。又按北史五十四高隆之傳云：「領營構大匠，以十萬夫撤洛陽宮殿運於鄴。營構之制皆委隆之，增築南城周二十五里，以漳水近帝城，起長隄以防汎溢。又鑿渠引漳水周流城郭，造水碾磑，並有利於時。」隆之所建蓋亦依仿洛城爲之。

〔一一〕參看本書卷一昭儀尼寺條。

〔一二〕釋教以四月八日爲釋迦牟尼佛生日及成道日或謂於二月八日成佛（菩薩處胎經）。玉燭寶典四云：「後人每二月八日巡城圍繞，四月八日行像供養，並其遺化，無廢兩存。」

〔一三〕魏書一百十四釋老志云：「世祖（拓跋燾）初即位，亦遵太祖（拓跋珪）、太宗（拓跋嗣）之業。……於四月八日，輿諸佛像行於廣衢，帝親御門樓臨觀，散花以致禮敬。」是魏世行像散花，傳之已久。

〔一四〕錫是僧人所用錫杖。

〔一五〕填咽狀人物擁擠。亦作闐噎，文選五左思吴都賦：「冠蓋雲蔭，閭閻闐噎。」劉逵注：「闐噎，人物遍滿之貌。」

〔一六〕藝文類聚七十七有景明寺碑文云：「九土殊方，四生舛類，昏識異受，脩短共時。德表生民，不救泰山之朽壤；義同列辟，豈濟欒水之淪胥。漂鹵倒戈之勢，浮江架海之力，孰不曠息相催，飛馳共盡，泡沫不足成喻，風電詎可爲言。而皆遷延愛欲，馳逐生死，眷彼深塵，迷茲大夜。坐積薪於火宅，負沈石於苦海。結習靡倦，憂畏延長，身世其猶夢想，榮名譬諸幻化。未能照彼因緣，體茲空假，袪洗累惑，擯落塵埃。苦器易彫，危城難久。自發迹有生，會道無上，劫代緬邈，朕跡遐長，草木不能況，塵沙莫之比。及日晷停流，星光輟運，香雨旁注，甘露上懸。降靈迦衛，擁迹忍土。智出須彌，德踰大地，道尊世上，義重天中。銘曰：大道何名，至功不器。理有罔適，法無殊致。能以託生，降體凡位。士覺如遠，一念斯至。德尊三界，神感四天。川流自斷，火室不燃。衣生寶樹，座踊芳蓮。智固有極，道暢無邊。」按本條所引碑文「俯聞激電，旁屬奔星」，此文無之，則所删節尚多。

〔一七〕湯用彤漢魏兩晉南北朝佛教史（五〇八頁）云：「伽藍記謂常景受勑爲永寧寺碑，邢子才爲景明寺碑，二人雖以文名，但其奉佛否不明。」按邢子才見於廣弘明集七叙歷代王臣滯惑解中，則當爲不信奉佛者。又北齊書三十六邢邵傳邵與楊愔魏收請置學奏有云：「頗省永寧土木之功，并減瑶光材瓦之力，兼分石窟鐫琢之勞。」亦可見其不滿於當時奉佛奢靡之風。湯氏偶失考。

〔一八〕漢書五十六董仲舒傳：「少治春秋，孝景時爲博士，下帷講誦，弟子傳以久次相授業，或莫見其面。蓋三年不窺園，其精如此。」

〔一九〕語見論語爲政篇。集解：「温，尋也。尋繹故者，又知新者，可以爲人師矣。」

〔二〇〕班馬謂班固與司馬遷。

〔二一〕許郭謂許劭與郭泰，亦見本書卷二秦太上君寺條注。

〔二二〕孔門謂孔子之門。論語先進篇：「子曰：由之瑟，奚爲於丘之門？門人不敬子路，子曰：由也，升堂矣，未入於室也。」此爲借用。

〔二三〕周延年注云：「三國志吕蒙傳注：後魯肅上代周瑜，過蒙言議，常欲受屈，撫蒙背曰：吾謂大弟但有武略耳，至於今者，學識英博，非復吴下阿蒙。東吴之句殆指是言。」按吴志十二虞翻傳云：「翻與少府孔融書，并示以所著易注。融答書曰：聞延陵之理樂，覩吾子之治易，乃知東南之美者，非徒會稽之竹箭也。」與此句義亦相近，不知然否？

〔二四〕褐是賤者之服，解褐猶釋褐。文選四十五揚雄解嘲云：「或釋褐而傅。」北齊書三十六邵本傳云：「釋巾爲魏宣武挽郎，除奉朝請。」晉書二十禮志：「漢、魏故事：大喪及大臣之喪，執紼者輓歌，以爲輓歌出於漢武帝役人之勞，歌聲哀切，遂以爲送終之禮。」又「成帝咸康七年，皇后杜氏崩……有司又奏依舊選公卿以下六品子弟六十人爲挽郎。」奉朝請見本書卷一建春門内條注。

〔二五〕北齊書邵傳云：「博覽墳籍，無不通曉。晚年尤以五經章句爲意，窮其指要。吉凶禮儀，公私諮稟，質疑去惑，爲世指南。每公卿會議，事關典政，邵援筆立成，證引該洽。帝命朝章，取定俄頃，詞致宏遠，獨步當時。」

〔二六〕虎門即虎觀。後漢書三章帝紀：建初四年「詔……下太常，將、大夫、博士、議郎、郎官及諸生、諸儒會白虎觀，講議五經同異，使五官中郎將魏應承制問，侍中淳于恭奏。帝親稱制臨決，如孝宣甘露石渠故事，作白虎議奏。」儒林傳所記略同。周延年注以周禮注「虎門，路寢門也」釋之，與此文義不合，非。

〔二七〕青領即青衿。詩鄭風子衿云：「青青子衿。」毛傳：「青衿，青領也。學子之所服。」孔疏：「釋器云：衣皆謂之襟。李巡曰：衣皆衣領之襟。孫炎曰：襟交領也。衿與襟音義同，衿是領之别名，故曰青衿，青領也。」

〔二八〕洙、泗，魯二水名。禮記檀弓：曾子謂子夏「吾與女事夫子於洙、泗之間」。此猶言孔子禮樂之教。

〔二九〕北齊書邵傳：「以親老還鄉，詔所在特給兵力五人，并令歲一入朝，以備顧問。」

〔三〇〕漢書七十一疏廣傳：「父子（謂疏廣、疏受）俱移病，滿三月，賜告。廣遂稱篤，上疏乞骸骨。上以其年篤老，皆許之。……公卿、大夫、故人、邑子設祖道，供張東都門外，送者車數百兩，辭決而去，及道路觀者，皆曰：賢哉二大夫！或歎息爲之泣下。」顏注：「祖道，餞行也。」

〔三一〕遷鄴事見本書卷首序注。

〔三二〕通鑑一百五十八梁武帝大同七年（五四一。即東魏孝静帝興和三年）：「東魏詔羣官於麟趾閣議定法制，謂之麟趾格。冬十月甲寅，頒行之。」

〔三三〕北史四十三邢邵傳云：「後除驃騎、西兗州刺史，在州有善政，桴鼓不鳴。吏人姦伏，守令長短，無不知之。定陶縣去州五十里，縣令妻日暮取人斗酒束脯。邵逼夜攝令，未明而去，責其取受，舉州不識其所以。……吏民爲立生祠，並勒碑頌德。及代，吏人父老及媼嫗皆遠相攀追，號泣不絶。」

〔三四〕北齊書邵傳：「有集三十卷，見行於世。」隋書經籍志：「北齊特進邢子才集三十一卷。」按舊唐書經籍志、唐書藝文志皆作三十卷，與本傳合，隋志一字疑衍。

〔三五〕北史邵傳：「于時與梁和，妙簡聘使，邵與魏收及從子子明被徵入朝。當時文人，皆邵之下，但以不持威儀，名高難副，朝廷不令出境。南人曾問賓司：邢子才故應是北間第一才士，何爲不作聘使？答云：子才文辭實無所愧，但官位已高，恐非復行限。南人曰：鄭伯猷護軍猶得將命，國子祭酒何爲不可？」

大統寺在景明寺西，即【校】吴琯本、漢魏本無即字。所謂利民里。【校】太平寰宇記三洛陽縣下引郡國志作利仁里。寺南有三公令史〔一〕高顯略（洛）宅。【校】張合校云：「案寰宇記作尚書高顯業。」按太平廣記三百九十一作高顯洛，據下文則作洛爲是，今從之。酉陽雜俎十物異篇作洛陽令史高顯。每【校】真意堂本每下有于字。廣記每上有洛字，下有於字。夜見赤光行於【校】説郛四無於字。堂前，如此者非一。向光明所掘地丈餘得黄金百斤，銘云：「蘇秦家金，得者爲吾造功德。」顯略（洛）【校】廣記顯略二字作洛。遂造招福寺。【校】吴琯本、漢魏本此下有「以世」二字。真意堂本下有「以此」二字。唐鈎沈本作「以是」。人【校】説郛作世。廣二記作「世又」二字。謂此地是蘇秦舊宅〔二〕。【校】廣記舊下有時字。當時元乂【校】吴琯本、漢魏本、真意堂本乂作義。照曠閣本、吴集證本作乂。廣記作義。秉政〔三〕，聞其得金，就洛【校】緑君亭本洛作落。照曠閣本、唐鈎沈本作略。廣記作洛，與此同。索之，【校】吴琯本、漢魏本無之字。以二十斤【校】吴琯本、漢魏本二十作「十二」。與之。衒之按：蘇秦時未有佛法，功德者不必是【校】廣記是作起。寺，應【校】廣記應作或。是碑銘之類，頌其聲跡也〔四〕。【校】廣記此句作「頌聲績也」。東有秦太師（上）公【校】各本師作上，吴集證云：「按綱目：神龜元年，司徒胡國珍卒，追號太上秦公，葬以殊禮。迎太后母皇甫氏之柩合葬，謂之太上秦孝穆君，則師字當從各本作上。」案本書卷二秦太上君寺亦作上，此師字當誤，今正。二寺，【校】吴琯本、漢魏本此文頂格别起行，張合校本從之。按説郛引此亦别爲一則。在景明南一里。西寺，太后所立〔五〕；東寺，皇【校】吴琯本、漢魏本、真意堂本皇譌作黄。姨〔六〕所建，【校】吴琯本、漢魏本建作造。説郛亦作造。並爲父追福，因以名之。時人號爲雙女寺。並門【校】吴琯本、漢魏本門下有倶字。鄰洛水，林木扶疎〔七〕，布葉垂陰。各有五層浮圖一所，高五十丈，素綵布【校】吴琯本、漢魏本、真意堂本布作畫。工，比於景明。至於六齋〔八〕，常有中黄門一人，監護僧舍，襯施〔九〕供具，諸寺莫及焉。

寺東有靈臺一所，基址雖頽，猶高五丈餘〔一〇〕，即是漢（光）武帝【校】吴琯本、漢魏本漢武帝作「漢光武」。案武帝都長安，不應立靈臺於洛陽，疑非。元河南志三亦作「漢光武」，與水經注合，當是。今從正。所立者〔一一〕。靈臺東辟雍〔一二〕，是魏武所立【校】吴琯本、漢魏本立下有作字。者。至我【校】吴琯本、漢魏本無我字。正光中，造明堂於辟雍之西南〔一三〕，上圓下方，八牕四闥。汝南王〔一四〕復造磚浮圖於靈臺之上〔一五〕。孝昌初，妖賊四侵，州郡失據〔一六〕。朝廷設募征格於堂之北〔一七〕，從戎者拜曠掖【校】吴琯本、漢魏本掖作夜。吴集證云：「按魏書百官志第九品有曠野將軍。從第九品有偏將軍、裨將軍。此曠掖二字疑是曠野之譌也。」將軍、偏將軍、裨將軍。當時甲冑之士，號明堂隊。【校】吴琯本、漢魏本無隊字。時【校】法苑珠林一百十三酒肉篇之餘篇、太平廣記二百九十二引時下有有字。虎賁駱【校】珠林、廣記駱作洛。太平寰宇記三引郡國志亦作洛。子淵者，自云洛陽人。昔孝昌年，【校】吴集證本無昔字。珠林、廣記皆無昔字，年作中。按本書紀年例，昔字當衍。戍在【校】珠林、廣記在作於。彭城。其同營人樊元寶得假還京，【校】吴琯本、漢魏本京下有師字。珠林、廣記亦有師字。子淵附書一封，令達其家，【校】廣記無令達其家四字。珠林作「令至」二字。云：「宅在靈臺南，近洛河，【校】吴琯本、漢魏本河作水。珠林、廣記亦作水。卿校吴琯本、漢魏本、真意堂本作鄉。廣記亦作鄉。珠林作卿。鄉疑卿之形譌。但是校吴琯本、漢魏本、真意堂本但是作「即是」。珠林、廣記無是字。至彼，家人自出相看。」元寶如其言，至靈校珠林無靈字。臺南，了校珠林了作可，廣記作見。無人家可問，校珠林、廣記皆無可問二字。徙校珠林徙譌作從。倚欲去。忽見一老翁校吴琯本、漢魏本翁作公。綠君亭本注云：「一作公。下同。」珠林亦作公，下同。來問：校珠林、廣記來問作「問云」。「從何校吴集證本從何作「何從」。而來，徬校吴琯本、漢魏本徬作傍。珠林作彷。同。徨於此？」元寶具向道之。老翁云：「是校珠林無是字。吾兒也。」取書，引元寶入。遂見館閣崇寬，屋宇佳麗。坐，校珠林、廣記坐上有既字。命婢取酒。須臾，見校珠林無見字。婢抱一死小兒而過，元寶初校珠林初作遇。廣記無初字。甚怪之。俄而酒至，色校珠林、廣記色上有酒字。甚紅，香美異常。兼設珍羞，海陸具備〔一八〕。校吴琯本、漢魏本、真意堂本具備作「備具」。珠林、廣記具備作「備有」。飲訖辭還，校珠林、廣記辭還作「告退」。老翁送元寶出，云：「後會難期。」以爲悽恨，別甚殷勤。校珠林殷勤作「慇懃」，同。老翁還入，元寶不復見其門巷。但見高岸對水，淥波東傾。校吴琯本、漢魏本、真意堂本東傾作「漣漪」。珠林無東傾二字。唯見校珠林唯上有「頃時」二字。廣記無唯見二字。一童子可年十五，校廣記五上有四字。新溺死，鼻中出血。校珠林、廣記出血作「血出」。方知所飲酒，是其校珠林是其作「乃是」。血也。及還彭城，子淵已失矣。元寶與子淵同戍三年，不知是洛水之神也〔一九〕。

〔注釋〕

〔一〕通典二十二：「令史，漢官也。後漢尚書令史十八人，曹有三人主書，後增劇曹三人，合二十一人，皆選於蘭臺符節簡練有吏能者爲之。……晉、宋蘭臺寺正書令史雖行文書，皆有品秩。朱衣執板，給書僮。……梁、陳與晉、宋同。後魏令史亦朱衣執笏，然謂之流外勳品。」

〔二〕太平寰宇記三河南道洛陽縣下云：「蘇秦宅，郡國志云：在利仁里，復爲魏尚書高顯業宅，後造爲寺。」按蘇秦爲東周人，故洛陽民間多傳説異事，本書卷二景寧寺條下記蘇秦冢事，可與此相證。

〔三〕元乂秉政見本書卷一建中寺條注。

〔四〕按楊氏言蘇秦時未有佛法，固是。但碑銘之類亦非其時所有。（説文碑字，段注云：「聘禮鄭注曰：宮必有碑，所以識日景，引陰陽也。凡碑引物者，宗廟則麗牲焉。其材，宮廟以石，窆用木。檀弓：公室視豐碑，三家視桓楹。非石亦曰碑，假借之稱也。秦人但曰刻石，不曰碑；後此凡刻石皆曰碑矣。」）立石紀功德，始於秦時，戰國時未聞。衒之失考。此文蓋譏當時佞佛人之不學無術。

〔五〕魏書十九任城王澄傳云：「靈太后鋭於繕興，在京師則起永寧、太上公等佛寺，功費不少。」又九十四閹官列傳劉騰傳云：「洛北永橋太上公、太上君及城東三寺，皆主營脩。」太上君寺見本書卷二，餘詳彼注。

〔六〕按元乂妻爲胡太后妹，封新平郡君，後遷馮翊郡君，拜女侍中，見魏書十六元乂傳。皇姨當是其人。【洛州報德寺玉像七佛頌碑碑側題名有「皇姨寺禪師法僑」（陶齋藏石記九），皇姨寺疑即此寺。】

〔七〕扶與枎通。説文枎字云：「枎疏，四布也。」此謂枝葉四布。

〔八〕六齋即六齋日，謂每月之八日、十四日、十五日、二十三日、二十六日、三十日，見摩訶般若經十四。

〔九〕櫬施猶布施。櫬亦作嚫，法苑珠林四十五有嚫施部云：「如輪轉五道經云：佛言凡作功德，隨身之行，燒香然燈，得福甚多。燒香作福，及以轉經，不得倩人而不䞋願。如倩人食，豈得自飽。燒香潔浄，然燈續明，燒香齋食，讀經達䞋，以爲常法。布施得福，諸天接將，萬惡皆刦，衆魔降伏。」

〔一〇〕【漢魏洛陽城南郊的靈臺遺址云：「對靈臺的高度，文獻上有兩種説法，一説『高三丈』，一説『高六丈，方二十步。』若以東漢一尺等于〇·二三六米計算，三丈等于七·〇八米，六丈等于一四·一六米，而這夯臺被破壞後的現存高度是八米餘，大于三丈的記載，顯然此説有誤。又洛陽伽藍記云云。以後魏中尺一尺等于〇·二七九七四米，五丈約合今一四米許，大于現存的高度，這是合理的。據當地七十多歲老人回憶童年時見到此臺的高度，要比現在還高兩三米，可見原高並不止此，因此臺高六丈的説法是可能的。」】

〔一一〕水經穀水注：「穀水又逕靈臺北，望雲物也，漢光武所築，高六丈，方二十步。世祖嘗宴於此臺，得鼷鼠于臺上。」文選一班固東都賦：「登靈臺，考休徵。」元河南志二引漢宫閣疏云：「靈臺高三丈，十二門。」與穀水注不同。【一九七四年冬至一九七五年春，中國社會科學院考古研究所洛陽工作隊在漢魏洛陽城南郊發掘了一處漢晉時期的靈臺遺址，其報告概要云：「靈臺遺址在今河南偃師縣佃莊公社朱圪壋大隊崗上村與大郊寨之間，是漢魏洛陽城的南郊。靈臺範圍約爲四萬四千平方米（二〇〇×二〇〇米）。東西發現有夯築的墻垣，墻垣内的中心建築是一座方形的高臺。臺全部爲夯土築成，地面下的臺基長寬約五〇米見方，地面已上夯臺由于歷代的破壞，外形已非原狀。現存的夯土臺南北殘長約四一米餘，東西殘長約三一米餘，殘高約八米餘。臺頂已塌毁成一橢圓形平面，南北長一一·七米，東西寬八·五米。臺的四周有上下兩層平臺。……下層平臺略與現耕種地面同高，周圍原來應環築迴廊，發掘時只有北面迴廊保存較好，東西南三面的迴廊均已破壞，無遺迹可尋。……臺的第二層比第一層迴廊的地面高出約一·八六米。四面各有五間建築，每面總長近二七米，每間面闊約五·五米左右。……第二層臺的西面與其他三面不同，在原來的五間建築後面，又向臺內加闢內室，進深約二米。……高臺的中心臺頂，已遭破壞，原來的高度與形制亦無從考察了。但據文獻記載，應是『上平無屋』的形制。」「確定這座高臺建築是東漢時創建的靈臺遺址，是從遺址的所在位置、建築特點以及出土的建築材料幾方面來考察的。……東漢靈臺的具體位置是在洛陽城南平城門外的明堂附近。」（考古一九七八年第一期中國社會科學院考古研究所洛陽工作隊漢魏洛陽城南郊的靈臺遺址）附有平、剖面示意圖，今影摹附於後，以便參考。東漢靈臺爲我國早期天文觀測臺，瞭解其遺址情況，亦有助于考史。】

〔一二〕元河南志二魏城闕宮殿古蹟：「陸機洛陽記曰：靈臺在洛陽南，去城三里。又曰：辟雍在靈臺東，相去一里，俱魏所徙。」

〔一三〕魏書四十一源子恭傳云：「正光元年（五二〇）……明堂、辟雍並未建就，子恭上書曰：臣聞辟臺望氣，軌物之德既高；方堂布政，範世之道斯遠。是以書契之重，理冠於造化；推尊之美，事絕於生民。至如郊天饗帝，蓋以對越上靈；宗祀配天，是用酬膺下土。大孝莫之能加，嚴父以兹爲大，乃皇王之休業，國家之盛典。竊惟皇魏居震統極，總宙馭宇，革制土中，垂式無外。自北徂東，同卜維於洛食；定鼎遷民，均氣候於寒暑。高祖所以始基，世宗於是恢搆。按功成作樂，治定制禮。乃訪遺文，修廢典，建明堂，立學校，興一代之茂矩，標千載之英規。永平之中，始創雉構，基趾草昧，迄無成功。故尚書令任城王澄按故司空臣沖所造明堂樣，并連表詔答兩京模式，奏求營起。緣期發旨，即加葺繕。侍中、領軍臣乂物動作官，宣贊授令。自兹厥後，方配兵人，或給一千，或與數百。進退節縮，曾無定準，欲望速了，理在難克。若使專役此功，長得營造，委成責辦，容有就期。但所給之夫，本自寡少，諸處競借，動即千計。雖有繕作之名，終無就功之實。爽塏荒茫，淹積年載，結架崇構，指就無兆。仍命肄胄之禮，掩抑而不進；養老之儀，寂寥而不返。構厦止於尺土，爲山頓於一匱，良可惜歟！愚謂召民經

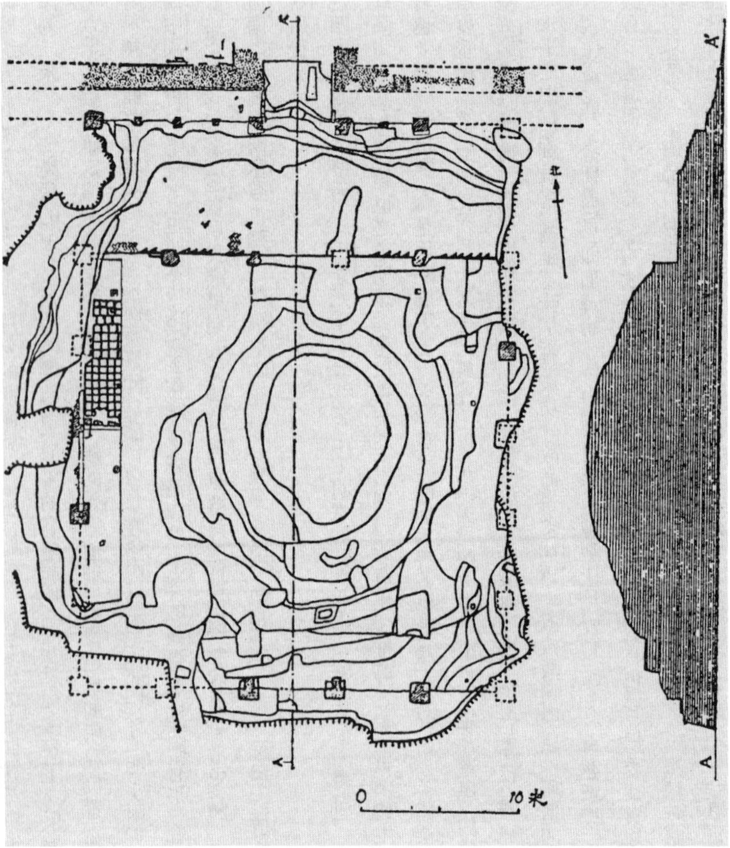

靈臺遺址平、剖面示意圖

始，必有子來之歌！興造匆亟，將致不日之美。況本兵不多，兼之牽役，廢此與彼，循環無極。便是輟創禮之重，資不急之費，廢經國之功，供寺館之役，求之遠圖，不亦闕乎？今諸寺大作，稍以粗舉，並可徹減，專事經綜，嚴勒工匠，務令克成。使祖宗有薦配之期，蒼生覩禮樂之富。書奏，從之。」此奏言明堂興建事甚詳，故具録之。

〔一四〕汝南王爲汝南王悦，見本書卷一景樂寺條注。

〔一五〕【漢魏洛陽城南郊的靈臺遺址云：「在遺址的發掘過程中，曾見到少數北魏時期的黝黑厚大的花頭板瓦和磚雕佛像一方，説明此記載是可信的。」】

〔一六〕魏書九肅宗紀：「孝昌元年（五二五）春正月庚申，徐州刺史元法僧據城反，害行臺高諒，自稱宋王，號年天啓。……二月……齊州郡民房伯和聚衆反，會赦乃散。……三月……齊州清河民崔畜殺太守董遵，廣川民傅堆執太守劉莽反。……八月……柔玄鎮人杜洛周率衆反於上谷，號年真王，攻没郡縣，南圍燕州。……十有二月……山胡劉蠡升反，自稱天子，置官寮。……二年春正月……五原降户鮮于脩禮反於定州，號魯興元年。……三月……西部勑勒斛律洛陽反於桑乾。……四月……朔州城人鮮于阿胡、厙狄豐樂據城反。……六月……絳蜀陳雙熾聚衆反，自號始建王。……八月……賊帥元洪業斬鮮于脩禮請降，爲賊黨葛榮所殺。……九月……榮自稱天子，號曰齊國，年稱廣安。……閏月……齊州平原民劉樹、劉蒼生聚衆反。」

〔一七〕前書肅宗紀：孝昌元年（五二五）「十有二月壬午，詔曰：『高祖以大明定功，世宗以下武寧亂，聲溢朔南，化清中宇，業盛隆周，祚延七百。朕幼齡纂曆，夙馭鴻基，戰戰兢兢，若臨淵谷。闇於治道，政刑未孚，權臣擅命，亂我朝式。致使西秦跋扈，朔漠構妖，蠢爾荆蠻，氛埃不息。孔熾甚於涇陽，出軍切於細柳。而師旅盤桓，留滯不進，北湑懸危，南陽告急，將虧荆、沔之地，以致蹙國之憂。今茅轂扼腕，爪牙歎憤，並欲摧挫封豕，勦截長虵，使神人兩泰，幽明顯吉。朕將躬馭六師，掃蕩逋穢，其配衣六軍，分隸熊虎，前驅後隊，左翼右師。必令將帥雄果，軍吏明濟，糧仗車馬，速度時須。其有失律亡軍，兵戍逃叛，盜賊劫掠，伏竄山澤者，免其往咎，録其後効，别立募格，聽其自新。廣下州郡，令赴軍所。（下略）」此言設募征格，即屬其時。

〔一八〕文選二十八陸機齊謳行云：「海物錯萬類，陸産尚千名。」此借言食品之豐富，猶稱山珍海錯。

〔一九〕太平寰宇記三河南道洛陽縣下：「洛子神，郡國志：後魏虎賁中郎將洛子淵者，洛陽人，鎮防彭城，因同營人樊元寶歸，附書至洛下，云：宅在靈臺南。元寶至，忽見一老翁云：是吾兒書。引入，屋宇顯敞，飲食非常。久之，送元寶出，唯見高崖對水，方知是洛水之神，因立祠。迄今人祀，以祈水旱。」

報德寺，高祖孝文皇帝所立也〔一〕，爲馮太后追福〔二〕，在開陽門外三里。

開陽門 校 吳琯本、漢魏本、真意堂本陽作道。說郛四作陽，與此同。 御道東有漢國子學堂〔三〕。堂前有三種字石經二十五碑〔四〕，表裏刻之。寫春秋、尚書二部〔五〕，作篆、科斗、隸三種字，漢右中郎將 校 吳琯本、漢魏本、真意堂本無將字。 蔡邕筆之遺跡也〔六〕。 校 此句疑在「寫周易、尚書、公羊、禮記四部」句下，誤倒於前，說見注。 猶有十八碑，餘皆殘毁〔七〕。復有石碑四十八枚，亦表裏隸書，寫周易、尚書、公羊、禮記四部〔八〕。又讀書（讚學）碑 校 吳琯本、漢魏本、真意堂本讀書作「讚學」。按元河南志三、說郛皆作「讚學」，是，今據正。 一所，並在堂前。魏文帝作典論云（六） 校 吳琯本、漢魏本云作六。真意堂本云下有六字。吳集證云：「按魏志：明帝太和四年二月戊子，以文帝典論刻石立於廟門之外。水經注：魏明帝又刊典論六碑附於其次。則此云字乃六字之誤也。」按元河南志、說郛皆作六碑，是也，今正。 碑，至太和十七年，猶有四□（存），校綠君亭本、真意堂本空格作存，今從補。吴琯本、漢魏本無空格。説郛亦無空格。元河南志三作「猶有四碑」。高祖題爲勸學里〔九〕。里校綠君亭本里下有内字，説郛亦有内字。有文覺、校各本文作大，説郛亦作大。吴集證本作文，與此同。三寶、寧遠三寺。校吴集證云：「按此十字（里有文覺、三寶、寧遠三寺）疑在武定四年大將軍遷石經於潁十二字下，刊本誤倒也。」武定四年，大將軍遷石經於潁（鄴）〔一〇〕。校各本潁作鄴。吴集證云：「按魏孝静帝紀：武定四年八月，遷洛陽漢、魏石經於鄴。隋書經籍志：後魏之末，齊神武執政，自洛陽遷於鄴都。此潁字當從各本作鄴。」按元河南志、説郛亦皆作鄴，今從正。週迴有園，珍果出焉。有校綠君亭本注云：「一作如。」真意堂本無有字。大谷〔一一〕校各本無大谷二字。吴集證本有，與此同。（含消）梨，校綠君亭本、真意堂本有含消二字。按太平御覽九百六十九及説郛皆作「含消梨」，今據補。（重十斤，從樹着地，盡化爲水）。校綠君亭本、真意堂本有此十一字。説郛亦有，今據補。御覽作「重六斤，禁苑所無也。從樹投地，盡散爲水焉」。酉陽雜俎十物異篇云：「洛陽報德寺梨重六斤。」（世人云：報德之梨），校各本皆無此七字。御覽有，於義爲是，今據補。承光之柰。校吴琯本、漢魏本無此四字，作如字。真意堂本承上有如字。綠君亭本承上有有字，注云：「一作如。」吴集證云：「疑此當作有大谷梨，如承光之柰。」按此文各本紛歧，皆因脱去上文七字，遂致文晦難讀。校刊者又以意損益，更滋疑惑。御覽所引原文不誤，可以補正。

承光寺亦多果木，柰味甚美〔一二〕，冠於京師。

勸學里東有延賢里，校吴琯本、漢魏本自勸學里下别爲一則，另起行，頂格。里内有正覺寺，校説郛作

「王覺寺」，疑誤。尚書令王肅〔一三〕所立也。肅字公懿，校吴琯本、漢魏本、真意堂本公作恭。太平廣記四百九十三及魏書本傳亦作恭。琅琊人也，校緑君亭本無也字。僞齊雍州刺史奂〔一四〕之子也。贍學多通，才辭美茂，爲齊祕書丞。太和十八年，背逆歸順〔一五〕。時高祖新營洛邑，多校按廣記多作凡。元河南志亦作凡。所造制〔論〕〔一六〕，校吴琯本、漢魏本、緑君亭本、真意堂本皆無論字。緑君亭本、真意堂本制作製。吴集證本無造字。按廣記、元河南志亦無論字。此論字當衍。肅博識舊事，大有裨益〔一七〕。高祖甚重之，常呼校廣記呼下有曰字。王生〔一八〕。延賢之名，因校吴琯本、漢魏本、真意堂本無因字。肅立之。肅在江南之日，聘謝氏女爲妻〔一九〕。及至京師，復尚公主〔二〇〕。（其後謝氏入道爲尼，亦來奔肅。見肅尚主），校各本皆無。廣記有此十六字，與下文相應，有之當是，今據補。謝作五言詩以贈之。其詩曰：「本爲箔校吴琯本、漢魏本、真意堂本箔作簿。上蠶，今校緑君亭本注云：「一作無。」作機上絲。得路逐勝〔二一〕去，頗憶校廣記憶作意。纏綿校緑君亭本注云：「一作絲。」時。」公主代肅答謝云：「針校吴琯本、漢魏本、吴集證本作鍼，同。是貫線校吴琯本、漢魏本線作綿。吴集證本作錦。物，目校吴集證本作自。中恒任絲。得帛縫新去，何能衲校吴琯本、漢魏本、真意堂本衲作納。廣記亦作納。故時。」肅甚（有）校吴琯本、漢魏本、真意堂本、吴集證本甚下有有字。緑君亭本注云：「一本多有字。」今補。愧謝之色，校緑君亭本無色字，注云：「一本多色字。」按廣記此句作「肅甚悵恨。」遂造正覺寺以憩之〔二二〕。肅憶父非理受禍，常有子胥報楚之意〔二三〕。卑校各本卑作畢。吴集證本作卑，與此同。身素服，不聽樂，校吳琯本、漢魏本、緑君亭本、真意堂本樂上有音字。時人以此稱之〔二四〕。肅初入國，不食羊肉及酪漿校太平御覽九百三十七引無漿字。等物，校吳琯本、漢魏本無物字。御覽亦無物字。常飯鯽魚羹，渴飲茗汁。京師士子，道校各本道作見。吳集證本作道，與此同。肅一飲一斗，號爲「漏巵」。經數年已後，肅與高祖殿會，食羊肉酪粥甚多。高祖怪之，謂肅曰：「卿校吳琯本、漢魏本、真意堂本卿作即。中國之味也。羊肉何如魚羹？茗飲何如酪漿？」校吳琯本、漢魏本此二句作「羊肉何如，魚羹何如，茗飲酪漿何如？」按曾慥類説六作「羊肉何如魚羹，茗飲何如酪漿？」與此相同。肅對曰：「羊者是陸産之最，魚者乃校吳琯本、漢魏本乃作是。水族校緑君亭本族譌作旌。按類説亦作族。之長。所好不同，並各稱珍。以味言之，甚是校吳琯本、漢魏本甚是作是有。真意堂本是作有。優劣。羊比齊、魯大邦，魚比邾、莒小國。唯茗不中，與酪作奴〔二五〕。」校類説作「酪不中，與茗作奴」。酪茗二字互譌。高祖大笑，因舉酒校按類説作舉巵。太平廣記一百七十四作「因舉巵，屬羣臣及親王等酒」。曰：「三三横，兩兩縱，校類説縱作從。誰能辨之賜金鍾。」御史中丞〔尉〕校廣記、類説丞作尉。按魏書彪傳作御史中尉。御史中丞後魏時爲御史中尉，見通典二十四；秩爲從三品，見魏書官氏志，則此文作尉爲是，今正。李彪曰：「沽酒老嫗瓮校吳琯本、漢魏本、真意堂本瓮作甕。廣記亦作甕。注㼚〔瓨〕，校吳集證云：「㼚當是瓨字之誤。説文：瓨，罌長頸，受十升。讀若洪，從瓦，工聲。此與上下句韻協也。」按類説作巩，當亦是瓨字，左傍工字尚未誤，吳説是也，今據正。屠兒割肉與秤校廣記作稱。同。」尚書右校按廣記右作左。類説尚書右丞作左右。丞甄琛〔二六〕曰：「吳人浮水自云工，妓【校】廣記妓作技。兒擲絶（繩）【校】各本絶作繩。吳集證云：「絶當從各本作繩。」按類説亦作繩，今從之。廣記作袖。在虛空。」彭城王勰曰：「臣始【校】廣記始作思。解此字【校】吳琯本、漢魏本無字字。是習字〔二七〕。」高祖即以金鍾賜彪〔二八〕。朝廷服彪聰明有智，【校】吳琯本、漢魏本智作知。廣記亦作知，同。甄琛和之亦速。彭城王謂肅曰：「卿不重齊魯大邦，而愛邾莒小國。」【校】案錦繡萬花谷三十五引愛作好，小作少。肅對曰：「鄉曲所美，不得不好。」彭城王重謂曰：【校】太平御覽八百六十七此句作「勰復謂曰」。「卿明日顧我，爲卿設邾莒之食，【校】御覽、萬花谷食作飧。亦有酪奴。」【校】萬花谷酪作茗。因此復號茗飲爲酪奴。【校】萬花谷酪作茗。時給事中劉縞【校】吳琯本、漢魏本、真意堂本縞作鎬。下同。案御覽引作縞，與此同。慕肅之風，專習茗飲，彭城王謂縞曰：「卿不慕王侯八珍〔二九〕，好蒼頭水厄〔三〇〕。海上有逐臭【校】吳琯本、漢魏本臭作臰。御覽亦作臰。臰是臭之俗字。之夫〔三一〕，里內有學顰之婦〔三二〕，以卿言之，即是也。」【校】御覽無即字。其彭城王家有吳奴，以此言戲之。自是朝貴讌【校】吳琯本、漢魏本讌作燕，同。會，雖設茗飲，皆恥不復食〔三三〕，唯【校】御覽唯作雖。江表殘民遠來降者好之。【校】吳琯本、漢魏本、真意堂本好之作「飲焉」。御覽引作「好之」，與此同。後蕭衍子西豐侯蕭正德歸降時〔三四〕，【校】御覽時字作「侍中」二字。元乂【校】吳琯本、漢魏本、真意堂本乂作義。照曠閣本、吳集證本作乂。按御覽作乂。與此同。下同。欲爲之【校】吳琯本、漢魏本、真意堂本無之字。設茗，先問：「卿於水厄多少？」正德不曉义意，答曰：校御覽無曰字。「下官〔三五〕校吳琯本、漢魏本官下有雖字。御覽亦有雖字。生於校御覽無於字。水鄉，而校御覽無而字。立身以來，未遭陽侯〔三六〕之難。」元义與擧坐之客皆校吳琯本、漢魏本、真意堂本皆作大。笑焉。校御覽此句作「擧坐笑焉」。

〔注釋〕

〔一〕【魏報德寺玉像七佛頌碑云：「高祖定鼎崧、洛，莊飾□宙，津梁四海，禮樂更新，雅頌洋溢。於是……廣興塔廟，紹隆□寶，始造報德寺，洸洸濟濟，與舍衛竹園同風。」（陶齋藏石記九）此碑爲洛州刺史田景等所建，立於武定三年（五四五），乃東魏改司州爲洛州之第二年。又碑云：「宣和皇帝剖玉荆山，賈重連城，雕鏤瑩飾，模一佛兩菩薩，石基甎宫，樹於寺庭。」然則宣武帝（元恪）曾建玉佛像精舍於寺中（碑文即爲此玉像而撰），記文未及，亦可補闕。】

〔二〕馮太后即文成文明皇后，爲孝文帝祖母，魏書十三有傳。本傳云：「高祖詔曰：朕以虚寡，幼纂寶歷，仰恃慈明，緝寧四海，欲報之德，正覺是憑。諸鷙鳥傷生之類，宜放之山林。其以此地爲太皇太后經始靈塔。於是罷鷹師曹，以其地爲報德佛寺。」又一百十四釋老志云：太和「四年春，詔以鷹師爲報德寺」。

〔三〕元河南志二：「太學，光武建武五年起。陸機洛陽記曰：在開陽門外，去宫八里。講堂長十丈，廣三丈。靈帝召諸儒正定五經刊石於是。」按穀水注（見下注）記漢順帝陽嘉碑文作建武二十七年造太學，與志不同，似以碑文爲信。

〔四〕水經穀水注：「（穀水）又東逕國子太學石經北。……東漢靈帝光和六年刻石鏤碑載五經，立于太學講堂前，悉在東側。蔡邕以熹平四年與五官中郎將堂谿典、光禄大夫楊賜、諫議大夫馬日磾、議郎張馴、韓説、太史令單颺等奏求正定六經文字，靈帝許之。邕乃自書丹于碑，使工鐫刻，立于太學門外。于是後儒晚學咸取正焉。及碑始立，其觀視及筆寫者，車乘日千餘輛，填塞街陌矣。今碑上悉銘刻蔡邕等名。魏正始中，又立古篆隸三字石經。……魏初傳古文出邯鄲淳，石經古文，轉失淳法，樹之于堂西。石長八尺，廣四尺，列石于其下。碑石四十八枚，廣三十丈。魏明帝又刊典論六碑，附于其次。陸機言太學贊別一碑，在講堂西，下列石龜，碑載蔡邕、韓説、堂谿典等名。太學弟子贊復一碑，在外門中。今二碑並無。石經東有一碑，是漢順帝陽嘉元年立。碑文云：建武二十七年造太學，年積毀壞。永建六年九月詔書修太學，刻石紀年，用作工徒十一萬二千人，陽嘉元年八月作畢。碑南面刻頌，表裏鏤字，猶存不破。……石經淪缺，存半毀幾，駕言永久，諒用憮焉！」太平御覽五百八十九引西征記：「國子堂前有列碑，南北行，三十五枚，刻之，表裏書春秋經、尚書二部，大篆、隸、科斗三種字。碑長八尺，今有十八枚存，餘皆崩。太學堂前石碑四十枚，亦表裏隸書尚書、周易、公羊傳、禮記四部，本石塶相連，多崩敗。又太學讚碑一所，漢建武中立。時草創未備，永建六年，詔下三府繕治。有魏文帝典論六碑，今四存二敗。」按三書所言魏石經石數各不同，穀水注四十八碑，西征記三十五碑，本書則二十五碑。後人考證，劉傳瑩漢魏石經考以爲須百餘碑，章炳麟新出三體石經考以爲須一百六十餘碑，王國維魏石經考據出土石經殘字排魏石經碑圖，從西征記説定爲三十五碑，孫海波魏三字石經集録重經排比碑圖，則定爲二十八碑，白堅魏正始三體石經五碑殘石記亦以爲應有廿七八碑。各説紛紜，尚無定論。讀者如欲深瞭，可詳稽諸家原書，此不具録。

〔五〕孫海波魏三字石經集録云：「石經之經數爲尚書、春秋二經，見於記載者，西征記：春秋經、尚書二部。洛陽伽藍記：春秋、尚書二部。隋書經籍志：三字石經尚書九卷，梁有十三卷，三字石經尚書五卷，三字石經春秋三卷，梁有十二卷。舊唐書藝文志：三字石經尚書古篆三卷，三字石經左傳古篆十三卷。唐書藝文志：三字石經尚書古篆三卷，三字石經左傳古篆書十二卷。通志藝文略：三字石經尚書古篆三卷，三字石經尚書九卷，三字石經左傳古篆書十二卷。此皆言魏三字石經之祇刊尚書、春秋也。其分卷與漢志不同。王國維魏石經考三云：「隋志載梁有三字石經尚書十三卷，三字石經春秋十二卷。此蓋魏石經二經足本。十三卷者後來僞孔傳之卷數。與馬融、王肅注本之十一卷，鄭玄注本之九卷，分卷略同，而與歐陽、大小夏侯之二十九卷或三十一卷，及壁中書之五十八篇爲四十六卷者絶異，乃漢、魏間分卷之法。其春秋十二卷，則猶是漢志春秋古經之篇數，亦即賈逵三家經本訓詁之卷數，與漢志公、穀二家經各十一卷者不同。蓋漢魏以前，左氏所傳春秋經皆如是也。三字石經所刻，除尚書、春秋二經外，尚有左氏傳文，而六朝及唐初人紀載均未之及。至宋蘇望得殘本摹之，始知有左氏傳桓公傳文。王國維魏石經考二云：隸續録洛陽蘇望所刊魏石經遺字，除尚書、春秋外，有桓七年傳九字，桓十七年傳二十六字。所刊左氏當至莊公中葉而止。然據桓十七年傳文二十六字，乃係一行直下。石之崩裂作一長行者，似無此理，此石之真贋以否，尚屬疑問。所惜原石不存，無從考知耳。」

〔六〕案蔡邕所書爲漢熹平一字石經，具見前注，與魏正始三字石經無涉。或以爲此衍後漢書儒林傳（傳言爲古文篆隸三體書法以相參檢）而誤。但鄭道昭（見後注）、酈道元與楊衒之爲近時人，皆明言漢魏石經，不相淆亂，衒之不應於一字三字紕謬如此。疑此句本在「寫周易、尚書、公羊、禮記四部」句之下，誤倒於前耳。

〔七〕魏書八十三外戚列傳馮熙傳：「洛陽雖經破亂，而舊三字石經宛然猶在，至熙與常伯夫相繼爲州，廢毀分用，大至頽落（通鑑一百四十八謂『毀取以建浮圖精舍，遂大致頽落，所存者委於榛莽，道俗隨意取之』）。」又五十六鄭道昭傳：「遷國子祭酒，道昭表曰：『臣竊以爲崇治之道，必也須才；養士之要，莫先於學。今國子學堂房粗置，弦誦闕爾。城南太學，漢、魏石經，丘墟殘毁，藜藿蕪穢。遊兒牧豎，爲之歎息；有情之輩，實亦悼心！況臣親司，而不言露？伏願天慈回神紆眄，賜垂鑒察！若臣微意，萬一合允，求重勑尚書、門下，考論營制之模；則五雍可翹立而興，毁銘可不日而就。樹舊經於帝京，播茂範於不朽，斯有天下之美業也。』不從。」又六十七崔光傳：「神龜元年

（五一八）夏，光表曰：詩稱：蔽芾甘棠，勿翦勿伐，邵伯所茇。又云：雖無老成人，尚有典刑。傳曰：思其人，猶愛其樹。況用其道，不恤其人？是以書始稽古，易本山泉。觀於天文，以察時變；觀於人文，以化成天下。孟子□實，匡、張訓説。安世記篋於汾南，伯山抱卷於河右。元始孤論，充漢帝之坐；孟皇片字，懸魏王之帳。前哲之寶重墳籍，珍愛分篆，猶若此之至也。矧乃聖典鴻經，炳勒金石，理爲國楷，義成家範，迹實世模，事則人軌，千載之格言，百王之盛烈，而令焚荒汙毀，積榛棘而弗掃，爲鼯鼬之所栖宿，童豎之所登踞者哉！誠可爲痛心疾首，拊膺扼腕！伏惟皇帝陛下，孝敬日休，自天縱睿，垂心初學，儒業方熙。皇太后欽明慈淑，臨制統化，崇道重教，留神翰林。將披雲臺而問禮，拂麟閣以招賢。誠宜遠開闕里，清彼孔堂，而使近在城闉，面接宮廟，舊校爲墟，子衿永替，豈所謂建國君民，教學爲先，京邑翼翼，四方是則也？尋石經之作，起自炎劉，繼以曹氏典論，初乃三百餘載，計末向二十紀矣。昔來雖屢經戎亂，猶未大崩侵如。聞往者刺史臨州，多構佛寺。道俗諸用，稍有發掘，基蹠泥灰，或出於此。皇都始遷，尚可補復，軍國務殷，遂不存檢。官私顯隱，漸加剥撤，播麥納菽，秋春相因，□生蒿杞，時致火燎。由是經石彌減，文字增缺。職忝胄教，參掌經訓，不能繕修頹墜，興復生業，倍深慙恥。今求遣國子博士一人堪任幹事者，專主周視，驅禁田牧，制其踐穢，料閲碑牒所失次第，量厥補綴。詔曰：此乃學者之根源，不朽之永格，垂範將來，憲章之本。便可一依公表。光乃令國子博士李郁與助教韓神固、劉燮等勘校石經。其殘缺者，計料石功并字多少，欲補治之。於後靈太后廢，遂寢。」

〔八〕按此即漢靈帝熹平四年所立之一字石經，爲蔡邕等所書。

〔九〕魏書七高祖紀：太和十七年（四九三）九月「壬申，觀洛橋。幸太學，觀石經」。

〔一〇〕隋書三十二經籍志云：「後魏之末，齊神武（高歡）執政，自洛陽徙（石經）于鄴都，行至河陽，值岸崩，遂没于水，其得至鄴者，不盈太半。」劉汝霖東晉南北朝學術編年（頁四一一三）云：「案北齊書文宣帝紀：往者文襄皇帝所建蔡邕石經五十二枚。孝昭帝紀：文襄所運石經。文襄者高澄也。蓋高歡於本年（按謂東魏孝静帝武定四年）八月雖有是命，而當軍馬倥偬之際，當無暇即實行遷移。至明年正月，歡卒。則移經者當爲高澄，故北齊書云然。」

〔一一〕文選十六潘岳閑居賦云：「張公大谷之梨。」李善注：「廣志曰：洛陽北芒山有張公夏梨甚甘，海内惟有一樹。大谷未詳。」按潘賦所言疑即與此相同，蓋洛陽名果，流傳已久。又按文選三張衡東京賦：「盟津達其後，太谷通其前。」薛綜注：「太谷在輔氏北，洛陽西也。洛陽記曰：太谷，洛城南五十里，舊名通谷。」疑此大谷即太谷，大與太本通。

〔一二〕【潘岳閒居賦云：「二柰曜丹白之色。」可見其爲洛産之名果。】

〔一三〕王肅，魏書六十三有傳。

〔一四〕王奐，南齊書四十九有傳。

〔一五〕肅傳：「父奐及兄弟並爲蕭賾所殺，肅自建業來奔，是歲太和十七年（四九三）也。」南史二十三王奐傳：「出爲雍州刺史，加都督，與寧蠻長史劉興祖不睦。（永明）十一年（四九三），奐遣軍主朱公恩征蠻，失利。興祖欲以啓聞，奐大怒，收付獄。興祖於獄以針畫漆合盤爲書報家稱枉，令啓聞。而奐亦馳信啓上，誣興祖扇動荒蠻。上知其枉，敕送興祖還都。奐恐辭情翻背，輒殺之。上大怒，遣中書舍人吕文顯、直閤將軍曹道剛領兵收奐，又别詔梁州刺史曹武自江陵步出襄陽。奐子彪凶愚，頗干時政，士人咸切齒。時文顯以漆匣匣箜篌在船中，因相誑云：臺使封刀斬王彪。及道剛、曹武、文顯俱至，衆力既盛。又懼漆匣之言，於是議閉門拒命。……彪遂出戰，敗走歸。士人起義，攻州西門，彪登門拒戰，却之。司馬黄瑶起、寧蠻長史裴叔業於城内起兵攻奐。奐聞兵入，禮佛，未及起，軍人斬之。彪及弟爽、弼、殷叡皆伏誅。奐長子太子中庶子融，融弟司徒從事中郎琛於都棄市，餘孫皆原宥。琛弟肅、秉並奔魏。」此言肅於太和十八年（四九四）歸魏，與本傳不同。

〔一六〕魏孝文帝自太和十七年徙都洛陽。十八年十二月，革衣服之制。十九年六月，詔不得以北俗之語言於朝廷，若有違者，免所居官。又詔遷洛之民，死葬河南，不得還北。於是代人南遷者悉爲河南洛陽人。又詔長尺大斗，依周禮制度，班之天下。十二月，引見羣臣於光極堂，宣示品令，爲大選之始。二十年正月，詔改姓爲元氏。均見於魏書七高祖紀。

〔一七〕北史四十二王肅傳：「自晉氏喪亂，禮樂崩亡。孝文釐革制度，變更風俗，其間朴略，未能淳也。肅明練舊事，虛心受委，朝儀國典，咸自肅出。」南齊書五十七魏虜傳：「王肅爲虜制官品百司，皆如中國，凡九品，品各有二。」

〔一八〕魏書肅傳云：「高祖……器重禮遇，日有加焉。親貴舊臣，莫能間也。或屏左右，相對談説，至夜分不罷。肅亦盡忠輸誠，無所隱避，自謂君臣之際，猶玄德之與孔明也。」

〔一九〕按王肅子王紹墓誌稱肅妻「陳郡謝氏，父莊，右光禄大夫憲侯」。又肅女世宗貴華王普賢墓誌同。

〔二〇〕魏書肅傳：「詔肅尚陳留長公主，本劉昶子婦彭城公主也。」南齊書五十七魏虜傳云：「肅初奔虜，自説其家被誅事狀，（元）宏爲之垂涕，以弟六妹僞彭城公主妻之，封肅平原郡公，爲宅舍，以香塗壁，遂見信用。」

〔二一〕勝爲婦人首飾。釋名釋首飾云：「華勝，華象草木華也；勝言人形容正等，一人著之則勝，蔽髮前爲飾也。」荆楚歲時記云：「正月七日，鏤金箔爲人勝，以貼屏風，亦戴之頭鬢。」此以喻王肅在魏得志。

〔二二〕魏書肅傳云：「紹，肅前妻謝生也。肅臨薨，謝始攜二女及紹至壽春（按王肅卒在壽春任所）。」王紹墓誌云：「考司空深侔伍氏之概，必誓異天之節。乃鵠立象魏，志雪冤耻。君年裁數歲，便慨違晨省，念闕温凊，提誠出嶮，用申朕慶。天道茫茫，俄鍾極罰，嬰號茹血，哀瘠過禮。」又肅女王普賢墓誌亦云：「考昔鍾家耻，投誠象魏。

夫人痛皋魚之晚悟，感樹静之莫因，遂乘險就夷，庶恬方寸。惟道冥昧，仍罹極罰，茹荼泣血，哀深乎禮。」二誌所言與傳相合。蓋當謝氏攜子女至北時，肅已尚主，乃造寺以憩之，遂不相見，至肅死時始自洛陽奔喪任所，故傳言「始攜二女及紹至壽春」。【王紹墓誌又云：「纂膺并祚，襲侯昌國。」據此，紹與妹爲謝氏所出，肅死，紹復襲爵，知彭城公主無子也。】

〔二三〕子胥即伍員，父奢爲楚平王所殺，後員奔吴乞兵報楚，詳見左傳及史記伍子胥傳。

〔二四〕魏書肅傳：「詔曰：肅丁荼虣世，志等伍胥。自拔吴州，膺求魏縣，躬操忘禮之本，而同無數之喪，誓雪怨耻，方展申復，窮諭再朞，蔬緼不改，誠季世之高風，末代之孝節也。但聖人制禮，必均愚智；先王作則，理齊盈虚。過之者俯而就之，不及者企而行之。曾参居罰，寧其哀終；吴員處酷，豈聞四載。夫三年者，天下之達喪，古今之所一。其雖欲過禮，朕得不制之以禮乎？有司可依禮諭之，爲裁練禫之制。」

〔二五〕【陸羽茶經下：「後魏録：瑯琊王肅仕南朝，好茗飲。及還北地，又好羊肉、酪漿。人或問之『茗何如酪？』肅曰：『茗不堪與酪爲奴。』」與記文略有出入，此句則同，以「不堪」易「不中」，義相似也。「不中與酪作奴」，猶言「不配與酪作奴」，中讀去聲。抱朴子自叙篇云「不中爲傳授之師」，亦言不堪或不配也。原校本中字下加逗號，非，今改正。】

〔二六〕甄琛字思伯，中山無極人，魏書六十八有傳。

〔二七〕以上三人語皆爲習字之隱語。趙翼陔餘叢考二十二云：「謎即古人之隱語。左傳申叔展所云山鞠窮，河魚腹疾，公孫有山之呼庚癸，其濫觴也。亦曰廋詞。國語秦客爲廋詞，范文子能對其三。楚莊、齊威俱好隱語。漢東方朔射覆，龍無角，蛇無足，生肉爲膾，乾魚爲脯之類，尤爲擅長。劉歆七略有隱書十八篇，則并有輯爲書者，然皆不傳。惟卯金刀、千里草之類，出於風謡者略存一二。至東漢末乃盛行，謂之離合體……然猶未謂之謎。

其名曰謎，則自曹魏始。文心雕龍曰：魏代以來，君子嘲隱，化爲謎語。謎者迴互其詞，使昏迷也。魏文、陳思約而密之。高貴鄉公又博舉品物。然則高貴鄉公時又嘗輯之成編矣。南史孫廣爲吴興守，有高爽者嘗有求不遂，乃有屐謎以譏之曰：刺鼻不知嚏，蹋面不知嗔，囓齒作步數，持此得勝人。北史斛律光傳：褚士達夢人授以詩曰：九升八合粟，角斗定非真，堰却津中水，將留何處人。祖珽解之曰：角斗斛字。津却水，何留人，合成律字，謂斛律也。又魏孝文帝云：三山横，兩人從。妓女白日行青空，屠兒斫肉與秤同，有人辨得賞金鐘。（按此即本書所載語，惟文字有不同，不知趙氏何據。）彭城王勰曰：乃一習字也。又咸陽王禧敗逃，謂防閣尹龍武試作一謎以解憂。龍武曰：眠則同眠，起則俱起，貪如豺狼，贓不入己。謂箸也。則謎之爲技，六朝更盛行（下略）。」

〔二八〕通鑑一百四十：「（魏高祖）好賢樂善，情如飢渴。所與遊接，常寄以布素之意，如李沖、李彪、高閭、王肅、郭祚、宋弁、劉芳、崔光、邢巒之徒，皆以文雅見親，貴顯用事。制禮作樂，鬱然可觀，有太平之風焉。」

〔二九〕周禮天官膳夫：「凡王之饋，食用六穀，膳用六牲，飲用六清，羞用百有二十品，珍用八物。」鄭注：「珍謂淳熬、淳母、炮豚、炮牂、擣珍、漬、熬、肝膋也。」

〔三〇〕蒼頭謂僕人，見本書卷一永寧寺條注。下文「彭城王家有吴奴」，即指此。

〔三一〕吕氏春秋遇合篇云：「人有大臭者，其親戚兄弟妻妾知識無能與居者，自苦而居海上。海上人有説其臭者，晝夜隨之而弗能去。」

〔三二〕莊子天運篇云：「西施病心而矉其里，其里之醜人見而美之，歸亦捧心而矉其里。其里之富人見之，堅閉門而不出。貧人見之，挈妻子而去之走。」

〔三三〕宋無名氏南窗紀談云：「飲茶，或云始於梁天監中，事見洛陽伽藍記，非也。按吴志韋曜傳：孫皓時每晏饗，無不竟日，坐席無能否，飲酒率以七升爲限，雖不悉入口，皆澆灌取盡。曜所飲不過二升。初見禮異，時或爲裁減，或賜茶荈以當酒。如此言，則三國時已知飲茶，但未能如後世之盛耳。逮唐中世，榷利遂與煮酒相抗，迄今國計，賴此爲多（下略）。」

〔三四〕蕭正德，梁臨川王蕭宏第三子，梁書五十五、南史五十一有傳。通鑑一百四十九梁武帝普通三年（魏孝明帝正光三年）云：「初太子統之未生也，上養臨川王宏之子正德爲子。……及太子統生，正德還本，賜爵西豐侯。正德怏怏不滿意，常蓄異謀。是歲，正德自黄門侍郎爲輕車將軍。頃之，奔魏，自稱廢太子，避禍而來。魏尚書左僕射蕭寶寅上表曰：豈有伯爲天子，父作揚州，棄彼密親，遠投他國？不如殺之。由是魏人待之甚薄。正德乃殺一小兒，稱爲己子，遠營葬地，魏人不疑。明年，復自魏逃歸，上泣而誨之，復其封爵。」

〔三五〕下官見本書卷二龍華寺條注。

〔三六〕陽侯，水神。戰國策韓策二：「塞漏舟而輕陽侯之波。」漢書揚雄傳注：「應劭曰：陽侯，古之諸侯也，有罪自投江，其神爲大波。」

龍華寺，廣陵王〔一〕所立也；追聖寺，北海王〔二〕所立也〔三〕。並在報恩（德）寺**校**各本恩字皆作德。按此承上報德寺而言，德字是，今據正。之東。法事僧房，比秦太上公。京師寺皆種雜果，而此三**校**緑君亭本三作二。按三寺謂龍華、追聖、報德。寺，園林茂盛，莫之與**校**吳琯本、漢魏本之與作「與之」。爭。

〔注釋〕

〔一〕廣陵王疑是元羽，魏書二十一有傳。羽子恭嘗佯啞住此寺，見本書卷二平等寺條。唐晏鈎沈以爲是廣陵王欣。

按欣是恭兄，初封沛郡王，改封淮陽王，出帝（元脩）時復封廣陵王，時恭已被弑。是欣之封廣陵王爲時極晚，而恭在永安時已佯啞住龍華寺，則此寺之非元欣所立，明甚。唐説失考。

〔二〕北海王疑是元詳，魏書二十一有傳。案龍門古陽洞有北海王太妃高氏造像及北海王元詳造像（見日本人永野清一、長廣敏雄著龍門石窟の研究），又景明四年比丘法生造像記云「爲孝文皇帝并北海王母子造」，是元詳篤信佛教，可證此寺當爲其所立。

〔三〕【陶齋藏石記九魏報德寺玉像七佛頌碑側題名有「追聖寺法師僧遵」，「廣陵王寺主法䂓」。廣陵王寺疑即此龍華寺。】

宣陽門外四里**校**吴琯本、漢魏本、真意堂本此條連屬上文，不別起。至洛水上作浮橋，所謂永橋也〔一〕。神龜中，常景爲汭頌〔二〕。**校**吴琯本、漢魏本汭頌作「勒銘」。真意堂本汭作勒。案元河南志三云：「常景爲銘。」嚴可均全後魏文三十二載此文，題爲洛橋銘，則所據本當亦作勒銘。其辭曰：「浩浩大川，決決（泱泱）**校**緑君亭本決決作泱泱。吴集證本作泱泱。按全後魏文作泱泱。泱泱本詩小雅，見注。決字義不合，吴集證本是也，今從正。清洛〔三〕，導源熊耳〔四〕，控流巨壑。納穀吐伊〔五〕，貫周淹亳〔六〕，近達河宗〔七〕，遠朝海若〔八〕。兆維洛食〔九〕，**校**吴琯本、漢魏本兆作非。實同（曰）**校**吴琯本、漢魏本同作曰。吴集證云：「當從何本作曰。」案全後魏文亦作曰。今正。土中〔一〇〕。上應**校**吴琯本、漢魏本、真意堂本應作映。張、柳〔一一〕，下據河、嵩〔一二〕，寒暑攸叶，日月載融〔一三〕。帝世光宅〔一四〕，□函（夏）下（同）

風〔一五〕。校吴琯本、漢魏本、真意堂本此句作「函夏□風」。吴集證本作「□夏下風」。唐鈎沈本、張合校本作「函夏同風」。按全後魏文作「函夏同風」。當是，説見注，今從之。前臨少室，却負太行〔一六〕，制巖東邑〔一七〕，峭校按峭字義不合，疑是崤之誤，説見注。峘西疆〔一八〕。四險校吴琯本、漢魏本險譌作驗。全後魏文作嶮。之地，六達之莊〔一九〕，恃德則固，失道則亡〔二〇〕。詳觀古列（昔），校吴琯本、漢魏本古譌作右，下空一格。案全後魏文列作昔。古列無義，今據正。吴集證據續古文苑引作古昔，唐鈎沈本與張合校本作古昔。當即據之。考校吴琯本、漢魏本考作列。全後魏文亦作列。見邱、墳〔二一〕，乃禪乃革〔二二〕，或質或文。周餘九列，校吴琯本、漢魏本、真意堂本列作裂。全後魏文亦作裂。列與裂聲同相通。漢季三分〔二三〕，魏風衰晚，晉景雕曛〔二四〕。天地發揮，校吴琯本、漢魏本、真意堂本揮作輝。全後魏文亦作輝。圖書受命〔二五〕，皇建有極〔二六〕，神功無競。魏籙仰天〔二七〕，玄符握鏡〔二八〕，璽運會昌〔二九〕，龍圖受命〔三〇〕。乃睠書軌〔三一〕，永懷寶定。校吴琯本、漢魏本、真意堂本、吴集證本寶作保。全後魏文亦作保。寶保古相通。敷兹景跡，流美洪謨。校吴琯本、漢魏本、真意堂本、吴集證本謨作模。全後魏文亦作模。模謨古通。襲我冠冕，正我神樞。水陸兼會，周、鄭交衢〔三二〕。爰勒洛汭，敢告中區。」南北兩岸有華表〔三三〕，舉高二十丈。華表上作鳳凰，似欲沖天勢。永橋以南，圜校吴琯本、漢魏本圜作圓。元河南志三作員。圜、圓、員三字相通。丘〔三四〕以北，伊、洛之間，夾御道有四夷館。道東有四館〔三五〕：（一名金陵，二名燕然，三名扶桑，四名崦嵫。道西有四館）（里）：校吴琯本、漢魏本、緑君亭本、真意堂本皆有此二十一字。吴集證云：「案歸正等皆里名也，不得言館。按綱目：魏於洛水橋南御道東作金陵、燕然、扶桑、崦嵫四館；道西立歸正、歸德、慕化、慕義四里，以處四方降者。則此當從各本作『道東有四館：一名金陵，二名燕然，三名扶桑，四名崦嵫。道西有四館：一曰歸正，二曰歸德，三曰慕化，四曰慕義。』道西有四館之館當作里。」按元河南志三亦作「夾道東有四夷館：一曰金陵、二曰燕然、三曰扶桑、四曰崦嵫。西有四夷里：一曰歸正、二曰歸德、三曰慕化、四曰慕義。」則四館下，當有此二十一字，吴説是也，今據各本補。道西有四館之館字，吴謂當作里，河南志正作里，今據改正。

一曰歸正，二曰歸德，三曰慕化，四曰慕義。吴人投國者處金陵館，三年已後，賜宅歸正里。景明初，僞齊建安王校吴琯本、漢魏本脱王字。蕭寶寅校吴琯本、漢魏本寅作夤。下同。來降〔三六〕，封會稽公，爲築宅於歸正里。後進爵爲齊王〔三七〕，尚南陽長公主〔三八〕。寶寅耻與夷人同□（列），校吴琯本、漢魏本、緑君亭本、真意堂本空格作列。元河南志亦作列，今據補。令公主啓世宗，求入城内。世宗從之，賜宅於永安里。正光四年中，蕭衍子西豐侯蕭正德來降〔三九〕，處金陵館，爲築宅歸正里，正德捨宅爲歸正寺。北夷來附者處燕然館，三年已後，賜宅歸德里。正光元年，校吴琯本脱光字。漢魏本、真意堂本無元字。按元河南志作「正光中」。□□（蠕蠕）至（主）都（郁）久閭阿郍舷校吴琯本、漢魏本上空格作芮字，芮下亦空一格。至都作主郁，郍作那，舷作肱。緑君亭本、真意堂本二空格作蠕蠕，至都作主郁。注云：「史作環，下同。」吴集證云：「案蠕蠕，國名也。郁久閭三字，姓也。阿郍肱三字，名也。當作蠕蠕主郁久閭阿郍肱來朝。案魏書肅宗紀阿郍肱作阿郍瓌。」案元河南志亦作北夷郁久閭阿郍肱，魏書蠕蠕傳云「姓郁久閭氏」，吴説是也，今補正。郍舷即郍肱。來朝〔四〇〕，執事者莫知所處。中書舍人常景議云：「咸寧中，單于來朝，晉世處之王公特進之校吳琯本、漢魏本無之字。下，可班郍肱蕃王、儀同之間。」朝廷從其議〔四一〕，又處之燕然館，賜宅歸德里。北夷酋長校類説六作「北酋夷長」，誤。遣子入侍者，常秋來春去，避中國之熱，時人謂之鴈臣〔四二〕。校類説作「號曰鴈臣」。東夷來附者處扶桑館，賜宅慕化里。西夷來附者處校吳琯本、漢魏本、真意堂本處下有之字。崦嵫館，賜宅慕義里。自葱嶺已西〔四三〕，至於大秦〔四四〕，百國千城，莫不歡校吳琯本、漢魏本、真意堂本歡作欵。附，商胡販客，日奔塞下〔四五〕，所謂校吳琯本、漢魏本無謂字。盡天地之區已。校吳琯本、漢魏本已作矣。樂中國土風，因而宅者，不可勝數〔四六〕。是以附化之民，萬有餘家。門巷修整，閶闔填列，青槐蔭陌，緑樹校吳琯本、漢魏本、緑君亭本、真意堂本樹作柳。垂庭，天下難得之貨，咸悉在焉。別立市於樂（洛）水南，校各本樂作洛。吳集證云：「當從各本作洛。」案元河南志亦作洛，今正。號曰四通市，民間謂永橋市。校吳琯本、漢魏本市譌作寺。伊、洛之魚，多於此賣，士庶須膾，皆詣取之。魚味甚美，京師語曰：「洛鯉伊魴，校吳琯本、漢魏本、真意堂本此句作「伊洛鯉魴」。太平御覽九百三十六與元河南志亦作「伊洛鯉魴」。貴於牛校御覽牛作元，當誤。羊〔四七〕。」

永橋南道東有白象、獅子二坊。白象者，永平二年，乾羅國校太平廣記四百四十一、元河南志三乾下有陁字。按本書五宋雲行紀亦作「乾陀羅國」。胡王校廣記、元河南志皆無此二字。所獻〔四八〕，皆（背）施校按廣記及元河南志三皆施作「背設」。此指乾羅國所獻之白象言，不當云皆。皆乃背之形譌，廣記等書是也，今據以正。五綵，校吳琯本、漢魏本、真意堂本綵作彩。廣記及元河南志作采。三字相通。屏風，七寶坐床，容數校廣記數下有十字。人，真是異物。常養象於乘黃曹〔四九〕，校廣記此句作「常養千乘黃。千當是于之誤。元河南志常作詔。象常壞屋敗墻，校廣記常下有曾字，敗作毀。元河南志敗亦作毀。走出於外，逢樹即拔，遇墻亦校綠君亭本、真意堂本亦作則。倒。百姓驚怖，奔走交馳。太后遂徙象於此坊。

獅子者，波斯國〔五〇〕胡王校元河南志三作「嚈噠國獻師子」。太平廣記四百四十一作波斯國。考通鑑一百五十二云：「波斯國獻師子於魏，醜奴留之。」即指此事。河南志似據魏書。所獻也，爲逆賊万侯（俟）醜奴校各本侯作俟，是。今據正。所獲，留於寇中〔五一〕。永安末，醜奴破，校吳琯本、漢魏本、真意堂本破下有滅字。始達京師〔五二〕。莊帝謂侍中李或〔五三〕校吳集證本或作彧。按元河南志作彧，廣記作或。曰：「朕聞虎見獅子必伏〔五四〕，可覓誠（試）校各本誠作試。吳集證云：「誠當從各本及廣記作試。」案元河南志亦作試。今正。之。」於是詔近山郡縣捕虎以送。鞏縣、山陽〔五五〕並送二虎一豹，帝在華林園觀之，於是虎豹校廣記無「帝在」下十一字。見獅子，悉皆瞑目，不敢仰視。園中素有校吳琯本、漢魏本有作育。一盲熊，校吳琯本、漢魏本無盲字，熊作羆。按元河南志熊亦作羆。性甚馴，校廣記作「惟甚馴善」。帝令取試之。虞人牽盲熊校吳琯本、漢魏本盲熊作「育羆」。至，聞獅子氣，驚怖跳踉，曳鎖校吳琯本、漢魏本鎖作鏁，同。而走，帝大笑。普泰元年，廣陵王即位〔五六〕，詔曰：

「禽獸囚之，則違其性，宜放還山林。」獅子亦令送歸本國。送獅子胡校吳琯本、漢魏本、緑君亭本、真意堂本胡作者。以波斯道遠，不可送校吳琯本、漢魏本、真意堂本無送字。達，遂在路殺獅子而返。校吳琯本、漢魏本殺作却。有司糾劾，罪以違旨論，廣陵王曰：「豈以獅子而罪人也？」遂赦之〔五七〕。

〔注釋〕

〔一〕水經穀水注云：「穀水又東逕宣陽門南，故苑門也，皇都遷洛，移置于此。對閶闔門南，直洛水浮桁。故東京賦曰：泝洛背河，左伊右瀍者也。」元河南志二引河南郡縣境界簿云：「城南五里洛水浮橋。」按魏書七十九成淹傳云：「于時宮殿初構，經始務廣，兵民運材，日有萬計，伊、洛流澌，苦於厲涉。淹遂啓求勑都水造浮航，高祖容納之。」此浮航在洛水，與此當是一橋，是建造於魏初遷都時。

〔二〕魏書八十二常景傳：「徐州刺史元法僧叛入蕭衍，衍遣其豫章王蕭綜入據彭城。時安豐王延明爲大都督大行臺，率臨淮王彧等衆軍討之。既而蕭綜降附，徐州清復，遣景兼尚書持節馳與行臺都督觀機部分。景經洛汭，乃作銘焉。」案蕭綜歸降，徐州清復，在孝昌元年（五二五），此云神龜（五一八——五二〇）中，與傳不同。

〔三〕詩小雅瞻彼洛矣：「瞻彼洛矣，惟水泱泱。」毛傳：「泱泱，深廣貌。」

〔四〕書禹貢：「導洛自熊耳。」孔傳：「在宜陽之西。」水經洛水注：「洛水又東逕熊耳山北，禹貢所謂導洛自熊耳。博物志曰：洛出熊耳。蓋開其源者是也。」又云：「又東北過宜陽縣南。洛水之北有熊耳山，雙峯競舉，狀同熊耳。此自別山，不與禹貢導洛自熊耳同也。」（王先謙合注引孫星衍校云：「案山海經熊耳山在讙舉山東六百五十里，則此熊耳是也。尚書導洛自熊耳。孔傳曰：在宜陽之西。然則道元之說，未可據也。」）按熊耳山在今河南省宜陽縣西南，盧氏縣東南；洛水在其北。

〔五〕穀，穀水；伊，伊水。書禹貢：「（洛）又東會于伊。」水經洛水：「又東過洛陽縣南，伊水從西來，注之。」伊水：「又東北至洛陽縣南，北入于洛。」穀水：「又東過河南縣北，東南入于洛。」

〔六〕周謂周公所營洛邑，即洛陽。亳謂商舊都西亳，在今河南省偃師縣西。二地皆爲洛水經過之處。

〔七〕書禹貢：「（洛）又東北入于河。」水經洛水注：「洛水又東逕鞏縣故城南。……洛水又東，濁水注之，即古黄水也。……洛水又東北，洞水發南溪石泉，世亦名之爲石泉水……又逕盤谷塢東，世又名之曰盤谷水……其水又北入洛。洛水又東北流，入于河。山海經曰：洛水成皋西入河是也，謂之洛汭。」宗，尊也。河宗，謂洛水以河爲宗。

〔八〕莊子秋水篇云：「河伯欣然自喜，以爲天下之美盡在己，順流而東行，至於北海，東面而視，不見水端。於是焉河伯始旋其面目，望洋向若而歎。」釋文：「司馬云：若，海神。」海若即北海若。河水入于海，洛水入于河，故言遠朝。朝即禹貢「江、漢朝宗于海」之朝。

〔九〕書洛誥云：「予惟乙卯，朝至于洛師。我卜河朔黎水，我乃卜澗水東，瀍水西，惟洛食；我又卜瀍水東，亦惟洛食。」孔傳：「卜必先墨畫龜，然後灼之，兆順食墨。」

〔一〇〕書召誥：「王來紹上帝，自服于土中。」孔傳：「言王今來居洛邑，繼天爲治，躬自服行教化於地勢正中。」漢書二十八地理志云：「昔周公營雒邑，以爲在于土中，諸侯蕃屏四方，故立京師。」

〔一一〕張，柳，二星名。漢書地理志云：「周地，柳七星、張之分壄也，今之河南雒陽、穀城、平陰、偃師、鞏、緱氏，是其分也。」

〔一二〕河，黄河；嵩，嵩山。

〔一三〕周禮地官大司徒云：「以土圭之法測土深，正日景，以求地中。日南則景短多暑，日北則景長多寒，日東則景夕多風，日西則景朝多陰。日至之景，尺有五寸，謂之地中。天地之所合也，四時之所交也，風雨之所會也，陰陽之所和也，然則百物阜安，乃建王國焉。」周公營洛邑，以爲居土中，故此二句云然。

〔一四〕書堯典序云：「昔在帝堯，聰明文思，光宅天下。」孔傳：「言聖德之遠著。」

〔一五〕按此句當從全後魏文作「函夏同風」。漢書揚雄傳云：「以函夏之大漢兮。」注：「服虔曰：函夏，函諸夏也。師古曰：函，包容也。……函讀與含同。」此與上句同爲頌揚語。

〔一六〕太行山起河南省濟源縣，北入山西省，在洛陽之北，故云却負。

〔一七〕左傳隱公元年：「制，巖邑也，虢叔死焉。」又隱公五年：「而不虞制人。」杜預注：「北制，鄭邑，今河南成皋縣也。一名虎牢。」按地在今河南省汜水縣西，故洛陽城之東，故云東邑。巖，險也。

〔一八〕峭字義不合，疑是崤字之誤。崤山在洛陽之西，與上制邑正相對。崤字爲峭，蓋形近而譌。爾雅釋山云：「大山峘。」釋文引埤蒼：「峘，大山。」

〔一九〕爾雅釋宫云：「六達謂之莊。」郝懿行義疏：「按莊之言壯，壯亦大也。……郭引襄廿八年左傳文，杜預注以莊爲六軌之道，非也。正義曰：注爾雅者皆以爲六道旁出，此蓋舊注之文。」

〔二〇〕史記六十五吴起傳：「（魏）武侯浮西河而下，中流，顧而謂吴起曰：美哉乎，河山之固！此魏國之寶也。起對曰：在德不在險。」

〔二一〕邱墳謂三墳、五典、八索、九邱之書，見左傳昭公十二年。

〔二二〕禪謂禪讓，革謂革命。

〔二三〕三分謂魏、蜀、吴三國分立。

〔二四〕景與影同，謂日景。曛，集韻文韻云：「日入餘光。」此以喻西晉衰亂，如夕陽之凋殘。

〔二五〕圖書謂河圖洛書。文選三張衡東京賦云：「龍圖授羲，龜書畀姒。」薛綜注：「尚書傳曰：伏羲氏王天下，龍馬出河，遂則其文，以畫八卦，謂之河圖。」書洪範：「鯀陻洪水，汨陳其五行。帝乃震怒，不畀洪範九疇，彝倫攸斁。鯀則殛死，禹乃嗣興，天乃錫禹洪範九疇，彝倫攸叙。」孔傳：「天與禹，洛出書，謂神龜負文而出，列于背，有數至九。」

〔二六〕書洪範：「五，皇極，皇建其有極。」孔傳：「大中之道大立其有中，謂行九疇之義。」

〔二七〕籙謂受圖籙，見本書卷首序注。

〔二八〕玄符謂符命。握鏡猶言受命。梁元帝玄覽賦云：「粤我皇之握鏡，實乃神而乃聖。」與此義相同。

〔二九〕璽運猶言帝運。魏書七十四爾朱榮傳載莊帝喻榮旨亦有「今璽運已移，天命有在」語，與此義同。

〔三〇〕龍圖見前注〔二五〕。

〔三一〕禮記中庸：「今天下車同軌，書同文，行同倫。」史記秦始皇本紀二十六年「一法度衡石丈尺，車同軌，書同文字」。睠與眷通。此言眷念統一。

〔三二〕按洛陽春秋時爲東周都城，與鄭國鄰近，故云交衢。

〔三三〕古今注下：「程雅問曰：堯設誹謗之木，何也？答曰：今之華表木也。以横木交柱頭，狀若花也。形似櫜槔，大路交衢悉施焉。或謂之表木，以表王者納諫也；亦以表識衢路也。秦乃除之，漢始復修焉。今西京謂之交午木。」

〔三四〕魏書八世宗紀：景明二年十一月「壬寅，改築圓丘於伊水之陽」。

〔三五〕通鑑一百四十九：「時魏方彊盛，於洛水橋南御道東，作四館。道西立四里。有自江南來降者，處之金陵館，三年之後，賜宅於歸正里。自北燕降者，處燕然館，賜宅於歸德里。自東夷降者處扶桑館，賜宅於慕化里。自西夷降者，處崦嵫館，賜宅於慕義里。」胡三省注：「四館皆因四方之地爲名。金陵在江南，燕然在漠北，扶桑在東，日所出，崦嵫在西，日所入。山海經曰：大荒之中暘谷上有扶桑，日所出也。灰野之山有樹，青葉赤華，名曰若木，日所入也，生崑崙西，鳥鼠山西南曰崦嵫。淮南子曰：經細柳，西方之地崦嵫，日所入也。」

〔三六〕北史二十九蕭寶夤傳：「蕭寶夤字智亮，齊明帝（蕭鸞）第六子，廢主寶卷之母弟也，在齊封建安王。及和帝（蕭寶融）立，改封鄱陽王。梁武（蕭衍）克建業，以兵守之，將加害焉。其家閹人顏文智與左右麻拱、黃神密計穿牆，夜出寶夤，具小船於江岸，脱本衣服，着烏布襦，腰繫千許錢，潛赴江畔。躡屩徒步，脚無全皮。防守者至明追之，寶夤假爲釣者，隨流上下十餘里，追者不疑。待散，乃度西岸，遂委命投華文榮。文榮與其從天龍、惠連等三人棄家將寶夤遁匿山澗，賃驢乘之，晝伏宵行，景明二年至壽春東城戍。戍主杜元倫推檢知實蕭氏子，以禮延待，馳告揚州刺史任城王澄，澄以車馬侍衛迎之。時年十六，徒步憔悴，見者以爲掠賣生口也。」

〔三七〕前書：「是年（據魏書本傳爲景明三年）梁江州刺史陳伯之與其長史褚冑等自壽春歸降，請軍立効。帝謂伯之所陳，時不可失。以寶夤懇誠，除使持節都督、東揚州刺史、鎮東將軍、丹陽郡公、齊王，配兵一萬，令據東城，待秋冬大舉。」

〔三八〕魏書五十九蕭寶夤傳：「尋尚南陽長公主，賜帛一千匹，并給禮具。公主有婦德，事寶夤，盡肅雍之禮，雖好合積年，而敬事不替。寶夤每入室，公主必立以待之，相遇如賓；自非太妃疾篤，未曾歸休。寶夤器性温順，自處以禮，奉敬公主，内外諧穆。」

〔三九〕蕭正德歸降事見上報德寺條注。

〔四〇〕魏書一百三蠕蠕傳：「初，豆崘之死也，那蓋爲主，伏圖納豆崘之妻候吕陵氏，生醜奴、阿那瓌等六人。醜奴立後，忽亡一子，字祖惠，求募不能得。有屋引副升牟妻是豆渾地万，年二十許，爲醫巫，假託神鬼……乃言此兒今在天上，我能呼得。醜奴母子欣悦。後歲仲秋，在大澤中，施帳屋，齋潔七日，祈請天上。經一宿，祖惠忽在帳中，自云恒在天上。醜奴母子抱之悲喜，大會國人，號地万爲聖女，納爲可賀敦。……地万既挾左道，亦有姿色，醜奴甚加重愛，信用其言，亂其國政。如是積歲，祖惠年長，其母問之。祖惠言：我恒在地万家，不嘗上天。上天者，地万教也。其母具以狀告醜奴，醜奴言地万懸鑒遠事，不可不信，勿用讒言也。既而地万恐懼，譖祖惠於醜奴，醜奴陰殺之。正光初，醜奴母遣莫何去汾李具列等絞殺地万，醜奴怒，欲誅具列等。又阿至羅侵醜奴，醜奴擊之，軍敗還，爲母與其大臣所殺。立醜奴弟阿那瓌。立經十日，其族兄俟力發示發卒衆數萬以伐阿那瓌。阿那瓌戰敗，將弟乙居伐輕騎南走歸國。阿那瓌母候吕陵氏及其二弟尋爲示發所殺，而阿那瓌未之知也。九月，阿那瓌將至，肅宗遣兼侍中陸希道爲使主，兼散騎常侍孟威爲使副，迎勞近畿；使司空公、京兆王繼至北中；侍中崔光、黄門郎元纂在近郊，並申宴勞，引至闕下。十月，肅宗臨顯陽殿，引從五品以上清官、皇宗、藩國使客等列於殿庭，王公以下及阿那瓌等入就庭中北面。位定，謁者引王公以下升殿，阿那瓌位於藩王之下。又引將命之官及阿那瓌弟并二叔位於羣官之下。遣中書舍人曹道宣詔勞問。……宴將罷，阿那瓌執啓立於座後，詔遣舍人常景問所欲言。阿那瓌：……求乞兵馬，還向本國，誅翦叛逆，收集亡散。……仍以啓付舍人常景，具以奏聞。尋封阿那瓌朔方郡公、蠕蠕王，賜以衣冕，加之軺蓋，禄從儀衛，同于戚藩。十二月，肅宗以阿那瓌國無定主，思還綏集，啓請切至，詔議之。時朝臣意有同異，或言聽還，或言不可。領軍元乂爲宰相，阿那瓌私以金百斤貨之，遂歸北。」

〔四一〕魏書八十二常景傳：「是年（正光元年）九月，蠕蠕主阿那瓌歸闕，朝廷疑其位次。高陽王雍訪景，景曰：昔咸寧中，南單于來朝，晉世處之王公特進之下。今日爲班宜在蕃王儀同三司之間。雍從之。」

〔四二〕北史五十四斛律金傳云：「魏除爲第二領人酋長，秋朝京師，春還部落，號曰雁臣。」可以證此。又按魏書十五昭成子孫列傳元暉傳云：「初，高祖遷洛，而在位舊貴，皆難於移徙，時欲和合衆情，遂許冬則居南，夏便居北。世宗頗惑左右之言，外人遂有還北之問，至乃牓賣田宅，不安其居。暉乃請問言事，世宗曰：先皇遷都之日，本期冬南夏北。朕欲聿遵成詔，故有外人之論。暉曰：先皇移都，爲百姓戀土，故發冬夏二居之詔，權寧物意耳。乃是當時之言，實非先皇深意。且北來遷人，安居歲久，公私計立，無復還情。陛下終高祖定鼎之業，勿信邪臣不然之説。世宗從之。」是魏初遷洛時，舊臣猶是冬南夏北，固不特北夷酋長爲然。

〔四三〕葱嶺即今帕米爾高原。魏書一百二西域傳載董琬説：「西域本有二道，後更爲四出。……從莎車西行一百里至葱嶺，葱嶺西一千三百里至伽倍爲一道，自莎車西南五百里，葱嶺西南一千三百里至波路爲一道焉（其他二路別出，不具録）。」是葱嶺爲當時通西域之要路。

〔四四〕大秦即羅馬帝國，或以爲是 Alexandria，或以爲是 Syris。魏書一百二西域傳：「大秦國一名黎軒，都安都城。從條支海渡海曲一萬里，去代三萬九千四百里。其海傍出，猶勃海也，而東西與勃海相望，蓋自然之理。地方六千里，居兩海之間。其地平正，人居星布。其王都城分爲五城，各方五里，周六十里。王居中城，城置八臣，以主四方；而王城亦置八臣，分主四城。若謀國事及四方有不決者，則四城之臣集議王所。王自聽之，然後施行。王三年一出，觀風化。人有冤枉，詣王訴訟者，當方之臣，小則讓責，大則黜退，令其舉賢人以代之。其人端正長大，衣服車旗，擬儀中國，故外域謂之大秦。其土宜五穀桑麻，人務蠶田。多璆琳、琅玕、神龜、白馬朱鬣、明珠、夜光璧。東南通交阯，又水道通益州永昌郡，多出異物。大秦西海水之西有河，河西南流。河西有南北山，山西有赤水，西有白玉山，玉山西有西王母山，玉爲堂云。從安息西界，循海曲，亦至大秦，四萬餘里。於彼國觀日月星辰，無異中國，而前史云：條支西行百里，日入處。失之遠矣。」

〔四五〕後漢書一百十八西域傳論云：「馳命走驛，不絶於時月；商胡販客，日款於塞下。」

〔四六〕呂思勉兩晉南北朝史(頁一〇九九)云:「諸外國中,西域與中國通商特盛。西域人在中國經商者亦頗多,實爲極可注意之事,此蓋由其文明程度特高使然。西胡與中國關係之密,正不待唐、元之世矣。隋書食貨志言:南北朝時,河西諸郡或用西域金銀之錢。即此一端,已可見西域貿易之盛。魏書景穆十二王傳:京兆王子推之子暹除涼州刺史,貪暴無極。欲規府人及商胡富人財物,詐一臺符,誑諸豪云欲加賞,一時屠戮,所有資財生口,悉没自入。可見涼州富賈之多。周書韓褒傳:除西涼州刺史。羌、胡之俗,輕貧弱,尚豪富,侵漁小民,同於僕隸。褒乃悉募貧人,以充兵士,優復其家,蠲免徭賦。又調富人財物以振給之。每西域商貨至,又先盡貧者市之。於是貧富漸均,户口殷實。可見通商爲利之厚。……齊後主欲爲穆后造七寶車,遣商胡齎錦采市真珠於周。……諸商胡負官責息者,宦者陳德信縱其妄注淮南富家,令州縣徵責。……此皆西域商人留居中國,仍以經商爲事者。周書異域傳言:周承喪亂之後,屬戰爭之日,定四表以武功,安三邊以權道。趙、魏尚梗,則結姻於北狄;厩庫未實,則通好於西戎。由是卉服氈裘,輻湊於屬國;商胡販客,填委於旗亭。則其於國計,亦略有裨益。」

〔四七〕陳寅恪隋唐制度淵源略論稿(頁六十七)云:「據此,北魏洛陽城伊、洛水旁乃市場繁盛之區,其所以置市於城南者,殆由伊、洛水道運輸於當日之經濟政策及營造便利有關。」又云:「洛陽之地,本西晉首都舊址,加以擴充,則城南伊、洛二水之傍水道運輸頗爲便利,設置市場,乃最適宜之地。」

〔四八〕魏書八世宗紀永平二年(五〇九)正月「壬辰,嚈噠、薄知國遣使來朝,貢白象一。」按乾陀羅國此時爲嚈噠所滅,見本書卷五宋雲行紀,故魏書稱嚈噠,此稱乾陀羅國,其實一也。乾陀羅國見本書卷五注。

〔四九〕乘黄曹見本書卷一建中寺條注。

〔五〇〕按本書卷五宋雲行紀中亦有波斯國,即魏書西域傳之波知國,在鉢和國西南,在今 Zebak 與 Chitral 之間山地。

魏書西域傳別有一波斯國云：「都宿利城，在忸密西，古條支國也。去代二萬四千二百二十八里。城方十里，户十餘萬。河經其城中南流。土地平正，出金、銀、鍮石、珊瑚、琥珀、車渠、馬腦。多大真珠、頗梨、瑠璃、水精、瑟瑟、金剛、火齊、鑌鐵、銅、錫、朱砂、水銀、綾錦、疊毦、氍毹、毾㲪、赤麞皮及薰陸、鬱金、蘇合、青木等香，胡椒、畢撥、石密、千年棗、香附子、訶梨勒、無食子、鹽緑、雌黄等物。氣候暑熱，家自藏冰。地多沙磧，引水溉灌。其五穀及鳥獸等與中夏略同，唯無稻及黍稷。出名馬大驢及駝，往往有日行七百里者，富室至有數千頭。又出白象、師子、大鳥卵。有鳥形如橐駝，有兩翼，飛而不能高，食草與肉，亦能噉火。其王姓波氏名斯，坐金羊牀，戴金花冠，衣錦袍，織成帔，飾以真珠寶物。其俗，丈夫剪髮，戴白皮帽，貫頭衫，兩廂近下開之。亦有巾帔，緣以織成。婦女服大衫，披大帔。其髮前爲髻，後披之，飾以金銀花，仍貫五色珠，落之於膊。王於其國内，別有小牙十餘所，猶中國之離宫也，每年四月出遊，處之，十月乃還。……國人號王曰醫囋，妃曰防步率，王之諸子曰殺野。大官有摸胡壇，掌國内獄訟；泥忽汗掌庫藏開禁；地早掌文書及衆務。次有遏羅訶地，掌王之内事；薛波勃掌四方兵馬。其下皆有屬官，分統其事。……賦稅則準地輸銀錢。俗事火神、王神。文字與胡書異。多以姊妹爲妻妾，自餘婚合，亦不擇尊卑。諸夷之中，最爲醜穢矣。……以六月爲歲首，尤重七月七日、十二月一日。其日，人庶以上，各相命召，設會作樂，以極歡娱。又每年正月二十日，各祭其先死者。神龜中，其國遣使上書貢物云：大國天子，天之所生。願日出處，常爲漢中天子！波斯國王居和多千萬敬拜。朝廷嘉納之。自此每使朝獻。」此即今西亞洲之伊朗國之波斯，自魏時始通於中國。本文所言，不知何屬。以獻獅子及下文「道遠不可送達」語考之，當是西域傳之波斯國。

〔五一〕通鑑一百五十二梁武帝大通二年（五二八。魏莊帝建義元年）：「是月（七月），万俟醜奴自稱天子，置百官。會波斯國獻師子於魏，醜奴留之，改元神獸。」按魏書一百二西域傳嚈噠國云：「正光末（五二五）遣使貢師子一，至高平，遇万俟醜奴反，因留之。醜奴平，送至京師。」所記當是一事，但云是嚈噠國。考其時嚈噠强盛，波斯爲其所屬。史載不同，其實一也。

〔五二〕魏書十孝莊紀：永安三年（五三〇）四月「丁卯，雍州刺史爾朱天光討醜奴、蕭寶夤於安定，破擒之，因送京師」。

〔五三〕李彧爲李延實子，尚莊帝姊豐亭公主，封東平郡公，見魏書八十三外戚列傳。此或字似以作彧爲是。

〔五四〕博物志三云：「漢武帝時，大苑（疑是宛譌）之北，胡人有獻一物，大如狗，然聲能驚人，雞犬聞之皆走，名曰猛獸。帝見之，怪其細小，及出苑中，欲使虎狼食之。虎見此獸，即低頭著地。帝爲反觀，見虎如此，欲謂下頭作勢，起搏殺之。而此獸見虎甚喜，舐唇摇尾，徑住虎頭上立，因搦虎面。虎乃閉目低頭，匍匐不敢動，搦鼻下去。下去之後，虎尾下頭去，此獸顧之，虎輒閉目。」此獸名爲猛獸，不云獅子，莊帝所言，或即據此。

〔五五〕鞏縣，魏時屬北豫州成皋郡，在今河南省鞏縣。山陽，魏時屬司州汲郡，在今河南省脩武縣西北。

〔五六〕廣陵王即位事，詳見本書卷二平等寺條。

〔五七〕通鑑一百五十五梁武帝中大通三年（五三一。魏節閔帝普泰元年）云：「爾朱天光之滅万俟醜奴也，始獲波斯所獻師子，送洛陽。及節閔帝即位，詔曰：禽獸囚之則違其性，命送歸本國。使者以波斯道遠不可達，於路殺之而返。有司劾違旨，帝曰：豈可以獸而罪人？遂赦之。」當即本伽藍記此文。

菩提寺，西域胡人所立也，校法苑珠林一百十六送終篇、太平廣記三百七十五引塔寺（按當即伽藍記）皆無胡字。在慕義里。校廣記無里字。

沙門達多校酉陽雜俎十三尸穸篇作僧多。注云：「一曰達多。」發塚取甎，得一人以進。校珠林、廣記進作送。時太后與明帝在華林都堂〔一〕，校廣記無都字。以爲妖異，謂黃門侍郎徐紇〔二〕曰：「上古以來，頗有此事否？」校珠林、廣記否作不，同。紇曰：「昔魏時發塚，得霍光女壻范明友家奴〔三〕，説漢朝廢立，與史書相符。此校珠林無此字。不足爲異也。」后校吴琯本、漢魏本、真意堂本后下有即字。令紇問其姓名，死來幾年，何所飲食。死者曰：校珠林作「死者答曰」。廣記作「答曰」。「臣姓崔名涵，字子洪，校吴琯本、漢魏本、真意堂本涵作洪，子洪作子涵，張合校本據之。按廣記及珠林皆作涵，作子洪，與此相同，則吴琯等本不足從。博陵安平人也。校吴琯本、漢魏本陵作令。珠林、廣記無也字。父名暢，母姓魏，家在城西阜（準）財里。校吴琯本、漢魏本、緑君亭本、真意堂本阜皆作準。按珠林作埠，廣記作阜。考本書四有準財里，雖不能確爲一地，但本文下亦作準財里，則準字是也。今據正。死時年十五，今滿校珠林、廣記滿作乃。二十七，在地（下）校吴琯本、漢魏本、真意堂本有下字。按珠林、廣記亦皆有下字，今據補。十有二年，校吴琯本、漢魏本十有作「有十」。珠林、廣記皆無有字。常似醉卧，無所食也。時復遊行，或遇飯食，如似校廣記無似字。夢中，不甚辨了。」校珠林辨作辯。后即遣門下録事張秀攜校珠林無秀字，攜作儁，廣記亦無秀字，攜作雋。下同。詣準財里，校珠林準作埠，廣記作阜。訪涵父母，果得校珠林、廣記得作有。崔暢，其妻魏氏。校廣記無氏字。珠林作「其妻姓魏」。秀攜問暢曰：「卿有兒死否？」暢曰：「有校吴琯本、漢魏本、真意堂本有下有一字。息子校吴琯本、漢魏本息下有字字。涵，校珠林涵作洪。年十五而死。」校珠林、廣記死作亡。秀攜曰：「爲人所發，今日蘇活，在華林園中，【校】珠林無中字。主人（上）故遣我來相問。」【校】珠林作「主上遣我來相問」。廣記作「主上在華林園，遣我來問」。文稍有出入，人字顯是上字之誤，今據正。暢聞驚怖曰：「實無此兒，向者謬言。」秀攜還，【校】廣記無還字。具以實陳聞，【校】珠林聞下有「啓后」二字。后遣攜【校】廣記無攜字。送涵回【校】吴琯本、漢魏本回作向。珠林亦作向。家。暢聞涵【校】吴琯本、漢魏本無涵字。至，門前起火，手持刀，魏氏把桃枝〔四〕，謂曰：【校】珠林謂曰作「拒之」，廣記作「拒之曰」三字。「汝不須來！吾非汝父，汝非吾子，急手〔五〕【校】吴琯本、漢魏本、真意堂本手作急。廣記無手字。珠林同作手。速去，可得無殃！」涵遂捨去，遊於京師，【校】吴琯本、漢魏本師作巷。常宿寺門下，汝南王〔六〕賜黄衣一具。【校】珠林、廣記具作通。涵【校】珠林、廣記無涵字。性畏日，不敢仰視，【校】珠林、廣記作「不仰視天」。又畏水火及刀兵【校】吴琯本、漢魏本、真意堂本、吴集證本刀兵作「兵刃」。珠林、廣記亦作「兵刃」。之屬。常走於逵【校】珠林、廣記無逵字。路，遇【校】吴琯本、漢魏本、真意堂本無遇字。珠林、廣記亦無遇字。疲則止，不徐行也，時人猶謂是鬼。洛陽太（大）市【校】吴琯本、漢魏本、真意堂本、吴集證本太作大。珠林、廣記亦作大，今從之。北【校】珠林、廣記北下有有字。奉終里，【校】酉陽雜俎作「奉洛里」。里内之人多【校】吴琯本、漢魏本、真意堂本無多字。賣送死人【校】珠林、廣記無人字。之具及諸棺槨，涵謂曰：「作【校】珠林、廣記無作字。柏木棺〔七〕，勿以桑木爲欀〔八〕。」【校】珠林、廣記欀作榱。酉陽雜俎作欀，與此同。人問其故，涵曰：「吾在地下，見人發鬼兵，有一鬼訴【校】珠林、廣記無訴字。稱是柏棺，應免。主兵吏【校】珠林主兵作「兵主」，兵屬上讀。廣記無主字。曰：『爾雖柏棺，桑木爲欀。』校珠林爾作你，欀作櫰。廣記欀作櫰。遂不免。」校吴琯本、漢魏本免下有兵字。京師聞此，校珠林師下有仰字。柏木踴校珠林踴作勇，廣記作湧，同。貴。人疑校珠林疑譌作擬。賣棺校吴琯本、漢魏本無棺字。者貨涵校廣記貨誤作化。發此等之言也。校吴琯本、漢魏本、真意堂本作「發此言也」。珠林、廣記作「故發此言」。

〔注釋〕

〔一〕按都堂見本書卷一建春門内條，但魏書各紀傳皆作華林園都亭，不知是否一處，或别有都堂歟？

〔二〕徐紇魏書九十三恩倖列傳有傳。本傳云：「紇機辯有智數，當公斷決，終日不以爲勞。長直禁中，略無休息，時復與沙門講論，或分宵達曙，而心無怠，道俗服之。」

〔三〕博物志二：「漢末發范友朋（當作明友，漢書作明友，太平御覽五五九引此文亦作明友，下同）冢，奴猶活。友朋，霍光女聟。説光家事，廢立之際，多與漢書相應。此奴常遊走於民間，無止住處，今不知所在。或云尚在。余聞之於人，可信，而目不可見也。」按漢末指三國時，故此言魏時。

〔四〕古時以桃爲祓除災害之用。周禮夏官戎右云：「贊牛耳，桃茢。」鄭注：「尸盟者割牛耳取血，助爲之。及血在敦中，以桃茢拂之，又助之也。……桃，鬼所畏也。茢，苕帚，所以掃不祥。」又左傳昭公四年云：「桃弧棘矢，以除其災。」杜注：「桃弓棘箭，所以禳除凶邪。」此風流傳已久，故魏氏把桃枝示所以驅鬼也。

〔五〕急手義見本書景寧寺條注。

〔六〕汝南王即元悦。魏書二十二悦傳言「有崔延夏者以左道與悦遊，合服仙藥松朮之屬。時輕與出採芝，宿於城外小人之所。」是悦性好怪誕，故賜崔涵黄衣。

〔七〕西陽雜俎十三尸穸篇云：「後魏俗競厚葬，棺厚高大，多用柏木，兩邊作大銅鐶鈕。不問公私貴賤，悉白油絡幰輴車，迾素稍仗，打虜鼓。」

〔八〕欓字，各字書所釋義與此皆不合，疑與鑲字相同，説文鑲字云：「作型中腸也。」段注：「型者鑄器之法也。其中腸謂之鑲，猶瓜中腸謂之瓤也。」此言柏棺以桑木作中腸。銅器中腸爲鑲，瓜中腸爲瓤，引申之則木中腸爲欓，此義可以意推。

高陽王寺，高陽王雍之宅也，在津陽門**校**太平廣記二百三十六津作清，誤。元河南志三作「津陽門」。外三里御道西。**校**吴琯本、漢魏本、真意堂本西下有傍字。廣記亦有旁字，三里作「數里」。雍爲爾朱榮所害也〔一〕，捨宅以爲寺。

正光中，雍爲丞相，給輿、**校**吴琯本、漢魏本、真意堂本無輿字。緑君亭本亦無，注云：「一本多一輿字。」廣記亦無輿字。羽葆鼓吹、虎賁班劍百人〔二〕。貴極人臣，富兼山海，居止第宅，**校**廣記無止字宅字。匹於帝宮。白殿**校**廣記殿作壁。丹檻，**校**吴琯本、漢魏本、吴集證本檻作楹。窈窕連亘；飛簷反**校**吴琯本、漢魏本、真意堂本反作峻。緑君亭本作仄，注云：「一作峻」。廣記作華。按此語本西京賦，見注，反字是也。宇〔三〕，轇轕〔四〕週**校**吴琯本、漢魏本、真意堂本週作周。廣記亦作周，通。通。僮僕六千，妓〔五〕女五百，隋珠〔六〕**校**吴琯本、漢魏本隋作隨，同。照日，羅衣**校**廣記衣作綺。從風，自漢、晉以來，諸王豪侈未之**校**吴琯本、漢魏本無之字。有也。出則鳴騶御道〔七〕，**校**吴集證本御作夾。文物成行，鐃吹響發，**校**吴琯本、漢魏本響發作「發響」。廣記作「競響」。笳聲哀轉；**校**廣記轉作囀，同。入則歌姬舞女，擊筑校吳琯本、漢魏本、真意堂本擊筑作「繁竹」。吹笙，校廣記下有而字。絲管迭奏，連宵校吳琯本、漢魏本宵作霄，誤。盡日。其校廣記無其字。竹林魚池，侔於禁苑，芳草如積，珍木連陰。雍嗜口味，厚自奉養，一日（食）校吳琯本、漢魏本、吳集證本日作食。太平廣記一百六十五、類說六亦作食，今據正。必以數萬錢爲限，海陸珍羞，方丈於前〔八〕。陳留侯李崇謂人曰：「高陽一日（食），校吳琯本、漢魏本、真意堂本、吳集證本日作食。廣記作食。通鑑一百四十九亦作食。類說作飯，當是食之譌。今據正。敵我千日〔九〕。」崇爲尚書令儀同三司，亦富傾天下，僮僕千人。而性多儉悋〔一〇〕，校廣記悋作吝，同。類說作嗇。惡衣麤食，亦常無肉，校各本皆作「常無肉味」。吳集證本與此同。太平御覽九百七十六及廣記、類說皆作「食常無肉」。止有（韭茹）韭菹〔一一〕。校按御覽、廣記、類記皆有「韭茹」二字。考下文云：「二九一十八。」二九者即二韭也（韭九諧音），則此當有韭茹二字，各本皆脱去，今據御覽等書補。吳琯本、漢魏本菹作薤。類說亦作薤。御覽、廣記作葅。崇客李元佑校吳琯本、漢魏本、真意堂本佑作祐。廣記作祐。下同。御覽作「崇家客」。下文作「元祐」。語人云：「李令公一食十八種。」人問其故，元佑曰：「二九一十八。」聞者大笑，世人即以爲校吳琯本、漢魏本、真意堂本無爲字。譏罵。校御覽作「世以此爲譏」。

雍薨後，諸妓校太平廣記二百三十五妓下有女字。悉令入道，或有嫁者。校廣記嫁作「出家」二字。美人徐月華善彈校廣記無彈字。酉陽雜俎六樂篇下有卧字。箜篌，能爲明妃出塞之曲歌〔一二〕，校吳琯本、漢魏本、真意堂本無曲字。廣記亦無。聞者莫不動容。永安中，與衛將軍校廣記衛作衙。原士康校緑君亭本、真意堂本原作源。爲側室。宅近青陽門，校廣記作「士康宅亦近清陽外」。徐鼓箜篌而歌，哀聲入雲，行路聽者，俄而成市。徐常語士康曰：校吴琯本、漢魏本、真意堂本、吴集證本曰作云。廣記亦作云。「王有二美，校吴琯本、漢魏本、真意堂本無美字。姬〔一三〕，一名脩容，二校廣記二作一。名豔姿，並蛾眉皓齒，潔貌傾城。脩容亦校廣記無亦字。能爲緑水歌〔一四〕，豔姿善校緑君亭本善作「尤善作」三字。真意堂本善上有尤字。廣記善下有爲字。火鳳舞，校吴琯本、漢魏本、緑君亭本、真意堂本火作么。按廣記作逐。並愛傾後室，校吴集證云：「室疑宮字之誤。」寵冠諸姬。」士原（康）校各本原作康。廣記亦作康。今正。聞此，遂校廣記無遂字。常令徐歌緑水火鳳校吴琯本、漢魏本、緑君亭本、真意堂本火作么。廣記作文。之曲焉。

高陽宅北有中甘里。里内（潁川）荀〔潁〕子文校吴琯本、漢魏本、緑君亭本、真意堂本荀潁子文作「潁川荀子文」。以下文「汝潁之士利如錐」語考之，此當作潁川荀子文爲是。今從之。年十三，幼而聰辨，神情卓異，雖黄琬〔一五〕、校吴琯本、漢魏本琬作婉。按後漢書作黄琬。婉字誤。文舉〔一六〕，無以加之。正光初，廣宗〔一七〕校緑君亭本注云：「一作文。」按作文者誤，説見注。潘崇和〔一八〕講服氏春秋〔一九〕於城東昭義里，子文攝齊北面〔二〇〕，就和受道。時趙郡李才校吴琯本、漢魏本李才作予李。下文才字作予，則此予李當是李予之倒。問子文曰：「荀生住在校吴琯本、漢魏本無在字。何處？」子文對曰：「僕住在中甘里。」才校吴琯本作予。吴集證本才上有問字。曰：「何往？」曰：「往城南。」校吴琯

本、漢魏本、真意堂本何往曰往城南六字作「何爲往城南」。緑君亭本同，注云：「一作才曰何往，曰往城南。」城南

校吴琯本、漢魏本、真意堂本無南字。有四夷館，校吴琯本、漢魏本夷下有里字。才校吴琯本作予。以此譏之。子文對曰：「國陽勝地〔二〕，卿何怪也？」若言川澗，伊、洛崢嶸。語其舊事，靈臺石經。招提之美，報德、景明。當世富貴，高陽、廣平。四方風俗，萬國千城〔三〕。若論人物，有我無卿。」才校吴琯本作予。無以對之。崇和曰：「汝、潁校各本潁作穎。之士利如錐，校真意堂本錐譌作稚。燕、趙之士鈍如錘〔四〕，校真意堂本鈍作鎚。譌。信非虚言校吴琯本、漢魏本、真意堂本無言字。也。」舉學皆笑焉。

〔注釋〕

〔一〕謂爾朱榮害朝士於河陰，見本書卷一永寧寺條。

〔二〕魏書九肅宗紀：正光元年（五二〇）九月「戊戌以太師高陽王雍爲丞相，加後部羽葆鼓吹班劍四十人」。又雍傳：「進位丞相，給羽葆鼓吹，倍加班劍，餘悉如故。又賜帛八百匹與一千人供具，催令速拜。詔雍依齊郡順王簡太和故事，朝訖引坐，特優拜伏之禮。總攝内外，與元义同決庶政，歲禄萬餘，粟至四方，伎侍盈房，諸子璫冕，榮貴之盛，昆弟莫及焉。」

〔三〕文選二張衡西京賦云：「反宇業業，飛檐巘巘。」薛綜注：「凡屋宇皆垂下向而好，大屋飛邊頭瓦皆更微使反上，其形業業然，檐板承落也。」檐與簷同。

〔四〕文選三張衡東京賦云：「闔戟轇輵。」薛綜注：「轇輵，參差縱横也。」

〔五〕慧苑華嚴音義上引切韵：「妓，女樂也。」又引埤蒼：「妓，美女也。」二義皆可。

〔六〕淮南子覽冥訓：「譬如隋侯之珠，和氏之璧，得之者富，失之者貧。」高誘注：「隋侯見大蛇傷斷，以藥傅之。後蛇於江中，銜大珠以報之，因曰隋侯之珠，蓋明月珠也。」

〔七〕魏書六十四郭祚傳云：「故事，令、僕、中丞騶唱而入宮門，至於馬道。及祚爲僕射，以爲非盡敬之宜，言於世宗。帝納之，下詔：御在太極，騶唱至止車門；御在朝堂，至司馬門。騶唱不入宮，自此始也。」按鳴騶當即是騶唱。

〔八〕孟子盡心篇下：「食前方丈，侍妾數百人。」趙岐注：「極五味之饌食，列於前，方一丈。」

〔九〕通鑑一百四十九云：「高陽王雍富貴冠一國，宮室園圃，侔於禁苑。僮僕六千，妓女五百，出則儀衛塞道路，歸則歌吹連日夜。一食直錢數萬。李崇富埒於雍，而性儉嗇，嘗謂人曰：高陽一食，敵我千日。」

〔一〇〕魏書六十六李崇傳：「徵拜尚書左僕射，加散騎常侍，驃騎、儀同如故，遷尚書令，加侍中。崇在官和厚，明於決斷。受納辭訟，必理在可推，始爲下筆，不徒爾收領也。然性好財貨，販肆聚斂，家資巨萬，營求不息。子世哲爲相州刺史，亦無清白狀。鄴、洛市鄽，收擅其利，爲時論所鄙。」

〔一一〕茹，文選三十四枚乘七發云：「白露之茹。」李善注：「茹，菜之總名也。」菹，周禮天官醢人：「七菹。」鄭注：「七菹：韭、菁、茆、葵、芹、箈、筍菹。……凡醯醬所和，細切爲韲，全物若牒爲菹。」

〔一二〕酉陽雜俎六樂篇：「魏高陽王雍美人徐月華能彈卧箜篌，爲明妃出塞之曲。」樂府詩集二十九：「王明君，一曰王昭君。……古今樂録曰：明君歌舞者，晉太康中（石）季倫所作也。王明君本名昭君，以觸文帝諱，故晉人謂之明君。匈奴盛，請婚於漢，元帝以後宮良家子明君配焉。初武帝以江都王建女細君爲公主，嫁烏孫王昆莫，命琵琶馬上作樂，以慰其道路之思，送明君亦然也。其新造之曲，多哀怨之聲。晉宋以來，明君正以弦隸，少許爲上舞而已。梁天監中，斯宣達爲樂府，令與諸樂工以清商兩相間弦爲明君上舞，傳之至今。」

〔一三〕魏書二十一雍傳云：「元妃盧氏薨後，更納博陵崔顯妹，甚有色寵，欲以爲妃。世宗初以崔氏世號東崔，地寒望劣，難之，久乃聽許。延昌已後，多幸妓侍，近百許人。而疎棄崔氏，別房幽禁，不得關豫内政，僅給衣食而已。……未幾，崔暴薨，多云雍歐殺之也。靈太后許賜其女妓，未及送之。雍遣其閹竪丁鵝自至宫内，料簡四口，冒以還第。太后責其專擅，追停之。」此亦可見雍之好色，多内寵。

〔一四〕樂府詩集五十九：「蔡氏五弄，琴歷曰：琴曲有蔡氏五弄。琴集曰：五弄：遊春、淥水、幽居、坐愁、秋思。並宫調，蔡邕所作也。琴書曰：邕性沈厚，雅好琴道。嘉平初，入青溪訪鬼谷先生。所居山有五曲，一曲製一弄。……南曲有澗，冬夏常淥，故作淥水。（下略）」此爲琴曲歌辭；又南齊王融應司徒教作齊明王歌辭亦有淥水曲，則爲舞曲歌辭，見樂府詩集五十六。錄與淥通。本文所言，不知屬於何種。

〔一五〕後漢書九十一黄琬傳云：「琬字子琰，少失父，早而辯慧。祖父瓊，初爲魏郡太守，建和元年正月，日食，京師不見，而瓊以狀聞。太后詔問所食多少，瓊思其對，而未知所況。琬年七歲，在傍曰：何不言日食之餘，如月之初。瓊大驚，即以其言應詔，而深奇愛之。後瓊爲司徒，琬以公孫拜童子郎，辭病不就，知名京師。」

〔一六〕文舉即孔融。後漢書一百孔融傳云：「字文舉，魯國人，孔子二十世孫也。……融幼有異才，年十歲，隨父詣京師。時河南尹李膺以簡重自居，不妄接士賓客，勑外自非當世名人及與通家，皆不得白。融欲觀其人，故造膺門，語門者曰：我是李君通家子弟。門者言之，膺請融問曰：高明祖父嘗與僕有恩舊乎？融曰：然，先君孔子與君先人李老君同德比義，而相師友，則融與君累世通家。衆坐莫不歎息。太中大夫陳煒後至，坐中以告煒。煒曰：夫人小而聰了，大未必奇。融應聲曰：觀君所言，將不早慧乎？膺大笑曰：高明必爲偉器。」

〔一七〕廣宗郡，魏書地形志屬司州（鄴城），在今河北省威縣東。綠君亭本宗字下注云：「一作文。」是又改廣宗爲廣文。按廣文設於唐天寶九載，後魏時不當有之，一本之説不足從。

〔一八〕唐晏鈎沈云：「按北史儒林傳於服氏春秋有潘叔虔，當即崇和之字。」按儒林傳序云：「河北諸儒能通春秋者，並服子慎所注，亦出徐生（徐遵明）之門。張買奴、馬敬德、邢峙、張思伯、張奉禮、張彫、劉晝、鮑長宣、王元則，並得服氏之精微。又有衛覬、陳達、潘叔虔，雖不傳徐氏之門，亦爲通解。又有姚文安、秦道静初亦學服氏，後兼更講杜元凱所注。」於此可覘當時服氏春秋流傳之概況。唐氏所言叔虔是崇和之字，更無佐證，祇可存疑。

〔一九〕隋書三十二經籍志：「春秋左氏傳解誼三十一卷（經典釋文叙録、舊唐書經籍志、唐書藝文志皆作三十卷），漢九江太守服虔注。」又同書叙春秋云：「諸儒傳左氏者甚衆。……其後賈逵、服虔並爲訓解，至魏遂行於世。晉時杜預又爲經傳集解。……左氏服虔、杜預注，俱立國學。……後……左氏唯傳服義。至隋杜氏盛行，服義……浸微，今殆無師説。」經典釋文叙録云：「江左中興，立左氏傳杜氏服氏博士。」北史八十一儒林傳序云：「江左……左傳則杜元凱，河洛則服子慎。」可證北朝左氏傳服注之盛行，自唐初新修五經正義，左傳採用杜注，服氏解誼書漸亡失，遂此不傳。

〔二〇〕論語鄉黨篇：「攝齊升堂，鞠躬如也。」集解：「衣下曰齊，攝齊者，摳衣也。」北面，弟子敬師禮。

〔二一〕國陽猶言國都之南。

〔二二〕所舉之例，具見本卷前文。

〔二三〕太平御覽四百六十六引裴啓語林云：「祖士言與鍾雅相調，鍾語祖曰：我汝潁之士利如錐，卿燕代之士鈍如槌。」崇和言本此。

崇虚寺在城西〔一〕，**校**此條疑是城内篇文，錯倒於此，説見注。即漢之躍（濯）龍閣（園）**校**吴琯本、漢魏本、緑君亭本、真意堂本閣皆作園。説郛四亦作園。今正。按張衡東京賦、後漢書桓帝紀及明德馬皇后紀、元河南志二皆作濯龍園，則躍當作濯，各本皆誤，今據正。也。延熹九年，桓帝祠老子於躍（濯）龍園〔二〕，室（設）校吴琯本、漢魏本、緑君亭本、真意堂本室作設，當是，今正。華蓋之座〔三〕，校吴琯本、漢魏本、真意堂本座作坐，同。用郊天之樂〔四〕，此其地也。高祖遷京之始，以地給民。憩者多見妖怪，是以人皆去之，遂立寺焉。

〔注釋〕

〔一〕按此文有錯誤，既云城西，何得列於城南篇内？考漢晉洛陽宮城圖後漢東都城圖濯龍園在城内西北隅。元河南志二引司馬彪續漢書云：「在洛陽西北角。」又引續漢志：「近北宮，明德馬后置織室於園中。」則漢時園之在城内西北，明甚。後魏建都，城門大概都依據漢晉之舊，並無更動，詳見於本書楊衒之自序内，則城内之濯龍園舊址，決無移在城外之理，更不可能移在城南。據此觀之，本條當是城内篇内文，錯亂倒置於後。

〔二〕後漢書七桓帝紀延熹九年七月「庚午，祠黄老於濯龍宮」。

〔三〕華蓋，天子之蓋。古今注上輿服篇：「華蓋，黄帝所作。與蚩尤戰於涿鹿之野，常有五色雲氣，金枝玉葉，止於帝上，有花葩之象，故因而作華蓋也。」

〔四〕郊是祭天。禮記郊特牲云：「郊之祭也，大報天而主日也。」鄭注：「大猶徧也。天之神，日爲尊。」郊天之樂猶言祭神之樂。周禮春官大司樂云：「乃奏黄鍾，歌大吕，舞雲門，以紀天神。」漢書二十二禮樂志云：「至武帝定郊祀之禮，祠太一於甘泉……祭后土於汾陰……乃立樂府，采詩夜誦，有趙、代、秦、楚之謳，以李延年爲協律都尉，多舉司馬相如等數十人造爲詩賦，略論律吕，以合八音之調，作十九章之歌。」

洛陽伽藍記校注卷第四

魏撫軍司馬楊衒之撰　范祥雍校注

城西

沖覺寺，太傅清河王懌捨宅所立也，在西明門外一里御道北。

懌親王之中最有名行，世宗愛之，特隆諸弟〔一〕。延昌四年，世宗崩，懌與高陽王雍、廣平王懷並受遺詔，輔翼孝明〔二〕。時帝始年六歲，太后代揔萬幾，以懌明德茂親，體道居正，事無大小，多諮詢之〔三〕。是以熙平、神龜之際，勢傾人主，第宅豐大，踰於高陽〔四〕。西北有樓，出淩雲臺〔五〕，俯臨朝市，目極京師，古詩所謂「西北有高樓，上與浮雲齊」〔六〕者也。樓下有儒林館、退（延）賓堂，**校** 按元河南志三退作延。考下文云：「懌愛賓客，重文藻，海內才子，莫不輻輳。」則延字義長，河南志當是。各本皆誤，今據正。形製並如清暑殿〔七〕，土山釣臺，**校** 吳琯本、漢魏本、真意堂本臺作池。元河南志亦作池。冠於當世。斜峯入牖，曲沼環堂。樹響飛嚶〔八〕，堦叢花藥。懌愛賓客，重文藻，海內才子，莫不輻輳〔九〕。府僚臣佐，並選儁俊。**校** 吳琯本、漢魏本、真意堂本俊作民。至於清晨明**校** 吳琯本、漢魏本明作美。真意堂本明下有美字。景，騁望南**校** 吳琯本、漢魏本南作祖。臺，珍羞具設，校吳琯本、漢魏本、真意堂本羞作奇。琴笙並奏，芳醴盈罍，佳校吳琯本、漢魏本、真意堂本、吳集證本佳作嘉。賓滿席，使梁王愧兔園校吳琯本、漢魏本、真意堂本園作苑。之遊〔一〇〕，陳思慚雀臺之燕〔一一〕。校吳琯本、漢魏本燕作讌，同。正光初，元乂校吳琯本、漢魏本、真意堂本乂作義，綠君亭本作乂。按如隱本他處亦作乂。秉權，閉太后於後宮，薨懌於下省〔一二〕。孝昌元年，太子（后）校各本子作后。吳集證云：「子當從各本作后。」今正。還摠萬機，追贈懌太子太師太（大）校各本皆作大，今據正。將軍都督中外諸軍事，假黃鉞〔一三〕、給九旒、鑾輅〔一四〕、黃屋左纛〔一五〕、轀輬車〔一六〕、前後部羽葆鼓吹〔一七〕、虎賁班劍百人〔一八〕、挽歌二部〔一九〕，葬禮依晉安平王孚故事〔二〇〕，謚曰文獻〔二一〕。圖懌像於建始殿。拔清河國校吳琯本、漢魏本、真意堂本國下有郎中二字。吳集證云：「案魏書百官志有侯伯國郎中令，何本殆據之以增此也。」令韓子熙爲黃門侍郎〔二二〕。從（徙）校各本從作徙。吳集證云：「從當從各本作徙。」今正。王國三校吳琯本、漢魏本無三字。卿爲執戟者，近代所無也。爲文獻追福，建五層浮圖一所，工作與瑤光寺〔二三〕相似也。

〔注釋〕

〔一〕魏書二十二懌傳云：「司空高肇以帝舅寵任，既擅威權，謀去良宗，屢譖懌及愉等。愉不勝其忿怒，遂舉逆冀州。因愉之逆，又搆殺勰（彭城王），懌恐不免。肇又録囚徒，以立私惠。懌因侍宴，酒酣，乃謂肇曰：天子兄弟，詎有幾人？而炎炎不息！昔王莽頭禿，亦藉渭陽之資，遂篡漢室。今君曲形見矣，恐復終成亂階。……世宗笑而不應。」按宣武帝寵任高肇，權傾諸王，獨懌敢於面言，雖不能去之，終未遭害，亦可證元怿待懌之殊。

〔二〕魏書九肅宗紀：延昌「四年（五一五）春正月丁巳夜，即皇帝位」。二月「癸未，太保高陽王雍進位太傅，領太尉，司空清河王懌爲司徒，驃騎大將軍、廣平王懷爲司空」。

〔三〕通鑑一百四十九云：「魏太傅、侍中、清河文獻王懌美風儀，胡太后逼而幸之；然素有才能，輔政多所匡益。」魏書懌傳云：「靈太后以懌肅宗懿叔，德先具瞻，委以朝政，事擬周、霍。懌竭力匡輔，以天下爲己任。」

〔四〕高陽謂高陽王雍宅，見本書卷三高陽王寺條。

〔五〕淩雲臺見本書卷一瑶光寺條。

〔六〕二句見古詩十九首（文選二十九）。四庫全書總目提要伽藍記提要云：「惟以高陽王雍之樓爲古詩所謂西北有高樓、上與浮雲齊者，則未免固於説詩，爲是書之瑕纇耳。」按此言清河王懌之樓，非高陽王雍也，提要當以上文高陽字而誤。此語爲衒之引古詩句比喻樓之高，並非以此樓當之，更非解説古詩。提要不細按前後文辭，既誤以清河爲高陽，又曲解詞義，則「固於説詩」云者，適足爲自譏也。

〔七〕清暑殿見本書卷一建春門内條。

〔八〕詩小雅伐木：「鳥鳴嚶嚶。」鄭箋：「嚶嚶，兩鳥聲也。」

〔九〕通鑑一百四十九云：「（懌）好文學，禮敬士人，時望甚重。」

〔一〇〕西京雜記二：「梁孝王好營宫室苑囿之樂，作曜華之宫，築兔園。園中有百靈山，山有膚寸石、落猿巖、棲龍岫；又有鴈池，池間有鶴洲、鳧渚。其諸宫觀相連，延亘數十里，奇果異樹，瑰禽怪獸畢備。王日與宫人賓客弋釣其中。」

〔一一〕三國志魏志十九陳思王植傳云：「時鄴銅爵臺新成，太祖悉將諸子登臺，使各爲賦。植援筆立成，可觀，太祖甚異之。」又一武帝紀：建安十五年（二一〇）「冬，作銅爵臺」。雀與爵通。

〔一二〕魏書懌傳：「正光元年，（元）义與劉騰逼肅宗於顯陽殿，閉靈太后於後宮，因懌於門下省，誣懌罪狀，遂害之，時年三十四。朝野貴賤，知與不知，含悲喪氣，驚振遠近。」【河南博物館藏魏清河文獻王元懌墓誌云：「神龜三年（五二〇）歲次庚子，春秋三十有四，癸酉朔三日乙亥害王於位。」神龜三年，改元爲正光，故記云「正光初」，誌云「神龜三年」，其實一也。】

〔一三〕古今注上輿服篇：「金斧，黃鉞也。……黃鉞，乘輿建之，以鈍金爲飾。」

〔一四〕九旒，周禮秋官大行人：「上公之禮……建常九斿。」鄭注：「常，旌旗也。斿，其屬，幓垂者也。」又冬官考工記輈人：「龍旂九斿，以象大火也。」鄭注：「交龍爲旂，諸侯之所建也。」斿與旒通。鸞輅，周禮春官冢人：「及葬，言鸞車象人。」鄭注：「鸞車，巾車所飾遣車也，亦設鸞旗。」賈疏：「亦設鸞旗者，以其遣車有鸞和之鈴，兼有旌旗。」輅即車。

〔一五〕漢書一高帝紀：「紀信乃乘王車，黃屋左纛。」注：「李斐曰：天子車以黃繒爲蓋裏。纛，毛羽幢也，在乘輿車衡左方上注之。蔡邕曰：以犛牛尾爲之，如斗，或在騑頭，或在衡。」

〔一六〕史記八十七李斯傳：「始皇崩……置始皇居轀輬車中。」集解：「孟康曰：如衣車，有牕牖，閉之則温，開之則涼，故名之轀輬車。如淳曰：轀輬車，其形廣大，有羽飾也。」

〔一七〕文選五十八王儉褚淵碑文云：「給節、羽葆、鼓吹、班劍爲六十人。」樂府詩集十六鼓吹曲辭云：「鼓吹曲一曰短簫鐃歌。劉瓛定軍禮云：鼓吹未知其始也，漢班壹雄朔野而有之矣。……漢世有黃門鼓吹……西京雜記：漢大駕祠甘泉、汾陰，備千乘萬騎，有黃門前後部鼓吹。……漢有朱鷺等二十二曲，列於鼓吹，謂之鐃歌。及魏受命，使繆襲改其十二曲……是時吴亦使韋昭改製十二曲。……晉武帝受禪，命傅玄製二十二曲。……宋齊並用漢曲，又充庭十六曲，梁高祖乃去其四，留其十二，更製新歌，合四時也。北齊二十曲皆改古名……後周宣帝革前代鼓吹，制爲十五曲，並述功德受命以相代，大抵多言戰陣之事。隋制列鼓吹爲四部。唐則又增爲五部，部各有曲，唯羽葆諸曲備叙功業，如前代之制。」羽葆曲辭各書皆未見。

〔一八〕虎賁班劍謂執劍衛士。文選五十八王儉褚淵碑文：「增給班劍三十人。」李善注引晉公卿云：「諸公給虎賁二十人，持劍焉。」

〔一九〕挽歌見本書卷三景明寺條注。

〔二〇〕晉安平獻王司馬孚爲晉宣帝（司馬懿）之弟，字叔達。晉書三十七孚傳云：「泰始八年（二七二）薨，時年九十三。帝於太極東堂舉哀三日，詔曰……其以東園温明祕器，朝服一具，衣一襲，緋練百匹，絹布各五百匹，錢百萬，穀千斛，以供喪事，諸所施行，皆依漢東平獻王蒼故事。……帝再臨喪，親拜盡哀。及葬，又幸都亭，望柩而拜，哀動左右。給鑾輅輕車、介士武賁百人，吉凶導從二千餘人，前後鼓吹，配饗太廟。」

〔二一〕【元懌墓誌云：「以孝昌元年歲次乙巳十一月壬寅朔二十日辛酉，改窆瀍西邙阜之陽，追崇使持節、假黄鉞、太師、丞相、大將軍都督中外諸軍事，録尚書事、侍中、太尉公，王如故，加以殊禮，鑾輅、九旒、虎賁班劍百人、前後部羽葆鼓吹、轀輬車，一依彭城武宣王故事。其黄屋左纛，依漢大將軍霍光故事，備錫九命，謚曰文獻，禮也。」與記文可互參。惟誌云「依彭城武穆宣王（按即元勰）故事」，「依漢大將軍霍光故事」，記云「依晉安平王孚故事」則異。】

〔二二〕魏書六十韓子熙傳：「爲清河王懌常侍，遷郎中令。……及元乂害懌，久不得葬，子熙爲之憂悴，屏處田野。……後靈太后返政，以元乂爲尚書令，解其領軍。子熙與懌中大夫劉定興、學官令傅靈擲、賓客張子慎伏闕上書曰：竊維故主太傅清河王職綜樞衡，位居論道，盡忠貞以奉公，竭心膂以事國。自先皇崩殂，陛下沖幼，負扆當朝，義同分陝。宋維反常小子，性若青蠅，污白點黑，讒佞是務。以元乂皇姨之壻，權勢攸歸，遂相附託，規求榮利，共結圖謀，坐生眉眼，誣告國王，枉以大逆。賴明明在上，赫赫臨下，泥潰自消，玉質還潔。謹案律文：諸告事不實，以其罪罪之。維遂無罪，出爲大郡。刑賞僭差，朝野怪愕。若非宋維與乂爲計，豈得全其身命，方撫萬里？王以權在寵家，塵謗紛雜，恭慎之心，逾深逾厲。去其本宅，移住殿西，闔門靜守，親賓阻絶。于時，吏部諮稟劉騰，奏其弟官，郡戍兼補，及經內呈，爲王駁退。騰由此生嫌，私深怨怒，遂乃擅廢太后，離隔二宮，拷掠胡定，誣王行毒。含齒戴髮，莫不悲惋。及會公卿，議王之罪，莫不俛眉飲氣，唯諾是從。僕射游肇，抗言厲氣，發憤成疾，爲王致死。王之忠誠款篤，節義純貞，非但蘊藏胸襟，實乃形於文翰。搜括史傳，撰顯忠録，區目十篇，分卷二十，既欲彰忠心於萬代，豈可爲逆亂於一朝？乞追遺志，足明丹款。乂籍寵姻戚，恃握兵馬，無君之心，實懷皂白。擅廢太后，枉害國王，生殺之柄，不由陛下。賞罰之詔，一出於乂。名藩重地，皆其親黨；京官要任，必其心腹。中山王熙本興義兵，不圖神器。戮其大逆，合門滅盡。遂令元略南奔，爲國臣害。奚康生國之猛將，盡忠棄市。其餘枉被屠戮者，不可稱數。緣此普天喪氣，匝地憤傷，致使朔、隴猖狂，歷歲爲亂；荆、徐蠢動，職是之由。昔趙高秉秦，令關東鼎沸；今元乂執權，使四方雲擾。自古及今，竹帛所載，賊子亂臣，莫此爲甚。開逆之始，起自宋維；成禍之末，良由騰矣。而令凶徒姦黨，迭相樹置，高官厚禄，任情自取；非但臣等痛恨終身，抑爲聖朝懷慙負愧。以臣赤心慺慺之見，宜梟諸兩觀，洿其舍廬。騰合斲棺斬骸，沈其五族，上謝天人幽隔之憤，下報忠臣冤酷之痛。方乃崇亞三事，委以樞端，所謂虎也更傅其翼！朝野切齒，遐邇扼腕。蔓草難除，去之宜盡。臣歷觀曠代，緬追振古，當斷不斷，其禍更生。況乂猜忍，更居衡要。臣中宵九歎，竊以寒心。實願宸鑒，早爲之所。臣等潛伏閭閻，於玆六載，旦號白日，夕泣星辰，叩地寂寥，呼天無響，衛野納肝，秦庭夜哭，千古之痛，何足相比！今幸遇陛下叡聖，親覽萬幾；太后仁明，更撫四海。臣等敢詣闕披陳，乞報冤毒！書奏，太后義之，乃引子熙爲中書舍人。遂剖騰棺，賜乂死。」

〔一三〕瑶光寺見本書卷一。

宣忠寺，侍中司州牧城陽王〔一〕**校**吴琯本、漢魏本、緑君亭本、真意堂本王下有徽字。説郛四亦有。所立也，在西陽門外一里御道南。永康（安）**校**吴琯本、漢魏本、真意堂本康作安。元河南志三亦作安。後魏無永康年號，顯誤，下文亦作永安，今正。中，北海入洛，莊帝北巡〔二〕，自餘諸王，各懷二望，惟徽獨從莊帝至長子城〔三〕。大兵阻河，雌雄**校**吴琯本、漢魏本、真意堂本雌雄作「雄雌」。未決，徽願入洛陽捨宅爲寺。及北海敗散，國道重暉，遂捨宅焉。

永安末，莊帝謀煞**校**各本煞作殺，同。爾朱榮，恐事不果，請**校**吴琯本、漢魏本、真意堂本請作謀。計於徽〔四〕，徽曰：「以生太子爲辭，榮必入朝，因以斃之。」莊帝曰：「后懷孕於（未）**校**吴琯本、真意堂本於字空格。漢魏本、唐鈎沈本、張合校本作未，今從之。十月，今始九月，可爾已**校**吴琯本、漢魏本、真意堂本已作以，同。不？」徽曰：「婦生産子，**校**吴琯本、漢魏本作「婦人生産」。緑君亭本、真意堂本作「婦人産子」。有延月者，有少月者，不足爲怪。」帝納其謀，遂唱生太子，遣徽特（馳詔）**校**吴琯本、漢魏本、真意堂本特作「馳詔」二字。緑君亭本注云：「一本作持詔。」按通鑑一百五十四云：「遣徽馳騎至榮第告之。」則作馳爲是。馳以聲近譌爲持，又以形近譌爲特。今從吴琯本正。至太原王〔五〕第，告云：「皇儲誕育。」值榮與上党王天穆博戲，徽脱榮帽，懽舞盤旋。徽素大度量，喜怒不形【校】吴琯本、漢魏本形作盈。於色。遶（兼）【校】吴琯本、漢魏本、真意堂本遶作兼。按通鑑作「兼殿内文武，傳聲趣之」。似以作兼爲是，今從吴琯本正。殿内外懽叫，榮遂信之，與穆並入朝。莊帝聞榮來，不覺失色。中書舍人温子升〔六〕【校】各本升作昇。曰：「陛下色變。」帝連【校】吴琯本、漢魏本、真意堂本無連字。索酒飲之，然後行事。榮、穆既誅，拜徽太師司馬，餘官如故，典統禁兵，偏被委任〔七〕。及爾朱兆擒莊帝，徽投前洛陽令寇祖仁〔八〕。祖仁【校】吴琯本、漢魏本祖仁二字不重。按通鑑一百五十四重祖仁二字。一門刺史〔九〕，【校】通鑑作「一門三刺史」。法苑珠林八十四怨苦篇引冤魂志作「祖仁父叔兄弟三人爲刺史」。據此，疑門字下脱一三字。皆是徽之將（校），【校】吴琯本、漢魏本、緑君亭本將下有校字，此脱，今補。少【校】吴琯本、漢魏本、緑君亭本、真意堂本少作以。有舊恩，故【校】吴琯本、漢魏本、真意堂本無故字。往投之。祖仁謂子弟等曰：「時【校】吴琯本、漢魏本時作始。按通鑑時作如。聞爾朱兆募城陽王甚重，擒獲者千户侯。今日富貴至矣！」遂斬送之〔一〇〕。徽初投祖仁家，賫【校】各本賫作齎，同。金一百斤、馬五十疋，祖仁利其財貨，故行此事。所得金馬，緦親〔一一〕之内均分之，所謂「匹夫無罪，懷璧其罪〔一二〕」，信矣！【校】吴琯本、漢魏本、真意堂本矣下有哉字。兆得徽首，亦不動賞祖仁。兆忽夢徽云：「我有黄【校】吴琯本、漢魏本、真意堂本無黄字。通鑑亦無黄字。金二百斤、馬一百疋，在祖仁家，卿可取之。」兆悟覺，即自思量：「城陽禄位【校】吴琯本、漢魏本、真意堂本禄位作「位望」。隆重，未聞清貧，常自入其家採掠，**校**吳琯本、漢魏本、真意堂本掠作跡。本無金銀，此夢或真。」至曉，掩祖仁，徵其金、馬。祖仁謂人密告，望風款服，云：「實得金一百斤，馬五十疋。」兆疑其藏隱，依夢徵之。祖仁諸房素有金三十斤，馬五（三）十疋，**校**吳琯本、漢魏本、真意堂本五作三。按通鑑亦作三。珠林引冤魂志作「祖仁私斂戚屬，得金三十斤，馬三十疋」，則作三是也。今據正。盡送致兆，**校**吳琯本、漢魏本、真意堂本無致字。猶不充，**校**吳琯本、漢魏本、真意堂本、吳集證本充作滿。數。兆乃發怒，捉祖仁，懸首高樹，大石墜足，鞭捶之，以及於死〔一三〕。時人以爲交報。楊衒之云：**校**張合校本云作曰，當是寫誤。「崇善之家，必有餘慶；積禍**校**綠君亭本、真意堂本禍作惡。之門，殃所畢集〔一四〕。吳琯本、漢魏本、真意堂本作「餘殃所集」。祖仁負恩反噬，貪貨殺徽，徽即託夢增**校**吳琯本、漢魏本增下有徽字。綠君亭本、真意堂本增下有徵字，徵即徽之誤。金馬，假手於兆，還以斃之。使祖仁備經楚撻，窮其塗炭〔一五〕，雖魏侯**校**吳琯本、漢魏本、真意堂本魏下有其字。之笞田蚡〔一六〕，秦主之刺姚萇〔一七〕，以此論之，不能加也。」

〔注釋〕

〔一〕城陽王謂元徽，爲城陽王長壽之孫，魏書十九有傳。

〔二〕北海王元顥入洛事見本書卷一永寧寺條。

〔三〕魏書徽傳：「元顥入洛，從莊帝北巡。及車駕還宮，以與謀之功，除侍中、大司馬、太尉公，加羽葆、鼓吹，增邑通前二萬户，餘官如故。」長子城見本書卷一永寧寺條注。

〔四〕前書：「徽後妻莊帝舅女，侍中李彧，帝之姊壻。徽性佞媚，善自取容，挾内外之意，宗室親戚，莫與比焉。遂與彧等勸帝圖（爾朱）榮，莊帝亦先有意。」

〔五〕太原王即爾朱榮。

〔六〕魏書八十五温子昇傳云：「及帝殺爾朱榮也，子昇預謀。當時赦詔，子昇詞也。榮入内，遇子昇把詔書，問：是何文書？子昇顔色不變曰：勑。榮不視之。」

〔七〕魏書徽傳：「除徽太保，仍大司馬、宗師、録尚書事，總統内外。」

〔八〕通鑑考異七云：「魏書作寇禰（今魏書禰作彌），按寇讚諸孫所字皆連祖字，或者名禰字祖仁。」按寇彌，魏書四十二有傳。

〔九〕按寇彌父臻爲郢州刺史，兄治爲東荆州刺史及河州刺史，長子朏之爲東荆州刺史，皆見魏書四十二寇讚附傳。又寇臻長子軌（魏書作祖訓，蓋舉其字），軌子遵貴爲光州刺史，見寇胤哲墓誌。此文所言一門刺史，疑謂寇治、寇朏之、寇遵貴等。若寇臻則年代較遠，恐未爲元徽將校。

〔一〇〕魏書徽傳：「及爾朱兆之入，禁衛奔散，莊帝步出雲龍門。徽乘馬奔度，帝頻呼之。徽不顧而去，遂走山南，至故吏寇彌宅。彌外雖容納，内不自安，乃怖徽云：官捕將至。令其避他所，使人於路邀害，送屍於爾朱兆。」又四十二寇彌傳：「兼尚書郎，爲城陽王徽所親待。永安末，徽避爾朱兆，脱身南走，歸命於彌，彌不納，遣人加害，時論深責之。」又元徽墓誌云：「銅駝興步出之歎，平陽結莫反之哀，孰謂推瘡，遽同枏胻。春秋卌一，永安三年，歲次庚戌，十二月六日，薨於洛陽之南原。」銘詞云：「聰、耀爲虐，冠屨飄淪。壓焉斯及，彌瘁奄臻。剖心奚痛，殲我良人。」雖未明言，觀其詞意，亦謂徽爲人所害。

〔一一〕緦親謂親族中較疏遠者。緦麻是喪服名，五服之中爲最輕。

〔一二〕語見左傳桓公十年，杜預注：「人利其璧，以璧爲罪。」

〔一三〕魏書寇彌傳言彌「後没關西」，不云爲爾朱兆所鞭死。法苑珠林八十四怨苦篇引冤魂志云：「魏城陽王元徽初爲孝莊帝畫計殺爾朱榮。及爾朱兆入洛，害孝莊，而徽懼，走投洛陽令寇祖仁。祖仁父叔兄弟三人爲刺史，皆徽之力也。既而爾朱兆購徽萬户侯，祖仁遂斬徽送之，并匿其金百斤、馬五十疋。及兆得徽首，亦不賞侯。兆乃夢徽曰：我金二百斤，馬百疋，在祖仁家，卿可取也。兆覺曰：城陽家本巨富，昨令收捕，全無金銀，此夢或實。至曉，即令收祖仁。祖仁又見徽曰：足得相報矣。祖仁疑得金百斤、馬五十疋，兆不信之。祖仁私斂戚屬，得金三十斤、馬三十疋，輸兆，猶不充數。兆乃發怒，懸頭於樹，以石硾其足，鞭捶殺之。」與此文略同。

〔一四〕易經坤文言云：「積善之家，必有餘慶；積不善之家，必有餘殃。」

〔一五〕書仲虺之誥云：「民墜塗炭。」孔傳：「民之危險，若陷泥墜火。」此借喻困苦。

〔一六〕魏侯，魏其侯竇嬰。田蚡，漢孝景后同母弟，封武安君。蚡爲丞相，娶燕王女爲夫人，竇嬰與灌夫往賀，飲酒不懽，灌夫罵坐。蚡麾騎縛夫，劾論死罪。竇嬰力救之，又爲劾矯景帝詔，論棄市渭城，「其春（即漢武帝元光四年春），武安侯（田蚡）病，專呼服謝罪，使巫視鬼者視之，見魏其、灌夫共守，欲殺之，竟死」。詳見史記一百七魏其侯武安侯列傳。

〔一七〕秦主謂苻堅。十六國春秋輯補（湯球輯本）三十八前秦録云：「堅至五將山，姚萇遣將軍圍之。堅衆奔散，獨侍御十數人而已。……俄而忠至，執堅以歸新平縣，幽之於别室。萇求傳國璽於堅……堅瞋目叱之曰：小羌，乃敢干逼天子，豈以傳國璽授汝羌乎？……璽已送晉，不可得也。萇又遣尹緯説堅，求爲堯舜禪代之事……（堅）不許……罵而求死。（前秦苻堅建元二十一年）八月，乃縊堅於新平佛寺中。」又五十後秦録云：「萇如長安，至於新支堡，疾篤。輿疾而進，夢苻堅將天官使者鬼兵數百，突入營中。萇懼，走入宫，宫人迎萇刺鬼，誤中萇陰。鬼相謂曰：正中死處。拔矛，出血石餘，寤而驚悸，遂患陰腫，醫刺之出血如夢。萇遂狂言，或稱臣萇，殺陛下者兄襄，非臣之罪，願不枉臣！……庚子，薨於永安宫。」

宣忠寺東王典御寺，閹官［楊］王桃湯〔一〕校吴琯本、漢魏本、緑君亭本、真意堂本皆無楊字。吴集證本云：「按魏書閹官傳：王温字桃湯。楊字當從各本衍。」按説郛四亦無楊字，今據衍。所立也。時閹官伽藍皆爲尼寺，唯桃湯所建校吴琯本、漢魏本所建作獨造。説郛亦作獨造。僧寺，世人稱□（之）校吴琯本、漢魏本、緑君亭本、真意堂本空格皆作之。説郛亦作之，今補。英雄。門有三層浮屠校各本屠作圖，下同。一所，工踰昭義〔二〕。校本書卷一作「昭儀」。宦者招提，最爲入室。校吴琯本、漢魏本入室作「人寶」。至於六齋〔三〕，常擊鼓歌舞也。

〔注釋〕

〔一〕王温字桃湯，趙郡欒城人，魏書九十四閹官列傳有傳。

〔二〕昭儀尼寺，爲閹官等所立，見本書卷一。

〔三〕六齋見卷二大統寺條注。

白馬寺，漢明帝所立也，佛校太平御覽六百五十八引佛下有教字。入中國之始。寺在西陽門外三里御道南〔一〕。校御覽無三里二字。帝夢金神，校吴琯本、漢魏本、真意堂本神作人。御覽亦作人。長丈六，項背校吴琯本、漢魏本背作皆，當是形近而譌。御覽背作佩。日月光明，金神（胡人）校吴琯本、漢魏本、真意堂本金作胡。御覽金神作「胡人」，今從正。號曰佛。遣使向西域求之，乃得經校御覽經作金。像焉。時校御覽時下有以字。白馬負（經）校吴琯本、漢魏本、真意堂本負下有經字。御覽、説郛四亦有經字。今據補。而來，因以爲名。明帝崩，起祇洹於陵上〔二〕。自此從（以）校吴琯本、漢魏本、緑君亭本、真意堂本從作以。此當是以與从形近，因而致誤，又寫作從，今正。後，百姓塚上，或作浮圖焉。寺上經函至今校御覽無至今二字。猶存。校御覽猶作常。常燒香供養之，經函校御覽無此八字。時放光明，耀校御覽耀作曜，同。於堂宇〔三〕，是以道俗禮敬之，如仰真容。浮屠校各本屠作圖，同。前，柰林蒲萄〔四〕校太平御覽九百七十二萄作桃，通。異於餘處，枝葉繁衍，子實甚大。柰林實重七斤，校唐鈎沈云：「柰無重至七斤之理，下云白馬甜榴，此疑當作榴。」按榴爲柰屬，故榴亦可稱作柰。唐説似拘。蒲萄實偉於棗，味並殊美，冠於中京〔五〕。帝至熟時，常詣取之，或復賜宮人。宮人校御覽宮人二字不重。得之，轉餉親戚，以爲奇味，校御覽味作異。得者不敢輒食，乃歷數家。京師語曰：「白馬甜榴〔六〕，一實直牛〔七〕。」

有沙門寶公者，不知何處校太平御覽六百五十五處作許。人也。形貌醜校御覽醜作寢。太平廣記九十一作寑。陋，心機校各本機作識。按御覽、廣記亦作識。通達，過去未來，預覩三世。發言似校吴琯本、漢魏本無似字，空二格。識，不可**校**御覽、廣記可下有得字。解，事過之後，始驗其實。胡太后聞之，**校**御覽、廣記無聞之二字。問以世事。寶公曰：**校**廣記無曰字。「把粟與鷄呼**校**御覽、廣記呼作喚。朱朱〔八〕。」時人莫之能**校**廣記無之能二字。解。建義元年，后爲爾朱榮所害〔九〕，始驗其言。時亦**校**吳琯本、漢魏本、真意堂本無亦字。廣記亦無。有洛陽**校**吳琯本、漢魏本、真意堂本無陽字。人趙法和請占「早晚當有爵否」。**校**吳琯本、漢魏本爵否作官爵。真意堂本爵上有官字。廣記無否字。寶公曰：「大竹箭，不須羽。東厢屋，急手作。」時**校**廣記時下有人字。不曉其意。經十餘日，**校**吳琯本、漢魏本、真意堂本十餘日三字作「月餘」二字。廣記亦作「月餘」。法和父喪〔一〇〕。**校**廣記喪作亡。大竹（箭）者**校**廣記竹下有箭字，今據補。（苴）杖；**校**廣紀杖上有苴字，今據補。東厢屋者，倚廬。**校**吳琯本、漢魏本、真意堂本下有初字。按廣記亦有。造十二辰歌，終其言也。**校**唐鈎沈云：「此段與前後文不屬，未知當在何條下。」

〔注釋〕

〔一〕水經穀水注：「穀水又南逕白馬寺東。昔漢明帝夢見大人，金色，項佩白光，以問羣臣。或對曰：西方有神名曰佛，形如陛下所夢，得無是乎？于是發使天竺，寫致經像，始以榆欓（朱謀㙔箋云：榆欓乃以榆木爲經函耳。）盛經，白馬負圖，表之中夏，故以白馬爲寺名。此榆欓後移在城内愍懷太子浮圖中，近世復遷此寺，然金光流照，法輪東轉，創自此矣。」【嘉慶一統志二〇七云：「白馬寺在洛陽縣東二十里故洛陽縣西。漢明帝時摩騰、竺法蘭初自西域以白馬馱經西來，舍於鴻臚寺，遂取寺爲名，創製白馬寺，此僧寺之始也。……唐垂拱（六八五——六八八）

初武后重修。通志：宋淳化（九九〇——九九七）、元至順（一三三〇——一三三三）間俱勅修。明洪武二十三年（一三九〇）重修。」按白馬寺現在河南洛陽老城（此乃舊城，非漢魏故城）東二十五華里，爲佛教傳入中國所建之第一座寺院，歷代營修，巍然尚存。今列爲全國重點文物保護單位，亦爲遊覽之勝區。孫宗文有佛教東來與白馬寺建置考一篇（載現代佛學一九五七年第四期），可參考。】

〔二〕牟子理惑論云：「昔孝明皇帝夢見神人，身有日光，飛在殿前，欣然悦之，明日博問羣臣，此爲何神？有通人傅毅曰：臣聞天竺有得道者，號之曰佛，飛行虚空，身有日光，殆將其神也。於是上悟，遣使者張騫、羽林郎中秦景、博士弟子王遵等十二人，於大月支寫佛經四十二章，藏在蘭臺石室第十四間。時於洛陽城西雍門外起佛寺，於其壁，畫千乘萬騎，繞塔三帀；又於南宮清涼臺及開陽城門上作佛像。明帝存時，預修造壽陵，陵曰顯節，亦於其上作佛圖像。」四十二章經序與此略同。高僧傳一攝摩騰傳云：「漢永平中，明皇帝夜夢金人飛空而至，乃大集羣臣以占所夢。通人傅毅奉答：臣聞西域有神，其名曰佛。陛下所夢，將必是乎？帝以爲然，即遣郎中蔡愔、博士弟子秦景等使往天竺，尋訪佛法。愔等於彼遇見摩騰，乃要還漢地。……至乎雒邑，帝甚加賞接，於城西門外立精舍以處之，漢地有沙門之始也。……有記云：騰譯四十二章經一卷，緘在蘭臺石室第十四間中。騰所住處，今雒陽城西雍門外白馬寺是也。相傳云：外國國王嘗毁破諸寺，唯招提寺未及毁壞，夜有一白馬繞塔悲鳴，即以啓王。王即停壞諸寺，因改招提以爲白馬，故諸寺立名，多取則焉。」魏書一百十四釋老志、南齊王琰冥祥記（法苑珠林二十一敬佛篇引）略同。按永平求法，各書所記，稍有出入，諸家多有考證，此不詳談。湯用彤漢魏兩晉南北朝佛教史（頁二〇）云：「按白馬寺之名，始見於西晉竺法護譯經諸記中。太康十年（二八九）四月譯文殊師利浄律經，十二月出魔逆經，均在洛陽西白馬寺（原注：均見祐録七）。永熙元年（二九〇）譯正法華，亦在洛陽白馬寺（原注：祐録八）。上距漢永平之世，已二百餘年。……又按竺法護譯經，常於長安青門内白馬寺（原注：須真天子經記，見祐録七）。東晉時支道林常在建業白馬寺。則漢、晉間寺名白馬，或實不少。」祇洹即精舍，見本書卷一景林寺條注。

〔三〕經函即穀水注所説之榆欓，見上注。

〔四〕【柰林即若榴或石榴，下文「白馬甜榴」可證，故有「實重七斤」者，明非李柰之柰。若榴與柰林爲一聲之轉。潘岳閒居賦云「石榴蒲萄之珍」，亦二菓並列，其爲洛地名産久矣。原校説有未盡，補訂於此。】

〔五〕中京即中原，京音原，亦作原字，見禮記檀弓釋文。

〔六〕埤蒼云：「石榴，柰屬也。」（初學記二十八引）

〔七〕直與值通。

〔八〕酉陽雜俎三貝編篇云：「後魏胡后嘗問沙門寶誌國祚，且言把東與雞呼朱朱。蓋爾朱也。」當即據此記，但以寶公爲寶誌，恐譌。東字應作粟，疑是刊本之誤。

〔九〕爾朱榮殺胡太后事見本書卷一永寧寺條注。

〔一〇〕酉陽雜俎三貝編篇云：「有趙法和請占，志公曰：大（下當脱竹字）箭，不須羽，東箱（廂之譌）屋，急手作。法和尋喪父。」即本此記。

寶光寺，**校**吴琯本、漢魏本、吴集證本寶光作「光寶」。説郛四亦作「光寶」。下同。在西陽門外御道北。有三層浮圖一所，以石爲基，形製甚古，畫工雕刻。隱士趙逸〔一〕見而歎曰：「晉朝石塔寺，今爲寶光寺**校**真意堂本上作「寶光寺」，此作「光寶寺」。也！」人問其故，逸曰：「晉朝三（四）十二寺校按本書序云：「至晉永嘉惟有寺四十二所。」魏書釋老志云：「晉世洛中佛圖有四十二所矣。」皆作四十二，此三字當是四字之譌。今據正。盡皆湮滅，唯校吳琯本、漢魏本、真意堂本唯下有有字。此寺獨存。」指園中一處曰：「此是浴室〔二〕，校吳琯本、漢魏本、真意堂本室作堂。前五步，應有一井。」衆僧掘之，果得屋及井焉。井雖填塞，磚口如初，浴堂下猶有石數十枚。當時園池（地）校吳琯本、漢魏本池作地，是，今正。平衍，果菜葱青，莫不嘆息焉。園中有一海，號「咸池」。葭菼校吳琯本、漢魏本菼作芙。被岸，菱荷覆水，青松翠竹，羅生其旁。校吳琯本、漢魏本旁作傍，同。京邑士子，至於良辰美日，休沐〔三〕告歸，徵友命朋，來遊此寺。雷校吳琯本、漢魏本、真意堂本雷作雲。車接軫〔四〕，羽蓋成陰。或置酒林泉，題詩花圃，折藕浮瓜，以爲興適。

普泰末，雍西（州）校各本西作州，今正。刺史隴西王爾朱天光〔五〕摠士馬於此寺。寺門無何都崩，天光見而惡之。其年，天光戰敗，斬於東市也〔六〕。

〔注釋〕

〔一〕趙逸見本書卷二建陽里東條。

〔二〕南海寄歸内法傳三云：「那爛陀寺有十餘所大池，每至晨時，寺鳴健椎，令僧徒洗浴。……世尊教爲浴室，或作露地甎池，或作去病藥湯，或令油遍塗體。夜夜油恒揩足，朝朝頭上塗油。明目去風，深爲利益。」是寺有浴室，此制亦倣自印土。

〔三〕通鑑二十三：「（霍）光每休沐出。」胡三省注：「漢制：中朝官五日一下里舍休沐，三署諸郎亦然。」此言休假。

〔四〕雷車謂車聲如雷，以喻車乘之多。軫，車後橫木。

〔五〕爾朱天光爲榮從祖兄子，魏書七十五有傳。

〔六〕魏書天光傳：「於時獻武王（高歡）義軍轉盛，爾朱兆、仲遠等既經敗退，世隆累使徵天光，天光不從。後命斛斯椿苦要天光云：非王無以能定，豈可坐看宗家之滅也？天光不得已而東下，與仲遠等敗於韓陵。斛斯椿等先還，於河梁拒之。天光既不得渡，西北走，遇雨不可前進，乃執獲之，與（爾朱）度律送獻武王。王致於洛，斬於都市，年三十七。」

法雲寺，西域烏場國〔一〕校吴琯本、漢魏本、真意堂本場作陽。説郛四亦作陽。太平御覽六百五十五作長。胡沙門僧（曇）摩羅校吴琯本、漢魏本、真意堂本僧作曇。御覽、説郛亦作曇。按曇摩爲梵名，此云法。西域僧徒多用曇摩或曇無命名者。此當作曇，今正。所立也，在寶光校吴琯本、漢魏本、真意堂本、吴集證本寶光作「光寶」。寺西，隔墻並門。摩羅聰慧利根〔二〕，學窮釋氏，至中國，即曉魏言隸書，凡校吴琯本、漢魏本、緑君亭本、真意堂本凡下有所字。御覽亦有所字。聞見，無不通解，是以道俗貴賤，同歸仰之。作祇洹[寺]校吴琯本、漢魏本、真意堂本無寺字，依文義當無，今據衍。一所，工制校照曠閣本制作製。甚精。佛殿僧房，皆爲胡飾，丹素校緑君亭本素作青。炫校吴琯本、漢魏本、真意堂本、吴集證本炫作發。彩，金玉校吴琯本、漢魏本、真意堂本吴集證本玉作碧。垂輝。摹寫真容，似丈六之見鹿苑〔三〕；神光壯麗，若金剛之在雙林〔四〕。伽藍之內，花校吴琯本、漢魏本、真意堂本花作珍。果蔚茂，芳草蔓合，嘉木校緑君亭本木作樹。被庭。京師校御覽師作都。沙門好胡法者，皆就摩羅受校御覽受作授。持之，戒行〔五〕真苦，難可揄揚〔六〕。祕呪神驗，閻浮〔七〕所無。校吴琯本、漢魏本、真意堂本無下有也字。呪枯樹能生枝葉，呪人變爲驢馬，見之莫不忻校御覽忻作驚。怖。西域所賫校吴琯本、漢魏本賫作賚。舍利骨〔八〕及佛牙〔九〕經像皆在此寺。

寺北有侍中尚書令校吴琯本、漢魏本無令字。臨淮王彧〔一〇〕宅。彧博通典籍，辨慧清恬，校吴琯本、漢魏本、緑君亭本、真意堂本恬作悟。風儀詳審，容止可觀〔一一〕。至三元肇慶〔一二〕，萬國齊珍〔一三〕，校吴琯本、漢魏本、真意堂本珍作臻。緑君亭本注云：「一作臻。」金蟬〔一四〕校吴琯本、漢魏本、真意堂本金蟬作「貂蟬」。曜校吴琯本、漢魏本、真意堂本曜作耀，同。首，寶玉鳴腰，負荷執笏〔一五〕，逶迤複道〔一六〕。觀者忘疲，莫不歎服。彧性愛林泉，校吴琯本、漢魏本、真意堂本林泉作「山林」。又重賓客。至於春風扇揚，校吴琯本、漢魏本揚作柳，非。花樹如錦，晨食南館，夜遊後園。僚寀〔一七〕成羣，俊民滿席，絲桐發响〔一八〕，校吴琯本、漢魏本、真意堂本吴集證本响作響，同。羽觴流行〔一九〕，詩賦並陳，清言乍起〔二〇〕。莫不飲校吴琯本、漢魏本、真意堂本飲作領。其玄奥，忘其褊郄〔二一〕校吴琯本、漢魏本、緑君亭本、真意堂本郄作悋。焉。是以入彧室者謂登僊也。荊州秀才張裴裳校吴琯本、漢魏本裳下有常字。按元河南志三張裴裳作張裴，裳字疑爲常字之誤。吴琯本之常字本爲裳字傍之校文，乃誤併入正文。爲五言，有清拔之句云：「異秋（林）校吴琯本、漢魏本、真意堂本秋作林。緑君亭本亦作林，注云：「一作秋。」按元河南志亦作林，當是，今正。 花共色，別樹鳥同聲。」或以蛟龍錦賜之，亦校元河南志亦作次。 有得緋紬緋綾。校元河南志緋綾作「紫綾」。 者。 唯河東裴子明爲詩不工，罰酒一石。 子明八日（斗）校吴琯本、漢魏本、真意堂本日作斗。 緑君亭本作斗，注云：「一作日。」按元河南志亦作斗，據下文「譬之山濤」語考之，亦當作八斗。 今正。 而醉眠，時人譬之山濤〔二二〕。 及爾朱兆入京師，或爲亂兵所害〔二三〕，朝野痛惜焉。

出西陽門外四里，御道南有洛陽大市，周迴八里。 市校吴琯本、漢魏本、真意堂本市下有東字。 緑君亭本注云：「一多一東字。」 南有皇女臺〔二四〕，漢大將軍梁冀〔二五〕所造，校此文疑有訛誤，説見上注。 猶高五丈校吴琯本、漢魏本丈作尺。 餘。 景明中，比丘道恒立靈僊寺校吴琯本、漢魏本、真意堂本無寺字。 於其上。 臺西有河陽縣臺，中（東）校按元河南志云：「侍中侯剛宅在河陽縣臺東。」據此，則中當是東字之誤。 今從之。 有侍中侯釗（剛）校吴琯本、漢魏本、真意堂本釗作剛。 吴集證云：「考魏書當從各本作剛。」按元河南志亦作剛，今正。 宅〔二六〕。 市西北有土山魚池，亦冀之所造，即漢書所謂「採土築山，十里九坂，以象二崤」者〔二七〕。

市東校唐鈎沈本東下有南字，不知所據，疑是誤衍。 有通商、達貨校吴琯本、漢魏本達作逵。 按元河南志作達，與此同，逵字當誤。 二里。 里内之人，盡皆工巧，屠販爲生，資財巨萬〔二八〕。 有劉寶者，最爲富室。 州郡都會之處，皆立一宅，校元河南志宅下重宅字。 各養馬一校元河南志一作十，似是。

疋，至於鹽粟貴賤，市價校吳集證本價作賈。高下，所在一例。舟車所通，足校吳琯本、漢魏本、真意堂本足作人。跡所履，莫不商販焉。是以海内之貨，咸萃其庭，産匹銅山〔二九〕，家藏金穴〔三〇〕。宅宇踰制，樓觀出雲，車馬服飾，擬於王者。

市南有調音、樂律校吳琯本、漢魏本律作肆。元河南志亦作肆。二里。里内之人，絲竹謳歌，天下妙伎校元河南志伎作妓，同。出焉。有田僧超者，善吹笳，能爲壯士歌〔三一〕、項羽吟〔三二〕。征西將軍崔延伯〔三三〕甚愛之。正光末，高平失據〔三四〕，虐校吳琯本、漢魏本、真意堂本虐作虎。緑君亭本亦作虎，注云：「一作虐。」吏充斥〔三五〕。賊帥万侯（俟）校吳琯本、漢魏本、吳集證本侯作俟，是，今正。醜奴寇暴涇、岐之間〔三六〕，朝廷爲校吳琯本、漢魏本、緑君亭本、真意堂本爲下有之字。旰食〔三七〕，延伯總步騎五萬討之。延伯出師於洛陽城西張方橋〔三八〕，即漢之夕陽亭〔三九〕也。時公卿祖道〔四〇〕，車騎成列。延伯危冠長劍，耀武於前，僧超吹壯士笛曲校吳琯本、漢魏本、緑君亭本、真意堂本笛下有歌字。元河南志作「壯士曲」。於後，聞之校張合校本無之字，當脱。者懦夫成勇〔四一〕，劍客思奮〔四二〕。延伯膽略不羣，威名早校吳琯本、漢魏本、真意堂本早作卓。著〔四三〕，爲國展力，二校吳琯本、漢魏本、真意堂本二作三。十餘年，攻無全校吳琯本、漢魏本、真意堂本全作牢。城，戰無横陳，是以朝廷傾心送之。延伯每臨場（陣）校吳琯本、漢魏本、緑君亭本、真意堂本場作陣。元河南志亦作陣，今從之。令校吳琯本、漢魏本令上有常字。元河南志亦有。僧超爲壯士聲，甲胄之士踴躍。校元河南志踴躍上有「莫不」二字，疑當脱此二字，各本皆誤。（延伯）單馬入陣〔四四〕校吴琯本、漢魏本、緑君亭本、真意堂本皆有延伯二字。按此叙延伯之勇，據下文可知。如無延伯二字，意義即含混不明，吴琯等本是也，今據補。旁校吴琯本、漢魏本旁作傍。若無人，勇冠三軍，威鎮校吴琯本、漢魏本、真意堂本鎮作振。戎豎，二年之間，獻捷相繼〔四五〕。醜奴募善射者射校吴琯本、漢魏本、真意堂本射作中。僧超，亡，延伯悲惜哀慟，左右謂「伯牙之失鐘校各本鐘作鍾，通。子期〔四六〕」，校吴琯本、漢魏本無子字。不能過也」。後延伯爲流矢所中，卒於軍中。於是五萬之師，一時潰散〔四七〕。

市西有退酤、校元河南志三退作延。治觴二里。里内之人多醖校張合校本醖作釀，疑是因下釀字而誤。酒爲業。河東人劉白墮校太平廣記二百三十三墮下有者字。善能校廣記能作於。釀酒〔四八〕。季夏六月，校廣記此句作「六月中」。時暑赫晞，校吴琯本、漢魏本、真意堂本晞作羲。廣記晞作劉，屬下句讀。以甖貯酒，暴校吴琯本、漢魏本、真意堂本暴作曝，同。廣記亦作曝。於日中，經一旬，其酒校廣記其酒作「酒味」。元河南志亦作「酒味」。不動，飲之香美〔四九〕而醉，校吴琯本、漢魏本、緑君亭本、真意堂本而醉作「醉而」。廣記及元河南志皆作「醉而」。經月不醒。校廣記無經月二字。不下有易字。曾慥類説六作「飲者醉而不能醒」。元河南志亦無經月二字。京師朝貴多出郡登藩，校元河南志無多字。廣記此句作「京師朝貴出郡者」。遠相餉饋，踰于千里，以其遠至，校廣記此句作「以其可至遠」。號曰「鶴觴」。亦名校吴集證本名作曰。「騎驢酒」。永熙年校廣記、類説及元河南志無年字。中，南青州〔五〇〕校廣記、類説無南字。按北史鴻賓傳作南青州，元河南志亦有南字，廣記等誤。刺史毛鴻賓〔五一〕齎校廣記齎作帶。酒之蕃，校吴琯本、漢魏本蕃作番。唐鈞沈本作藩，同。廣記作任。元河南志作「齎酒赴州」。逢路賊，校吴琯本、漢魏本作「路逢劫賊」。真意堂本作「逢路劫賊」。廣記作「路中夜逢劫盜」。類説作「逢盜劫酒」。盜飲之即醉，校廣記即作皆。類説作「飲之皆醉」。皆被校廣記皆被作「遂備」。擒獲，因校吴琯本、漢魏本、真意堂本因下有此字。廣記亦有。復命校吴琯本、漢魏本、真意堂本命作爲。唐鈞沈本命下補爲字。廣記、類説及元河南志作名。「擒奸酒」。校元河南志擒作獲。游俠語曰：「不畏張弓拔刀，唯畏白墮春醪〔五二〕。」

市北慈孝、奉終二里。校元河南志慈孝作「孝慈」；奉終作「奉忠」。里内之校吴琯本、漢魏本、真意堂本無之字。人以賣棺槨爲業，賃輀校吴琯本、漢魏本輀作轜。元河南志亦作轜。車〔五三〕爲事。有挽歌校太平廣記四百四十七歌下有者字。孫巖，娶校廣記娶作取，同。妻三年，校廣記下有妻字。不脱衣而卧。巖因校廣記因作私。怪之，伺其睡，陰解其衣，有毛校吴琯本、漢魏本毛上有三字。廣記毛作尾。長三尺，似野校廣記無野字。狐尾。巖懼而出之。妻臨去，校廣記臨上有甫字。將刀截巖髮而走。隣人逐之，校吴琯本、漢魏本逐作追。變成校廣記成作爲。一狐，追之不得〔五四〕。其後，京邑被截髮者一百三十餘校廣記無餘字。人。初變校廣記變下有爲字。婦人，衣服靚妝〔五五〕，校廣記靚妝作「凈粧」。行路校吴琯本、漢魏本、真意堂本行路作「行於道路」四字。廣記亦作「行於道路」。人見而悦近之，校吴琯本、漢魏本無近字。真意堂本之下有者字。廣記亦無。皆被截髮。校吴琯本、漢魏本作「近者被截髮」。廣記亦同。當時有校廣記無有字。婦人着綵衣者，人皆校廣記無皆字。指爲校吳琯本、漢魏本爲作其。狐魅。熙平二年四月有此，至秋校吳琯本、漢魏本此字在秋字上。乃止〔五六〕。

別有準財、金肆二里，富人在焉。凡此十里，多諸工商貨殖之民，千金比屋，層樓□□（對出），校吳琯本、漢魏本、緑君亭本、真意堂本空格作「對出」，今據補。重門啓扇，閣道交通，迭相臨望。金銀錦繡，奴婢緹衣〔五七〕；校吳琯本、漢魏本、真意堂本錦作緹。吳琯本、真意堂本緹字空格。漢魏本緹作裳。五味八珍〔五八〕，僕隸畢口。校唐鈎沈本口字作方格□。神龜年中，以工商上僭，（議）校吳琯本、漢魏本、緑君亭本、真意堂本有議字，義長，今據補。不聽校吳琯本、漢魏本、真意堂本聽下有衣字。金銀錦校吳琯本、漢魏本、真意堂本錦作緹。繡〔五九〕。雖立此制，竟不施行。

準財里内校吳琯本、漢魏本此條別頂格起行。太平廣記三百七十一準作阜。有開善寺，京兆人韋英宅也。英早卒，其妻梁氏校廣記無氏字。不治喪而嫁，更約校吳琯本、漢魏本、真意堂本、吳集證本約作納。法苑珠林四十三變化篇及廣記亦作納。河内人校珠林及廣記無人字。向子集爲夫。雖云改嫁，仍居英宅。英聞梁氏校珠林及廣記無氏字。嫁，白校吳琯本、漢魏本白作向。日來歸，乘馬將數人至於庭前，呼曰：「阿梁，卿忘我也？」校珠林及酉陽雜俎十三也作耶。按也與耶古同。子集驚怖，校珠林怖作怪。張弓射之，應弦校吳琯本、漢魏本弦作箭。珠林、廣記、説郛四亦作箭。而倒，即變爲桃人，所騎之馬亦變校吳琯本、漢魏本變作化。珠林，廣記亦作化。爲校珠林作成。茅校吳琯本、漢魏本、真意堂本茅作茆，同。馬〔六〇〕，從者數人盡化。校珠林及廣記無化字。爲蒲人。梁氏惶懼，捨宅。校珠林捨宅作「遂捨」。爲寺。南陽人侯慶有銅像一軀，可高丈餘。校法苑珠林七十一債負篇、太平廣記九十九（引珠林）丈作尺。慶有牛一頭，擬（貨）校珠林及廣記擬下有貨字，今據補。爲金色，遇校按珠林、廣記遇下有有字。急事，遂以牛校珠林、廣記牛下有與字。他用之。經二年，慶妻馬氏忽夢此像謂之曰：「卿夫婦負我金色，久而不償，今取卿兒醜多校吳琯本、漢魏本、真意堂本醜作丑，下同。以償校珠林及廣記償作充。金校吳琯本、漢魏本、真意堂本無金字。色焉。」校綠君亭本焉字作馬氏二字，屬下句。珠林、廣記亦同。悟覺，校吳琯本、漢魏本、真意堂本悟覺作「覺悟」。珠林、廣記悟作寤。心不遑安。校珠林及廣記作「而心不安」。至曉，醜多得病而亡。慶年五十，校珠林年下有餘字。廣記十下有餘字。唯有一子，悲哀之聲，感於行路。醜多亡日，像自然校吳琯本、漢魏本、真意堂本然作有。珠林、廣記像下有忽字。然作有。金色，光照四隣。一里之内，校珠林、廣記一作隣。咸聞香氣，僧校吳琯本、漢魏本、真意堂本僧作道。珠林、廣記亦作道。俗長幼，皆來觀覩。校珠林覩作矚。廣記作「矚焉」二字。尚書右校元河南志右作左。僕射元稹〔六一〕校綠君亭本、真意堂本稹作慎。珠林亦作慎。張合校云：「案魏書作瑱」。按元河南志又作順。考元瑱與元順皆曾爲尚書右僕射，未知孰是。聞里内頻有怪異，遂改準財校吳琯本、漢魏本、真意堂本、吳集證本財下有里字。珠林準作埠。爲齊諧里〔六二〕也。

自退酤校元河南志退作延。以西，張方溝〔六三〕以校吳琯本、漢魏本、真意堂本以作水。東，南臨洛水，北達芒山，其間東西二里，南北十五里，並名爲壽丘里，皇宗所居也，校吴琯本、漢魏本、真意堂本居作立。民間號爲王子坊。當時四海晏清，八荒〔六四〕率職，縹校吴琯本、漢魏本、真意堂本縹作珠。囊紀慶〔六五〕，玉燭調辰〔六六〕，百姓殷阜，年登俗樂。鰥寡不聞犬豕之食，煢獨不見牛馬校吴琯本、漢魏本、真意堂本馬作羊。之衣〔六七〕。於是帝族王侯、外戚公主，擅校按太平廣記二百三十六擅作阻。山海之富，居川林之饒，爭修園宅，互相誇競。崇門豐室，洞校廣記洞作阿。户連房，飛館生風，重樓起霧，高臺芳樹（榭），校緑君亭本樹作榭。據下句「家家而築」觀之，則作榭是也，今據正。廣記作樹，與此同。家家而築；花林曲池，園園而有。莫不校吴琯本、漢魏本、真意堂本無莫不二字。桃李夏緑，竹柏冬青。而河間王琛最爲豪首〔六八〕，常與高陽爭衡〔六九〕，校吴琯本、漢魏本衡作行。造文柏堂，形如徽音殿。校廣記無形字。置玉井金罐〔七〇〕，以金五色績校吴琯本、漢魏本績作續。緑君亭本、真意堂本作「以五色絲續」。按廣記作「以五色絲」。元河南志作「以五色繢」。爲繩。妓女三百人，盡皆國色。有婢朝雲，善吹篪〔七一〕，能爲團扇歌〔七二〕、壟（隴）上聲〔七三〕。校吴集證本壟作隴。太平御覽五百八十、廣記、元河南志三皆作隴，今據正。琛爲秦州刺史〔七四〕，諸羌外叛，校御覽作「羌叛」。屢討之校照曠閣本無之字。不降，校御覽作「屢討不勝」。琛令朝雲假爲貧校曾慥類説六貧作老。嫗校御覽作女。吹篪而乞。諸羌校御覽無諸字。聞之，悉校御覽無悉字。皆流涕，迭校御覽無迭字。相謂曰：「何爲棄校御覽爲棄作「故捨」。墳井，在山谷爲寇也？」校御覽、廣記也作耶，同。即相率歸降。校御覽歸作而。廣記無即字。秦民語曰：「快馬健兒〔七四〕，不如老嫗吹篪。」琛在秦州，校廣記州作中。多無政績〔七五〕，遣使向西域求名馬，遠至波斯國〔七六〕，得千里馬，號曰「追風赤驥」。校吴琯本、漢魏本驥作其，屬下句。廣記及元河南志無驥字。次校吴集證本次上有其字。有七百里者校吴琯本、漢魏本、真意堂本者作馬。十餘匹，校廣記無匹字。皆有名字。以銀爲槽，金爲鎖校吴琯本、漢魏本鎖作鏁，同。環，校緑君亭本、真意堂本環作鐶，同。廣記鎖環作「環鎖」，元河南志作「鐶鏁」。諸王服其豪富。琛(常)校吴琯本、漢魏本琛下有常字。廣記琛下亦有嘗字，元河南志有常字。今補。語人云：「晉室校吴琯本、漢魏本、真意堂本無晉室二字。石崇乃是庶姓〔七七〕，猶能雉頭〔七八〕狐掖，校照曠閣本、吴集證本掖作腋。廣記、元河南志亦作腋。掖與腋通。畫卵(卵)校吴琯本、漢魏本、真意堂本卵作茆。照曠閣本作卵。吴集證云：「按杜臺卿玉燭寶典：寒食，城市多鬥雞卵之戲，出古之豪家食稱畫卵。今代猶染藍茜，加雕鏤，遞相餉遺。此卯字當從廣記作卵。」按曾慥類説、元河南志卵亦作卵，吴説是也，今據正。雕薪；況我大魏天王，校照曠閣本王作潢。廣記、元河南志引皆作王，與此同。不爲華侈？」校元河南志無此四字；上句王下有耶字。造迎風館於後園，牕户之上，列錢青瑣〔七九〕，玉鳳銜鈴，金龍吐佩，校廣記、類説佩作旆。通鑑一百四十九作旆。素柰朱李，枝條入簷，伎女校廣記伎作妓，同。樓上，坐而摘食。琛常會宗室，陳諸寶器，金瓶銀瓮校廣記、元河南志瓮作甕，同。百餘口，甌檠盤盒稱是。自校廣記自作其。餘酒器，校吴琯本、漢魏本、真意堂本自金瓶至自餘十五字在「皆從西域而來」句下，又無酒器二字。有水晶鉢〔八〇〕、校通鑑作「水精鋒」。胡三省注云：「一本鋒作鍾。」瑪瑙〔八一〕（盃）、校緑君亭本下有盃字，今從補。琉璃校吴琯本、漢魏本無琉字，璃作瓈，非。碗、赤玉巵〔八二〕數十枚，作工奇妙，中土所無，皆從校吴琯本、漢魏本、真意堂本作從是。西域而來。校廣記無域而二字。又陳女樂及諸名馬，復引諸王按行府庫，校廣記府庫作「庫藏」。錦罽（罽）〔八三〕校各本作罽，此是譌字，今正。珠璣，冰羅霧縠〔八四〕，充積其内。綉、纈、校吴琯本、漢魏本、真意堂本纈作緹。油（紬）、校吴琯本、漢魏本油作紬。依文義當是，今從之。綾、絲、綵、越、葛〔八五〕、錢、絹等不可數計。校吴琯本、漢魏本、真意堂本越葛作葛越，絹下有布字，數計作勝數。廣記無綉纈下至此十五字。琛忽校廣記無忽字。謂章武王融〔八六〕曰：「不恨我不見石崇，恨石崇不見我！」融立性貪暴，志欲無限〔八七〕，校廣記限作厭。見之惋歎，不覺生校廣記生作成。疾，還家臥三日不起。江陽王校吴琯本、漢魏本、真意堂本無王字。繼〔八八〕來省疾，謂校廣記謂作「諭之」二字。曰：「卿之財産，應得抗衡，何爲嘆羨，校廣記嘆羨作「羨歎」。以至於此？」融曰：「常謂高陽一人寶貨多（於）校吴琯本、漢魏本多下有於字。真意堂本下有于字。廣記亦有于字。今補。融，誰知河間，瞻之在前〔八九〕。」繼咲校廣記無咲字。曰：「卿欲作袁術之在淮南，不知世間復有劉備〔九〇〕也？」融乃蹶起，置酒作樂。于時國家殷富，庫藏盈溢，錢絹露積校吴琯本、漢魏本無積字。於廊者，校太平廣記一百六十五者作「廡間」二字。不可較校吴琯本、漢魏本較作校，廣記亦作校，同。數。及太后校廣記無及字。賜百官負絹，校吴琯本、漢魏本、真意堂本無負字。任意自取，校廣記取作量。朝臣校吳琯本、漢魏本臣作廷。莫不稱力而去〔九一〕。唯融與陳留侯李崇負絹過性（任），校吳琯本、漢魏本性字空格。廣記作任，義長，今從正。通鑑作「負絹過重」。蹶倒傷踝。（太后即不與之，令其空出，時人笑焉。）校廣記有此十四字，各本皆無。按通鑑云：「太后奪其絹使空出，時人笑之。」通鑑此文亦本伽藍記，則此十四字當有，今本脱去耳。今據廣記補。侍中崔光止取兩匹，校吳琯本、漢魏本、真意堂本脱侍中下八字。太后問：校廣記問下有曰字。「侍中何少？」對曰：「臣有兩手，唯堪兩疋，所獲多矣。」朝貴服其清廉〔九二〕。經河陰之役，校吳琯本、漢魏本役譌作投。諸元殲盡〔九三〕，王侯第宅，多題爲寺〔九四〕。校廣記二百三十六寺下有字字。壽丘里閭，校吳琯本、漢魏本、吳集證本閭作間。元河南志亦作間。廣記作間，與此同。列刹相望，祇洹鬱起，寶塔高淩。校吳琯本、漢魏本、真意堂本淩作臨。廣記淩作壯。四月初校吳琯本、漢魏本無初字。廣記及元河南志亦無初字。八日，京師校廣記、元河南志師作都。士女，多至河間寺〔九五〕。觀其廊校吳琯本、漢魏本廊作殿。廣記、元河南志作堂。廡綺麗，無不歎息，以爲蓬萊仙室，亦不是校吳琯本、漢魏本是作足。過。校廣記過下有也字。入其後園，見溝瀆蹇産〔九六〕，石磴校吳琯本石作口。礁嶢〔九七〕，校吳琯本、漢魏本、吳集證本礁作嶕，同。朱荷出也（池），校綠君亭本、吳集證本也作池，今從正。吳琯本、漢魏本、真意堂本作地。綠萍浮水，飛梁跨閣，校吳琯本、漢魏本閣作樹。□（高）樹校綠君亭本、真意堂本空格作高字，今據補。吳琯本樹字亦空格。漢魏本此二字作「層閣」。出雲，咸皆唧唧（嘖嘖），校照曠閣本唧唧作嘖嘖。義長，今從之。雖梁王兔苑〔九八〕想之不如也。

〔注釋〕

〔一〕烏場國見本書卷五宋雲行紀。

〔二〕利根，佛教術語，謂根性明利。

〔三〕丈六謂佛身，佛説十二遊經：「佛身長丈六尺。」鹿苑即鹿野苑，佛成道處。四十二章經云：「世尊成道已，作是思維，離欲寂静，是最爲勝。住大禪定，降諸魔道，於鹿野苑中，轉四諦法輪，度憍陳如等五人而證道果。」翻譯名義集三諸國篇：「婆羅痆斯國，西域記云：舊曰波羅奈，訛也。中印度境。婆沙云：有河名波羅奈，去其不遠，造立主城。或翻江繞城，亦云鹿苑。」

〔四〕金剛，寶石名，此喻佛之法身。翻譯名義集三七寶篇：「跋折羅，亦云斫迦羅……西域記云伐羅闍，此云金剛。起居注云：晉武帝十三年，燉煌有人獻金剛寶，生於金中，色如紫石英，狀如蕎麦，百鍊不消，可以切玉如泥。……大經云：如金剛寶置之日中，色則不定。金剛三昧，亦復如是，若在大衆，色則不定。」雙林，即娑羅雙樹間，佛涅槃處。大般涅槃經一：「一時佛在拘施那城，力士生地，阿利羅跋提河邊，娑羅雙樹間。……二月十五日，大覺世尊將欲涅槃。」

〔五〕戒是戒律。戒行即戒律之遵行。按魏書一百十四釋老志云：「（永平）二年（五〇九）冬，沙門統惠深上言：僧尼浩曠，清濁混流，不遵禁典，精麤莫別。輒與經律法師羣議立制：諸州、鎮、郡維那、上坐、寺主，各令戒律自脩，咸依内禁。若不能律者，退其本次。……其外國僧尼來歸化者，求精檢有德行合三藏者聽住；若無德行，遣還本國。若其不去，依此僧制治罪。詔從之。」是外國沙門之須講修戒律，亦爲當時政令所制。

〔六〕文選一班固兩都賦序：「雍容揄揚，著於後嗣。」李善注：「説文曰：揄，引也。……孔安國尚書傳曰：揚，舉也。」

〔七〕閻浮即閻浮提，見本書卷一永寧寺條注。

〔八〕舍利即骨。翻譯名義集五名句文法篇：「舍利，新云室利羅，或設利羅；此云骨身，又云靈骨，即所遺骨分，通名舍利。光明云：此舍利是戒、定、慧之所薰脩，甚難可得，最上福田。……法苑明三種舍利：一是骨，其色白也；二是髮舍利，其色黑也；三是肉舍利，其色赤也。菩薩、羅漢皆有三種。若佛舍利，椎擊不破，弟子舍利，椎試即碎。」

〔九〕佛身火化時，全身悉爲細粒之舍利。其一分之牙不損，現形在灰燼中，是名佛牙舍利。

〔一〇〕元彧，臨淮王譚玄孫，魏書十八有傳。

〔一一〕魏書彧傳：「彧少有才學，時譽甚美。……少與從兄安豐王延明、中山王熙並以宗室博古文學齊名，時人莫能定其優劣。尚書郎范陽盧道將謂吏部清河崔休曰：三人才學雖無優劣，然安豐少於造次，中山皂白太多，未若濟南（按彧初襲父昌封濟南，故云）風流沈雅。時人爲之語曰：三王楚琳琅，未若濟南備員方。彧姿制閑裕，吐發流靡，琅邪王誦，有名人也，見之未嘗不心醉忘疲。」又「彧美風韻，善進止，衣冠之下，雅有容則。博覽羣書，不爲章句」。元彧墓誌云：「王風神閑曠，直置自遠，辭彩潤徹，無輩當時。」據本傳及此記文，誌語亦不盡爲諛墓之詞。

〔一二〕三元即舊陰曆正月初一日，以歲之始、月之始、日之始，故謂之三元。爾雅釋詁：「肇，始也。」

〔一三〕文選一班固東都賦云：「春王三朝，會同漢京。是日也，天子受四海之圖籍，膺萬國之貢珍，内撫諸夏，外綏百蠻。爾乃盛禮興樂，供帳置乎雲龍之庭。陳百寮而贊羣后，究皇儀而展帝容。」所言雖是漢事，但歷代正朝制度大抵相同。

〔一四〕金蟬，冠飾。漢官儀上云：「侍中金蟬左貂。金取堅剛，百鍊不耗；蟬居高食潔，目在腋下。……貂蟬不見傳記者，因物論義。予覽戰國策，乃知趙武靈王胡服也。其後秦始皇破趙得其冠，以賜侍中。高祖滅秦，亦復如之。」

〔一五〕周禮天官司書疏：「在君前以笏記事，後代用簿，即今手版。」

〔一六〕元彧墓誌亦云：「出入承明，逶迤複道，光華振鷺，領袖羣龍。」

〔一七〕爾雅釋詁云：「寀寮，官也。」郭璞注：「官地爲寀，同官爲寮。」寮與僚通。

〔一八〕絲桐謂琴。文選二十三王粲七哀詩：「絲桐感人情，爲我發悲音。」李善注：「史記曰：騶忌以鼓琴見齊威王，王曰：夫治國家，何爲絲桐之間乎？」又文選十三月賦注引桓譚新論：「神農始削桐爲琴，練絲爲絃。」

〔一九〕漢書九十七外戚列傳班倢伃傳：「酌羽觴兮銷憂。」注：「孟康曰：羽觴，爵也，作生爵形，有頭尾羽翼。如淳曰：以瑇瑁覆翠羽於下徹上見。師古曰：孟説是也。」

〔二〇〕元彧墓誌亦云：「東閤晨開，西園夕宴。孫枝激響，芳醴徐行。湧泉時注，懸何不竭。府迹寰中，遊神擊表。」

〔二一〕廣雅釋詁：「褊，陋也。」集韻入聲陌韻：郄爲郤之或字。按郄與隙通，褊郄猶言狹陋。

〔二二〕晉書四十三山濤傳云：「濤飲酒至八斗方醉。帝欲試之，乃以酒八斗飲濤而密益其酒，濤極本量而至。」

〔二三〕魏書彧傳：「爾朱世隆率部北叛，詔彧防河陰。及爾朱兆率衆奄至，彧出東掖門，爲賊所獲。見兆，辭色不屈，爲羣胡所毆，薨。」又七莊帝紀：「永安三年（五三〇）十二月「甲辰，爾朱兆、爾朱度律自富平津上率騎涉渡以襲京城……帝出雲龍門，兆逼帝幸永寧佛寺，殺皇子并殺司徒公臨淮王彧、左僕射范陽王誨。」元彧墓誌謂「值圮運有終，殷憂且至。人譏俄改，天命口移，崩榱之禍奄臻，捨玦之慕空結」，詞意隱約，即指此事。

〔二四〕水經穀水注云：「穀水又南逕平樂觀東……華嶠後漢書曰：靈帝于平樂觀下起大壇，上建十二重五采華蓋，高十丈。……今于上西門外無他基觀，惟西明門外獨有此臺，巍然廣秀，疑即平樂觀也。又言皇女稚殤，埋于臺側，故復名之曰皇女臺。」元河南志三云：「（西陽）門外四里御道南，洛陽大市，周八里。市東南有皇女臺，或云：漢時皇殤女，埋於臺側，故以名。又有漢梁冀宅。」按二書記皇女臺皆不言梁冀造，元河南志記後魏宮闕都依據伽藍記，此文與穀水注合，且又别出梁冀宅，疑伽藍記文有訛脱。

〔二五〕梁冀，後漢書六十四有傳。

〔二六〕侯剛字乾之，本出寒微，以善於鼎俎進。與元乂爲姻黨，進爲侍中左衛將軍，魏書九十三恩倖列傳有傳。按侯剛墓誌云：「以魏孝昌二年，歲次鶉火，三月庚子朔，十一日庚戌，寢疾，薨于洛陽中練里第。」此侯剛宅疑即是中練里第。

〔二七〕水經穀水注云：「穀水自閶闔門而南，逕土山東。水西三里有坂，坂上有土山，漢大將軍梁冀所成。築土爲山，植木成苑。張璠漢記曰：山多峭坂，以象二崤。積金玉，採捕禽獸以充其中。」後漢書六十四梁冀傳云：「冀乃大起第舍……又廣開園囿，採土築山，十里九坂，以象二崤。深林絶澗，有若自然。奇禽馴獸，飛走其間。」

〔二八〕隋書三十地理志云：「洛陽得土之中，賦貢所均，故周公作洛，此焉攸在。其俗尚商賈，機巧成俗。故漢志云：周人之失，巧僞趍利，賤義貴財，此亦自古然矣。」按魏書九肅宗紀：正光三年（五二二）十二月「丁亥，以牧守妄立碑頌，輒興寺塔，第宅豐侈，店肆商販；詔中尉端衡肅厲威風，以見事糾劾。七品六品禄足代耕，亦不聽錮貼店肆，争利城市」。是當時賈販，不止平民。官僚貪虐好貨，而奸商與之勾結，壟斷佔利以致巨富者，亦可想知。

〔二九〕史記一百二十五佞幸列傳鄧通傳：「（漢）文帝……於是賜鄧通蜀嚴道銅山，得自鑄錢。鄧氏錢布天下，其富如此。」

〔三〇〕後漢書十郭皇后紀：「（郭）況（郭后弟）遷大鴻臚，帝數幸其第，會公卿諸侯親家飲燕，賞賜金錢縑帛，豐盛莫比。京師號況家爲金穴。」

〔三一〕壯士歌當即隴上歌。樂府詩集八十五隴上歌題解云：「晉書載記曰：劉曜圍陳安于隴城，安敗，南走陝中。曜使將平先丘中伯率勁騎追安，安與壯士十餘騎於陝中格戰。安左手奮七尺大刀，右手執丈八蛇矛，近交則刀矛俱發，輒害五六；遠則雙帶鞬服，左右馳射而走。平先亦壯健絶人，與安搏戰，三交，奪其蛇矛而退，遂追斬于澗曲。安善於撫接，吉凶夷險，與衆同之，及其死，隴上爲之歌。曜聞而嘉傷，命樂府歌之。」又載其歌詞云：「隴上壯士有陳安，軀幹雖小腹中寬。愛養將士同心肝，驪驄父馬鐵瑕鞍。七尺大刀奮如湍，丈八蛇矛左右盤。十盪十決無當前，戰始三交失蛇矛。棄我驪驄竄巖幽，爲我外援而懸頭。西流之水東流河，一去不還奈子何！」

〔三二〕項羽吟疑即拔山歌。樂府詩集五十八力拔山操解題云：「漢書曰：項羽壁垓下，軍少食盡，漢率諸侯兵圍之，數重。夜聞漢軍四面皆楚歌，驚曰：漢已得楚乎？何楚人多也？起飲帳中，有美人姓虞氏常從，駿馬名騅常騎。乃悲歌慷慨，自爲歌詩，歌數曲，美人和之。羽泣下數行，遂上馬潰圍南出。平明，漢軍迺覺。按琴曲有力拔山操，項羽所作也。近世又有虞美人曲，亦出於此。」歌辭云：「力拔山兮氣蓋世，時不利兮騅不逝，騅不逝兮可奈何，虞兮虞兮奈若何！」又有無名氏項王歌云：「無復拔山力，誰論蓋世才？欲知漢騎滿，但聽楚歌哀。悲看騅馬去，泣望艬舟來？」

〔三三〕崔延伯，博陵人，魏書七十三有傳。

〔三四〕通鑑一百五十梁武帝普通五年（五二四。當魏孝明帝正光五年）：「夏四月，高平鎮民赫連恩等反，推敕勒酋長胡琛爲高平王，攻高平鎮，以應（破六韓）拔陵。魏將盧祖遷擊破之，琛北走。」十一月「高平人攻殺卜胡，共迎胡琛。」高平，後魏屬原州，在今甘肅省固原縣。

〔三五〕按北史五十六魏蘭根傳云：「孝昌初，爲岐州刺史，從行臺蕭寶夤討破宛川，俘其人爲奴婢，以美女十人賞蘭根。蘭根辭曰：此縣介於强虜，故成背叛。今當恤其飢寒，奈何并充僕隸？於是盡以歸其父兄。」於此可以證當時官吏因軍亂而虐害百姓者固極衆。

〔三六〕通鑑一百五十梁武帝普通六年（五二五。當魏孝明帝正光六年）四月：「胡琛據高平，遣其將万俟醜奴、宿勤明達等寇魏涇州。」後魏時涇州在今甘肅省東部涇川一帶。

〔三七〕旰食即早食。左傳昭公二十年：「（伍）奢聞（伍）員不來，曰：楚君大夫其旰食乎？」杜注：「將有吴憂，不得早食。」

〔三八〕張方橋見本卷末永明寺條。

〔三九〕元河南志二後漢城闕宫殿古蹟云：「夕陽亭，城西。又按晉賈充出鎮長安，百寮餞送於此，自旦及暮，故曰夕陽亭。疑因其舊名。」

〔四〇〕祖道見本書卷三景明寺條注。

〔四一〕孟子萬章篇：「聞伯夷之風者，頑夫廉，懦夫有立志。」

〔四二〕漢書六十五東方朔傳：「郡國狗馬、蹵鞠、劍客輻湊。」

〔四三〕魏書延伯傳云：「延伯有氣力，少以勇壯聞。」「常爲統帥，膽氣絶人。兼有謀略，所在征討，咸立戰功。」

〔四四〕酉陽雜俎六樂篇：「有田僧超能吹笳，爲壯士歌，項羽吟。將軍崔延伯出師，每臨敵，令僧超爲壯士聲，遂單馬入陣。」當即本此。

〔四五〕魏書延伯傳：「正光五年（五二四）秋……封當利縣開國男……尋……改封新豐，進爵爲子。時莫折念生兄天生下隴東寇，征西將軍元志爲天生所擒。賊衆甚盛，進屯黑水。詔延伯爲使持節、征西將軍、西道都督，與行臺蕭寶夤討之。寶夤與延伯結壘馬嵬，南北相去百餘步。……延伯選精兵數千，下渡黑水，列陳西進，以向賊營。寶夤率衆於水東尋原西北，以示後繼。於時賊衆大盛，水西一里，營營連接。延伯逕至賊壘，揚威脅之，徐而還退。賊以延伯衆少，開營競追，衆過十倍，臨水逼蹙。寶夤親觀之，懼有虧損。延伯不與其戰，身自殿後，抽衆東渡，轉運如神。須臾濟盡，徐乃自渡。賊衆奪氣，相率還營。寶夤大悦，謂官屬曰：崔公古之關、張也。……後日，延伯勒衆而出，寶夤爲後拒。天生悉衆來戰，延伯申令將士，身先士卒，陷其前鋒。於是勇鋭競進，大破之，俘斬十餘萬，追奔及於小隴。秦賊勁彊，諸將所憚。朝廷動議遣將，咸云非延伯無以定之，果能克敵。」按肅宗紀記此事在孝昌元年（五二五）正月，云：「蕭寶夤、崔延伯大破秦賊於黑水，斬獲數萬，天生退走入隴西。涇、岐及隴東悉平。」蓋延伯受命征討，在正光五年，破莫折天生在明年，故此云二年之間。

〔四六〕吕氏春秋十四本味篇云：「鍾子期死，伯牙破琴絶絃，終身不復鼓琴，以爲世無足復爲鼓琴者。」

〔四七〕魏書延伯傳：「於時万俟醜奴、宿勤明達等寇掠涇川。……延伯既破秦賊，乃與（蕭）寶夤率衆會於安定，甲卒十二萬，鐵馬八千匹，軍威甚盛。醜奴置營涇州西北七十里當原城，時或輕騎暫來挑戰，大兵未交，便示奔北。延伯矜功負勝，遂唱議先驅。伐木別造大排，内爲鏁柱，教習彊兵，負而趨走，號爲排城。戰士在外，輜重居中。自涇州緣原北上。衆軍將出討賊，未戰之間，有賊數百騎，詐持文書，云是降簿，乞且緩師。寶夤、延伯謂其事實，逡巡未閲。俄而宿勤明達率衆自東北而至，乞降之賊從西競下，諸軍前後受敵。延伯上馬突陳，賊勢摧挫，便爾逐北，逕造其營。賊本輕騎，延伯軍兼步卒，兵力疲怠，賊乃乘間得入排城。延伯軍遂大敗，死傷者將有二萬。寶夤斂軍退保涇州。延伯脩繕器械，購募驍勇，復從涇州西進，去賊彭抗谷柵七里結營。延伯恥前挫辱，不報寶夤，獨出襲賊，大破之，俄頃間平其數柵。賊皆逃遁，見兵人採掠，散亂不整，還來衝突，遂大奔敗。延伯中流矢，爲賊所害。士卒死者萬餘人。延伯善將撫，能得衆心。……時大寇未平，而延伯死，朝野歎懼焉。」

〔四八〕水經河水注四云：「（蒲坂）魏秦州刺史治，太和遷都，罷州置河東郡。郡多流雜，謂之徙民。民有姓劉名墮者，宿擅工釀。採挹河流，醖成芳酎，懸食同枯枝之年，排于桑落之辰，故酒得其名矣。然香醑之色，清白若滫漿焉。別調氛氳，不與佗同。蘭薰麝越，自成馨逸，方土之貢選，最佳酌矣。自王公庶友，牽拂相招者，每云：索郎有顧，思同旅語。索郎，反語爲桑落也。更爲籍徵之雋句，中書之英談。」按白墮疑爲劉墮之字。據河水注則其始擅業於河東，後蓋遷于京師，或者爲別設分肆于洛。

〔四九〕齊民要術七笨麴並酒篇云：「河東頤白酒法：六月七月作。用笨麴，陳者彌佳，剗治細剉，麴一斗，熟水三斗，黍米七斗。麴殺多少，各隨門法。常於甕中釀；無好甕者，用先釀酒大甕，淨洗曝乾，側甕着地作之。旦起，煮甘水，至日午，令湯色白乃止。量取三斗着盆中。日西，淘米四斗，使淨即浸。夜半炊作，再餾飯，令四更中熟，下黍飯席上薄攤，令極冷，於黍飯初熟時浸麴。向曉昧旦日未出時下釀，以手搦破塊，仰置勿蓋；日西，更淘三斗米浸炊，還令四更中稍熟，攤極冷，日出前酘之，亦搦塊破，明日便熟。押出之，酒氣香美乃勝桑落時作者。六月中唯得作一石米酒，停得三五日。七月半後，稍稍多作，於北向户大屋中作之第一。如無北向户屋，於清涼處亦得。然要須日未出前，清涼時下黍，日出已後熱，即不成。一石米者，前炊五斗半，後炊四斗半。」所記釀酒法，略與此同，唯此言經一旬，要術言三五日，稍有差異。據此知當時河東人多善釀酒，劉白墮爲其尤著名者。

〔五〇〕南青州原爲東徐州，魏孝文帝太和二十二年（四九八）改。在今山東省沂水縣一帶。

〔五一〕毛鴻賓，北史四十九有傳。本傳云：「爾朱天光自關中還洛，夷、夏心所忌者，皆將自隨。鴻賓亦領鄉中壯武二千人以從。洛中素聞其名，衣冠貧冗者競與之交。尋拜西兗州刺史。羈寓倦遊之士，四座常滿。……轉南青州刺史，未幾，徵還。」

〔五二〕春醪即春酒。齊民要術七有作春酒法云：「治麴欲浄，剉麴欲細，曝麴欲乾，以正月晦日，多收河水。井水苦鹹，不堪淘米，下饋亦不得。大率一斗麴殺米七斗，用水四斗，率以此加減之。」「酘常令寒食前得再酘乃佳，過此便稍晚。若邂逅不得早釀者，春水雖臭，仍自中用。淘米必須極浄，常洗手剔甲，勿令手有鹹氣，則令酒動，不得過夏。」

〔五三〕説文車部輀字云：「喪車也。」段玉裁注本改輀作轜，云：「文選注、玉篇、廣韻、龍龕手鑑皆作轜。从重而者，蓋喪車多飾，如喪大記所載致爲繁縟。而者須也，多飾如須之下垂，故从重而，亦以而爲聲。」

〔五四〕【按説文犬部狐字云：「祅獸也，鬼所乘之。」是狐魅作怪之説流傳已久，此亦可證後世談狐志怪小説之所本。】

〔五五〕文選八司馬相如上林賦云：「靚糚刻飾。」李善注：「郭璞曰：靚糚，粉白黛黑也。」

〔五六〕魏書一百十二靈異志云：「肅宗熙平二年（五一七）自春，京師有狐魅截人髮，人相驚恐。六月壬辰，靈太后召諸截髮者，使崇訓衛尉劉騰鞭之於千秋門外，事同太和也。」（按同書云：「太和元年五月辛亥，有狐魅截人髮，時文明太后臨朝，行多不正之徵也。」）

〔五七〕史記一百二十六滑稽列傳云：「張緹絳帷。」正義：「顧野王云：黄赤色也。又音啼，厚繒也。」

〔五八〕八珍見本書卷三報德寺條注。

〔五九〕此議魏書無之，可以補史之缺。

〔六〇〕酉陽雜俎十三冥蹟篇云：「魏韋英卒後，妻梁氏嫁向子集。嫁日，英歸至庭，呼曰：阿梁，卿忘我耶？子集驚，張弓射之，即變爲桃人茅馬。」當即本此。

〔六一〕元順爲任城王澄子，魏書十九有傳。元瑱爲北海王詳子，魏書二十一有傳。

〔六二〕莊子逍遥遊篇云：「齊諧者，志怪者也。」故以名此里。

〔六三〕張方溝當是張方橋下之溝名，見本卷後永明寺條注。

〔六四〕説苑辨物篇：「八荒之内有四海，四海之内有九州，天子處中州而制八荒耳。」

〔六五〕梁蕭統文選序云：「詞人才子，則名溢於縹囊。」縹，帛青白色。縹囊即盛書之布囊。

〔六六〕爾雅釋天：「四時和謂之玉燭。」邢昺疏引尸子仁意篇述太平之事云：「燭於玉燭，飲於醴泉，暢於永風。……四氣和，正光照，此之謂玉燭。」

〔六七〕漢書二十四食貨志云：「故貧民常衣牛馬之衣，而食犬彘之食。」按牛馬之衣即牛衣馬衣。漢書七十六王章傳云：「章疾病，無被，卧牛衣中。」顏注：「牛衣，編亂麻爲之，今俗呼爲龍具者。」左傳定公八年云：「主人焚衝，或濡馬褐以救之。」杜注：「馬褐，馬衣也。」淮南子覽冥訓云：「短褐不完。」高注：「短褐處器物之人也。……褐，毛布，如今之馬衣也。」

〔六八〕元琛，魏書二十有傳。本傳云：「琛妃世宗舅女，高皇后妹。琛憑恃内外，多所受納，貪惏之極。」

〔六九〕高陽謂高陽王雍。衡爲車轅端横木，争衡即争先。高陽豪侈，見於本書卷三高陽王寺條。

〔七〇〕玄應一切經音義八：「瓶罐，又作灌欟二形，同古亂反，汲器。」

〔七一〕篪，竹樂器。

〔七二〕樂府詩集四十五清商曲辭有團扇郎歌，解題云：「古今樂録曰：團扇郎歌者，晉中書令王珉捉白團扇與嫂婢謝芳姿，有愛，情好甚篤。嫂捶撻婢過苦，王東亭聞而止之。芳姿素善歌，嫂令歌一曲，當赦之，應聲歌曰：白團扇，辛苦五流連，是郎眼所見。珉聞，更問之：汝歌何遺？芳姿即改云：白團扇，顦顇非昔容，羞與郎相見。後人因而歌之。」團扇歌當即是此。

〔七三〕隴上聲見前壯士歌注。

〔七四〕樂府詩集二十五折楊柳歌辭：「健兒須快馬，快馬須健兒，跸跋黄塵下，然後别雄雌。」是快馬健兒爲當時北土之習用語。

〔七五〕魏書琛傳：「出爲秦州刺史。在州聚歛，百姓吁嗟。屬東益、南秦二州氐反，詔琛爲行臺，仍充都督，還攝州事。琛性貪暴，既摠軍省，求欲無厭。百姓患害，有甚狼虎。進討氐羌，大被摧破，士卒死者千數，率衆走還。」

〔七六〕波斯國見本書卷三宣陽門外條注。

〔七七〕晉書三十三石崇傳云：「財産豐積，室宇宏麗，後房百數，皆曳紈繡，珥金翠。絲竹盡當時之選，庖膳窮水陸之珍。與貴戚王愷、羊琇之徒以奢靡相尚。愷以粭澳釜，崇以蠟代薪。愷作紫絲布步障四十里，崇作錦步障五十里以敵之。崇塗屋以椒，愷用赤石脂。崇、愷争豪如此。」

〔七八〕晉書三武帝紀：咸寧四年（二七八）「十一月辛巳，太醫司馬程據獻雉頭裘，帝以奇技異服，典禮所禁，焚之於殿前」。胡三省通鑑八十晉紀注：「雉頭毛采炫燿，集以爲裘。」

〔七九〕列錢青瑣見本書卷一永寧寺條注。

〔八〇〕胡三省通鑑一百四十九梁紀注：「後漢書：大秦國出水精，以爲宫室柱及食器。」

〔八一〕前書注：「本草衍義曰：馬腦非石非玉，自是一類，有紅白黑色三種，亦有紋如纏絲者，生西國玉石間。」

〔八二〕前書注：「王逸論：或問玉符，曰：赤如雞冠，黄如蒸栗，白如脂肪，黑如點漆，玉之符也。」

〔八三〕爾雅釋言：「氂，罽也。」郭璞注：「毛氂所以爲罽。」郝懿行義疏：「罽者纈之叚借也。説文云：纈，西胡毳布也。又云：紕，氐人纈也。通作罽，王會篇伊尹四方令曰：正西紕罽爲獻。後漢書西南夷傳：冉駹夷，其人能作旄氈斑罽。蓋罽之有文者稱斑矣。」

〔八四〕霧縠謂縐紗細如霧者，説文糸部縠字云：「細縳也。」段玉裁注：「縳之細者也。詩玼兮玼兮，其之展也，蒙彼縐絺，是紲袢也。傳曰：禮有展衣者，以丹縠爲衣。……絺之靡者爲縐。……箋云：縐絺，絺之蹙蹙者是也。此謂裏衣縐絺，外服丹縠。衣縠與縐絺，正一類也。今之縐紗，古之縠也。周禮謂之沙，注謂之沙縠，疏云：輕者爲沙，縐者爲縠。按古祇作沙，無紗字。」

〔八五〕綉，集韻去聲候韻音透，云：「吴俗謂緜一片。」縝，玉篇糸部云：「綵縝也。」紬，説文糸部云：「大絲繒也。」段玉裁注：「大絲，輕常絲爲大也。」綾，説文糸部云：「東齊謂布帛之細者曰綾。」玉篇糸部云：「文繒。」綵，漢書九十一貨殖傳注：「帛之有色者曰采。」按綵與采通。越葛猶葛越，書禹貢：「島夷卉服。」孔傳：「南海島夷草服葛越。」孔疏：「葛越，南方布名，用葛爲之。」左思吴都賦云：「蕉葛升越，弱於羅紈是也。」按吴都賦劉逵注：「蕉葛，葛之細者。升越，越之細者。」

〔八六〕元融字永興，魏書十九有傳。

〔八七〕魏書融傳云：「領河南尹，加征東將軍。性尤貪殘，恣情聚斂，爲中尉糾彈，削除官爵。」

〔八八〕元繼爲元乂之父，魏書十六有傳。

〔八九〕論語子罕篇：「瞻之在前，忽焉在後。」

〔九〇〕後漢書一百五呂布傳：「劉備領徐州，居下邳，與袁術相拒於淮上，術欲引布擊備，乃與布書曰：……術生年以來，不聞天下有劉備。」

〔九一〕魏書一百十食貨志云：「自魏德既廣，西域東夷，貢其珍物，充於王府。又於南垂，立互市以致南貨，羽毛齒革之屬，無遠不至。神龜、正光之際，府藏盈溢，靈太后曾令公卿已下，任力負物而取之。」

〔九二〕魏書十三靈皇后胡氏傳云：「（胡太后）後幸左藏，王公、嬪、主已下從者百餘人，皆令任力負布絹，即以賜之。多者過二百匹，少者百餘匹，唯長樂公主手持絹二十匹而出，示不異衆而無勞也。世稱其廉。儀同陳留公李崇、章武王融並以所負過多，顛仆於地。崇乃傷腰，融至損脚。時人爲之語曰：陳留章武，傷腰折股。貪人敗類，穢我明主。」不及崔光，而所記長樂公主事與光事相類，疑爲傳聞異辭。通鑑一百四十九云：「胡太后嘗幸絹藏，命王公嬪主從行者百餘人，各自負絹，稱力取之，少者不減百餘匹。尚書令儀同三司李崇、章武王融負絹過重，顛仆於地。崇傷腰，融損足，太后奪其絹使空出，時人笑之。……侍中崔光止取兩匹。太后怪其少，對曰：臣兩手，唯堪兩匹。衆皆愧之。」當即本伽藍記。

〔九三〕河陰之役見本書卷一永寧寺條及注。趙翼陔餘叢考十六云：「夷三族本秦之酷法……沿及三國、六朝，此刑不廢，而元魏尤最慘。衛王儀之弟觚使于燕爲所殺，太祖平中山，收害觚者傅高霸、程同等夷五族。崔浩之誅也，清河崔氏無遠近皆死，又波及范陽盧氏、太原郭氏、河東柳氏，皆母黨妻黨及女家，俱誅矣。……刑罰之濫，至此極矣。迨孝文帝始減令五族者降止同祖，三族者止一門，門誅者止其身……稍輕減矣。然一人犯法，累及門族，仕宦時未必共享其福，誅戮時乃共受其禍，揆諸罪人不孥之義，可痛心也！卒之河陰之役，諸元爲爾朱氏殲滅幾盡。北齊文宣帝又以光武中興，爲王莽殺諸劉不盡，乃大殺元氏子孫，本紀謂殺三千餘人。元韶傳謂死者七百二十餘人。豈非當日族誅之報耶？」按趙氏之言，當是有爲而發。其據因果報應之説，以推論河陰之役固非，然於此可以見積怨於人，受禍亦烈。

〔九四〕魏書一百十四釋老志云：「河陰之酷，朝士死者，其家多捨居宅以施僧尼。京邑第宅，略爲寺矣。」

〔九五〕河間寺當是因舊爲河間王宅而名，猶高陽寺之爲高陽王宅。

〔九六〕文選八司馬相如上林賦云：「蹇産溝瀆。」注：「張揖曰：……蹇産，詰曲也。」

〔九七〕文選二張衡西京賦云：「閶闔之内，別風嶕嶢。」説文山部嶢字云：「焦嶢，山皃。」焦與嶕、礁通。

〔九八〕梁孝王兔苑見前沖覺寺條注。

追光寺，**校**元河南志三、説郛四光皆作先。侍中尚書令東平王略〔一〕之宅也。略生而岐嶷〔二〕，幼則**校**張合校本則作而。老成，博洽羣書，好道不倦〔三〕。神龜中，爲黄門侍郎。元乂**校**吴琯本、漢魏本、真意堂本乂作義。照曠閣本、吴集證本作乂。專政，虐加宰輔〔四〕。略密與其兄相州刺史中山王熙〔五〕欲**校**吴琯本、漢魏本欲作故。起義兵，問罪君側，雄規不就，釁起同**校**吴琯本、漢魏本同作周。謀。略兄弟**校**吴琯本、漢魏本兄弟作「弟兄」。四人，並罹塗炭〔六〕。唯略一身逃命江右〔七〕。**校**吴琯本、漢魏本、緑君亭本、真意堂本右作左。蕭衍素聞略名，見其器度寬雅，文學優瞻（贍），**校**各本皆作贍，是，今據正。甚敬重之，謂曰：「洛中如王者幾人？」略對曰：「臣在**校**吴琯本、漢魏本無在字。本朝之日，承乏攝官〔八〕。至於宗廟之美，百官之富，鴛鸞**校**吴琯本、漢魏本、真意堂本鸞作鴦。接翼〔九〕，杞梓成陰〔一〇〕，如臣之比，趙咨所云：車載斗量，不可數盡〔一一〕。」衍大笑，乃封略爲中山王，食邑千户，儀比王子；又除宣城太守，給鼓吹一部，劍卒千人。略爲政清肅，甚有治聲。江東朝貴，侈於矜尚，見略入朝，莫不憚其進止。尋遷信武將軍、衡州刺史〔一二〕。孝昌元年，明帝宥吴人江革，請略歸國〔一三〕。江革〔一四〕者，蕭衍之大將也。蕭衍謂曰：「朕寧失江革，不得無王。」略**校**吴琯本、漢魏本、真意堂本重略字。曰：「臣遭家禍難，白骨未收。乞還本朝，叙**校**吴琯本、漢魏本、真意堂本叙作收。録存没。」因即悲泣〔一五〕，衍哀而遺之。乃賜錢五百萬、金二百斤、銀五百斤、錦繡**校**吴琯本、漢魏本錦繡作「繡錦」。寶玩之物不可稱數。親帥百官送於江上，作五言詩贈者百餘人。凡見禮敬**校**吳琯本、漢魏本、吳集證本禮敬作「敬禮」。如親**校**吳琯本、漢魏本、緑君亭本、真意堂本親作此。比〔一六〕。略始濟淮，明帝拜略侍中，義陽王，食邑千户〔一七〕。略至闕，詔曰：「昔劉蒼好善，利建東平〔一八〕，曹植能文，大啓陳國〔一九〕，是用聲彪盤**校**吳琯本、漢魏本、真意堂本、吳集證本盤作磐，同。石〔二〇〕，義鬱維城〔二一〕。侍中義陽王略體自藩華，門勳夙著，内潤外朗，兄弟偉如。既見義忘家，捐生殉**校**吳琯本、漢魏本殉作狥。國，永言忠烈，何日忘之！往雖弛擔爲梁〔二二〕，**校**按爲字疑當作僞。今便言旋闕下，**校**吳琯本、漢魏本闕下作「詣闕」。有志有節，能始能終，方傳美丹青〔二三〕，懸諸日月。略前未至之日，即心立稱，故封義陽。**校**吳琯本、漢魏本、真意堂本陽下有王字。然國既**校**吳琯本、漢魏本無既字。邊地〔二四〕，寓食他邑，求之二三，未爲盡善，宜比德均封，追芳曩烈，可改封東平王，户數如前。」尋進尚書令、儀同三司，領國子祭酒，侍中如故〔二五〕。略從容閑雅，本自天資，出南入北，轉復高邁，言論動止，朝野師模。建義元年，薨於河陰，贈太保，謚曰「文貞」〔二六〕。嗣王景式〔二七〕捨宅爲此寺。

〔注釋〕

〔一〕元略字儁興，魏書十九有傳。

〔二〕詩大雅生民：「克岐克嶷。」毛傳：「岐，知意也。嶷，識也。」鄭箋：「能匍匐，則岐岐然意有所知也。其貌嶷嶷然有所識別也。」

〔三〕元略墓誌云：「君高朗幼標，令問夙遠。如璧之質，處琳琅以先奇；維國之楨，排山川而獨穎。遊志儒林，宅心仁苑。禮窮訓則，義周物軌。信等脱劍，惠深贈紵。器博公琰，筆茂子雲。汪汪焉量溢萬頃，濟濟焉實懷多士。」

〔四〕宰輔謂清河王懌。

〔五〕元熙字真興，魏書十九有傳。

〔六〕魏書元熙傳：「初，熙兄弟並爲清河王懌所昵。及劉騰、元乂隔絶二宫，矯詔殺懌。熙乃起兵。……熙兵起甫十日，爲其長史柳元章、別駕游荆、魏郡太守李孝怡率諸城人鼓譟而入，殺熙左右四十餘人。執熙置之高樓，並其子弟。乂遣尚書左丞盧同斬之於鄴街，傳首京師。……熙臨刑爲五言詩示其寮吏曰：義實動君子，主辱死忠臣，何以明是節，將解七尺身。……長子景獻、次仲獻、次叔獻，並與熙同被害。」又熙弟誘傳云：「出爲右將軍、南秦州刺史，乂斬之於岐州。」又熙弟纂傳云：「爲司徒祭酒，聞熙舉兵，因逃奔至鄴，至即見擒，與熙俱死。」元熙墓誌云：「正光元年（五二〇），奸臣擅命，離隔二宫，賊害賢輔。王投袂奮戈，志不俟旦，唱起義兵，將爲晉陽之舉，遠近翕然，赴若響會。而天未悔禍，釁起不疑。同義爪牙，受賊重餌，翻然改圖，千里同逆。變起倉卒，受制羣凶。八月廿四日，與季弟司徒祭酒纂、世子景獻、第二子員外散騎侍郎仲獻、第三子叔獻同時被害。第四子叔仁，年小得免。王臨刑陶然，神色不變，援翰賦詩，與友朋告別，詞義慷慨，酸動旁人。」元誘墓誌：「正光元年九月三日，薨於岐州，春秋卅七。捐珠之悲既切，罷市之慕逾酸。雖復冤恥尋申，而松櫝方合。」雖不明言因何而死，但按其詞義及年月，則當由熙案而及害無疑。按中山王英五子，長子攸，早卒，不及熙之難。熙與弟誘、纂先後被殺，略逃奔梁，故云「兄弟四人，並罹塗炭」。

〔七〕魏書略傳：「清河王懌死後，乂黜略爲懷朔鎮副將。未及赴任，會熙起兵，與略書來去。尋值熙敗，略遂潛行，自託河内司馬始賓。始賓便爲荻筏，夜與略俱渡盟津，詣上黨屯留縣栗法光。法光素敦信義，忻而納之。略舊識刁雙，時爲西河太守，略復歸之。停止經年，雙乃令從子昌送略潛遁江左，蕭衍甚禮敬之，封略爲中山王，邑一千户，宣城太守。」元略墓誌：「正光之初，元昆作蕃，投杼横集，濫塵安忍。在原之慮，事切當時。遂潛影去洛，避刃越江，賣買同價，寧此過也？」

〔八〕左傳成公二年：「攝官承乏。」杜注：「攝承空乏。」

〔九〕鴛與鵷通，鴛鸞皆鳳族，以比喻賢人。

〔一〇〕國語楚語上：「（聲子）對曰：晉卿不若楚，其大夫則賢。其大夫皆卿才也，若杞梓皮革焉，楚實遺之。雖楚有材，不能用也。」韋昭注：「杞梓，良材也。」

〔一一〕三國志吴志吴主孫權傳注引吴書云：「（趙）咨字德度，南陽人，博聞多識，應對辯捷。……使魏，魏文帝善之。嘲咨曰：吴王頗知學乎？咨曰：吴王浮江萬艘，帶甲百萬，任賢使能，志存經略，雖有餘閑，博覽書傳歷史，籍採奇異，不效書生尋章摘句而已。帝曰：吴可征不？對曰：大國有征伐之兵，小國有備禦之固。又曰：吴難魏不？對曰：帶甲百萬，江、漢爲池，何難之有。又曰：吴如大夫者幾人？咨曰：聰明特達者八九十人，如臣之比，車載斗量，不可勝數。」

〔一二〕魏書略傳：「徐州刺史元法僧據城南叛，州内士庶皆爲法僧擁逼。衍乃以略爲大都督，令詣彭城接誘初附。……衍尋遣其豫章王綜鎮徐州，徵略與法僧同還。……衍復除略衡州刺史。」

〔一三〕前書：「會（蕭）綜以城歸國。綜長史江革、司馬祖暅，將士五千人悉見禽虜。肅宗勑有司遣革等還南，因以徵略，（蕭）衍乃備禮遣之。」

〔一四〕江革，梁書三十六有傳。

〔一五〕魏書略傳：「略雖在江南，自以家禍，晨夜哭泣，身若居喪。」元略墓誌：「僞主蕭氏，雅相器尚，等秩親枝，齊賞密膺。而莊舄之念，雖榮願本；渭陽之戀，偏楚心目。」

〔一六〕魏書略傳：「略之將還也，（蕭）衍爲置酒餞別，賜金銀百斤。衍之百官悉送别江上，遣其右衛徐確率百餘人送至京師。」

〔一七〕前書：「肅宗詔光禄大夫刁雙境首勞問，又敕徐州賜絹布各一千匹，除略侍中、義陽王，食邑一千户。還達石人驛亭，詔宗室親黨内外百官先相識者聽迎之。近郊，賜帛三千匹、宅一區、粟五千石、奴婢三十人。……其略所至，一餐一宿之處無不霑賞。」

〔一八〕後漢書四十二光武十王列傳：「東平憲王蒼，建武十五年（三九）封東平公。十七年（四一）進爵爲王。蒼少好經書，雅有智思，爲人美須頿，要帶八圍。顯宗（劉莊）甚愛重之，及即位，拜爲驃騎將軍，置長史掾史員四十人，位在三公上。」

〔一九〕三國志魏志十九陳思王植傳：「年十歲餘，誦讀詩論及辭賦數十萬言。善屬文。」黄初「六年（二二五）正月，其二月以陳四縣封植爲陳王，邑三千五百户。」

〔二〇〕史記十孝文本紀：「高帝封王子弟地，犬牙相制，此所謂磐石之宗也。」索隱：「言其固如磐石。」盤與磐通。

〔二一〕詩大雅板：「宗子維城。」鄭箋：「宗子謂王之適子也。」

〔二二〕弛擔猶息肩。左傳莊公二十二年：「弛於負擔。」杜預注：「弛，去離也。」

〔二三〕丹青謂丹砂青雘之類，繪畫所用。漢書五十四蘇武傳：「雖古竹帛所載，丹青所畫，何以過子卿？」

〔二四〕按義陽郡，北魏有南司州、豫州、南朔州、北江州等地；義陽縣有屬豫州義陽郡、西楚州汝陽郡、南司州義陽郡、南朔州義陽郡、北江州義陽郡等地，元略始封之義陽不知屬于何地。

〔二五〕魏書略傳：「尋改封東平王，又拜車騎大將軍、左光禄大夫、儀同三司，領左衛將軍、侍中如故。又本官領國子祭酒，遷大將軍、尚書令。靈太后甚寵任之。……於時天下多事，軍國萬端，略守常自保，無他裨益，唯唯具臣而已。」元略墓誌：「以孝昌元年（五二五），旋軸象魏。孝明皇帝以君往濫家難，歸闕誠深，錫兹茅土，用隆節胤。封東平王，食邑二千。雲網既收，迅翮復舉，即授侍中、左衛將軍，加車騎大將軍，尋遷驃騎大將軍、儀同三司，領國子祭酒。俄陟尚書令，吐納兩聖之言，總裁百揆之職。」

〔二六〕魏書略傳：「爾朱榮，略之姑夫，略素輕忽。略又黨於鄭儼、徐紇，榮兼銜之。榮之入洛也，見害於河陰。贈以本官加太保、司空、徐州刺史，謚曰文貞。」元略墓誌：「民悖四方，主棄萬國，則百莫儲，維虺斯應。母后握機，竟權宗氏，將使産、禄之門，再聞此日。大將軍榮遠舉義旗，無契而會，劾踰叔牙，中興魏道，乃欲賞罰賢謏，用允羣望，而和光未分，暴酷麾下，皓月沉明，垂棘喪寶……春秋卅有三。以大魏建義元年（五二八）歲次戊申四月丙辰朔十三日戊辰，薨於洛陽之北邙。……宸居追歎，賵侔博陸，詔贈太保、徐州刺史，謚曰文貞。」

〔二七〕元略墓誌：「世子頍字景式。」魏書略傳作「景式」，與此同，蓋頍後以字行。誌可以補史闕。

融覺寺，清河文獻王懌所立也，在閶闔門外御道南。有五層浮圖一所，與沖覺寺齊等。佛殿僧房，充溢一校吴琯本、漢魏本無一字。按續僧傳三十云：「廊宇充溢，周於三里。」則又作三字。里。比丘曇謨最〔一〕校太平御覽六百五十五最作冣，下同。善於禪校吴琯本、漢魏本、真意堂本禪作義。御覽作釋。學，講涅槃、花嚴，校吴琯本、漢魏本、真意堂本、吴集證本花作華。僧徒（徒）校各本作徒，今正。千人。天竺國胡沙門菩提流支〔二〕校御覽而下有徒字。見而禮之，號爲菩薩。流支解佛義，知名西土，校御覽下重西土二字，屬下句。諸夷號爲羅漢〔三〕。曉魏言及隸書，翻十地、楞伽及諸經論二十三部〔四〕，雖石室之寫金言〔五〕，草堂之傳真教〔六〕，不能過也。流支讀曇謨最大乘義章，校吴琯本、漢魏本、真意堂本義在大字上，譌。每彈指讚校吴琯本、漢魏本、真意堂本讚作贊，同。御覽亦作贊。嘆，唱言微妙，即爲胡書寫之，傳之校緑君亭本、真意堂本無之字，御覽亦無之字。於西域。（西域）校吴琯本、漢魏本、緑君亭本、真意堂本下重西域二字，屬下句。按御覽亦重西域二字。依文義當重，今補。沙門常東向遥禮之，號曇謨最爲校御覽無曇謨最爲四字。東方聖人〔七〕。

〔注釋〕

〔一〕曇謨最見本書卷二崇真寺條注。

〔二〕續高僧傳一菩提流支傳：「菩提流支，魏言道希，北天竺人也。遍通三藏，妙入總持。志在宏法，廣流視聽，遂挾道宵征，遠莅葱左。以魏永平之初，來遊東夏。宣武皇帝下敕引勞，供擬殷華。處之永寧大寺，四事將給，七百梵僧，敕以流支爲譯經之元匠也。其寺本孝明皇帝熙平元年，靈太后胡氏所立。……先是流支奉敕，創翻十地。宣武皇帝命章一日親對筆受，然後方付沙門僧辯等，訖盡論文。佛法隆盛，英儁蔚然，相從傳授，孜孜如也。帝（此帝非宣武帝）又敕清信士李廓撰衆經録。……廓又云：三藏法師流支房内，經論梵本，可有萬夾。所翻新文筆受藁本，滿一間屋。」

〔三〕羅漢即阿羅漢，翻譯名義集一三乘通號篇：「大論云：阿羅名賊，漢名破；一切煩惱賊破。復次，阿羅漢，一切漏盡故，應得一切世間諸天人供養。又阿名不，羅漢名生，後世中更不生，是名阿羅漢。法華疏云：阿颰經云應真，瑞應云真人，悉是無生釋羅漢也。或言無翻，名含三義。無明穅脱，後世田中，不受生死果報，故云不生。九十八使煩惱盡，故名殺賊。具智斷功德，堪爲人天福田，故言應供。含此三義，故存梵名。」

〔四〕按續僧傳據李廓經録、大唐内典録、古今譯經圖記皆言流支所譯經論三十九部，一百二十七卷。此言二十三部，當是衒之未睹李録，就所見知以言。内典録四詳載其目云：「佛名經一十二卷，正光年出。入楞伽經一十卷，延昌二年（五一三）譯，第二出，與宋跋陀羅四卷楞伽，廣略爲異，沙門僧朗、道湛筆受。大薩遮尼乾子受記經十卷，正光元年（五二〇）於洛陽爲司州牧汝南王於第出，或七卷。法集經八卷，延昌四年（五一五）於洛陽出，僧朗筆受，或六卷，見法上録。勝思惟梵天所問經六卷，神龜元年（五一八）於洛陽出，第三出，與法護出六卷持心經、十四卷思益經同見法上録。深密解脱經五卷，延昌三年（五一四）於洛陽出，僧辯筆受，見法上録。奮迅王問經二卷，第二譯，與秦世羅什出自在王經同本。不增不減經二卷，正光年於洛陽譯，或一卷。金剛般若波羅蜜經，永平二年（五〇九）於胡相國第出，僧朗筆受，與羅什出小異，見法上録。差摩波帝受記經，正光年洛陽出。佛語經，僧朗筆受。不必定入印經，覺意筆受。無字寶篋經，僧朗筆受。大方等修多羅經，第二出與轉有經同本異譯。彌勒菩薩所問經，與大乘要慧經同本別出，於趙欣宅譯，覺意筆受。第一義法勝經。迦耶頂經，第二出，與羅什菩提經同本，一名迦耶頂經論，別出異名，僧朗筆受。文殊師利巡行經，覺意筆受。一切法高王經，與諸法勇王經同本別出。護諸童子陀羅尼經，撿失本，今獲。謗佛經，第二出，與法護決定總持經同本別名，一云決定總持經。十地經論一十二卷，李廓録云：初譯，宣武皇帝親一日自手筆受，然後方付沙門僧辯訖了。勝思惟經論一十卷，普泰元年（五三一）洛陽元桃楊宅出，僧朗、僧辯筆受。彌勒菩薩所問經一十卷，在洛陽趙欣宅出。寶積經論四卷。實性論四卷。金剛般若經論三卷，永平二年（五〇九）於胡相國宅出，僧朗筆受。順中論二卷，侍中崔光筆受。妙法蓮華經論二卷，曇林筆受並制序。迦耶頂經論二卷，天平二年（五三五）鄴城殷周寺出，一云文殊師利問菩提心經論，僧辯、道湛筆受。三具足經論，正始五年（五〇八）出，侍中崔光筆受。無量壽優波提舍經論，普泰元年（五三一）僧辯筆受。寶髻菩薩四法論。轉法輪經，曇林筆受。十二因緣論。百字論。破外道四宗論。破外道涅槃論。譯衆經論目録。右三十九部，合一百二十七卷，梁武帝世，北天竺國三藏法師菩提流支……從魏永平二年（五〇九）至天平年（五三四——五三七），其間凡歷二十餘載，在洛及鄴譯。」

〔五〕弘明集一牟融理惑論：「（漢明帝遣使）於大月支寫佛經四十二章，藏在蘭臺石室第十四間。」

〔六〕魏書一百十四釋老志：「鳩摩羅什爲姚興所敬，於長安草堂寺集義學八百人，重譯經本。羅什聰辯有淵思，達東西方言。時沙門道彤、僧略、道恒、道檦、僧肇、曇影等與羅什共相提挈，發明幽致，諸深大經論十有餘部，更定章句，辭義通明，至今沙門共所祖習。」

〔七〕續僧傳三十曇無最傳：「後敕住洛都融覺寺，寺即清河文獻王懌所立。廊宇充溢，周於三里。最善宏敷導，妙達涅槃、華嚴。僧徒數千人，常業無怠。天竺沙門菩提留支見而禮之，號爲東土菩薩。嘗讀最之所撰大乘義章，每彈指唱善，飜爲梵字，寄傳大夏。彼方讀者，皆東向禮之爲聖人矣。」按鳩摩羅什稱釋道安是東方聖人，見魏書釋老志及高僧傳，在曇無最之前。

大覺寺，廣平王懷**校**吴琯本、漢魏本、真意堂本懷作環。捨宅也，**校**吴琯本、漢魏本無也字。在融覺寺西一里許。北瞻芒嶺，南眺洛汭，東望宫闕，西顧旗亭〔一〕，禪（神）**校**吴琯本、漢魏本、真意堂本禪作神，義長，今從正。臯顯敞〔二〕，實爲勝地。是以温子升**校**各本升作昇，下同。碑云：「面水背山，左朝右市」是也。環**校**吴琯本環譌作壞。吴集證本作懷。按環作環遶解，義亦通。不必從吴集證本改作懷。

所居之堂，上置七佛〔三〕。林池飛閣，比之景明。至於春風動樹，則蘭開紫葉；秋霜降草，則菊吐黄花。**校**吴琯本、漢魏本花作華，同。名德大僧，寂以遺煩。永熙年中，平陽王即位〔四〕，造磚浮圖一所，是土石之工，窮精極麗。詔中書舍人温子升以爲文也〔五〕。

【注釋】

〔一〕旗亭見本書卷二龍華寺條注。

〔二〕文選二張衡西京賦：「寔惟地之奥區神皋。」李善注：「廣雅曰：皋，局也。謂神明之界局也。」

〔三〕法苑珠林十三七佛部：「如長阿含經云：過去九十一劫有佛出世，名毗婆尸，人壽八萬歲。復過去三十一劫有佛出世，名尸棄，人壽七萬歲。復過去三十一劫有佛出世，名毗舍浮，人壽六萬歲。復過去此賢劫中有佛出世，名拘樓孫，人壽五萬歲。又賢劫中有佛出世，名拘那含，人壽四萬歲。又賢劫中有佛出世，名迦葉，人壽二萬歲。我今出世，人壽百歲，少出多滅。依智度、迦延論，據釋迦人壽一萬歲，世時合出，爲觀衆生一萬歲已來，無機可度，乃至百歲。衆生見苦敦逼，劫欲將末，故出乎世。故論云：劫末佛興。」

〔四〕平陽王即孝武帝（元脩），爲廣平王懷之子，即位事見卷二平等寺條及注。

〔五〕藝文類聚七十七有温子昇大覺寺碑云：「維天地開闢，陰陽轉運，明則有日月，幽則有鬼神。初地遼遠，末路悠長，自始及終，從凡至聖，積骨成山，祇劫莫數，垂衣拂石，恒河難計。及冠日示夢，蒙羅見謁。應世降神，感物開化，顔如滿月，心若盈泉。體道獨悟，含靈自曉，居三殿以長想，出四門而永慮，聲色莫之留，榮位不能屈，道成樹下，光屬天上。變化靡窮，神通無及，置須彌於葶藶，納世界於微塵。闢慈悲之門，開仁壽之路，殛（當是拯之譌）煩惱於三塗，濟苦難於五濁。非但化及天龍，教被人鬼；固亦福霑行雁，道洽游魚。但羣生無感，獨尊罷應，雜色照爛，諸山搖動。布金沙而弗受，建寶蓋而未留，遂上微妙之臺，永升智慧之殿。而天人慕德，像法興靈，圖影西山，承光東壁。主上乃據地圖，攬天鏡，乘六龍，朝萬國，牢籠宇宙，襟帶江山。道濟横流，德昌頹曆，四門穆穆，百僚師師，乘法船以徑度，駕天輪而高舉。神功實業，既被無邊；鴻名懋賞，方在不朽。抵掌措言，雖不盡言；執筆書事，其能已乎？」文係節録，故此所引「面山背水，左朝右市」句，缺而不具。又按宋趙明誠金石録二十一謂此碑陰題銀青光禄大夫臣韓毅書，並云：「據北史毅魯郡人，工正書，神武用爲博士，以教彭城景思王攸，當時碑碣往往不著名字，毅以書知名，故特自著之也。然遺跡見于今者，獨此碑耳。」

永明寺，宣武皇帝所立也，在大覺寺東。時佛法經像，盛於洛陽，異國沙門，咸來輻輳，負錫持經，適茲藥（樂）**校**緑君亭本、真意堂本藥作樂，義長，今從正。土，世宗**校**吴琯本、漢魏本、真意堂本世宗作「宣武」。故立此寺**校**吴琯本、漢魏本、真意堂本寺下有俾字。以憩之〔一〕。房廡連亘，一千餘間。庭列脩竹，簷拂高松，**校**吴琯本、漢魏本松作檍。奇花異草，駢闐堦砌。百國沙門三千餘人，西域遠者，乃至大秦國〔二〕，盡天地之西垂，**校**吴琯本、漢魏本、真意堂本垂作陲。□（耕耘）**校**各本無空格。照曠閣本下有「耕耘」二字，今從補。績紡，百姓野居，**校**吴琯本、漢魏本、真意堂本居作店。邑屋相望，**校**吴琯本、漢魏本屋作房。唐鈎沈云：「績紡百姓野店邑房相望十字，絶不可解。疑當作紡績偏野，店屋相望。」按唐説增删太多，不足從。衣服車馬，擬儀中國。南中有歌營國〔三〕，去京師甚遠，風土**校**吴琯本、漢魏本風土作「土風」。隔絶，世不與中國交通；雖二漢及魏亦未曾至也。今始有沙門

〔焉子〕校綠君亭本、真意堂本無焉子二字。按焉子蓋爲下文「至焉」而倒譌，今據衍。善（菩）校吴琯本、漢魏本、綠君亭本、真意堂本善作菩，今從正。提拔陀（至焉），校綠君亭本、真意堂本下有「至焉」二字。今據補。自云：「北行一月日，校吴琯本、漢魏本、真意堂本無日字。至勾稚國〔四〕。北行十一校吴琯本、漢魏本、真意堂本一作二。日，至孫典（典孫）國〔五〕。校按孫典乃典孫之倒誤，説見注，今正。下同。從孫典（典孫）國北行三十日，至扶南國〔六〕，方五千里，南夷之國，最爲强校吴琯本、漢魏本無强字。大。民户殷校吴琯本、漢魏本殷下有富字。多，出明珠金玉及水精珍異，饒梹榔。校吴琯本、漢魏本、真意堂本、吴集證本梹作檳，同。從扶南國北行一月，至林邑國〔七〕。出林邑，入蕭衍國〔八〕。」

拔陀至楊州〔九〕，校吴琯本、漢魏本楊作陽。吴集證本作揚。歲餘，隨楊州校吴琯本、漢魏本、吴集證本楊作揚。比丘法融來至京師。校吴琯本、漢魏本、綠君亭本、真意堂本下重「京師」二字。沙門問其南方風俗，拔陀云：「古有（有古）奴調國〔一〇〕，校蘇繼庼先生云：「按菩提拔陀之奴調國一名，與萬震之奴調州名同，然其於奴調國所叙，則又與萬震之姑奴港同，故其奴調國是否即萬震之奴調洲，遂不無可疑（按蘇先生所舉萬震之姑奴港與奴調洲爲載於南洲異物志者，具詳於本書附注）。竊意今本伽藍記於菩提拔陀所云，殆字有倒植，其文似本作有古奴調國，乘四輪馬爲車。古奴調可還原爲梵文 Kurnadvipa，調字爲梵文 dvipa 之省譯，義爲洲，亦可訓國或大陸。惟古奴調國一名，既揭有國字，仍存調字者，此亦如康泰之伽那調洲（按見水經注一引扶南傳）一名也。菩提拔陀爲印度之宗教家，並非歷史家，何至舉古代西亞國名與中國人相告語，故今本伽藍記所載古有奴調國，當爲有古奴調國之譌誤。」（校扈黎大江與迦那調洲考）按蘇先生此論極碻。拔陀所云諸國風土，皆爲當時實情，以答覆沙門詢問風俗語，若是引舉古國，反覺答非所問，渺不相涉。且奴調國乘四輪馬爲車，又與南洲異物志姑調國相同，見注，則此古有二字必爲有古之倒誤無疑，今從正。乘四輪馬爲車。斯調國〔一一〕出火浣布，以樹皮爲之。其樹入火不燃〔一二〕。凡南方諸國，皆因城廓（郭）校吴琯本、漢魏本、吴集證本廓作郭。今從正。而居，多饒珍麗。民俗淳善，質直好義，亦與西國校吴琯本、漢魏本、緑君亭本、真意堂本國作域。大秦、安息〔一三〕、身毒〔一四〕諸國交通往來，或三方四方，浮浪校吴琯本、漢魏本浪作海。乘風，百日便至。率奉佛教，好生惡煞。」校各本煞作殺，同。

寺西有宜牛（年）里。校元河南志三牛作年。漢晉洛陽宮城圖後魏京城亦作宜年里。疑各本皆誤，今從作年。里内有陳留王景皓、侍中安定公胡元吉等〔一五〕二宅。景皓者，河内（州）校按河内，郡名，屬司州，不置刺史，當從北史作河州，見注，今正。刺史陳留莊王祚〔一六〕之子，立校吴琯本、漢魏本自等二宅至立十七字脱去。性虚豁，少有大度，愛人好事，校吴琯本、漢魏本、真意堂本事作士。按事士通。待物無遺。夙校吴琯本、漢魏本、真意堂本夙作尤。善玄言道家〔一七〕之業，遂捨半宅，安置佛校吴琯本、漢魏本、真意堂本佛作僧。徒，演唱大乘數部，並進京師大德超、光、⿰日延、榮校吴琯本、漢魏本、真意堂本榮作藥。四法師〔一八〕，三藏胡沙門菩校吴集證本菩作善，譌。提流支〔一九〕等咸預其席。諸方伎校吴琯本、漢魏本、真意堂本伎作技，同。術之士，莫不歸赴。時有校吴琯本、漢魏本時有作「有時」。奉朝請孟仲暉〔二〇〕者，武城校太平御覽六百五十四武城作「武威」。人也。父賓，校按御覽無賓字。金城太守。暉志性聰明，學兼釋氏，四諦之義〔二一一〕，窮其旨歸。校御覽旨作指。恒校吴琯本恒譌作怕。漢魏本作前。來造第，校御覽無來造第三字。與沙門論議，時號爲玄宗先生。暉遂造人中夾貯（紵）校吴琯本、漢魏本夾貯作俠紵。吴集證云：「貯當是紵之譌。」按法苑珠林二十二敬佛篇有隋凝觀寺僧法度造夾紵釋迦像一軀，則此貯字當誤，吴説是也。今從吴琯等本改正。人中像亦見本書二崇真寺條。像一軀〔二一二〕，相好端嚴，希世所有，置皓前廳，須臾彌寶坐。校吴琯本、漢魏本、真意堂本坐作座，下同。永安二年中，此像每夜行遶其坐，四面脚跡，隱地成文。於是士庶異之，咸來觀矚，由是發心者，亦復無量。永熙三年秋，忽然自去，莫知所之。其年冬，而校吴琯本、漢魏本、真意堂本無而字。京師遷鄴〔二一三〕。武定五年，暉爲洛州開府長史，重加採訪，寥無影迹。

出閶闔門城外七里校元河南志里下有有字。長分橋。中朝時以穀水浚急，注於城下，多壞民家，校元河南志家作舍。立石橋以限之，長〔二一四〕則分流入洛，故名曰長分橋。或云：「晉河間王在長安，遣張方校吴琯本、漢魏本、真意堂本方作芳。征長沙王，營軍於此〔二一五〕，因校元河南志因下有名字。爲張方橋也。」未知孰是。今民間訛語校吴琯本、漢魏本訛語作「語訛」。真意堂本無語字。元河南志亦作語訛。號爲張夫人橋。朝士送迎，多在此處。

長分橋西有千金堰〔二一六〕，計其水利，日益千金，因以爲名。昔都水使者陳勰校吴集證本勰作勰。按水經注作協，同。所造，令備夫一千，歲恒修之。

〔注釋〕

〔一〕通鑑一百四十七：「時佛教盛於洛陽，沙門之外，自西域來者三千餘人，魏主別爲之立永明寺千餘間以處之。」

〔二〕大秦國見本書卷三宣陽門外四里條注。

〔三〕太平御覽七百九十引南州異物志云：「歌營國在勾稚南，可一月行到。其南文灣中有洲名蒲頭，上有居人，皆黑如漆，齒耳白，眼赤，男女皆裸形。」注：「康泰扶南土俗文載西去常望海退，則遮船將雞猪山果易鐵器。」又日本人藤田豐八葉調斯調及私訶條考云：「歌營又作加營，太平御覽卷三五九引康泰吳時外國事云：加營國王好馬，月支賈人常以舶載馬到加營國，國王悉爲售之。若於路羈絆，但將頭皮示王，王亦售其半價。其云月氏賈人以舶載馬到加營國者，從其所在觀之，似甚奇異。然史記大宛傳正義引康泰外國傳云：外國稱天下有三衆，中國爲人衆，大秦爲寶衆，月氏爲馬衆。由是觀之，由海路輸入加營國之馬匹，似來自月氏者。總之，乃因加營國王好馬，由海路輸入多數馬匹，王以高價購之，此似事實。時雖頗晚，然馬哥波羅亦稱馬八兒（Maabar）地方，不牧馬而從 Kis（Kais）、Hormes（Hormuz）、Dofar（Zafar）、Soer（Sohár）、Aden 等處輸入多數馬匹，價格甚昂，致國富之大半爲之消耗。Rashiduddin 及 Wassáf 亦有同樣之記述。其輸入地爲 Kulam（Coilum、Quilon）。宋周去非嶺外代答故臨條云：監篦國遞年販象牛，大食販馬，前來此國貨賣。又元汪大淵島夷誌略古里佛條亦云：蓄好馬，自西極來，故以舶載至此國。每疋互易，動金錢千百，或至四千爲率，否則番人議其國空乏也。……至於故臨，新唐書地理志下廣州通海夷道云：至師子國，其北海岸，距南天竺大岸百里。又西四日行，經没來國，南天竺之最南境。由上觀之，其云没來（Koulam-malay）者，玄奘西域記卷十之秣羅矩吒 Malaya-kuta（Malaya-kula），亦不外此也。由加營、歌營（Ka-yim）似 Kata（Kula）轉化爲 Kulam 之譯音。」（中國南海古代交通叢考頁五五七，何健民譯）蘇繼廎加營國考（南洋學報七卷一輯）駁藤田之説，列舉四點：（一）故臨港之開發係在九世紀，即當我唐中葉之時。此港形勢雖優超，然而九世紀以前，並未有多大之利用。（二）就中國載籍於加營國或歌營國與錫蘭島（按指斯調國）所揭之距離而觀，亦可斷定加營或歌營與故臨並非同爲一地。（三）故臨如與古里佛同爲一地，而古里佛之佛字音，當爲故臨末一M音轉爲F音而成。我國南部沿海方音，將M音轉爲F音，其例雖多，然恒在M音與其後某一母音拼讀時始有之。若M後無任何一母音與之拼讀，而有此轉音者，尚未之見。可知故臨與古里佛決非同地異譯。（四）南州異物志云歌營西南有加陳。如以加營或歌營即南印西部没來海岸之故臨，然南印爲一向南尖削之半島，故臨本身已逼處海隅，尚有何地可以位置加陳？若以加陳應在没來海岸某地，則加營或歌營非在加陳之東北不可，不能謂其在没來海岸。所駁頗有理，藤田之説不能成立。然則歌營國應當今何地？蘇氏云：「按南印有古國曰恭瞿（Kongu-deça）奄有今加因八多（Koimbatur 或 Coimbatore）及南部莎楞（Salem）一帶，爲太米耳族（Tamils）所建諸國之一。當其盛時，没來海岸有許多地方，亦隸此國版圖。恭瞿國後併入雞羅國（Kerala），惟其合併究在何時，已不易考，大概當爲五世紀以後之事。恭瞿本爲一聯邦，其在今加因八多區域及其附近地方之一邦，名 Koyampadi 或 Koyammuturu，而其都城亦同此名，今加因八多城乃其遺也。竊意吴時外國傳與扶南土俗傳著録之加營國，南州異物志與洛陽伽藍記著録之歌營國，殆即 Koyam（Padi）或 Koyam（Muturu）之省譯也。」「加因八多位於南印西部内陸，西與没來海岸相去約有七十餘哩，東與注輦海岸相去約二百哩，雖非一瀕海都會，然其在南印地理上、經濟上、交通上、政治上之地位，均向稱重要。」（同上書）

〔四〕太平御覽七百九十引南州異物志云：「勾稚國去與遊（與遊疑是典遜之譌）八百里，有江口西南向，東北行極大崎頭，出漲海中，淺而多磁石。」蘇繼廎加營國考云：「南州異物志與洛陽伽藍記均以句稚爲自歌營國來中國之中途要站。按勾稚，吴時外國傳（見水經注卷一引）作拘利……拘利一名，又見梁書卷五四中天竺傳與通典卷一八八薄剌國條，皆爲 Tokola 之省譯。托勒密（Ptolemy）地誌亦揭有此名，爲馬來半島西岸北緯十度泊沽河（Pakchan）

一帶地方稱。巴利文名白荳蔻曰 Tokola，馬來半島素以此爲名産，故南海貿易家遂以其産品爲其地方之名。」

〔五〕按孫典國當作典孫國，典孫二字誤倒，即梁書之頓遜國。梁書五十四扶南國傳云：「其（扶南國）南界三千餘里，有頓遜國，在海崎上，地方千里。城去海十里，有五王，並羈屬扶南。頓遜之東界通交州；其西界接天竺、安息徼外諸國，往還交市。所以然者，頓遜迴入海中千餘里，漲海無崖岸，船舶未曾得逕過也。其市東西交會，日有萬餘人，珍物貨寶，無所不有。又有酒樹似安石榴，采其花汁，停甕中，數日成酒。」通典一百八十八頓遜國下注云：「一曰典遜。」梁書扶南傳又作典孫（傳云：「攻屈都昆、九稚、典孫等十餘國。」九稚當即勾稚）。太平御覽七百八十八引南州異物志：「頓遜在扶南三千餘里。本爲別國。扶南先王范蔓有勇略，討服之。今屬扶南。」按之地理及各書所述，此當是頓遜國無疑。頓遜今地，法人伯布和謂 Schlegel 以爲即 Tenasserim（見扶南考，馮承鈞譯，史地叢考續編）。

〔六〕梁書五十四扶南國傳：「扶南國在日南郡之南，海西大灣中。去日南可七千里，在林邑西南三千餘里。城去海五百里，有大江，廣十里，西北流，東入於海。其國輪廣三千餘里。土地洿下而平博，氣候風俗，大較與林邑同。出金、銀、銅、錫、沈木香、象牙、孔翠、五色鸚鵡。……今其國人皆醜黑拳髮，所居不穿井，數十家共一池引汲之。俗事天神。天神以銅爲像，二面者四手，四面者八手，手各有所持，或小兒，或鳥獸，或日月。其王出入乘象，嬪侍亦然。王坐則偏踞翹膝，垂左膝至地，以白疊敷前，設金盆香爐於其上。國俗，居喪則剃除鬚髮。死者有四葬，水葬則投之江流；火葬則焚爲灰燼；土葬則瘞埋之；鳥葬則棄之中野。人性貪吝無禮義，男女恣其奔隨。」扶南國今地之方位，伯希和扶南考内「以爲昔之扶南在原則上祇能爲今之柬埔寨與下南圻，Basse-Cochinchine」（史地叢考續編頁二十七，馮承鈞譯）。

〔七〕梁書五十四林邑國傳：「林邑國者本漢日南郡象林縣，古越裳之界也。……其地縱廣可六百里。城去海百二十里，去日南界四百餘里，北接九德郡。其南界水步道二百餘里有西國（國當作圖）夷，亦稱王，馬援植兩銅柱表漢界處也。其國有金山，石皆赤色。其中生金。金夜則出飛，狀如螢火。又出瑇瑁、貝齒、吉貝、沈木香。……其國俗，居處爲閣，名曰于闌。門户皆北向。書樹葉爲紙。男女皆以横幅吉貝繞腰以下，謂之干漫，亦曰都漫。穿耳貫小鐶。貴者著革屣，賤者跣行，自林邑、扶南以南諸國皆然也。其王著法服，加瓔珞，如佛像之飾。出則乘象，吹螺擊鼓，罩吉貝繖，以吉貝爲幡旗。國不設刑法，有罪者，使象踏殺之。其大姓號婆羅門。嫁娶必用八月，女先求男，由賤男而貴女也。同姓還相婚姻，使婆羅門引壻見婦，握手相付，呪曰：吉利吉利。以爲成禮。死者焚之中野，謂之火葬。其寡婦孤居，散髮至老。國王事尼乾道，鑄金銀人像，大十圍。」按林邑在今越南北境。

〔八〕蕭衍國謂南朝梁國。

〔九〕梁朝揚州區域甚廣，領丹陽、吴、會稽、吴興、新安、新寧、臨海、建安等八郡，見洪齮孫補梁疆域志。此文所指，疑是今福建、浙江沿海一帶地區。

〔一〇〕太平御覽七百九十引南州異物志云：「姑奴國去歌營八千里，民人萬餘户，皆乘四轅車，駕二馬或四馬，四會所集也。舶船常有百餘艘，市會萬餘人，晝夜作市。船皆鳴鼓吹角，人民衣被中國。」

〔一一〕太平御覽七百八十七引南州異物志云：「斯調，海中洲名也，在歌營東南可三千里。上有王國，城市街巷。土地沃美。」斯調之今地，藤田豐八以爲即今之錫蘭，見葉調斯調及私訶條考（中國古代南海交通叢考，何健民譯），法人費瑯以爲即爪哇，見葉調斯調與爪哇（西域南海史地考證譯叢續編，馮承鈞譯），又以爲在蘇門答剌，見蘇門答剌古國考（馮承鈞譯）。綜合各説，似以藤田氏説爲可從。

〔一二〕三國志魏志四裴注引異物志云：「斯調國有火州，在南海中。其土有野火，春夏自生，秋冬自死。有木生於其中而不消也，枝皮更活，秋冬火死，則皆枯瘁。其俗常冬采其皮以爲布，色小青黑。若塵垢汚之，便投火中，則更鮮明也。」火浣布即石綿。

〔一三〕魏書一百二西域傳：「安息國在葱嶺西，都蔚搜城。北與康居，西與波斯相接。在大月氏西北，去代二萬一千五百里。」馮承鈞西域地名Partava條云：「古波斯語安息國名，中世波斯語作Partu，希臘古地誌作Parthyaea，梵語作Pahlava，前漢書安息傳安息國王治番兜城，又烏弋離傳北與樸桃接，北宋本三國志有排特，玆三名疑皆爲其對音。」

〔一四〕身毒即印度。

〔一五〕胡元吉名祥，國珍子，胡太后之異母弟，襲爵封安定郡公，見魏書八十三外戚列傳。

〔一六〕北史十五魏諸宗室傳：「（陳留王）建弟嫡子祚，字龍壽。宣武校藝，每於歲暮詔令教習講武。初，建以子罪失爵，祚欲求本封，有司奏聽祚襲公，其王爵不輕與，求更議，詔從之。卒於河州刺史。節閔時贈侍中尚書僕射。」據此則元祚未襲爵爲王，與記語不合，未知孰是。景皓，魏書及北史皆未載，此可以補史之闕。

〔一七〕按此道家蓋指佛教，四十二章經稱佛教爲釋道或道法，牟融理惑論稱釋教爲佛道，又僧徒亦稱道人，可證古時稱道家非如後人專指道教而言。

〔一八〕唐晏鉤沈：「魏書釋老志：當時名僧有僧暹、惠光、道希、法榮。此云超、光、𣈶、榮，疑當作暹、光、晞、榮。」按記所舉諸僧名固不與釋老志相同，唐氏改字强以合之，其説非是。超疑是僧超，𣈶疑是智誕，𣈶誕字形相近而譌。二人亦見於釋老志，在孝文、宣武時，並著名聲。慧光爲少林寺佛陀禪師之弟子，續高僧傳二十七有傳。榮疑是道榮，曾到僧伽施國，即本書卷五宋雲求經所引道榮傳者，或作道藥（詳見彼注），與吳琯等本作藥字亦合。

〔一九〕菩提流支見前融覺寺條注。

〔二〇〕新唐書五十八藝文志有孟仲暉七賢傳七卷，與此孟仲暉殆是一人。

〔二一一〕四諦即四聖諦，佛教語。大般涅槃經：「所謂四聖諦，苦、集、滅、道，是名四聖諦。迦葉，苦者逼迫相，集者能生長相，滅者寂滅相，道者大乘相。復次，善男子，苦者現相，集者轉相，滅者除相，道者能除相。復次，善男子，苦者有三相：苦苦相，行苦相，壞苦相，集者二十五有，滅者滅二十五有，道者修戒定慧。」

〔二一二〕【夾紵亦作綊紵，慧琳一切經音義七七綊紵下云：「上音甲，下除慮反。按方志本義，綊紵者，脱空象，漆布爲之。」脱空，亦稱「脱沙」（徑山藏本大唐西域記十二瞿薩旦那國下注），即今之脱胎漆，日本人稱爲乾漆。夾紵佛像見於舊籍者，此孟仲暉所造外，法琳辨正論三記戴安道建招隱寺手造五夾紵像，廣弘明集十六有梁簡文帝爲人造丈八夾紵金薄像疏，法苑珠林二十二有隋雍州凝觀寺僧法慶於開皇三年（五八三）造夾紵釋迦立像一軀，舉高一丈六尺。大唐西域記十二瞿薩旦那國云：「王城西南十餘里，有地迦婆縛那伽藍，中有夾紵立佛像，本從屈支國而來至止。」有人遂以爲夾紵造像術或由印度經中亞輸入中國者。法國學者伯希和不信之，謂「乾漆造像之術，不僅中國早有此術，且爲中國之發明也」。又疑「此術或爲戴逵（安道）始創」（並見中國乾漆造像考），其説是也。何以明之？晉書九十四隱逸列傳：「戴逵字安道，譙國人也。少博學，好談論。善屬文，能鼓琴，工書畫。其餘巧藝，靡不畢綜。」則知其人之工於巧藝。法苑珠林二十一云：「東晉會稽山陰靈寶寺木像者，徵士譙國戴逵所製。逵以中古製像略皆朴拙，至於開敬，不足動心。素有潔信，又甚巧思，方欲改斲威容，庶參真極，注慮累年，乃得成遂，東夏製像之妙，未之有如上之像也。」極言像之製作巧妙。同書二十四亦記戴逵造靈寶寺像事（文繁從略），又云：「逵又造行像五軀，積慮十年。」（此五行像，疑即招隱寺五夾紵像）由於逵對佛教「素有潔信，又甚巧思」，靈寶寺木像乃其所製，招隱寺之五夾紵像爲其手造，而夾紵造像（前此未見記載）技術亦可推定由其首創，未爲妄測。其技術始流傳於南方，後來漸及北境，孟仲暉此像正傳其遺製。脱胎漆器至今爲我國著名民間工藝品，主要生産於福建。製法，在模型（木胎、泥胎二種）上以夏布或綢料用漆裱之，連續數次，然後脱去內胎，再加填灰、上漆、打磨等十餘道工序始成。特點爲輕巧美觀，色澤光亮，耐温、耐酸鹼性腐蝕。餘可參考伯希和中國乾漆造像考，載於馮承鈞編譯史地叢考及西域南海史地考證譯叢七編。】

〔二三〕遷鄴事見本書卷首序注。

〔二四〕長讀如漲。

〔二五〕晉書六十張方傳：「永寧中，（河間王）顒表討齊王冏，遣方領兵二萬爲前鋒。及冏被長沙王乂所殺，顒及成都王穎復表討乂，遣方率衆自函谷入屯河南。惠帝遣左將軍皇甫商距之，方以潛軍破商之衆，遂入城。乂奉帝討方于城內，方軍望見乘輿，於是小退。……方退壁于十三里橋。……乃夜潛進，逼洛城七里。乂既新捷，不以爲意，忽聞方壘成，乃出戰，敗績。東海王越等執乂送于金墉城，方使郅輔取乂還營炙殺之。於是大掠洛中官私奴婢萬餘人而西還長安。」十三里橋疑即長分橋。又太平御覽七十三引晉後略云：「張方圍京邑，決千金堰水，溝渠枯涸，井多無泉。」

〔二六〕水經穀水注：「穀水又東流逕乾祭門北……東至千金堨。河南十二縣境簿曰：河南縣城東十五里有千金堨。洛陽記曰：千金堨舊堰穀水，魏時更脩此堰，謂之千金堨。積石爲堨，而開溝渠五所，謂之五龍渠。渠上立堨，堨之東首立一石人。石人腹上刻勒云：太和五年（二三一）二月八日庚戌造築此堨，更開溝渠，此水衡渠上其水（朱箋：當云此水衡渠止其水），助其堅也。必經年歷世，是故部立石人以記之云爾。蓋魏明帝脩王、張故績也。堨是都水使者陳協所造。語林曰：陳協數進阮步兵酒。後晉文王欲脩九龍堰，阮舉協，文王用之。掘地得古承水銅龍六枚，堰遂成。水歷堨東注，謂之千金渠。逮于晉世，大水暴注，溝瀆泄壞，又廣功焉。石人東脇下文云：太始七年（二七一）六月二十三日，大水迸瀑，出常流上三丈，蕩壞二堨，五龍泄水，南注瀉下；加歲久漱齧，每澇即壞，歷載消棄大功，今故無令遏。更于西開泄，名曰代龍渠。地形正平，誠得爲泄至理，千金不與水勢激争，無緣當壞。由其卑下，水得踰上漱齧故也。今增高千金于舊一丈四尺，五龍自然必歷世無患。若五龍歲久復壞，可轉于西更開二堨。二渠合用二十三萬五千六百九十八功，以其年十月二十三日起作，功重人少，到八年四月二十日畢。代龍渠即九龍渠也。後張方入洛，破千金堨。永嘉初，汝陰太守李矩、汝南太守袁孚修之，以利漕運，公私賴之。水積年，渠堨頹毀，石砌殆盡，遺基見存。朝廷太和（按此太和是北魏孝文帝年號，故云朝廷）中修復故堨。按千金堨石人西脇下文云：若溝渠久疏深，引水者當于河南城北石磧西更開渠北出，使首狐邱。故溝東下，因故易就，磧堅便時。事業已訖，然後見之。加邊方多事，人力苦少，又渠堨新成，未患于水，是以不敢預修通之。若于後當復興功者，宜就西磧。故書之于石，以遺後賢矣。雖石磧淪敗，故跡可憑，準之于文。」

洛陽伽藍記校注卷第五

魏撫軍府司馬楊衒之撰　范祥雍校注

城北

禪虛【校】説郛四作靈。寺在大夏門御道西。寺前有閱武場，歲終農隙〔一〕，甲士習戰，千乘萬騎，常在於此。有羽林馬僧相善觝角戲〔二〕，擲戟與百尺樹齊等；虎賁張車（渠）【校】各本車下皆有渠字。吴集證本無，云：「按魏書靈后補傳：太后從子都統僧敬與備身左右張車渠等數十人謀殺乂，復奉太后臨朝。則此當從何本補一渠字也。」今從各本補。擲刀出樓一丈。帝亦觀戲在樓，恒令二人對爲角戲。中朝〔三〕時宣武場〔四〕（在）【校】吴琯本、漢魏本、真意堂本場下有在字。按太平御覽九百九十六引此亦有在字，義較足，今據補。大夏門東北，今爲光風園，【校】漢晉四朝洛陽宮殿圖後魏京城作「光風殿」。按太平御覽引亦作「光風園」，與今本同。如作殿，與下苜蓿生焉義不相符，則殿字當誤。苜蓿生【校】吴琯本、漢魏本作在，非。御覽引作出。焉。

〔注釋〕

〔一〕左傳隱公五年：「故春蒐、夏苗、秋獮、冬狩，皆於農隙以講事也。」杜注：「各隨時事之間。」本文習戰當是屬於冬狩性質。

〔二〕漢書武帝紀：元封「三年春，作角抵戲」。文穎注：「名此樂爲角抵者，兩兩相當，角力，角技藝射御，故名角抵，蓋雜技樂也，巴俞戲魚龍曼衍之屬也。」角抵與觝角同，西京賦作角觝，是習武之戲樂。（王先謙補注謂「蓋即今之貫跤」，只舉一隅，似不恰當。）又漢書刑法志云：「春秋之後，滅弱吞小，並爲戰國。稍增講武之禮，以爲戲樂，用相夸視，而秦更名角抵。」廣韻入聲覺韻角字引漢武故事：「角抵者，六國時所造也。」

〔三〕中朝見卷一長秋寺條注。

〔四〕水經穀水注：「其一水自大夏門東逕宣武觀，憑城結構，不更增墉，左右夾列步廊，參差翼跂，南望天淵池，北矚宣武場。竹林七賢論曰：王戎幼而清秀。魏明帝于宣武場上爲欄，苞虎牙，使力士袒裼迭與之搏，縱百姓觀之。戎年七歲，亦往觀焉。」又世說新語識鑒篇：「晉武帝講武於宣武場。」是宣武場在魏、晉兩代皆爲習武之場所。

凝圓校吳琯本、漢魏本、真意堂本作「疑玄」。說郛四圓作玄。**寺，閹官濟州刺史賈璨**〔一〕校吳琯本、漢魏本璨作燦。魏書閹官列傳作粲。說郛四作璨，與此同。**所立也，在廣莫**校吳琯本、漢魏本脫莫字。**門外一里御道東，所謂永平里也。注：**校張合校云：「案史通補注篇云：遂乃定彼榛楛，列爲子注，若蕭大圜淮海亂離志、羊衒之洛陽伽藍記是也。則衒之此記，本自有注，不知何時併入正文，遂至不能分別。此注字之幸存者。自此至下文不可勝數句，當是凝圓寺注文。鉤沈本以此下一句爲正文。」又於附録鉤沈本伽藍記正文「注即漢太上王廣處」句下注云：「宗祥案此處注字幸存。即漢太上王廣處六字明係注文，不得誤入正文。」陳寅恪讀洛陽伽藍記書後（歷史語言研究所集刊第八本第二分）云：「張君……於楊書第五卷舉出幸存之注字，尤足見讀書之精審。……然竊有所疑者，吴、唐二氏分析之正文與子注雖不與楊書原本符會，而楊書原本子注亦必甚多，自無疑義。若凡屬子注，必冠以注字，則正文之與注文分別瞭然。後人傳寫楊書，轉應因此不易淆誤。今之注文混入正文者，正坐楊書原本其子注大抵不冠以注字，故後人傳寫牽連，不可分別，遂成今日之本。張氏所舉之例，疑是楊書原本偶用注字冠首也。」案陳先生説可以補張氏之不及，惟此注字疑爲校者判别注文混入正文所加之附識，後復同併爲正文，非楊書原本用注字冠首。至於正文與子注之判，説各不同，别見附編，此不具論。又張氏以自此至下文不可勝數句，同屬注文。按下文云「值母亡，捨以爲寺」，與上文「賈璨所立也」句相應（母當是賈璨之母），當並爲正文。自此下至「創居此里」句，皆釋正文永平里，則爲子注，張説疑尚未允。即漢太上王廣**校**吴集證云：「此處疑有脱誤。」唐鈎沈云：「太上王廣疑當作漢太上皇廟。又水經注：陽渠水又東逕漢廣野君酈食其廟南。廟在北山上，此記所言，或指此廟，未可知也。」按漢太上皇爲高祖（劉邦）之父，其廟不當設在洛陽。後漢各書亦無有言祠太上皇廟者。唐氏自知其説無據，故又疑爲酈食其廟，前後互異，不足信。漢太上王疑與秦太上公（胡太后父胡國珍謚號，見魏書外戚傳及本書卷三）相似，惟其人不可考知。處。還京之初，創居此里，值**校**吴琯本、漢魏本作直。母亡，捨以爲寺。地形高顯，下臨城闕。房廡精麗，**校**吴琯本、漢魏本、真意堂本精麗作「麗精」。竹柏成林，實是净行息心之所也。王公卿士**校**吴琯本、漢魏本無士字。來遊觀爲五言者，不可勝數。

洛陽城東北有上高景（商里），**校**各本景作里。吴集證本作景，云：「此誤也。」按下文作里字，與止、子、恥爲韻，則此景字顯誤。又按漢魏四朝洛陽宫城圖後魏京城東北廣莫門外作上商里。考後漢書二十九鮑永傳云：「賜永洛陽商里宅。」李賢注：「東觀記曰：賜洛陽上商里宅。陸機洛陽記曰：上商里在洛陽東北，本殷頑人所居。故曰上商里宅也。」元河南志二亦作上商里。則此高字蓋以與商字形相似而誤，各本皆然，下同，今并正。殷之頑民所居處也〔二〕，高祖名聞義里。遷京之始，朝士住其中，迭相幾**校**緑君亭本、漢魏本、真意堂本、吴集證本作譏。刺〔三〕，竟皆去之。惟有造瓦者止其內，京師瓦器出焉。世人歌曰：「洛〔陽〕**校**吴琯本、漢魏本、照曠閣本無陽字。吴集證云：「陽字當從各本衍。」按歌係七言，陽字當衍，否則衍城字。今從吴琯等本。城**校**真意堂本衍城字。東北上高（商）**校**説見上。里，殷之頑民昔所止。今日百姓造瓮**校**吴琯本、漢魏本、真意堂本瓮作甕。子，人皆棄去住者恥。」唯冠軍將軍郭文遠遊憩其中，堂宇園林，匹於邦君。時隴西李元謙樂**校**吴琯本、漢魏本、真意堂本樂作能。緑君亭本注云：「一作能。」雙聲語〔四〕，常經文遠宅前過，見其門閥**校**吴琯本、漢魏本門閥作「闕閤」。華美，乃曰：「是誰第宅過佳〔五〕？」**校**吴琯本、漢魏本過佳作「遇值」。緑君亭本、真意堂本過字作遇。按遇值或遇佳，聲義皆不合，俱誤。婢春風出曰：「郭冠軍家〔六〕。」元謙曰：「凡**校**吴琯本、漢魏本、真意堂本作此。緑君亭本作此，注云：「一作凡。」按此與婢聲不同類，當誤。施國祁禮耕堂叢説云：「此字自當作彼，與婢聲同，係俗本刊誤。」所説雖似可通，但乏佐證，難從。婢雙聲〔七〕。」春風曰：「儜奴慢罵〔八〕。」元謙服婢之能，於是京邑翕然傳之。

〔注釋〕

〔一〕賈璨魏書九十四閹官列傳有傳，作賈粲。本傳：「靈太后反政，欲誅粲，以（元）乂、（劉）騰黨與不一，恐驚動內外，乃止。出粲爲濟州刺史。」

〔二〕尚書多士序：「成周既成，遷殷頑民。」孔傳：「殷大夫士心不則德義之經，故徙近王都教誨之。」水經穀水注：「昔周遷殷民于洛邑，城隍偪狹，卑陋之所耳。晉故城成周以居敬王，秦又廣之，以封不韋。」

〔三〕幾與譏通。按魏書七十九成淹傳云：「及鑾輿行幸……行到朝歌，（王）肅問：此是何城？淹言：紂都朝歌城。肅言：故應有殷之頑民也。淹言：昔武王滅紂，悉居河、洛，中因劉、石亂華，仍隨司馬東渡。肅知淹寓於青州，乃笑而謂淹曰：青州間何必無其餘種？淹以肅本隸徐州，言：青州本非其地，徐州間今日重來，非所知也。肅遂伏馬上掩口而笑，顧謂侍御史張思寧曰：向者聊因戲言，遂致辭溺。」亦以殷頑遺種相戲誚，可見彼時風尚如此。

〔四〕凡字與字之發音相同（即牙舌脣齒喉發音部位同屬一類）爲雙聲字。廣韻書後有雙聲疊韻法可以參考。南北朝人喜作雙聲語，或謂之體語（封氏聞見記云：「周顒好爲體語，因此切字皆有紐，紐有平上去入之異」）。今録三則於後，以見當時之時尚，作爲補證。南史二十謝莊傳：「王玄謨問莊何者爲雙聲，何者爲疊韻？答曰：玄護爲雙聲，磝碻爲疊韻。」又三十六羊戎傳：「戎少有才氣，而輕薄少行檢。語好雙聲。江夏王義恭嘗設齋，使戎布牀。須臾王出，以牀狹，乃自開牀。戎曰：官家恨狹，更廣八分。王笑曰：卿豈惟善雙聲，乃辨士也。文帝好與玄保棊。嘗中使至，玄保曰：今日上何召我耶？戎曰：金溝清泚，銅池搖颺，既佳光景，當得劇棊。」北齊書三十七魏收傳：「收之外兄博陵崔巖，嘗以雙聲嘲收曰：愚魏衰收。答曰：顏巖腥瘦，是誰所生，羊頤狗頰，頭團鼻平，飯房笭籠，着孔（錢大昕云：孔當作札）嘲玎。」

〔五〕按廣韻是字承紙切，誰字視隹切，二字同屬禪紐。第字特計切，屬定紐。宅字場伯切，屬澄紐。施國祁禮耕堂叢說云：「宅古音鐸。書宅西曰昧谷。古作度。……又五流有宅，三危既宅，古並作度。毛詩鴻雁其究安宅與澤韻；此惟與宅與度廓韻。緣北朝多宗鄭學，尚讀古音者也。」按錢大昕十駕齋養新録五舌音類隔之說不可從云：

「古無舌頭舌上之分，知、徹、澄三母以今音讀之，與照、穿、牀無別也。求之古音，則與端、透、定無異。」又舉例云：「姪娣本雙聲字。公羊釋文姪，大結反。娣，大計反。此古音也。廣韻姪有徒結、直一兩切。今南北音皆讀直一切，無有作徒結切者，古今音有變易。」宅字古與度字通（今閩語宅字仍讀度音），與第同屬定紐。宅第爲雙聲語，與錢氏所舉姪娣例正相似。即因古無舌頭舌上音之分。過字古禾切，佳字古膎切，二字同屬見紐。

〔六〕廣韻郭字古博切，冠字古玩切，軍字舉云切，家字古牙切，四字同屬見紐。

〔七〕吴若準集證云：「凡古音芃，故曰雙聲。何本作此，誤。」按廣韻凡字符咸切，屬奉紐；婢字便俾切，屬並紐。據陳澧切韻考聲類表奉紐與並紐三等字同屬一類，是在廣韻時奉並二紐字不分別。婢字屬並紐三等，故與凡字同類。凡字不必讀作芃。雙字所江切，聲字書盈切，二字同屬審紐。凡婢之凡字當與孟子盡心篇「待文王而後興者凡民也」之凡字相似，猶言庸婢，與下儜奴相應。

〔八〕廣韻儜字女耕切，奴字乃都切，二字同屬泥紐。慢與謾同，毋官切，罵字莫下切，二字同屬明紐。

聞義里〔一〕有燉煌〔二〕人宋雲校太平廣記四百八十二作云。宅，雲校吴琯本、漢魏本無雲字。與惠生俱使西域也。神龜元校太平御覽六百五十七作九。按神龜無九年，御覽誤。年十一月冬〔三〕，校御覽無冬字。太后遣崇立校御覽立作靈。寺比丘惠生校自俱使西域至此二十三字，吴琯本、漢魏本、真意堂本脱去。向西域取經，凡得一百七十部，皆是大乘妙典〔四〕。

初發京師，西行四十日，校資治通鑑一百四十九作「自洛陽西行四千里，至赤嶺」。至赤嶺〔五〕，即國之西疆也，皇魏關防【校】吴琯本、漢魏本關防作「闡訪」。正在於此。赤嶺者不生草木，因以爲名〔六〕。其山有鳥鼠同穴〔七〕，異種共類，【校】吴琯本、漢魏本類作數。鳥雄鼠雌，共爲陰陽〔八〕，即所謂鳥鼠同穴。

發赤嶺西行二十三日，渡流沙〔九〕，至土【校】各本作吐，下同。吴集證本作土。谷渾國〔一〇〕。路中甚寒，多饒風雪，飛沙走礫，舉目皆滿，唯土谷渾城〔一一〕左右煖於餘處。其國有文字，況同魏。【校】沙畹云：「按此處應爲句斷，猶言文字與魏同也。」馮承鈞云：「此處疑有脱誤。」按本文義自足，不必疑脱。風俗政治，【校】吴琯本、漢魏本、真意堂本政治作「治政」。多爲夷法〔一二〕。

從土谷渾西行三千五百里，至【校】吴琯本、漢魏本無至字。鄯善城〔一三〕。其城自【校】吴琯本、漢魏本無自字。立王，爲土谷渾所吞〔一四〕。【校】吴琯本、漢魏本作居。今城（内主）【校】各本城下有「内主」二字。吴集證本無，與此同。按依文義有之爲是，今據各本補。是土谷渾第二息寧西將軍，總部落三千以禦西胡〔一五〕。

〔注釋〕

〔一〕此下乃楊衒之依據惠生行記、宋雲家紀、道榮傳記載宋雲、惠生向西域求經事，爲中、印古代交通史之重要資料，與歷遊天竺記、大唐西域記、往五天竺傳等書同爲國内外學者所重視。單就本篇作箋釋者，據所知，有丁謙宋雲求經記地理考證（在浙江圖書館叢書第二集中），法國人沙畹（E. Chavannes）宋雲行紀箋註（*Voyage de Song Yun dans l'Udyana et le Gandhara*. 518－522），馮承鈞譯註（載在禹貢半月刊第四卷第一期，第六期及西域南海史地考證譯叢六編），張星烺中西交通史料匯編第六册第九十八節附註三種。此外中外學者研究古代西域與中、印交通地理時有引用及考證者頗多。今參酌衆説，撰爲集釋，與其他各篇體例稍有變動，更訂如下：

（一）凡丁氏、沙畹氏、張氏之書，以及馮氏譯本之附註，用〖丁考〗、〖沙箋〗、〖張註〗、〖馮註〗等字樣以標識之。

（二）他書所釋及校注者自釋語，則用〖按〗以標識之。

（三）丁氏等書所釋有重複相同者，則録其最初語，其餘從略。雖相同而有補充者，則仍録之。

（四）本篇因篇幅過長，注釋繁重，故將正文析爲數大段（主要以經歷各國爲分），注釋分附於後，以便省覽。

（五）各注内如愚見有隨文補訂者，則於文下用括符（）並加「按」字樣標識，以示與原注之區别。

其餘仍遵本書他例不更。

〖丁考〗此由楊衒之洛陽伽藍記中摘出，衒之跋云：「惠生行記，事多不盡録，今以道藥傳、宋雲家紀並載。」按上三書，藏經既未收入，亦無他傳本，蓋亡佚久矣。尚賴此記存其涯略，亟加考證，以爲究心地學之助。因記首有「西域取經」字，即以名篇。

〖沙箋〗緒言：五世紀初年，宋雲等經歷烏萇、乾陀羅等國行記，Abel Rémusat 于其佛國記註疏中已有節譯之文。此書在其死後四年，一八三六年時始見出版。一八三三年時 G. H. Neumann 有全譯本（*Pilger-fahrten buddhistischer Priest von China nach Indien*，Leipzig，1833），一八六九年時 S. Beal 亦有全譯本（*Travels of Fah-hian and Song-yun，Buddhist pilgrims，from China to India*），惟諸譯皆未免疏誤。近年來 A. Foucher 所撰乾陀羅古地誌疏證（*Notes sur la géographie ancienne du Gandhara*）已將宋雲行紀中之若干考古問題解決。J. K. Marquart 亦將 S. Beal 之若干錯誤糾正（Eransahr，Berlin，Weidmann，尤應參照 211—212，244—245 等

頁)。似應參合此類新證,並將所餘尚未闡明諸點說明,是即余將嘗試爲之者也。

又:宋雲、惠生皆已撰有行紀。隋書經籍志卷三十三著録惠生行傳一卷,舊唐書經籍志卷四十六、新唐書藝文志卷五十八並著録宋雲魏國以西十一國事一卷。茲二書皆佚,賴有洛陽伽藍記識其概略。

〔二〕【沙箋】按燉煌爲赴西域通道要塞之一。徐松西域水道記卷三位其地於黨河南岸;沙州在河之左岸,與燉煌相對。洪鈞中俄地圖誤以燉煌在西,沙州居東。

【按】敦煌自漢武帝元鼎六年(前一一一)置郡後,屢經廢置,在北魏時介居西北柔然、吐谷渾間,孝昌二年(五二六)復置郡,屬瓜州(見徐文范東晉南北朝輿地表州郡表三)。沙畹所引西域水道記有誤解。原書云:「(黨河)又北流過敦煌縣城西,舊沙州城東。」舊沙州城爲敦煌故郡地,清雍正初,以黨水北衝,圮城東面,乃於故城東築衛城,乾隆二十五年(一七六〇)裁衛,因城置敦煌縣,亦詳於徐氏書中。是徐氏所言之敦煌縣即新城也,沙畹以當後魏之敦煌,甚謬。閻文儒敦煌史地雜考(文物參考資料第二卷第五期敦煌文物展覽特刊下册)云:「敦煌縣城在黨河東,故城在黨河西,相隔約半里。城垣已圮,遺址尚存,東西長近二里,南北僅見殘垣數段。」

〔三〕【丁考】按魏書嚈噠傳:熙平中,明帝遣王伏子統宋雲、沙門法力等往西域訪求佛經,時有沙門惠生者與偕行。至正光中還,所經諸國不能具知本末,僅舉其略云。又日本人著宗教一斑云:梁武帝大通元年,魏孝明帝遣宋雲等往印度尋經。雲等至北印度,三年歸朝,得佛經百七十部。考本記之首,未書年月,但其下明載神龜二年七月,從于闐入朱駒波。上溯行程,約二百日,加以休息停止,其初發京師,當在神龜元年冬(按:丁氏所據書爲漢魏叢書本,脱去二十三字,未取他本參照,故所說如此),即梁武帝天監十七年。知一言熙平中,一言大通元年,殆俱誤。王伏子、法力,傳均不載。

【沙箋】緒言:關於宋雲行程之記載,除吾人所録之行紀本文外,散見下述諸書之中:

五五四年魏收撰魏書卷九十四云：「熙平元年（五一六）詔遣沙門惠生使西域採諸經律。正光三年（五二二）冬還京師，所得經論一百七十部行於世。」

六四四年李延壽撰北史卷九十七云：「初，熙平中（五一六至五一七），明帝遣賸伏子統宋雲、沙門法力等使西域，訪求佛經，時有沙門惠生者亦與俱行。正光中（五二〇至五二四）還。惠生所經諸國，不能知其本末及山川里數，蓋舉其略云。」

按惠生行傳，李延壽似已見之；蓋北史西域傳嚈噠迄乾陀羅諸條顯爲録諸行紀之文。惟賸伏子即魏書卷一百零二之王伏子，與沙門法力皆不知爲何許人。

六五〇年道宣撰釋迦方志卷下云：「後魏神龜元年（五一八），敦煌人宋雲及沙門道生等從赤嶺山傍鐵橋至乾陀衛國（Gandhara）雀離浮圖所，及反尋於本路。」

又據一二六九及一二七一年間刊行之佛祖統紀卷三十八云：「正光二年（五二一），敕宋雲、沙門法力等往西天求經。四年（五二三），宋雲等使西竺諸國還，得佛經一百七十部。」

根據上引諸文，宋雲往還年月頗不一致，然可據行紀本文決之。考行紀所載惠生發足於神龜元年（五一八）十一月，以神龜二年（五一九）七月二十九日入朱駒波國（今葉城縣治），九月中旬入鉢和國（Wakhan），十月初旬入嚈噠國（Hephthalites），十一月初入波斯國（馮承鈞按爲今之Zebak），十二月中旬入賒彌國，十二月初入烏萇國（馮承鈞按原作Udyana，誤，似應從Sylvain Lévi之考訂改作Uddiyana）。至正光元年（五二〇）四月中旬入乾陀羅國Gandhara，留烏萇國二年，至正光三年（五二二）二月始還。

〔按〕宋雲使西域之時期，魏收以爲在熙平元年（五一六），李延壽等從之，費長房歷代三寶記三亦云：「熙平元年「遣沙門惠生使西域，取婆羅門經論」，隋書經籍志謂：「熙平中，遣沙門慧生使西域，采諸經律得一百七十部。」本書以爲在神龜元年（五一八），道宣等從之，司馬光資治通鑑一四八梁武帝天監十七年（即魏孝明帝神龜元年）亦云：「魏胡太后遣使者宋雲與比丘惠生如西域求佛經。」楊衒之書乃根據宋雲家紀等書而録，如傳寫無誤，所説當最爲可靠。其餘正光二年，大通元年都是後來輾轉傳譌，可以不論。又魏書之王伏子統，通典作伏子統，疑是官名。續高僧傳十法上傳：「天保之中，國置十統，有司聞奏，事須甄異。文宣乃手注狀云：上法師可爲大統，餘爲通統。」所説雖是高齊時事，但僧官稱統，乃承襲魏制。可見統號本多，伏子統或是魏時統官之一。丁氏、沙氏以爲人名，恐非。

〔四〕【沙箋】緒言：宋雲、惠生歸時，攜回印度經文一百七十部，皆是大乘妙典。此事亦無足異，緣當時之烏萇、乾陀羅爲大乘教之中心。（參考 Senart, Notes d'épigraphie indienne, Journ. Asia t. 8 série t. xv, 1890, p. 161； & A. Foucher, L'art bouddhique dans l'Inde, Revue de S'hist. des religions vol. xxx p. 358 – 359）因辛頭河 Indus 北突厥種族之影響，以純粹佛説與烏萇國燦爛的魔術相參合，復益之以伊蘭之傳説，連同晚代希臘造像之若干解釋，由是構成一種與恒河沿岸原始佛教關係甚遠的神學。因其成分之複雜，似較舊説爲優，乃名之曰大乘，而與真正佛教之小乘對立矣。大乘説成立雖晚，然其自負爲佛教之正統，亦不下於小乘；爲取信於信徒，特在辛頭河流域創建若干佛蹟；中印度有四大塔 Stupa，北印度亦有四大塔（見佛國記），伽耶城（Bodh-Gaya）有佛影，那竭城 Nagarahara 亦有佛影，那竭國界醯羅城（Hidda）有佛頂骨（úsnisa），弗樓沙國（Purusapura-peshavar）有佛鉢（patra）（並見佛國記、西域記）。由是印度佛教聖地有二：一在辛頭河流域，一在恒河流域。中夏巡禮之僧俗多先歷辛頭，後赴恒河；蓋中、印通道中，直達中印度之尼泊爾（Népal）一道，在唐代以前似尚不知有之。常循之路，蓋爲葱嶺（Pamirs）南達克什米爾（Cachemire）與烏萇之路。有不少巡禮之人，如宋雲、惠生之徒者，且不遠赴中印度，而以弗樓沙國或呾叉尸羅（Takasaçila）爲終點也。乾陀羅在佛教傳播中夏中任務重大之理，蓋不難知之矣。其所影響者不僅佛典爲然，即在藝術之中亦可見之。至用何種方法流布？關於建築方面者，觀此行紀可以知之。行紀所引五世紀中葉之道藥傳已將雀離浮圖各部分之大小容積説明。惠生並減割行資，妙簡良匠，以鍮摹寫雀離浮圖儀一軀及北印度之四塔。既有此種摹本與尺度，中國建築家自不難於國内仿建之。對於造像與繪畫，顯然亦用相類方法，故魏時爲佛教藝術極盛之時。後魏自四一四年以來，尤於四六〇及四六五年中建都山西北部之時，曾於大同西三十里之武周山中鑿岩造像，極其壯麗。嗣後世宗又在洛陽之龍門山中鑿岩造像，其工程始於五〇〇年，至五二三年方竣。胡后之時，曾增脩之。並於洛陽城中建有永寧寺，中有九層浮圖一所……此種工程模型，或經宋雲以前巡禮之人輸入也。觀宋雲行紀可知流行於乾陀羅與烏萇一帶之佛教，同流行於摩伽陀(Magadha)一帶之佛教，不可相提並論；又可知中、印交際，北印度較中印度爲易爲多；並可使吾人瞭解以辛頭河爲中心之大乘説及乾陀羅之藝術，何以在遠東大事發展之理。印度佛教傳布中國之圖案，蓋有一不同之色彩，應將其重要闡明也。

【按】湯用彤漢魏兩晉南北朝佛教史(三七四頁)云：「佛教爲異域宗教，根據自在傳譯。故印度中國之交通道路，其通塞改易，均與我國佛教有關係。其在南朝，與天竺交通，多由海程。……錫蘭、緬甸、暹邏、馬來半島、南洋羣島爲小乘佛教通行之地。其經屬上座部(或其支流)，今日所謂巴利文佛經是也。以故關於此項之經典，應多由此傳入。……我國北部至印度之通路，自多經今之新疆及中亞細亞。……當魏全盛，威權及於今之新疆及中亞細亞(月氏故地)。故中印間之行旅商賈，多取此途。經像僧人由此來者，亦較南方海程爲多。其路線之大别，在新疆則分爲南北二路。一路由涼州出關至燉煌，越沙漠，以至鄯善。乃沿南山脈以達于闐。又西北進至莎車，是爲南道。由南道則經巴達克山南下，越大雪山而達罽賓(伽溼彌羅)。一路由燉煌之北，西北進至伊吾，經吐番、焉耆進至龜兹，而至疏勒，是爲北道。再經葱嶺西南行而至罽賓。此二者爲通常由行之路。此外或由北路之焉耆南下以至于闐，則法顯所經行者。西域各國中，以罽賓、于闐、龜茲三國爲交通重鎮，其地佛教之性質，影響於我國者至大。而西方傳教者由陸路東來，先至涼州。……由涼東下至長安，進至洛陽，俱爲中國佛法之中心地點。……至於經西域傳來之佛教，與由海道所達者，比較亦有不同。印度西北爲大乘盛行之地，故傳至北方之佛教，多般若、方等。而迦濕彌羅爲一切有部發祥之區，以是發智、毘婆沙諸要籍均在北方傳譯。于闐似爲華嚴經盛行之地，故慧遠弟子支法領至于闐得華嚴梵本三萬六千偈以歸南方。故中、印間交通之路線，與我國佛教有重要關係焉。」又日本人羽溪了諦西域之佛教（賀昌羣譯，五九頁）云：「西域諸國所傳入中國之佛教，除由海路渡來者外，殆皆曾一度經由中國土耳其斯坦之地而輸入者也。但以今推察，中國土耳其斯坦與中國佛教之關係，則以西曆第三世紀之中頃，此地之佛教，實已達於最隆盛之域。法顯入天竺之時，即西曆第四世紀之初期，此地之佛教，猶呈極隆盛之狀。彼當時所見，於鄯善國條記云：其國王奉法，可有四千餘僧，悉小乘學。其國學人及沙門盡行天竺法，但有精粗。從此行所經諸國，類皆如是。可知當時此地佛教之基石爲如何牢固。法顯尚記有北道之烏夷國（Karashar），小乘教最爲隆盛，南道之于闐國（Khotan）及子合國（Kargalik），則大乘教極佔優勢，而於竭叉國（Kâshgar）則記小乘教亦甚昌隆。自是以後，北道則龜茲國爲佛教之中心地，南道則于闐國爲佛教之中心地，南北兩道之佛教，遂日趨於盛大之境。由此兩國而傳中國者，則爲最重要大乘教是也。」宋雲、惠生經于闐，越葱嶺，到北印度烏場國等地，故攜回皆是大乘經典。又按湯氏所言魏通西域之路稍有誤。魏書一百二西域傳云：「其出西域，本有二道，後更爲四。出自玉門，渡流沙，西行二千里至鄯善，爲一道；自玉門渡流沙，北行二千二百里至車師（按即高昌，非經伊吾），爲一道；從莎車西行一百里至葱嶺，葱嶺西一千三百里至伽倍（即鉢和Wakhan），爲一道；自莎車西南五百里，葱嶺西南一千三百里至波路（即鉢盧勒 Bolor，今喀什米爾之 Baltistan，漢之罽賓國），爲一道焉。」最爲信實。

〔五〕〖丁考〗赤嶺見唐地志注，在西寧丹噶爾西南百三十里，今曰日雅拉山，又稱日月山。

〖沙箋〗按赤嶺在今西寧之西，七三四年曾於其處建有唐與吐番贊普分界碑。新唐書卷四十地理志鄯州鄯城（今西寧）條下云：「西六十里有臨蕃城，又西六十里有白水軍綏戎城，又西南六十里有定戎城，又南隔澗七里有天威軍，故石堡城。」「又西二十里至赤嶺。」逾此有大非川，此川應爲青海西岸之布喀音噶爾（Boukhaïngol），過此至吐谷渾界。新唐書所載路程，應爲宋雲等行程之所經。（張注據唐地志略與丁考沙箋同。）

〔六〕〖按〗資治通鑑一百四十九胡三省注：「赤嶺在唐鄯州鄯城縣西二百餘里。」亦是據新唐書總括言之。【新唐書吐蕃傳云：「過石堡城，崖壁峭竪，道回屈，虜曰鐵刀城。右行數十里，土石皆赤，虜曰赤嶺。」所記得名之由與此不同，未審孰是。】

〔七〕〖丁考〗鳥鼠同穴，漢地志、水經注皆云在隴西首陽縣。然鳥鼠同穴，西域甚多，本記即云赤嶺有此。而宋書吐谷渾傳云：甘谷嶺北亦有此。又姚瑩康輶紀行言自裏塘巴塘至察木多一帶地方，鳥鼠皆同穴而處。觀此知昔人不信其説，因强解禹貢，謂鳥鼠山名，同穴別一山名，真少見多怪矣。

〖張注〗秦嶺隴坻鳥鼠俱同穴，固不獨赤嶺一地爲然也。

〔八〕按爾雅釋鳥云：「鳥鼠同穴，其鳥爲鵌，其鼠爲鼵。」郭璞注：「孔氏尚書傳云：共爲雄雌。張氏地理記云：不爲牝牡。」王芑蓀云：「鼠之穴地，其常也。西北風土高寒，其穴加深，而有三四尺，皆無足怪。蓋此鳥不能爲巢，故借鼠穴以寄焉。鼠在内，鳥在外，猶之鵲巢鳩居而已。鼵自牝牡而生鼵，鵌自嶋雄而生鵌，皆事理之可推者。若使鳥鼠共爲牝牡，則鵌鼵之外，必又別成一物。而今無之，則不相牝牡之説爲長。」（手批禹貢錐指十七，原書藏章丹楓先生處）本文係據孔傳説，考之實際，則張氏、王氏説爲然。

〔九〕〖按〗此流沙當指青海境内之沙漠地。渡流沙之困苦情況，法顯傳言之頗詳，云：「燉煌太守李浩供給渡沙河。沙河中多有惡鬼熱風，遇則皆死，無全者。上無飛鳥，下無走獸，遍望極目。欲求度處，則莫知所擬，惟以死人枯骨爲標識耳。」沙河即流沙。所言雖爲玉門外之流沙，但渡沙艱苦，則可類推。

〔一〇〕【丁考】吐谷渾魏書有傳，言王夸吕建都伏俟城，在青海西十五里，今布喀河南和碩特北前旗境。

【沙箋】案吐谷渾，遼東鮮卑種，立國於今之青海，至六六三年爲吐番所滅。昔日闍那崛多 Jnanagupta 從乾陀羅(Gandhara)赴長安，亦經吐谷渾與鄯州。據續高僧傳卷二所載行程，路由迦臂施(Kapiça)(今 Kafiristan)踰大雪山(Hindu kush)西足，至厭怛(Hephthalites)國 Badakshan(按：續僧傳闍那崛多傳作厭怛國，無 Badakshan 名。據馮承鈞西域地名説：沙畹以爲大雪山北有城，亦名 Badakshan……其城在今 Faizabad 之東，爲昔日大夏、大月氏、嚈噠之都城)，又經渴羅槃陀(Tachkourgane)(今蒲犂縣治)、于闐(Khotan)、吐谷渾等國，便至鄯州。

【按】日本人藤田豐八西域研究(楊錬譯)吐谷渾與 Drug(六九頁)云：「吐谷渾所領有之洮水流域，青海環近及鄯善、且末等，爲由于闐取南道而入中國必經之地。」

〔一一〕【沙箋】按當時之吐谷渾可汗爲伏連籌，其名至五二四年尚見中國史書(通鑑綱目)著録，其子夸吕初見中國史書之時在五四〇年(資治通鑑)。夸吕立，始自號爲可汗，居伏俟城，在青海西十五里(北史卷九十六)。假定伏連籌亦都伏俟，宋雲所記之吐谷渾城應在今布喀音噶爾沿岸尋之。

【張注】吐谷渾城似即其國都伏俟城也。

【按】黄文弼云：「伏俟城當即今之都蘭。……宋雲所經行，必自洛陽經陝西西北行，過天水、隴西，上西傾山，西北繞青海之西至都蘭。自天水以西皆山地高寒，西傾山積雪終年不消，故云：途中甚寒，多風雪；又云：沙礫滿目者此也。」(羅布淖爾考古記緒論四十五頁)

〔一二〕【按】魏書一百一吐谷渾傳：「雖有城郭而不居，恒處穹廬，隨水草畜牧。其地東西三千里，南北千餘里。官有王公僕射尚書及郎將將軍之號。……其俗，丈夫衣服略同於華夏，多以羅冪爲冠，亦以繒爲帽。婦人皆貫珠貝束髮，以多爲貴。兵器有弓、刀、甲、矟。國無常賦，須則稅富室商人以充用焉。其刑罰，殺人及盜馬者死，餘則徵物以贖罪，亦量事決杖。刑人必以氈蒙頭，持石從高擊之。父兄死，妻後母及嫂等，與突厥俗同。至于婚，貧不能備財者，輒盜女去。死者亦皆埋殯。其服制，葬訖則除之。……好射獵，以肉酪爲糧。亦知種田，有大麥粟豆。然其北界氣候多寒，惟得蕪菁大麥，故其俗貧多富少。」

〔一三〕【丁考】鄯善古國在羅布泊東南。其國初爲魏太武所滅，後吐谷渾强盛，遂爲所據，故其時國主爲吐谷渾王子。

【沙箋】按漢之鄯善近于今之哈密，唐時則在今羅布泊（Lop-nor）南三百里。宋雲所言之鄯善城既爲從青海赴于闐行程之所必經，應爲後一鄯善。

【馮註】按沙畹鄯善近哈密之説，並非完全因襲清人考證之誤。元和郡縣志卷四十納職條下云：「其城鄯善人所立，胡謂鄯善爲納職，因名縣焉。」又云：「東北去伊州（今哈密）一百二十里。」舊、新唐書地理志亦謂其城鄯善戎居之。考其地望，納職應爲今之拉布楚克（Lapchuk）。拉布（lap）、羅布（lop）以及西藏語名鄯善之 ob，皆似不無關係。時哈密爲鄯善或樓蘭北界，而其都城應從水經注卷二澤（Lop-nor）在樓蘭國北之説。緣此説可取證于西域記、沙州圖經、新唐書地理志以及宋雲行紀也。至若羅布湖南樓蘭、鄯善之古都，似祇有今婼羌縣治卡克里克（Charklik）可以當之。

【張注】鄯善在羅布泊南岸。宋雲、惠生之往西域，乃經今青海而至羅布泊，不由普通所行嘉峪關之大道也。

【按】魏書一百二西域傳：「鄯善國都扜泥城，古樓蘭國也。去代七千六百里，所都城方一里，地多沙鹵，少水草。北即白龍堆路。」鄯善與樓蘭之國都所在問題，因久爲風沙所霾，遺址難明，東西學者議論極多，主要有在羅布淖爾南及在北二説。黃文弼云：「余按研究樓蘭國都，當有一先決問題，即時間與空間之配合，最爲重要。蓋鄯善國本名樓蘭，近漢，當白龍堆。漢元鳳四年，因樓蘭王不恭於漢，大將軍霍光遣傅介子刺殺之，立尉屠耆爲王，更名其國爲鄯善，都伊循城。故欲論樓蘭國都，當在元鳳四年以前遺址求之；欲論鄯善國都，當在元鳳四年以後遺址求之。兩者雖同爲一國，但論其都城，不可混爲一談也。其次漢通西域，原有二道：一爲南道，一爲北道。樓蘭當北道之衝，由李廣利出兵大宛之路線及史記大宛傳之記録，可爲證明。皆爲南遷以前之事。鄯善當南道之衝，由前後漢書西域傳及前漢書馮奉世傳『奉世送大宛諸國客至伊循城』一語可爲證明，皆既遷以後之事。因此知鄯善國都之伊循城在南道，樓蘭國都扜泥城在北道，毫無可疑。余上文述及鄯善國都之伊循城，根據沙州圖經及唐地志及考古上之發見，定爲即今之密遠廢墟，大致可以確定。若樓蘭國都在今何所，今尚無適當遺址可以當之，但決在北道上。……以余考之，古樓蘭之扜泥城必距余於一九三一年所發現之烽燧亭遺址不遠，或在其西，是故有待余第三次之探尋者也。」（羅布淖爾考古記緒論第二章）黃氏説明白可信，故録之。其餘從略。

〔一四〕【沙箋】考北史卷九十六亦云：「地兼鄯善、且末。」

【按】吐谷渾之兼併鄯善且末，據黃文弼考證，疑在魏文成帝興安元年（四五二）以後。其時魏太武帝被弑，國內亂，無暇顧及西陲，故吐谷渾得乘機擴充其勢力。説詳見羅布淖爾考古記緒論第二章。

〔一五〕【沙箋】（沙畹似以「息寧」二字爲人名，馮譯本旁有專名符號。）按吐谷渾亦有將軍官號，北史卷九十六云：「官有王公僕射尚書及郎中將軍之號。」

【按】息謂息子。戰國策趙策四：「老臣賤息舒祺。」賤息猶言賤子。北魏墓誌常稱子爲息，是當時習用字。寧西將軍是魏封官號，北魏吐谷渾璣墓誌：「父豐承襲，顯著魏邦，除寧西將軍長安鎮將。」考吐谷渾王其時爲伏連篝，服事魏朝，故其子受魏封，猶伏連篝之拜征西將軍（見魏書一百一吐谷渾傳），非自立官號，沙畹説皆誤。

從鄯善西行一千六百四十里〔一〕，至左末城〔二〕。城中居民可有百家，土地無雨，決水種麥，不知用牛，耒耜而田。□（城）校各本空格作城。吴集證本空格與此同。今從各本補。中國（圖）校各本國作圖。吴集證本作國與此同。今從各本正。佛與菩薩，乃無胡貌。訪古老，云是吕光伐胡所作〔三〕。

從左末城西行一千二百七十五里至末城〔四〕。城校吴琯本、漢魏本、真意堂本城上有末字。傍花果似洛陽，惟土屋平頭爲異也。

從末城西行二十二里至捍麼校漢魏本作麽。按太平御覽六百五十七作麼，與此同。城〔五〕。南十五里有一大寺，三百餘衆校御覽無衆字。僧。有金校御覽無金字。像一軀，舉高丈六，校御覽此句作「其身高丈」。儀容超絶，相好炳然，校御覽無此八字，當是省略。面恒校御覽恒作常。東立，不肯西顧。父老校御覽老下有相字。傳云：「此像本從南方騰空而來〔六〕，于闐校御覽闐作寘。國王親見禮拜，載像校吴琯本、漢魏本載像作「像載」。歸。校御覽作「親來敬禮，請像載歸」。中路夜宿，忽然不見。遣人尋之，還來本處。即起塔，校御覽即上有王字。封四百户，供校御覽供上有以字。灑掃户。校吴琯本、漢魏本户作人。御覽引無户字。按户字疑涉上文而衍，御覽無之，當是。人校吴琯本、漢魏本作户。有患，校御覽患下有者字。以金箔校御覽箔作薄。貼校御覽作帖。像所患處，即校吴琯本、漢魏本、真意堂本無即字。御覽有。得陰校御覽陰作除。愈〔七〕。後人於校吴琯本、漢魏本、真意堂本於下有此字。御覽亦有此字。像邊造丈六像者，校御覽無者字。及諸宫校吴琯本、漢魏本、真意堂本作像。緑君亭本注云：「一作像。」按御覽亦作像。塔乃至數千，懸綵校御覽作彩。幡蓋亦有萬計，魏國之幡過半矣〔八〕。校御覽無矣字。幅校各本作幡，吴集證本作幅。按御覽亦作幡。下同。上隸書云校各本云字上有多字。吴集證本無，與此同。按御覽引亦有多字。太和十九年、景明二年、延昌二年〔九〕。校御覽引無十九年、二年、二年等七字，當係省文。唯校御覽唯作僅。有一幅，觀其年號，是姚秦校吴琯本、漢魏本、真意堂本秦作興。御覽亦作興。時幡〔一〇〕。

〔注釋〕

〔一〕【沙箋】按宋雲從鄯善赴于闐之路程，顯爲新唐書卷四十三所載之路程。宋雲所誌鄯善以西諸城名，一千六百四十里至左末城，又一千二百七十五里至末城，又西行二十二里至捍麼城，又西行八百七十八里至于闐國。唐書路程則以沙州爲起點。兹取其鄯善以西諸地核之。據載石城鎮，漢樓蘭國也，亦名鄯善，在蒲昌海（Lop-nor）南三百里。又西二百里至新城，亦謂之弩支城。又西經特勒井，渡且末河，五百里至播仙鎮，故且末城也。又西經悉利支井、祆井、勿遮水，五百里至于闐東蘭城守捉。又西經移杜堡、彭懷堡、坎城守捉，三百里至于闐。兹再取大慈恩寺三藏法師傳所載玄奘東歸行程核之。發于闐（今和闐西之 Yatkan）三百餘里，東至媲摩城；又行二百餘里至泥壤城（今尼雅 Niya）；又行四百餘里至覩貨羅故國；又行六百餘里至折摩馱那故國，即沮沫地；又東北行千餘里至納縛波故國，即樓蘭地。

〔馮註〕鈞案唐書之新城，沙州都督府圖經一作弩之。沙畹誤以之爲納縛波（Navapa）。此納縛波既爲故樓蘭鄯善，則其西二百里之新城似爲今之巴什仕里（Vash shahr）折摩馱那應爲近年出土寫本著録之Calmadana，其地如非今之且末縣治車爾成（Charchan），亦必在其附近。」

〔二〕〔丁考〕左末即且末，在羅布泊西濱。魏書載鄯善王比龍失國，率國人之半，奔居此地。時城中居民僅有百家，衰微已極。至唐初玄奘經此，遂空荒無人烟。今其故址已淪入湖中已。

〔沙箋〕按此左末即玄奘之沮沫。唐書之且末，唐書地理志爲播仙鎮，郭元振傳（舊唐書卷九十七）爲播仙城。

〔張註〕左末城，漢書及魏書西域傳皆作且末國。大慈恩寺三藏法師傳卷五折摩馱那故國即沮沫地。今車爾城（Cherchen）即古且末國也。

〔按〕水經河水注二：「南河又東逕且末國北，又東右會阿耨達大水。釋氏西域記曰：阿耨達山西北有大水，北流注牢蘭海者也。其水北流逕且末南山，又北逕且末城西。國治且末城，西通精絶二千里，東去鄯善七百二十里。種五穀，其俗略與漢同。又曰：且末河東北流，逕且末北；又流而左，會南河。會流東逝，通爲注濱河。注濱河又東逕鄯善國北，治伊循城，故樓蘭之地也。」魏書一百二西域傳：「且末國都且末城，在鄯善西，去代八千三百二十里。……後役屬鄯善。且末西北方流沙數百里，夏日有熱風，爲行旅之患。」宋雲經過時，國已役屬吐谷渾。城濱車爾成河（即水經注且末河），久已廢棄。清朝開闢新省，亦未設縣。李光廷漢西域圖考一云：「由鄯善以西爲且末國，在尉犂之南，今淪爲戈壁。……魏宋雲所見，有左末（即且末）、末、捍麼三城。至唐康艷典築城樓蘭，開鎮且末，今亦不知何在矣。」丁氏以爲淪入湖中，皆因不知其地所在。至一九一四年在車爾成，設且末縣。馮承鈞西域地名Charchan條：「今設且末縣，前漢書且末國，伽藍記之左末城，西域記之折摩馱那或沮末故國，賈耽四夷路程之播仙鎮，Stein 以爲均在縣治；但 Grenard 以爲在今縣治及 Tartrang 之間。」又西域圖志八以噶斯淖爾爲古且末國地，東西懸殊，不足信。

〔三〕【沙箋】按三八二年，前秦主苻堅遣其將呂光征西域，取焉耆(Karachar)龜茲(Koutcha)。兵還，聞前秦亡，乃於涼州建後涼國。

〔四〕【丁考】末城即梁書末國，在且末西南千餘里，乃漢精絶國地。玄奘西域記稱爲覩貨邏故國。蓋魏、周之世，有吐火羅人徙居其地，號爲末國，但未久而亡，唐初已荒曠。今漢時南道復通，自羅泊爾直至和闐，沿路皆有居民。是地爲中途衝要，各處聚集者不下四五千人，因立爲車爾成鎮。嗣後益增繁衍，意中事也。

【張註】末城不可考。

【馮註】鈞按此城應在今于闐縣北 Uzun tati 附近。

【按】覩貨邏國據 Stein 考證以爲即安得悦 Endere，地屬且末縣。考之魏書西域傳吐呼羅國及大唐西域記之記載，道里與宋雲所記末城亦不合。又車爾成爲且末國地，説見上，非覩貨邏國地，亦非末城。梁書之末國即且末國，與此末城不同。丁氏説俱誤。馮氏所説 Uzun tati，據其西域地名説在今于闐縣策勒村北沙中，Stein 以爲即伽藍記之捍麼。

〔五〕【丁考】捍麼城即漢扜彌國，今曰克里雅城，近設于闐縣於此。惟漢書言精絶西至扜彌四百六十里，玄奘西域記亦言四百餘里；原作二十二里，誤。

【沙箋】據宋雲行紀此城距于闐八百七十八里，里數似不可靠。又據行紀騰空飛來佛像在此城南十五里寺中，乃考西域記卷十二此像即在媲摩城，則宋雲之捍麼應爲玄奘之媲摩。惟媲摩在于闐東三百餘里，核以上引唐書地理志之路程，于闐東三百里爲坎城守捉也。據斯坦因 Stein 之調查，媲摩在今于闐縣(Keria)和闐縣(Khoten)中間之 Uzun tati 地方。

〖馮註〗按宋雲行紀所載里數，必應有誤。宋雲之捍麼應即玄奘之媲摩，似亦爲史記之扜麼，前漢書之扜彌，後漢書之拘彌，新唐書之汗彌建德力城，或亦爲五代史之紺州也。

〖張註〗捍麽城即漢時之扜彌國，西通于闐三百九十里。丁謙謂即今克里雅市。比耳(Beal)謂或即玄奘西域記之媲摩城也。斯坦因(Stein)考謂和闐東北五十五里之烏邨塔弟(Uzun-tati)村落即媲摩城云。此處所云之金像，或即玄奘所記之彫檀立佛像也。

〖按〗藤田豐八西域研究扜彌與 Dandan-Uilik(十二頁)亦云：「宋雲行紀之里數，固難立信，惟其對於捍麼城南十五里處之丈六佛像，記曰：人有患，以金箔帖像所患處，即得陰愈。此與西域記中媲摩城之彫檀立佛像所載『凡有疾病，隨其痛處，金薄帖像，即時痊復』，完全相同。職是之故，一般學者俱謂行紀之捍麼城即西域記之媲摩城也。」丁氏誤以末城爲精絶國(辨見上)，故所言道里亦有誤，但以扜彌國當捍麼城，與各家説則相同。水經河水注二：「南河又東北逕扜彌國北，治扜彌城，西去于闐三百九十里。」王先謙合校引董祐誠云：「當在今和闐所屬克里雅城以東。」

〔六〕〖沙箋〗按西域記卷十二云：「聞之土俗曰：此像昔佛在世，憍賞彌國(Kauçambi)鄔陀衍那(Udayana)王所作也。佛去世後，自彼凌虚至此國北曷勞落迦城。」(馮註：按曷勞落迦城業經 Huber 考訂其梵名爲 Rauruka.)

〔七〕〖按〗西域記十二：「媲摩城有彫檀立佛，像高二丈餘，甚多靈應，時燭光明。凡有疾病，隨其痛處，金薄帖像，即時痊復。虚心請願，多亦遂求。聞之土俗曰：此像昔佛在世，憍賞彌國鄔陀衍那王所作也。佛去世後，自彼淩空至此國北曷勞落迦城中。初，此城人安樂富饒，深著邪見，而不珍敬，傳其自來，神而不貴。後有羅漢禮拜此像，國人驚駭，異其容服，馳以白王。王乃下令，宜以沙土坌此異人。時阿羅漢身蒙沙土，餬口絶糧。時有一人心甚不忍，昔常恭敬尊禮此像，及見羅漢，密以饌之。羅漢將去，謂其人曰：從後七日，當雨沙土，填滿此城，略無遺類。爾其知之，早圖出計。……語已便去，忽然不見。其人入城，具告親故。……至第二日，大風忽發，吹去穢壤，雨雜寶滿衢路。人更詈所告者，此人心知必然，竊開孔道出城而穴之。第七日夜宵分之後，雨沙土滿城中。其人從孔道出，東趣此國，止媲摩城。其人纔至，其像亦來，即此供養，不敢遷移。」

〔八〕【沙箋】按此可證宋雲西行之前，後魏與于闐交際之頻。

〔九〕【按】太和十九年爲四九五年，景明二年爲五〇一年，延昌二年爲五一三年。

〔一〇〕【沙箋】後秦三主，三八四至三九三年爲姚萇，三九四至四一五年爲姚興，四一六至四一七年爲姚泓。法顯西邁即在姚興之時。宋雲所見姚興時幡，得爲法顯所建也。

從捍麼城**校**漢魏本麼作麽。西行八百七十八里，至**校**吴琯本、漢魏本無至字。于闐國〔一〕。**校**太平廣記四百八十二國下重國字。王頭著金冠似雞幘，**校**廣記幘誤作情。頭後**校**廣記無後字。垂二尺生絹，廣五寸以爲飾。威儀有鼓角金鉦，弓箭一具，**校**廣記具作門。戟二枝，**校**廣記枝作枚。槊五張。左右帶刀不過百人。其俗婦人袴衫束帶，乘馬馳走，與丈夫無異。死者以火焚燒，收骨葬之，上起浮圖。居喪者翦髮劈**校**照曠閣本劈作剺。吴集證云：「劈當是剺字之訛。」面**校**各本面下有以字。爲哀戚。髮**校**廣記無「劈面爲哀戚髮」六字。長四**校**吴琯本、漢魏本、真意堂本四作五。緑君亭本注云：「一作五。」廣記作四，與此同。寸，即就平常。唯王死不燒，置之棺中，遠葬於野，立廟祭祀，以時思之〔二〕。校沙畹云：「按以時思之，似應作以時祀之。」按思爲追思，其義自通，不煩改字。沙説無據。于闐王不信佛法，有商校吴琯本、漢魏本、真意堂本商下有胡字。按太平御覽九百六十八引亦有胡字。將一比丘石（名）校真意堂本石作名。緑君亭本作石，注云：「一作名。」吴集證云：「當從各本作名。」按御覽引無石字。大唐西域記十二此比丘作毗盧折那（詳見注）。則石是名之誤，無疑。今據正。毗盧旃〔三〕，校吴琯本、漢魏本毗作昆，旃作旃，下同。按御覽亦作毗作旃。餘辨見沙畹箋。在城南杏樹下，向校御覽作白。王伏罪云：「今校御覽無云字。今字作令。輒將吴（異）校各本吴作異。吴集證本作吴，與此同。按御覽引亦作異，今正。國沙門來在城南杏樹下。」王聞忽校吴琯本聞忽作「忽聞」。御覽引忽字作忿。怒，即往看毗盧旃。旃校御覽旃字不重。語王曰：校御覽曰作言。「如來〔四〕遣我來，令王造覆盆浮圖一軀，使王祚永隆。」王言：校緑君亭本作曰。「令校吴琯本、漢魏本、真意堂本作使。御覽亦作使。我見佛，當即從命。」校御覽此句作「我當從命」。毗盧旃鳴鍾校各本作鐘。古字相同。御覽作鍾，與此同。吴琯本、漢魏本、真意堂本鐘下有聲字。告佛，校御覽佛下重佛字。即遣羅睺校吴琯本、漢魏本、吴集證本作睺，下同。按御覽作睺，字通。羅〔五〕變形爲佛，校御覽作「變爲佛形」。從空而現校吴琯本、漢魏本現作見，御覽亦作見，古通。真容。王五體投地〔六〕，即於杏樹下置立寺舍，畫作羅睺羅像，忽然自滅。于闐王更作精舍〔七〕籠之，令覆瓮之影校吴琯本、漢魏本作「今之覆瓦之影」。恒出屋外。見之者無不回向。其中有辟支佛靴〔八〕，於今不爛，非皮非（繒），校吴琯本、漢魏本此句作非皮綵。吴集證本非下有□。緑君亭本、真意堂本非下有繒字，張合校本從之。唐鈎沈本作非皮非綵。按非皮非三字文義不足，下必有脱字。今從緑君亭等本補繒字。酉陽雜俎十物異篇作非皮非綵。莫能審之。

案于闐**校**吴琯本、漢魏本、緑君亭本、真意堂本下有國字。境東西不過三千餘里〔九〕。

〔注釋〕

〔一〕〖丁考〗于闐，漢以來古國，今和闐直隸州地。

〖沙箋〗按于闐古都在今和闐縣治額里齊(Ilchi)西七英里 Borazan 區中之 Yotken 村，則處今玉瓏哈什(Youroung kach)、哈喇哈什(Kara kach)二河之間矣。最先考訂者爲 Grenard，後經斯坦因所證實(*Archaeological Exploratin in Chinese Turkestan*)。(馮註：按斯坦因之撰述，尚有下列四書可供參考：1. *Ancient Khotan*, 1907; 2. *Ruins of Desert Cathay*, 1912; 3. *Serindia*, 1921; 4. *Innermost Asia*, 1928)按北史卷九十七云：「于闐國在且末西北，葱嶺之北二百餘里。東去鄯善千五百里，南去女國三千里，去朱俱波(今葉城縣治 Karghalik)千里，北去龜兹(今庫車 Koutcha)千四百里，去代(今大同)九千八百里。其地方亘千里，連山相次。所都方八九里，部内有大城五，小城數十。于闐城東三十里有首拔河，中出玉石。土宜五穀並桑麻，山多美玉，有好馬駝騾。其刑法，殺人者死，餘罪各隨輕重懲罰之。自外風俗物産與龜兹略同。俗重佛法，寺塔僧尼甚衆；王尤信尚，每設齋日，必親自灑掃饋食焉。城南五十里有贊摩寺，即昔比丘盧旃(Vairocana)爲其王造覆盆浮圖之所。石上有辟支佛(Prátyekabuddha)跣處，雙跡猶存。于闐西(馮註：按應作東)五百里有比摩寺，云是老子化胡成佛之所。俗無禮義，多盜賊，淫縱。自高昌(今吐魯蕃 Tourfan)以西諸國人等深目高鼻，唯此一國貌不甚胡，頗類華夏。城東二十里有大水北流，號樹枝水(Youroung kach)，即黄河也，一名計式水。城西十五里亦有大水，名達利水（Karakach），與樹枝水會，俱北流。」此後北史記述吐谷渾可汗慕利延於四四五年爲魏兵擊敗，西入于闐殺其王，及四七〇年蠕蠕寇于闐，于闐遣使素目伽（Sumukha）（？）求救於魏孝文帝等事。

陽關五千餘里。」

〖按〗水經河水注二：「河水……自置（仇摩置）北流徑于闐國西，治西城。土多玉石；西去皮山三百八十里，東去

〔二〕〖按〗梁書卷五十四諸夷傳：「于闐國西域之屬也。……其地多水潦沙石。氣溫，宜稻麥蒲桃。有水出玉，名曰玉河。國人善鑄銅器。其治曰西山城，有屋室市井，菓蓏菜蔬，與中國等。尤敬佛法。王所居室加以朱畫。王冠金幘，如今胡公帽，與妻並坐接客。國中婦人皆辮髮，衣裘袴。其人恭，相見則跪。其跪則一膝至地。書則以木爲筆札，以玉爲印。國人得書，戴於首而後開札。」

〔三〕〖沙箋〗考大唐西域記卷十二瞿薩旦那國（即于闐）條云：「王城南十餘里有大伽藍。此國先王爲毘盧折那（Vairocana）（唐言遍照）阿羅漢建也。昔者此國佛法未被，而阿羅漢自迦溼彌羅國（Cachemire）至此林中」云云。則傳播佛教於于闐之人，原名 Vairocana，應以津逮本之毘盧旃爲是。此人與西藏之毘盧旃並非一人，如 Eitel（見 Handbook 二版一九二頁）之所誤解。後一毘盧旃爲 Padmasambhava 同時之人（八世紀）。

〔四〕〖按〗如來爲佛之通號，梵名 Tathagata。翻譯名義集一十種通號篇：「多陀阿伽陀，亦云怛闥阿竭。後秦翻爲如來。金剛經云：無所從來，亦無所去，故名如來。此以法身釋。轉法輪論云：第一義諦名如，正覺名來。此以報身釋。成實論云：乘如實道，來成正覺，故名如來。此約應身釋。」

〔五〕〖按〗羅睺羅，佛弟子名，梵名 Rāhula。翻譯名義集一十大弟子篇：「羅睺羅，什曰：阿脩羅食月時名羅睺羅，秦言覆障，謂障月明也。羅睺羅六年處母胎，所覆障故，因以爲名。西域記云：羅怙羅，舊曰羅睺羅，又曰羅云，皆訛

略也。此云執日。浄名疏曰：有翻宮生。太子出家，太妃在宮，何得有娠？佛共浄飯王於後證是太子之子，親是宮之所生，因名宮生。」

〔六〕〖按〗五體投地爲佛教頂禮儀式。翻譯名義集四衆善行法篇槃那寐條：「大論云：禮有三種：一者口禮；二者屈膝，頭不至地；三者頭至地，是爲上禮。……頭至地者，即五體投地。故大論云：人之一身，頭爲最上，足最爲下，以頭禮足，恭敬之至。輔行云：準地持阿含，皆以雙膝雙肘及頂至地，名五體投地；亦名五輪，五處圓故。……西域記云：致敬之式，其儀九等：一發言慰問；二俯首示敬；三舉手高揖；四合掌平拱；五屈膝；六長跪；七手膝踞地；八五輪俱屈；九五體投地。凡斯九等，極唯一拜，跪而讚德，謂之盡敬。」

〔七〕〖沙箋〗按北史卷九十七與周書卷五十皆名贊摩寺，在城南五十里。大慈恩寺三藏法師傳卷五謂在王城南十餘里，後云：「故此伽藍(Samghārāma)即最初之立也。」

〖按〗大唐西域記十二瞿薩且那國(即于闐)云：「王城南十餘里有大伽藍，此國先王爲毗盧折那阿羅漢建也。昔者此國佛法未被，而阿羅漢自迦濕彌羅國至此林中宴坐習定。時有見者駭其容服，具以其狀上白於王。王遂躬往，觀其容止，曰：爾何人乎？獨在幽林！羅漢曰：我如來弟子，閑居習定。王宜樹福，弘讚佛教，建伽藍，召僧衆。王曰：如來者有何德，有何神？而汝鳥棲勤苦奉教！曰：如來慈愍四生，誘導三界，或顯或隱，示生示滅。遵其法者出離生死；迷其教者羈纏愛網。王曰：誠如所説，事高言議。既云大聖，爲我現形。既得瞻仰，當爲建立，罄心歸信，弘揚教法。羅漢曰：王建伽藍，功成感應。王苟從其請，建僧伽藍，遠近咸集，法會稱慶，而未有犍椎扣擊召集。王謂羅漢曰：伽藍已成，佛在何所？羅漢曰：王當至誠，聖鑒不遠。王遂禮請，忽見空中佛像下降，授王犍椎；因即誠信，弘揚佛教。」記事與本書略同。水經河水注二説：「城南十五里有利刹寺，中有石鞾，石上有足迹。彼俗言是辟支佛迹。」所記與下文辟支佛靴事相同，又與西域記所記里向合(十五里可以證魏書、北史、周書西域傳之五十里是倒誤)，當是此寺無疑。但寺名利刹，與魏書、北史、周書名贊摩不近，待考。關於此寺之考據，羽溪了諦西域之佛教(二一〇頁)云：「此時于闐最初所建之伽藍贊摩寺之遺跡，據斯坦因探檢之結果，謂約在今 Chalma-Hazan 之地(*Ancient Khotan*, p. 233)。玄奘所傳贊摩寺竣工時，佛像從空而降——但惠生所記，則爲佛現真容於空中，王晝作其像——但實際當爲毘盧折那因欲説王而先自造之，或由其迦濕彌羅運來者，可無疑義。贊摩寺所置此尊佛像，知其必爲精妙之傑作，其後于闐以外諸國，皆聞其名。當涼滅亡之前，即西元第五世紀之初期，有涼州沙門僧表者，欲往罽賓禮拜佛鉢，道途梗塞，遂停於于闐，對國王曰：讚摩伽藍有勝寶像。外國相傳云：最似真相，願得供養。陳其志願，王即命工匠興造高一丈之金薄像，其頂置真舍利而授與之(名僧傳第二十六僧表傳)。」又同書二〇三頁云：「羅克西耳(Rockhill)所譯西藏傳謂毘盧折那(毗盧旃 Vairotchana)阿羅漢來于闐傳佛法之時，在此國建國以後百六十五年而即位之 Vijayasambhava 治世第五年，又謂玄奘所謂王城南十餘里之伽藍，即西藏傳所記之 Tsar-ma 大寺，然魏書西域傳稱城南五十里有贊摩寺，即昔羅漢比丘盧旃爲其王造覆盆浮圖之所。是則于闐國首創之寺爲有名的贊摩大寺明也。(Rémusat, *Histoire de la ville de Khotan*, pp. 20, 29.)」西藏傳之毘盧旃，沙畹以年代不合，謂與此並非一人，見上注，但日本人崛謙德于闐考(紀彬譯，禹貢半月刊第四卷第一期)則云：「遍照(按即毘盧旃之意譯)傳來佛教，雖傳爲在于闐建國第一百六十五年即 Vijayasambhava 王即位之第五年；然以于闐建國之年代不明，故遍照傳來之年代亦難確知。」關於毘盧旃傳入佛教之年代，崛謙德又云：「第三世紀後半，朱士行往于闐，得般若經之梵本。且小乘派之僧侶對朱士行之送梵本大乘經予中國一事，曾加以阻害。故第三世紀時，大乘小乘均已流布於于闐，甚明。佛教能致如斯之盛大，必經相當之年月；是以遍照傳教於于闐之時代，當在第二世紀或其以前。第二世紀前半期爲迦膩色迦王出，印度佛教傳播于四方之時代；然則遍照傳教於于闐或亦在此時。」

于闐國佛教之流行，四世紀末法顯傳也云：「其國豐樂，人民殷盛，盡皆奉法，以法樂相娛。衆僧乃數萬人，多大乘學，皆有衆食。彼國人民，家家門前皆起小塔，最小者可高二丈許。作四方僧房，供給客僧及餘所須。」

〔八〕【沙箋】按周書卷五十云：「石上有辟支佛趺（北史作跣）處，雙跡猶存。」

【按】水經河水注二：「中有石鞾，石上有足跡，彼俗言是辟支佛迹。法顯所不傳，疑非佛迹也。」此辟支佛靴酈道元明言是石靴，宋雲等或故神其迹，説是非皮非繒。酉陽雜俎十物異篇云：「于闐國贊摩寺有辟支佛鞾，非皮非綵，歲久不爛。」當即本此。辟支佛梵名辟支迦羅，翻譯名義集一三乘通號篇：「孤山云：此翻緣覺，觀十二緣而悟道故；亦翻獨覺，出無佛世，無師自悟故。今楞嚴云：復有無量辟支者，將非他方無佛之土，大權引實而來此會乎？霅川云：或佛知此衆當獲大益，威神攝至，不亦可乎？獨覺稱麟喻者，名出俱舍。名爲犀角，出大集經。檇李云：獨覺亦觀十二因緣，亦可名爲緣覺。但約根有利鈍、值佛不值佛之殊，分二類也。」

〔九〕【按】魏書一百二西域傳云：「其地方亘千里，連山相次。所都城方八九里。部内大城五，小城數十。」所言當是約數。七世紀前半期玄奘經此國時記其風習云：「瞿薩旦那國周四千餘里，沙磧太半，壤土隘狹，宜穀稼，多衆果；出氍毹細氈，工紡績絁紬，又産白玉黳玉。氣序和暢，飄風飛埃。俗知禮義，人性温恭，好學典藝，博達伎能。衆庶富樂，編户安業。國尚樂音，人好歌儛。少服毛褐氈裘，多衣絁紬白氎。儀形有禮，風則有紀。文字憲章，聿遵印度，微改體勢，粗有沿革。語異諸國。崇尚佛法，伽藍百有餘所，僧徒五千餘人，並多習學大乘法教。」（大唐西域記十二）

神龜二年七月二十九日入朱駒波國〔一〕。人民山居，五穀【校】吴琯本、漢魏本、真意堂本穀作果。甚豐。食則麵麥，【校】吴琯本、漢魏本、真意堂本麵麥作「麥麩」。緑君亭本作「麯麥」。不立屠煞。【校】各本作殺，同。食肉者以自死肉。風俗言音與于闐相似；文字與波校吴琯本、漢魏本作婆。羅門〔二〕同。其國疆界可五日行遍。

八月初入漢校吴集證云：「漢，李延壽北史西域傳作渴。」按漢、渴聲近相通。盤陀國〔三〕界。西行六月（日），校緑君亭本、真意堂本、吴集證本月作日。沙畹箋註本亦作「六日」，云：「漢魏本誤作六月。」按下文即云登葱嶺，以道里及日程計算，不須久遠，故知月字必誤。今據毛本正。登葱嶺山〔四〕。復西行三日，至鉢盂城〔五〕，校吴琯本、漢魏本盂作猛。沙畹云：「可以證明津逮本（按津逮祕書本亦作盂）鉢盂爲鉢孟之誤。」吴集證云：「按北史西域傳鉢盂作鉢和；下波斯國作波知國，烏場國作烏萇國，乾陀羅無羅字，又上朱駒國作朱居國，殆梵音無定字也。」按北史之鉢和國，本書下文亦有，非鉢盂國，吴偶失檢。三日至不可依山〔六〕，其處甚寒，冬夏積雪。山中有池，毒龍居之〔七〕。昔有校太平御覽九百三十有作「五百」二字。商人止宿池側，值龍忿怒，呪煞校各本煞作殺，同。御覽呪煞作「汎殺」。商人。盤陀王聞之，捨位與校吴琯本、漢魏本、真意堂本脱「位與」二字。子，向烏場校吴琯本、漢魏本、真意堂本場作萇。國學婆羅門呪〔八〕。四年之中，盡校吴琯本、漢魏本作善。御覽亦作善。得其術。還復王位，復呪池龍。校吴琯本、漢魏本、真意堂本此句作「就池呪龍」，御覽引亦同。龍變爲人，悔過向王。校吴琯本、漢魏本、緑君亭本、真意堂本王字重。按御覽引亦重。即校吴琯本、漢魏本、真意堂本即下有位字。徙之校御覽作「王乃捨之」。葱嶺山，去此池二千校吴琯本、漢魏本、真意堂本千作十。餘里。今日國王十三世祖。自此以西，山路欹側，長**校**吴琯本、漢魏本、真意堂本作危。緑君亭本注云：「一作危。」坂千里，懸崖萬仞，極天之阻，實在於斯。太行、孟門〔九〕，匹兹非**校**吴琯本、漢魏本、真意堂本作匪，同。險；崤關、壠**校**吴琯本、漢魏本作隴。坂〔一〇〕，方**校**吴琯本、漢魏本方作對。此則夷。**校**吴琯本無夷字，空格。自發葱嶺，步步漸高。如此四日，乃得至嶺；依約中下，**校**吴琯本、漢魏本下作夏。實半天矣！

漢盤陀**校**太平廣記四百八十二盤陀作「槃陁」，同。國正在山頂。**校**廣記山頂作「須山」。自葱嶺已西，水皆西流。**校**吴琯本、漢魏本、真意堂本下有「入西海」三字。緑君亭本注云：「一本多入海二字。」按廣記此下空三字。世人云是天地之中。人**校**廣記人上有其土二字。民決水以**校**吴琯本、漢魏本、真意堂本以作而。種，聞中國田**校**吴琯本、漢魏本田作闕。案闕字義不可通，此疑是原有闕字，旁注標識，後遂誤入正文。廣記引無田字，可證。待雨而種，笑曰：「天何由可共**校**廣記無共字。期也？」

城東有孟津河〔一一〕，東北流向沙勒〔一二〕。

葱嶺高峻，不生草木。是時八月，天氣已冷，**校**吴琯本、漢魏本、真意堂本冷作寒。北風驅雁，飛雪千里。

〔注釋〕

〔一〕【丁考】朱駒波，魏書作朱居波，又作悉居半；西域記作斫句迦。漢西夜國地，在今葉爾羌西南綽洛克朗吉爾台迤西山麓間。自此溯澤普勒善河西上葱嶺，皆當時漢盤陀國境。

〖沙箋〗按北史卷九十七，此國兩見著録，其一名悉居半國；後又於嚈噠傳後採取宋雲行紀别立朱居國傳（馮註：按前引北史文中之朱俱波，亦此國之同名異譯）。悉居半國條云：「悉居半國故西夜國也，一名子合。其王號子治呼犍，在于闐西，去代萬二千九百七十里。大延（四三五至四三九）初，遣使來獻，自後貢使不絶。」考西夜、子合兩國，並見前漢書卷九十六著録；舊考訂以古之西夜即今之裕勒阿里克（Yul-arik），古之子合即今之庫克雅爾（Khoukhe-yar(Kougiar)）（參照西域同文志卷三、大清一統志卷四百一十九）。兹二地相距不遠，皆在今莎車縣治（今葉爾羌 Yarkand）南三百里，Sven Hedin 地圖第一圖並見著録（Petermann's mith. , Erganzungsheft n° 131）。北史「子治呼犍」應有脱誤。蓋漢書卷九十六原文爲「西夜國王號子合王治呼犍谷」也。又朱居國條云：「朱居國在于闐西。其人山居，有麥，多林果，咸事佛，與于闐相類，役屬嚈噠。」又考新唐書卷二百二十一上疏勒條下云：「朱俱波亦名朱俱槃，漢子合國也，并有西夜、蒲犂、依耐、得若四種地；直于闐西千里，葱嶺北三百里，西距喝盤陀，北九百里屬疏勒，南三千里女國也。勝兵二千人。尚浮屠法。文字同婆羅門。」西夜、子合二國今地業已考訂如前。蒲犂、依耐二國，并見前漢書卷九十六，得若國見後漢書卷一百一十八，諸國相距不遠。西域同文志卷三以蒲犂、得若二國即唐代之渴盤陀，亦即今之色勒庫爾（Sarikol），或塔什庫爾罕（Tach-kourgana）。但據唐書所誌，喝盤陀實别爲一國也。總之，根據近代考據家之考訂，朱俱波之中心似在庫克雅爾；然就地理形勢言，似又不合。據斯坦因（A. Stein）之説，今葉爾羌南之葉城縣治哈爾噶里克（Karghalik）即處和闐赴塔什庫爾罕（馮註：按即今蒲犂縣治）之通道中，而庫克雅爾山地則在旅行家習遵的通道之外。又據别一方面言，西域記之斫句迦國，國名雖與朱俱波不同，似爲一地之同名異稱，則應以其地在今之哈爾噶里克爲是。

〖張註〗朱駒波國……即西域記之斫句迦國也。東西學者皆指定葉爾羌附近之喀格里克（Karghalik，按即哈爾噶里克之異譯）村爲斫句迦之遺址也。

〔按〕朱駒波今地之考訂，沙畹在西突厥史料（九三頁，馮承鈞譯）朱俱波下注謂：「朱俱波在玄奘西域記中作斫句迦，在宋雲行紀中作朱駒波，前人考訂爲今之葉爾羌，誤也。蓋玄奘自佉沙國 Kanchgar 赴斫句迦國，先涉徙多 Sita 河。此國應在河之南，而不在其北，似以今葉城縣治哈爾噶里克 Karghalik 之考訂爲是。案新唐書卷四三下所誌于闐至疏勒之路程云：于闐西五十里有葦關，又西經勃野西北，渡繫館河六百二十里至郅支滿城，一曰磧南州。又西北經苦井黄渠，三百二十里至雙渠，故羯飯館也。又西北經半城，百六十里至演渡州，又北八十里至疏勒鎮。此路程中未著朱俱波或斫句迦之名，核以道里，路程中之郅支滿城，應即朱俱波國。」説更顯明，可以補充前注。至於以郅支滿城爲朱俱波國，核之新唐書西域傳朱俱波「直于闐西千里（通典一九三作千餘里）……北九百里屬疏勒」，道里亦不合，其説疑非。又通典一九三云：「朱俱波，後魏時通焉，亦名朱居。（中與新唐書西域傳大致相同，今略。）其王本疏勒國人。宣武永平（五〇八至五一二）中，朱居槃國遣使朝貢。其人言語與于闐相似，其間小異，人貌多同華夏，亦類疎勒。」

〔二〕〔按〕婆羅門意譯爲浄行，本爲印度四姓之一，此處即指印度。大唐西域記二：「印度種姓，族類羣分，而婆羅門特爲清貴；從其雅稱，傳以成俗，無云經界之别，總謂婆羅門國焉。」

〔三〕〔丁考〕漢盤陀，唐書作渴盤陀，西域記作朅盤陀；今爲塔什庫爾干城，近設蒲犂縣於此。

〔沙箋〕按此國亦用不同之名稱，兩見北史卷九十七；一名「權於摩國，故烏秅國也。其王居烏秅城，在悉居半西南，去代一萬二千九百七十里」；一名「渴槃陁國，在葱嶺東，朱駒波（Karghalik）西，河經其國東北流。有高山，夏積霜雪。亦事佛道，附於嚈噠」。兹二國初審之，似爲二國。得根據玉耳（Yule）與斯坦因之考訂，謂渴槃陁即今之塔什庫爾罕；而烏秅一名又與西域記之烏鎩國名極其相類。此烏鎩國曾經 Uivien de Saint-Martin 考訂爲今之英吉沙爾（Inggachar）者也。但觀北史權於摩國（古之烏秅）在悉居半（Karghalik）西南之記載，又不應以距疏勒（Kachgar）近而距塔什庫爾罕遠地在北方之英吉沙爾當之。故吾人寧取大清一統志（卷三百二十）之説，而以權於摩與渴槃陁二國同爲一地。至若渴槃陁之今地，據西域同文志卷三謂即今之塞爾勒克與喀爾楚或喀楚特兩地。塞爾勒克之名未詳（馮註：按疑即色勒庫爾 Sarikol 之轉）；喀爾楚或喀楚特，據玉耳之考訂，似 Kanjut 或 Hunza 一名之轉，而誤以之爲以塔什庫爾罕爲首府之色勒庫爾者也。此國之名，諸書所録不同。北史作喝槃陁，宋雲行紀作漢盤陀；新唐書條下（按：條上有脱文，此在新唐書西域傳疏勒條）曰「喝盤陀，或曰漢陀，曰渴館檀，亦謂渴羅陀」，西域記作朅盤陁，續高僧傳又作渴羅槃陀。由此可以證明其原名爲 Karband 或 Garband。根據玄奘之譯寫方法，其中必有 r 之音，緣朅字古讀有一 t 聲收聲，昔曾用以譯寫 gar 或 kar 之音者也。可參照後此 Makara 作摩竭，Nagara 作那竭城之例。

〖張註〗亨利玉爾（H. Yule）謂即帕米爾東面之撒里庫爾（Sarikkul）及塔什庫爾干（Tash Kurghan）一帶地也。

〖按〗 沙畹西突厥史料（九三頁）注：「喝盤陀即玄奘西域記之朅盤陀，Vivien de Saint-Martin 曾經考訂其爲乞兒吉思 Kirgiz 人所稱之喀爾楚 Kartchou，其地在今葉爾羌河上流之塔什霍爾罕 Tachkourgane，今蒲犂縣治也。大食 Tadjik 人則名之曰色勒庫爾 Sarikol。」慧超往五天竺傳云：「又從胡蜜國東行十五日，過播蜜以，即至葱嶺鎮……外國人呼曰渴飯檀國，漢名葱嶺。」藤田豐八箋釋：「播蜜以，以殆川之譌。宋雲行紀渴盤陀作漢盤陀，從此至鉢和，尋至嚈噠，更往波斯而入賒彌。……漢盤陀，西域記十二作朅盤陀云：越達摩悉鐵帝國大山之南，至商彌國國境東北。踰山越谷，行七百餘里，至波謎羅川。自此山中東南登山履險，行五百餘里，至朅盤陀。鉢和果爲達悉鐵帝，則宋雲等亦似經波謎羅川而入鉢和，從此嚈噠波斯（知）而至賒彌。獨怪玄奘已歸至鉢和，何越大山之南，而至商彌國？是實不可解者也。……朅盤陀（朅盤陀，渴盤陀，喝陀及此傳渴飯檀，殆是伊蘭語 Kuhundiz

之對音，城砦之義），此國當是佗檀巴斯波謎羅（Taghdumbash Pamir），佗檀巴斯乃極高之義。從此葱嶺東岡一帶地方，後世稱曰沙里哥羅（Sarikol，按即前文色勒庫爾或撒里庫爾之異譯）。唐書云：葱嶺俗號極嶷山，名義正合。宋雲行紀云：漢盤陀正在山頂，自葱嶺已西，水皆西流。……人民決水以種。今尚如舊。此國治城，後世在他時苦汗（Tashkurghan，按即塔什庫爾罕之異譯），乃石城之義。城東臨河，西流東折，爲葉爾羌河，宋雲行紀之孟津，唐書、西域記之徙多河是也。」足立喜六法顯傳考證（何譯本四九頁）云：「喝盤陀爲漢之蒲犂國，今之蒲犂縣，西洋人呼爲Tashkurghan，在葱嶺之東麓，地當北印度要衝。」皇輿西域圖志五以塞爾勒克與喀爾楚爲北魏之渴槃陁國。綜合諸説，皆以漢盤陀當今塔什庫爾罕（Tashkurghan）。沙畹又以漢盤陀與權於摩同爲一國。權於摩即漢之烏秅國，依照黄文弼羅布淖爾考古記緒論所附中西交通路線圖，烏秅當今之烏雜提，位在塔什庫爾罕南，則與諸説不同。如漢盤陀與權於摩爲一地之説不誤，黄圖位置於理爲長，當較可信。又岑仲勉佛游天竺記考釋以漢盤陀爲喀喇噴赤，孟津河爲Panj河。説雖新穎，證據嫌不足，今不録。關於漢盤陀國之記載，通典一百九十三云：「渴槃陁，後魏時通焉。亦名漢陁國，亦名渴羅陁國，理葱嶺中，在朱俱國西，至護蜜國，其南至懸度山，無定界，北至疎勒國界，西北至判汗國。其王本疎勒人，累代相承，以居此國，有户二千餘。懸度山在國西南四百里。懸度者，石山也；谿谷不通，以繩索相引而度，其間四百里中，往往有棧道，因以爲名。今按懸度葱嶺迤邐相屬，郵置所絶，道阻且長，故行人由之莫能分别；然法顯、宋雲所經，即懸度山也。」西域記十二云：「朅盤陁國周二千餘里，國大。都城基大石嶺，背徙多河，周二十餘里。山嶺連屬，川原隘狹。穀稼儉少，菽麥豐多。林樹稀，花果少。原隰丘墟，城邑空曠。俗無禮義，人寡學藝，性既獷暴，力亦驍勇，容貌醜弊，衣服氈褐。文字語言大同佉沙國。然知淳信，敬崇佛法。伽藍十餘所，僧徒五百餘人，習學小乘教説一切有部。」

〔四〕【按】葱嶺即今新疆省西南帕米爾高原。

〔五〕〖丁考〗鉢猛（按丁氏所據是漢魏本）城當在今博勒根回莊處。

〖按〗岑仲勉佛遊天竺記考釋（四四頁）云：「宋雲行紀，八月初入漢盤陀國界。西行六日，登葱嶺山，復西行三日，至鉢猛城（據漢魏叢書本）。張宗祥合校本伽藍記鉢猛作鉢盂，Beal 氏譯作 Kiueh-yu，注云：或作 Kong-yu(op. cit. p. LXXXIX)。Kiueh 與 Kong 均不見於張氏校本，以余揣之，當是鉤及權字之對譯。今乞托拉爾住民，多半爲 Kho 種，一稱 Khowar，後名經 Stein、藤田兩家考訂爲唐六典之俱位、拘衛也。……由此推之，今伽藍記之鉢盂或鉢猛，當以 Beal 氏見本爲合，應正作鉤盂或權盂。蓋淺人不察，因義近而改鉤爲鉢，又因字近而誤盂作猛也。鉤盂或權盂之二合音爲 Kho，顯師與宋雲均於離子合後首經此地，其爲同一，亦甚顯然。意者當日 Kho 種在子合之西，漢盤陀之東，自成聚落，及後被强種 Ronas 壓逼，乃南徙於今地。」按鉢盂之鉢字，今所見伽藍記各本都同，Beal 譯作 Kiueh 或 Kong，乃對漢文之誤讀，岑先生反據之以改本書，迂曲求證，殊覺顛倒。法顯離子合後入於麾，於麾或即權於摩；權於摩亦即漢盤陀（見前注），則宋雲與法顯之歷程本相同，故杜佑云：「法顯、宋雲所經，即懸度山也。」（通典一九三）固不必以鉢盂改爲權盂或鉤盂也，其說不足信。

〔六〕〖丁考〗不可依山今爲克里克山口（山口，嶺也）。

〖按〗李光廷漢西域圖考一圖說引此文，注：「唐書西域傳：喝盤陀由疏勒西南入劍末谷、不忍嶺。其國也，治葱嶺中，都城負徙多河。不忍嶺即不可依山。」

〔七〕〖丁考〗毒龍池即薩雷庫里（按疑即 Sarikul 之異譯）泊。今此泊在葱嶺絶頂大帕米爾南，故又名大帕米爾湖，詳見戈登遊記。惟此泊古時本在漢盤陀境，後始徙至葱嶺顛，故塔什庫爾干一帶，至今稱爲薩雷庫勒，其傳説如此。

〖沙箋〗按此池非西域記之大龍池，蓋大龍池在波謎羅川流域，而在朅盤陀國西五百里也。核以宋雲所記，前一龍池應在漢盤陀國中，今塔什庫爾罕之東。考宋雲行程，五一九年七月二十九日入朱駒波國（哈爾噶里克），八月初入漢盤陀國東界，復西行六日登葱嶺，又三日至鉢孟城，又三日至龍池所在之不可依山，又四日至漢盤陀都城，質言之，今之塔什庫爾罕；其時應在八月半後不遠。乃此後行程毫無所記，惟言九月中旬入鉢和國（今之和罕 Wakhand）。宋雲從塔什庫爾罕赴和罕，似由塔克敦巴什（Taghdoumbasch）區域經 Wakhjir 關，而抵烏滸河 Oxus 流域。

〔八〕【按】李光廷漢西域圖考一引此文，注：「此是伊西洱庫爾。西域水道記以爲哈喇庫勒泊，差五百里。」李氏所言之伊西洱庫爾，疑即指伊沙克泉，在蒲犂之南。又岑仲勉謂此毒龍池即今格什庫里 Guzkul（見上注）。

【沙箋】按烏場，西域記卷三作烏仗那（Udyana）（馮註：按應改作 Uddiyana），謂其國人禁咒爲藝業。

【按】此婆羅門謂婆羅門教，奉梵王爲主，佛教徒視爲外道。呪龍術印度方士多習之。藝文類聚九十六引抱朴子：「案使者甘宗（疑當作甘英）所奏西域事云：外國方士能神呪者，臨川禹步吹氣，龍即浮出。初出乃長十數丈，方士吹之，一吹則龍輒一縮，至長數寸，乃取着壺中，以少水養之。外國常患旱災，於是方士聞有旱處，便賫往賣之。一龍直金數十斤，舉國會斂以雇之。直畢，乃發壺出龍着淵中，因復禹步吹之，長數十丈，須臾而雨四集矣。」此與今印度人舞蛇疑相仿。又呪龍事，佛書中多有之。

〔九〕【按】太行、孟門皆山名。太行跨河南、河北、山西三省間；孟門在河南省輝縣西，位太行山東。史記吴起列傳：「殷紂之國，左孟門，右太行……脩政不德，武王殺之。由此觀之，在德不在險。」又吕氏春秋上德篇云：「通乎德之情，則孟門太行不爲險矣。」可見二山之險要，相傳已久。

〔一〇〕【按】崤關即崤山，山在函谷關之東端，故稱崤關。元和郡縣志五河南府永寧縣下：「二崤山又名嶔崟山，在縣北二十八里。……自東崤至西崤三十五里。東崤長坂數里，峻阜絶澗，車不得方軌；西崤全是石坂十二里，險絶不異東崤。」隴坂在陝西省隴縣西北，爲關中西面之要塞。

〔一一〕【丁考】孟津河即澤普勒善河上游。

【沙箋】按此河應爲葉爾羌河上流之名。

【馮註】應爲塔什庫爾罕河，一名塔克敦巴什河。

【張註】孟津河即徙多河（Sita）。

【按】李光廷漢西域圖考一注：「即唐書所云負徙多河，水爲南河之源，今澤普勒善（按疑即 Zarafshan，爲葉爾羌河之別名）河之上源托里布隆河也。」諸家所釋，名詞紛歧，其實皆是指葉爾羌河流而言（徙多河 Sita 亦即今葉爾羌河與塔里木河之梵名），係據新唐書「負徙多河」語而來；馮氏以爲是塔什庫爾罕河，按塔什庫爾罕河東北流入葉爾羌河，古時統名爲徙多河，而與下文「東北流向沙勒」語亦合。若以漢盤陀爲塔什庫爾罕，馮氏説當是。岑仲勉以孟津河爲喀喇噴赤之 Panj 河，説見前注，恐非。

〔一二〕【丁考】沙勒，漢時爲莎車、疏勒二國，因疏勒王兼併莎車，移都其地，遂合二國爲名，即西域記之佉沙國也；今爲葉爾羌城，近改設莎車府。

【沙箋】按疏勒國一名沙勒，今之喀什噶爾 Kachgar。

【張註】沙勒，漢時疏勒，今代喀什噶爾城也。

【按】漢西域圖考一引此文，注：「莎車是時已併于疏勒。」與丁氏説同。然沙與疏聲同可相通，似不必以併莎車爲釋。

九月中旬入鉢和國〔一〕。高山深谷，嶮道如常。國王所住，因山爲城。人民服飾，惟有氈·

校吳琯本、漢魏本氈作氊。衣。地土甚寒，窟穴而居。風雪勁切，人畜相依。國之南界，有大雪山〔二〕，朝融夕結，望若玉峰。

十月之初，校吳琯本、漢魏本、真意堂本之初作「初旬」。至校吳琯本、漢魏本、真意堂本至作入。嚈校吳琯本、漢魏本、照曠閣本作嚈，下同。吳集證云：「當從何本及魏書作嚈。」噠國〔三〕。土田庶衍，山澤彌望。居無城郭，游軍而治。以氈爲屋，校吳琯本、漢魏本、真意堂本屋作衣。隨逐水草，夏則隨涼，冬則就溫。鄉土不識文字，禮教俱闕。陰陽運轉，莫知其度。年無盈閏，月無大小，用十二月爲校吳琯本、漢魏本無爲字。一歲。校吳琯本、漢魏本歲誤作藏。受諸國貢獻，南至牒羅〔四〕，北盡校綠君亭本誤作書。勑懃〔五〕，校吳琯本、漢魏本勑懃作敕勤。真意堂本、照曠閣本、吳集證本懃作勤。案勑敕同字，懃爲勤之別體字。東被于闐，西及波斯〔六〕，四十餘國皆來朝賀。校吳琯本、漢魏本、真意堂本賀作貢。王張校吳琯本、漢魏本、真意堂本張作居。大氈帳，方四十步，周迴以氍毹校吳琯本、漢魏本氍毹作「氈數」。爲壁。王著錦衣，坐金牀，以四校吳琯本、漢魏本、真意堂本無四字。金鳳凰爲牀脚。見大魏使人，再拜跪受詔書。至於設會，一人唱，則客前；後唱則罷會。惟有此法，不見音樂。嚈噠國王妃亦著錦衣，垂地三尺，使人擎之。頭帶校各本帶作戴。吳集證本作帶，與此同。一角，長八尺，奇長〔七〕三尺，以玫瑰五色裝飾其上。王妃出則與（輿）校各本皆作輿，今正。之，入坐金牀，以六牙白象〔八〕四獅子爲牀。自餘大臣妻皆隨傘，頭亦似有角，團圓垂下，校各本垂下作「下垂」。吴集證本作垂下，與此同。狀似寶蓋。**校**吴琯本、漢魏本、真意堂本蓋下重蓋字。觀其貴賤，亦有服章。四夷之中，最爲强大。不信佛法，多事外神，煞**校**各本作殺，同。生血食，器用七寶〔九〕。諸國奉獻，甚饒珍異。按嚈噠國去京師二萬餘里。

十一月初入波斯國〔一〇〕。境土**校**吴琯本、漢魏本、真意堂本無土字。甚狹，七日行過。人民山居，資業窮煎。風俗凶慢，見王無禮。國王出入，從者數人。其國有水，昔日甚淺，後山崩截**校**吴琯本、漢魏本、真意堂本作絶。流，變爲二池〔一一〕。**校**馮承鈞云：「應作三池，始與北史之記載相符。」毒龍居之，多有災異。夏喜暴雨，冬則積雪，行人由之多致難艱。**校**各本難艱作「艱難」。吴集證云：「當從各本作艱難。」雪有白光，照耀人眼，令人閉目，茫然無見。祭祀龍王，然後平復。

〔注釋〕

〔一〕〖丁考〗鉢和即今之乾竺特部，一作坎巨提，又曰喀楚特，在塔什敦巴什山南轄棍雜那戛爾一堡。瀛環志略言乾竺特地寒，鑿山爲穴以居，與本記情形脗合，可爲確證。

〖沙箋〗按新唐書卷四十三下，六六一年所置西域府州，鉢和州屬護蜜多國。又卷二百二十一下識匿條下云：「護蜜者或曰達摩悉鐵帝，曰鑊偘，元魏所謂鉢和者。」「王居塞迦審城，北臨烏滸河。」西域記卷十二謂其國都昏馱多城（馮註：按原文云：「尸棄尼國，昏馱多城，國之都也。」此條在達摩悉鐵帝國條與尸棄尼國條之間，似不屬鉢和。按：三藏法師傳五，昏馱多城爲達摩悉鐵帝國都，西域記之尸棄尼國疑是衍文。沙畹不誤，馮説非）。核以上引計載，護蜜多或護蜜應爲今之和罕（Wakhan）。塞迦審、昬馱多二城，即今之 Isehkeschm 與 Kandout 二城，皆在今 Pandj 河左岸（參照 Marquart 所撰之 Eransahr，p. 224）。北史卷九十七云：「鉢和國在渴槃陀西，其土尤寒，人畜同居，穴地而處。又有大雪山，望若銀峯。其人唯食餅麨，飲麥酒，服氈裘。有二道：一道西行向嚈噠，一道西南趣烏萇，亦爲嚈噠所統。」

〖張註〗鉢和國，丁謙謂爲乾竺特，一作坎巨提；比耳謂爲博羅爾。余意以爲皆非確情。鉢和即玄奘西域記卷十二之鉢利曷國。依玄奘所載情形觀之，鉢利曷國當在骨克察河（Kokcha）之枝流瓦爾撒克河（Varsakh R.）附近。吴德（Wood）紀程附圖，有地名法羅喀兒（Farokhar），又名法爾喀爾（Farkhar），或即鉢利曷之原音也。

〖按〗漢西域圖考一引此文，注：「此疑是今博洛爾，一名博羅爾也。然唐書云護蜜，或曰達摩悉鐵帝。元魏所謂鉢和者，則非其地。」慧超往五天竺傳云：「又從吐火羅國東行七日，至胡密王住城。」羅振玉札記：「胡密，慧琳音義作胡篾，唐書識匿國傳又作護蜜，元魏謂之鉢和。」藤田豐八箋釋：「達摩悉鐵帝國在俱蘭東北五百餘里。據以文法竭（Ibn Haukel）所傳，巴達克山東，縛芻上游，有地稱華干（Wakhan，按即沙箋所譯之和罕），與沙棄那（Sakina）及迦蘭（Karan，Karran），壤地相接。近世武德（Wood，按即張註之吴德）氏游波謎羅（Pamir），謂縠茶河（Kokcha）上游地方之拉蘇武爾（Lájwurd）穿出金精，自古馳名。……縠茶一名哥蘭（Karan），乃唐書所謂俱魯河。然則唐書之俱蘭，西域記之屈浪拏，乃北臨縠茶河，南背興都克斯一帶地方是也。又沙棄那……今稱色難（Shighnan），而達摩悉鐵帝國在其南，必今之烏干（按烏干疑即上文之華干）地方。」岑仲勉佛遊天竺記考釋既以漢盤陀當喀喇噴赤，又據北史九七「伽倍國……都和墨城」語，以和墨即護蜜，云：「和墨非他，即墨底耶西南之 Khulm 也。Wakhan 之 han 可翻和，故 Khulm 之 hu 亦可翻和。墨與末尾之 m 完全吻合。伽倍則 Khulm 對河 Kabadian 首二音（Kaba）之省譯，亦即梁書五四之呵跋檀國。……意者當日此國兼有其地，故國稱伽倍，城稱和墨耶？……宋雲西行之日，都城想猶在 Khulm，所謂入鉢和者，蓋已逾喀喇噴赤而西也。」綜合衆説，非常紛歧，蓋帕米爾地帶，山川連屬；且古今時殊，漢、梵語異，欲確指其爲某地，殊多困難。竊意新唐書以護蜜或達摩悉鐵帝爲元魏時鉢和一説，時期接近，比較可信。護蜜據近人考訂都認爲是今地和罕 Wakhan，因之，鉢和當亦在此地。至於各家異説，爲免冗繁起見，不再一一辨證。

〔二〕【丁考】南界大雪山，即喜馬拉雅山脈最北處。

【張註】大雪山即印度庫士山。

【按】續僧傳二闍那崛多傳：「便踰大雪山西足，固是天險之峻極也。至厭怛國。」厭怛國即宋雲記之嚈噠，依此方向，則大雪山當在嚈噠國東南。

〔三〕【丁考】嚈噠見魏書，即大月氏改名；都城在阿母河南，曰拔底延，佛教頗盛，時稱小王舍城，今波爾克城也。然游牧之俗，有城郭而不居，故其王終歲巡行吐火羅境，即葱嶺以西山間地。宋雲見其王，在鉢和國西南，今博羅爾部地。魏書言西域康居、于闐、沙勒、安息三十餘國皆屬役之，與記相合；蓋嚈噠此時正强盛也。

【沙箋】按北史卷九十七云：「嚈噠國(Hephthalites)，大月氏之種類也，亦曰高車之別種。其原出於塞北，自金山而南，在于闐之西，都烏許水(Oxus)南二百餘里，去長安一萬一百里。其王都拔底延城(馮註：按沙畹以嚈噠都拔底延即古梵衍那國，今 Bamgin 地方之 Badhaghis 區；後又在大月氏考一文中改正，以爲即巴達克山 Badakchan 之對音，而位置其地于 Faizabad 城之東。竊以其説皆誤。上引北史之文，既云「無城邑」，又云「其王巡歷而行，每月一次」，則爲游牧之國矣。北史云：「拔底延城蓋王舍城也。」考印度境外以王舍城名者，祇有慈恩寺傳卷二之縛喝羅國。此國「北臨縛芻河 Oxus，人謂小王舍城，極多聖蹟。」西域記卷一記述亦同，唯省稱爲縛喝國。此城即古大夏都城 Bahtria，梵本中之 Bahlika，今之 Balkh 是已。北史大月氏傳「西徙都薄羅城」，疑亦指其地，似爲當時嚈噠王巡歷所止之一處。宋雲所經，並未至此也），蓋王舍城也。其城方十里餘，多寺塔，皆飾以金。風俗與突厥略同。其俗兄弟共一妻；無兄弟者妻戴一角帽；若有兄弟者，依其多少之數，更加帽焉。衣服類加以纓絡，頭皆翦髮。其語與蠕蠕、高車及諸胡不同。衆可有十萬。無城邑（宋雲行紀謂嚈噠居無城郭，不可絶對信以爲實。前引北史已謂其王都拔底延城，當五六八年突厥初次遣使至東羅馬時，Justin帝曾詢其所破之嚈噠，所居爲城爲鄉，使臣答曰：「其民居有城郭。」[Ménandre, Fragm. hist. graec. vol. Ⅳ, p. 226]），依隨水草，以氈爲屋，夏遷凉土，冬逐暖處。分其諸妻，各在別所，相去或二百三百里。其王巡歷而行，每月一處；冬寒之時，三月不徙。王位不必傳子；子弟堪者，死便受之。其國無車有輿（其國無車有輿，語不可解，疑有脱誤，參照十七史商榷卷七十三），多駞馬。用刑嚴急，偷盜無多少皆要斬，盜一責十。死者，富家累石爲藏，貧者掘地而埋；隨身諸物皆置塚内。其人凶悍能鬥戰，西域康居（Sogdiáne）、于闐（Khotan）、沙勒（Kachgar）、安息（Boukhara）及諸小國三十許，皆役屬之，號爲大國。與蠕蠕婚姻（宋雲所見之嚈噠王，似即以歿於五二三年之蠕蠕首領婆羅門姊妹三人爲妻之王。參照北史卷九十八）。自太安（三五五至三五九）以後每遣使朝貢。正光（五二〇至五二四）末，遣貢師子一（自注：宋雲後於五二〇年至乾陀羅之時，見跋提國送師子兒兩頭與乾陀羅王，此跋提亦得爲嚈噠王都拔底延之省稱。設余説不誤，嚈噠先於五二〇年送師子二頭與乾陀羅王，後於五二四年又貢師子於魏矣），至高平（高平城今尚在甘肅平凉府附近），遇万俟醜奴反（万俟，魏十姓之一。五二四年四月〔通鑑輯覽作五二五年〕高平鎮敕勒酋長胡琛據高平，其將万俟醜奴助之），因留之。醜奴平，送京師（五三〇年四月討万俟醜奴，獲之。同年六月嚈噠貢師子至京師，參照魏書卷十）。永熙（五三二至五三四）以後，朝獻遂絶。」此後誌宋雲等使西域事，前已録之。後又云：「至大統十二年（五四六）遣使獻其方物。廢帝二年（五五三），周明帝二年（五五六）並遣使來獻，後爲突厥所破（嚈噠國在五六三與五六七年間爲突厥所滅。可參照西突厥史料，*Documents sur les Tou-*

kiue Occidentaux, p. 226)。部落分散，職貢遂絶。至隋大業（六〇五至六一六）中，又遣使朝貢方物。其國去漕國（馮註：按原註國在大雪山 Hindou-Kouch 之北。考西域記卷十二，漕國原名漕矩吒 Jāguda，大都城號鶴悉那 Ghazna，即隋書誤以之爲罽賓者也。）千五百里，東去瓜州六千五百里。

〔按〕西域地名：「Ephthalites 一作 Hephthalites，伽藍記、魏書、周書作嚈噠，隋書、新唐書作挹怛，西番記作挹闐，續高僧傳闍那崛多傳作厭怛，册府元龜卷九九九作挹達，梁書滑國傳之厭帶夷栗陁亦即其對音，梁書誤以爲其王名。」羽溪了諦西域之佛教（賀譯本一一〇頁）有論嚈噠一則云：「自西曆第四世紀之中葉以來，大月氏頻受嚈噠之壓迫，至西元四八〇年，遂全爲嚈噠所滅。其後，此等地方之佛教，固不能不受幾分打擊也。何則？魏書西域傳云：嚈噠國云云（按此下引文至號爲大國，與上沙箋所引北史文相同，今略。）是則嚈噠實全爲遊牧生活而頗凶悍之民族也。北魏正光元年（西元五二〇年。按此是指宋雲入乾陀羅國時，因乾陀羅爲嚈噠所滅，故羽溪氏如此説）宋雲入嚈噠國，據其所言，謂此民族，多不信佛法，而好事外神。則嚈噠所佔領之地，對於佛教必加以壓迫，可斷言也。」又（三四五頁）云：「嚈噠當西元第四世紀頃，本役屬於柔然——即蠕蠕，但其後西移，至波斯東北境。西元四二五年頃以來，遂漸得勢，擴張其東南之領地而侵入印度北部。」

〔四〕〔沙箋〕按此國未詳。

〔張註〕牒羅，比爾謂即鐵拉布克梯（Tirabhukti），今代謂之鐵爾胡忒（Tirhut），福力基族（Vrijjis）之舊壤也。福力基族似爲北方月氏人（Skythians）。嘗南侵印度至恒河下流之巴德拿城。嚈噠人後亦步塵而南下至巴德拿，西至馬拉瓦（Malava）。

〔五〕〔沙箋〕按漢魏本作北盡敕勤，兩本皆誤，應改爲北盡敕勒。敕勒一名鐵勒，其名並見唐書，其地東起嗢昆（Orkhan）河，西抵東羅馬帝國，即 Tölös 或 Teulès 是已。

〖張註〗（改勤作勒）敕勒即疏勒，今喀什噶爾也。

〖按〗疏勒上文已有，作沙勒，不應前後互異；且敕勒爲疏勒，更無旁證，張説不可信。西域地名：「Tölös，隋書鐵勒，新唐書回紇，元魏時亦號高車部。」

〔六〕〖按〗此波斯即魏書西域傳之波斯國，今西亞伊朗之波斯，與下文之波斯（西域傳作波知）不同。其時嚈噠極强，拓境西至於波斯。本書三宣陽門條下記波斯國獻獅子事，西域傳作嚈噠國，亦可證波斯當時從屬於嚈噠。

〔七〕〖按〗奇與衺義同，奇長猶言衺長。

〔八〕〖按〗酉陽雜俎十六毛篇云：「釋氏書言象七久柱地六牙，牙生理必因雷聲。」

〔九〕〖按〗七寶據翻譯名義集三七寶篇説：「凡有二種：一者七種珍寶，二者七種王寶。七種珍寶，略引四文，佛地論云：一金，二銀，三吠琉璃，四頗胝迦，五牟呼婆羯洛婆，當硨磲也，六遏濕摩婆，當瑪瑙，七赤真珠；無量壽經云金，銀，琉璃，頗梨，珊瑚，瑪瑙，硨磲；恒水經云：金，銀，珊瑚，真珠，硨磲，明月珠，摩尼珠；大論云：有七種寶，金，銀，毗瑠璃，頗棃，硨磲，瑪瑙，赤真珠。二七種王寶者，晉譯華嚴經云：王得道時，於其正殿，婇女圍繞，七寶自至。一金輪寶，名勝自在；二象寶，名曰青山；三紺馬寶，名曰勇疾風；四神珠寶，名光藏雲；五主藏臣寶，名曰大財；六玉女寶，名淨妙德；七主兵臣寶，名離垢眼。得是七寶於閻浮提作轉輪王。」

〔一〇〕〖丁考〗（正文波斯改作波知）波知見魏書，乃因都庫士山南面小國，原作波斯，誤。部境在博羅爾西，今薩爾拉斯普爾城地。魏書言國有三池，傳言大者有龍王，次有龍婦，小有龍子。西域記所謂阿波邏羅龍泉者是。

〖沙箋〗按此國非西亞之波斯（Le Perse）而爲 Zebák 與 Tchitral 間之一小國，Marquart（Eransahr p. 245）已早言之。此國在北史中名波知。其卷九十七云：「波知國在鉢和西南，土狹人貧，依託山谷，其王不能總攝。有三池，傳云大池有龍王，次者有龍婦，小者有龍子。行人經之，設祭乃得過；不祭，多遇風雪之困。」

〖張註〗丁謙逕將波斯改作波知，不免武斷。波知乃巴爾提(Balti)之轉音，且地位亦與波斯不合也。比耳謂當此時，東至葱嶺之麓，皆可稱波斯或東波斯也(見愛爾費音斯頓 Elphinstone 之印度史)。兩家之説，比耳較爲可信。唯余願指出馬哥孛羅遊記卷一第三十章，有拍社省(Pashai)者，其地位與讀音，皆合於宋雲惠生此處所記之波斯也。

〖按〗藤田豐八慧超往五天竺傳箋釋：「魏書云：鉢和有二道，一道西行向嚈噠，一道西南趣烏萇。蓋謂一道西行經巴達克山向君都斯：一道西南經西縛(Zebak)，越興都克斯，南趣烏萇國也。」又云：「波知國在鉢和之西南，賒彌國在波知之南，烏萇國在賒彌之南。元時麻哥保羅(Marco Polo，按即張註馬哥孛羅異譯)東遊記云：巴達克山南有一地方，稱曰波沙(Pashai 按即張註拍社異譯)，宋雲所稱波斯必與此同。以文巴丢多(Ibn Batutah)又嘗從君都斯，經波沙(Pashai)山至伐萬(Parwan)城，則波沙山殆今迦惑(Khawak)嶺，已踰此嶺，則達播希川(Panjhir)之上游。……宋雲等從鉢和至土田庶衍山澤彌望之嚈噠，更至境土甚狹人居山谷之波斯，次入賒彌，漸出葱嶺，則殆是巴丢多(Batuteh)所經之路。」但藤田氏在西域研究(楊譯本三七頁)又云：「據宋雲行紀其入竺行程之順序：是由漢盤陀(Tashkurghan)至鉢和(Vakh，Wakhan)，次抵嚈噠(Ephthalite)，更次至境土甚狹、七日行程之波斯，次入賒彌(商彌、奢摩、舍摩 Syamaka Chitral)。按此波斯，今北魏書(北史)西域傳作波知，似仍以波斯二字爲正。通典此國無專條，惟於賒彌條内載曰：賒彌，後魏時聞焉，在波斯之南。且北魏書(北史)記曰：賒彌國在波知之南。由此而論，唐杜佑所見北魏書之波知，確係波斯也。然此波斯應看作以今 Mastuj 爲中心之 Yarkhun 流域之山地。而北魏時代之所謂波斯，應有薩山朝(按藤田謂此時正當波斯薩山朝 Sassanidae 之柯拔德一世Kobad I，A. D. 488—531)之 Persia 與 Yarkhun 流域山地之波斯等二種。」與前説又不同。張註與藤田前説略同。西域地名謂「即今之 Zebak」，與沙畹氏説同。華特士(Watters)疑爲

Balti，在 Poho 與 Udyāna 之間。（*On Yuan Chwang's Travels in India*，vol. Ⅱ，p. 283）斯坦因（Stein）則考定其地爲 Kokča 河之上流流域。

〔一一〕〖按〗一九一五年斯坦因（Stein）從吉里吉斯人聽説「四年前一次大地震，把穆格布河谷塞成一座大湖，這座大湖包括了以前的薩勒兹帕米爾（Sarez Pamir）地方」（斯坦因西域考古記，向達譯，二一二頁）。與此記所載事頗相類，可見帕米爾區域陵谷變遷爲常有之事。

十一月中旬，入賒彌國〔一〕。此國 **校** 吴琯本、漢魏本無此國二字。 漸出葱嶺，土田嶢埆，民多貧困。峻路危道，人馬僅通。一直一道，從鉢盧勒國〔二〕向烏場國，**校** 吴琯本、漢魏本無國字。 鐵鎖爲橋，縣 **校** 吴琯本、漢魏本、吴集證本作懸，同。 虚爲渡，下不見底，旁無挽捉，倏忽之間，投軀萬仞，是以行者望風謝路耳！**校** 吴琯本、漢魏本、真意堂本無耳字。

十二月初，入烏場國〔三〕。北接葱嶺，南連天竺〔四〕，土氣和暖，地方數千。**校** 吴集證本千下有里字。 民物殷阜，疋 **校** 吴琯本、漢魏本、真意堂本、吴集證本作匹，同。 臨淄之神州〔五〕；**校** 吴琯本、漢魏本州作洲。 原田膴膴〔六〕，等咸陽之上土〔七〕。**校** 吴琯本、漢魏本、真意堂本土作下。 照曠閣本作上。 鞞羅施兒之所〔八〕，薩埵投身之地〔九〕，舊俗雖遠，土風猶存。**校** 吴琯本、漢魏本此句作「大風猶從」。 國王〔一〇〕精食（進），**校** 各本食作進。 吴集證本作食，與此同。 按精進爲佛教常語，與下「菜食長齋，晨夜禮佛」語合。此蓋涉下食字而譌，今從各本正。 菜食長齋，晨夜禮佛。擊鼓吹貝，琵琶箜篌，笙簫備有。日中已後，始治國事。假有死罪，不立煞校各本作殺，同。刑，唯從（徙）校各本從作徙。吳集證云：「當從各本作徙。」按太平廣記四百八十二引亦作徙，今正。空山，任其飲啄。事涉疑似，以藥服之，清濁則驗；隨事輕重，校廣記重下有則字。當時即決。土地校吳琯本、漢魏本地作田。肥美，人物豐饒，百穀盡登，五果〔一一〕繁熟，夜聞鍾校各本作鐘。聲，遍滿世界。土饒異花，冬夏相接，道俗採之，上佛供養。國王見宋雲，云大魏使來，校吳琯本、漢魏本、真意堂本作「國王見大魏使宋雲來」。膜校吳琯本、漢魏本、真意堂本無膜字。拜受詔書。聞太后崇奉佛法，即面東合掌，遙心頂禮。遣解魏校吳琯本、漢魏本自聞太后以下至此十九字無。語人問宋雲曰：「卿是日出校照曠閣本出下有處字。人也〔一二〕？」宋雲答曰：「我國東界有大海水，日出其中，實如來旨。」王又問曰：「彼國出聖人否？」宋雲具說周、孔、莊、老之德，次序蓬萊山上銀闕金堂，神仙聖人並在其上〔一三〕；說管輅善卜，華陀治病，左慈方術〔一四〕，如此之事，分別說之。王曰：「若如卿言，即是佛國。我當命終，願生彼國。」

宋雲於是與惠生出城外〔一五〕，尋如來教跡。水東有佛曬衣處〔一六〕。初，如來在烏場國行化，龍王瞋怒，校吳琯本、漢魏本、真意堂本怒作恚。興大風雨，佛僧迦校吳琯本、漢魏本作伽，同。梨〔一七〕表裏通濕。雨止，佛在石下，東面而坐，曬袈裟〔一八〕。年歲雖久，彪炳若新，非直條縫校吳琯本、漢魏本縫作縱。案直讀如特。明見，至於細縷亦新（彰）〔一九〕。校各本新作彰。吳集證云：「當從各本作彰。」乍往觀之，如似未徹；假令刮削，其文轉明。佛坐處及曬衣所，並有塔記。水西有池，龍王居之。池邊有一寺，五十餘僧。龍王每作神變，國王祈【校】吴琯本、漢魏本作初。按太平御覽九百三十引作祈，與此同。請，以金玉珍寶投之池中；在後湧出，令僧取之。此寺衣食，待【校】太平御覽作恃。龍而濟，世人名曰龍王寺。

王城北八十里，【校】吴琯本、漢魏本、真意堂本作「十八里」。有如來履石之跡，起塔籠之。履石之處，若水【校】吴琯本、漢魏本、真意堂本水作以。沙畹本水作木，譌。踐泥，量之不定，或長或短〔二〇〕。今立寺，可七十餘僧。塔南二十步有泉石。佛本清淨，嚼楊枝〔二一〕植地即生；【校】吴琯本、漢魏本即生倒作「生即」。即屬下句讀。今成大樹，胡名曰婆樓〔二二〕。

城北有陀羅寺，佛事最多。浮圖高大，僧房逼側，周匝金像六千【校】吴琯本、漢魏本、真意堂本千作十。緑君亭本注云：「一作十。」軀。王年常大會，皆在【校】吴琯本無在字。漢魏本皆在二字作于。此寺，國内沙門，咸來雲集。宋雲、惠生見彼比丘戒行精苦，觀其風範，特加恭敬，遂捨奴婢二人，以供灑掃。

去王城東南，山行八日，如來苦行投身餓【校】緑君亭本作餵。虎之處〔二三〕。高山籠（巃）【校】各本作巃，今據正。嵷，危岫入雲；嘉木靈芝，叢生其上。林泉婉麗，花綵曜目。宋雲與惠生割捨行資，於山頂造浮圖一所，【校】吴琯本、漢魏本、真意堂本所作軀。刻石隸書，銘魏功德。山有收骨寺，三百餘僧。

王城〔二四〕南一百餘里，有如來昔作 校 馮承鈞云：「按昔作似爲昔在之訛。」摩休 校 緑君亭本休作体。國〔二五〕，剥皮爲紙，拆 校 吴琯本、漢魏本、真意堂本拆作折，下同。按大唐西域記作析骨。骨爲筆處〔二六〕，阿育王〔二七〕起塔籠之，舉高十丈。拆骨之處，髓流着石，觀其脂色，肥膩若新。

王城西南五百里有善持山〔二八〕。甘泉美果，見於經記。山谷和暖，草 校 吴琯本、漢魏本草作山。木冬青。當時太簇〔二九〕御辰，温熾 校 吴琯本、漢魏本、緑君亭本、真意堂本熾作風。已扇，鳥鳴春樹，蝶舞 校 吴琯本、漢魏本舞作飛。花叢。宋雲遠在絶域，因矚 校 吴琯本、漢魏本矚作屬。此芳景，歸懷之思，獨軫中腸，遂動舊疹，纏綿經月，得婆羅門呪，然後平善。山項 校 吴琯本、漢魏本、吴集證本項作頂。東南有太子石室〔三〇〕，一口兩房。太子室前十步有大方石，云太子常坐其上，阿育王起塔記之。塔南一里，太子草庵處。去塔一里，東北下山五十步，有太子男女遶樹不去，婆羅門以杖鞭之，流血灑地處。其樹猶存，灑血之處，今爲泉水。室西三里，天帝釋 校 吴琯本、漢魏本、真意堂本作什，釋之俗字。化爲師子，當路蹲坐，遮嫚⿰女去〔三一〕 校 吴琯本、漢魏本、真意堂本⿰女去作妘。之處。石上毛尾爪跡，今悉炳然。阿周陀窟〔三二〕及門子供養盲 校 吴琯本、漢魏本盲作育。緑君亭本正文亦作盲，注云：「一作盲。」二盲字必有一作育字。照曠閣本係據毛本二字又同作育字。皆有一誤。父母處〔三三〕，皆有塔記。山中有昔五百 校 真意堂本百作日，疑譌。羅漢牀，南北兩行，相向坐處，其次第相對。校吴琯本、漢魏本無對字。有大寺，僧徒二百人。太子所食校緑君亭本注云：「一作養。」泉水北有寺，恒以驢數頭運糧上山，無人驅逐，自然往還；寅發午至，每及中飡〔三四〕。校吴琯本、漢魏本飡作餐。此是護塔神濕婆僊使之然。此寺昔日有沙彌〔三五〕常除灰，目（因）校各本目作因。吴集證云：「當從各本作因。」今正。入神定，維那〔三六〕輓之，不覺皮連骨離，濕婆僊代沙彌除灰處。國王與濕婆僊立廟，圖其形像，以金傅之。校吴琯本、漢魏本、真意堂本作「以金箔貼之」。隔山校吴琯本、漢魏本、真意堂本、吴集證本山作小。嶺有婆姧寺，夜叉〔三七〕所造，僧徒八十人。云羅漢夜叉常來供養，灑掃取薪；凡俗比丘不得在寺。大魏沙門道榮〔三八〕至此禮拜而去，不敢留停。

〔注釋〕

〔一〕【丁考】賒彌，魏書作商彌，在波知南，今喀里庫特城地。自此順蘇瓦特西河下行，故曰漸出葱嶺。

【沙箋】按賒彌國既在葱嶺之南（大雪山東部），祇能爲 Tchitral 矣。北史卷九十七云：「賒彌國在波知之南，山居，不信佛法，專事諸神，亦附嚈噠，東有鉢盧勒國。路嶮，懸鐵鎖而度，下不見底。熙平（五一六至五一七）中宋雲等竟不能達。」

【張註】賒彌國，魏書西域傳云：「在波知之南」云云（按下文與沙箋引北史文完全相同，今略）。又烏萇國傳云：「在賒彌南。」賒彌之位置已瞭然，其爲今之乞特拉爾（Chitral，按即沙箋之 Tchitral）無疑也。玄奘西域記作商彌國，其原音爲 Sambhi。

〖按〗慧超往五天竺傳：「又從烏萇國東北入山十五日程，至拘衛國，彼自呼云奢摩褐羅闍國。」藤田豐八箋釋：「此傳拘衛，悟空作拘緯，殆唐書之俱位（唐六典朝貢四蕃中有俱位國）。……唐書又云：俱位或曰商彌；此傳云：彼自云奢摩褐羅闍，褐羅闍（Rāja）又作曷羅闍，乃梵言王之義；奢摩與商彌，同音異譯（舊作S̄ambi，非是。似須作S̄ama，此傳可證），魏書作賒彌，亦然。但俱位、拘衛、拘緯果爲商彌，則當在哥那爾（Kunar）河沿，乃烏萇之西北而非東北。通典云：越底延國，隋時聞焉，治辛頭河北，西北去賒彌國千餘里云云。所言風俗與烏萇同，則越底延殆烏仗那之異譯。唐書云：越底延者南三千里距天竺，西北千里至賒彌，居辛頭之北云云；而又別出烏萇國，則史臣不知其爲一國故也。越底延果爲烏萇，賒彌在其西北，此傳誤矣。」又在同書「播密」下云：「賒彌似是伐萬，但此國與唐書之俱位，此傳之拘衛同，則當在烏萇之西北，哥那爾川沿，斷非伐萬。……俱位……蓋在大雪山南勃律河北，宋雲行紀云：次入賒彌，漸出葱嶺，可證也。」藤田氏在西域研究（楊譯本一五四頁）又云：「商彌國之所在，大體可視在Kunar（按即往五天竺傳箋釋之哥那爾）河之流域。其都城爲今之Mastuj耶，抑爲今之Chitral耶？或另爲其他？在兹擬欲保留唐書所傳阿賒颰師多（Asvajit ？）之解釋焉。……此商彌爲宋雲行紀及魏書之賒彌，略無疑義之餘地，當如斯坦因氏所言，實無擬之爲別地之理由也。……余輩深信賒彌或商彌之與奢摩（按謂往五天竺傳奢摩褐羅闍），不過同音之異譯耳。賒爲式車、詩車、詩遮切，其在唐韻、集韻、正韻，俱音奢S̄a，彌則音Mi，但將i韻爲a韻，幾成一般通例。是以予輩謂賒彌、商彌、奢摩，應還原爲S̄ama或S̄am，不信從來印度學者之謂Sambi等也。……此國名稱，見於中國之史籍者，自北魏始。如前所言，宋雲行紀中記之賒彌，固係依據魏書西域傳，惟魏書（卷九）帝紀肅宗紀明載爲舍摩。例如神龜元年夏四月：舍摩國遣使朝獻即是也。又在此以前，如世宗正始四年夏六月，遣使朝獻之社蘭達那羅、舍彌、比羅直諸國之舍彌（同上卷八），或永平四年秋八月，遣使朝獻之嚈噠、朱居槃、波羅、莫伽陁、移婆僕羅、俱薩羅、舍彌、羅樂陁等諸國之舍彌（同上），殆與舍摩同爲賒彌也。……又唐書西域傳以舍摩國記入不明之中，蓋因此名不知爲賒彌、商彌之異譯故耳。根據以上之略説，可知在今 Kunar 河流域地方，有釋種王國，其王稱 S̄ama 或 S̄am，自魏迄唐，呼作舍彌、賒彌、商彌、奢摩等者也。」更較詳細。西域地名 S̄yamaka 條云：「前漢書作雙靡，伽藍記、宋雲行紀作賒密（按密字當與下舍彌之彌字互易），魏書作折薛莫孫國，又作賒彌，又作舍彌，西域記作商彌，Stein 考訂爲今之 Mastuj；新唐書曰俱位，或曰商彌，經 Stein 考訂爲 Khowar 古名之對音，亦指其地。」又 Chitral，西域地名以爲即 Khasa，云：「孔雀王經初譯本迦舍，二譯、三譯本誤作疏勒，新唐書吐火羅傳作羯師，又省稱爲劫，册府元龜卷九九九誤作竭帥，Marquart 初以爲波斯語 Kaspa 之對音，後經 Stein 考訂爲 Kashkar 之省譯，因其名與 Kashgar 相類，故義浄、不空誤識爲疏勒，今 Chitral。」與沙畹等説不同。

大唐西域記十二：「商彌國周二千五六百里。山川相間，堆阜高下，穀稼備植，菽麥彌豐；多蒲萄，出雌黄，鑿崖析石，然後得之。……俗急，人性淳質。俗無禮義，智謀寡狹，伎能淺薄。文字同覩貨邏國，語言別異。多衣氈褐。其王釋種也，崇重佛法，國人從化，莫不淳信。伽藍二所，僧徒寡少。國境東北踰山越谷，經危履險，行七百餘里，至波謎羅（Pamir）川。」

〔一一〕【丁考】鉢盧勒即博羅爾，有一直道向烏場，乃晉釋法顯所經行者，然須由鉢和西南分路，非賒彌境内別有此道也。

【沙箋】按北史鉢羅勒國在賒彌（Tchitral）之東，則應爲 Gilgit 流域。其由此赴烏場之嶮道，即沿辛頭河（Indus）奔流，經過 Dardistan 進向烏場之道。玄奘從烏仗那（即烏場，今 Svat 流域）赴達麗羅（Dardistan 中之 Darel）之時，曾言：「曹揭釐城（Mangloar）東北踰山越谷，遂上信度河（Indus），途路危險，山谷杳冥。或履絙索，或牽鐵鎖，棧道虚臨，飛梁危構，椓棧躡隥，行千餘里，至達麗羅川，即烏仗那國舊都也。」（西域記卷三）後又述自此赴鉢露羅國之行程云：「從此東行，踰嶺越谷，逆上信度河，飛梁棧道，履危涉險，經五百餘里至鉢露羅國。」（西域記卷三）西域記之鉢露羅與宋雲行紀之鉢盧勒顯爲一地，而皆爲 Bolor 今名之所本。此國在中國史乘中亦名小勃律，其都城在唐書中名孽多，在悟空行紀中名孽和（可參考西突厥史料）。（馮註：按唐書中之大勃律，即今之 Baltistan。）

〖張註〗鉢盧勒即博羅爾（Bolor）之別譯。西域記卷三作鉢露羅國。

〖按〗慧超往五天竺傳：「又迦葉彌羅國西北，隔山七日程，在小勃律國。」藤田豐八箋釋：「鉢盧勒、鉢露羅、勃律（Bolor）原謂鉢爾的（Baltistan）地方。其王逃入孽爾孽多（Gilgit），於是此等地方，亦稱勃律。」又云：「雲記（按即宋雲行紀）鉢盧勒，乃西記（按即西域記）之鉢露羅，從達羅麗（Darel）川，逆上信度，五百餘里（約八十餘英里），其地今稱鉢羅的（Balti），一曰小西藏。乾氏（Cunningham）云：信度河上毘連之達羅脱，土人稱此地專曰鉢露羅（Bolor）。鉢露羅之爲鉢羅的，益無可疑。魏書、北史並作鉢盧勒，蓋依宋雲等所傳。但云熙平中宋雲等遂不能達。又有波路國傳，殆亦此地，一國二傳，此書之常，無足怪者。」華特士 T. Watters 大唐西域記注釋（*On Yuan Chwang's Travels in India*, vol. Ⅰ, p. 240）亦以鉢露羅國顯是博羅爾（Bolor），即今地 Balti 或名小西藏（Little Tibet）。諸家所説皆同。沙畹西突厥史料（馮譯本一一二頁）引新唐書大小勃律傳「小勃律去京師九千里而贏」下，注云：「小勃律應爲 Gilghit 區域。蓋據新書所誌之四至方位，應屬此地。此國昔在大勃律 Baltistan 之西北而與其連界，又在箇失蜜（Cachemire）之北，護密（Wakhan）之南，復應在烏萇（Uddiyana）之西，傳謂東八百里屬烏萇，誤也。」可以與沙箋參照。又大唐西域記記鉢露羅國，除沙箋所引外，卷十二亦云：「波謎羅（Pamir）川南，越山有鉢露羅國，多金銀，金色如火。自此川中東南，路無人里，登山履險，唯多冰雪，行五百餘里至朅盤陁國。」法顯從竭叉國度葱嶺，到北天竺，入陀歷國，順嶺西南行十五日，度新頭河便到烏萇國（見法顯傳），與宋雲等入烏場國取程有不同，丁説非是。法顯傳述從陀歷國到烏場國情況云：「順嶺西南行十五日。其道艱岨，崖岸嶮絶。其山唯石，壁立千仞，臨之目眩，欲進則投足無所。下有水，名新頭河，昔人有鑿石通路施傍梯者，凡度七百，度梯已，躡懸絙過河。河兩岸相去減八十步。九譯所絕，漢之張騫、甘英皆不至。……度河便到烏萇國。」與宋雲下文所記頗相似。足立喜六法顯傳考證（何、張合譯本六〇頁）引宋雲此文云：「惟鉢盂城實在小帕米爾山彙中，鉢和城則在 Abi-Panja 河沿岸。嚈噠國爲縛芻河（R. Panja or R. Oxus）谿谷之强國，或名護蜜、胡蜜、達摩悉鐵帝國。波斯（與波斯國異）及賒彌，在嚈噠、烏場間，係山中狹隘之小國。宋雲等乃經于闐、朱駒波（子合國），由漢盤陀向西，登漢盤陀、小帕米爾，沿 Abi-Panja 河，達嚈噠國，復由 Kāli-i-panja 南向行，過 Kiladoresan，Mastig，Andar 等地，得達烏場國（Mankial，按原文是烏場國都城名）。」

〔三〕【丁考】烏場國，佛國記作烏萇，西域記作烏仗那；惟唐書與東印度之烏荼混合爲一，殊誤。國都曰瞢揭離，恭寧翰（按即 Cunningham）考爲今加非利斯坦東境瞢哥拉城。按地圖作班底。西域記謂東北逆信度河行千餘里，曰達麗羅川，其舊都也。法顯所遊即其地，至是已徙瞢揭離，觀城外東有如來曬衣處，可知其概。蓋新都傍蘇瓦特東河，故水東有此古跡。若舊都在印度河左，東即懸度，過河雖有一線之路，須輔以傍梯，方可通行，安得有勝地耶？

【沙箋】按宋雲是由 Tchitral 達於 Svat 流域矣。北史卷九十七烏萇條云：「烏萇國（Uddiyana）在賒彌（Tchitral）南，北有葱嶺，南至天竺（Inde），婆羅門（Brahmanes）胡爲其上族。婆羅門多解天文吉凶之數，其主動則訪決焉。土多林果，引水灌田，豐稻麥。事佛多，諸寺塔極華麗。人有爭訴，服之以藥，曲者發狂，直者無恙。犯法不殺，犯死罪唯徙於靈山西南。有檀特山，山上立寺，以驢數頭運食山下，無人控御，自知往來也。」

【張註】烏場國，魏書西域傳作烏萇國，玄奘西域記作烏仗那國；又有作烏茶者，或鄔茶者，梵語雜名作烏儞也曩，文獻通考卷三三九作越底延，皆自梵語 Udyana 轉變而來。烏場之領土，依時代而變遷，大概今之斯瓦脫河（Swat R.。按即沙箋的 Svat）沿岸，即其中心也。

〖按〗法顯傳：「烏萇國是正北天竺也，盡作中天竺語，中天竺所謂中國。俗人衣服飲食，亦與中國同。佛法甚盛。名衆僧住止處爲僧伽藍，凡有五百僧伽藍，皆小乘學。若有客比丘到，悉供養三日。三日過已，乃令自求所安常。傳言佛至北天竺，即到此國也。」大唐西域記三：「烏仗那國周五千餘里。山谷相屬，川澤連原。穀稼雖播，地利不滋，多蒲萄，少甘蔗。土産金鐵，宜鬱金香，林樹蓊鬱，花果茂盛。寒暑和暢，風雨順序。人性怯懦，俗情譎詭，好學而不功，禁呪爲藝業。多衣白氎，少有餘服。語言雖異，大同印度，文字禮儀，頗相參預。崇重佛法，敬信大乘。夾蘇婆伐窣堵河舊有一千四百伽藍，多已荒蕪。昔僧徒一萬八千，今漸減少，並學大乘，寂定爲業，善誦其文，未究深義；戒行清潔，特閑禁呪。律義傳訓有五部焉：一法密部，二化地部，三飲光部，四説一切有部，五大衆部。天祠十有餘所，異道雜居。堅城四五，其王多治瞢揭釐城。城周十六七里，居人殷盛。」以上記載烏場國事在宋雲之前後，可與行紀互參。慧超往五天竺傳：「又從此建馱羅國正北入山三日程，至烏長國，彼自（按自下疑脱云字）鬱地引那。此王敬三寶。」藤田豐八箋釋：「案法顯傳作烏長，一本作烏萇，宋雲行紀作烏場，寄歸傳作烏長那。唐書西域傳云：烏茶者一曰烏仗那，亦曰烏萇。……或作烏纏、烏填，并梵言 Udyāna 之對音。此作鬱地引那，亦然；即今印度河上游及蘇伐多（按即 Svat）地方。」岑仲勉佛遊天竺記考釋（五一頁）云：「烏萇所在，則爲今之蘇婆（Swat）流域。一統志謂烏秅今拔達克山（Badakshan），印度劄記謂今德列（Delhi）威聊（Hérat）等部，丁謙謂今阿富汗國加非利斯坦省（Kafiristan）之班底者均誤。」西域地名亦謂烏場國在今 Svat 流域，諸家説相同。烏茶 Uda，西域地名謂今 Orissa，與烏場不同。岑仲勉以爲漢書烏秅國即烏萇國（佛遊天竺記考釋四九頁）。

〔四〕〖按〗天竺即是印度。大唐西域記二：「天竺之稱，異議糾紛，舊云身毒，或曰賢豆，今從正音，宜云印度。」

〔五〕〖按〗臨淄是周時齊國之都城，今山東省臨淄縣。史記蘇秦傳：蘇秦説齊宣王「臨菑甚富而實，其民無不吹竽鼓瑟，彈琴擊筑，鬬雞走狗，六博蹹鞠者。臨菑之途，車轂擊，人肩摩，連衽成帷，舉袂成幕，揮汗成雨。家殷人足，志高氣揚。」漢書地理志亦言「臨淄，海岱之間一都會也，其中具五民云。」可見古時臨淄（菑甾相通）之殷阜，故借以比擬。神州意謂是中國地，史記孟軻荀卿列傳：「中國名曰赤縣神州。」

〔六〕【按】詩大雅緜：「周原膴膴。」鄭箋：「膴膴然肥美。」

〔七〕【按】咸陽古屬雍州地，秦都處。書禹貢叙雍州：「厥土惟黃壤，厥田惟上上。」班固西都賦稱雍州「華實之毛，則九州之上腴焉」。上土猶上腴。

〔八〕【沙箋】按鞞羅爲 Viçvantara 之省譯，其故事見後；其地經考訂在今 Shahbaz gashi 附近。

【張註】鞞羅，比耳謂即梵語 Vessantara 之省尾二字。玄奘西域記卷二稱作蘇達拏（Sudana）太子，譯言善施或善與。太子天性慈善好施。國中有白神象，其力可使至雨，太子施與羯餕伽國王。人民不服，訴之其父，使逐太子，併其妻子兒女。玄奘記云：昔「蘇達拏太子擯在彈多落迦山（舊曰檀特山，訛也），婆羅門乞其男女於此鬻賣。跋虜伏沙城東北二十餘里至彈多落迦山。嶺上有窣堵波，無憂王所建，蘇達拏太子於此棲隱。其側不遠有窣堵波，太子於此以男女施婆羅門。婆羅門捶其男女，流血染地，今諸草木，猶帶絳色」。

〔九〕【沙箋】按薩埵爲菩提薩埵（Bodhisattva）之省譯，亦作菩薩，觀宋雲所記佛捨身飼餓虎之故事，應位之於烏場；Cunningham 位置於 Manikyala，誤也。後別有說。

【張註】薩埵即菩提（Bodhisattva），如來未成佛時之名號，在此投身以飼虎也。

〔一〇〕【按】湯用彤漢魏兩晉南北朝佛教史（三八八頁）云：「伽藍記請惠生等住烏場國二年，並載其國王奉佛甚詳。此王當即續僧傳那連提黎耶舍傳中之烏場國主。」考續僧傳二言「耶舍北背雪山，南窮師子，歷覽聖迹，仍旋舊壤，乃覩烏場國主，真大士焉。自所經見，罕儔其類，試略述之。安民以理，民愛若親。後夜五更，先禮三寶，香華伎樂，竭誠供養。日出昇殿，方覽萬機。次到辰時，香水浴像。宮中常設日百僧齋，王及夫人，手自行食。齋後消食，習諸武藝。日景將昳，寫十行經，與諸德僧，共談法義；復與羣臣量議治政。暝入佛堂，自奉燈燭，禮拜誦讀，各有恒調，了其常業，乃還退靜。三十餘年，斯功不替。」耶舍後於北齊文宣帝天保七年（五五六）到鄴都，距宋雲在烏場國時（五一九至五二一）三十五六年。耶舍在烏場之時期雖不能確定，但傳謂「二十有一，得受具篇」。又謂：「廣周諸國，並親頂禮，僅無遺逸，曾竹園寺一住十年。」後還烏場國，依此推算，耶舍時年當三十二三左右。傳又言耶舍届京鄴「時年四十」，則其在烏場時不外五四七至五五五年之間。是時國王已在位三十餘年，上溯至宋雲到時尚屬相近，湯氏説似是。

〔一一〕【按】翻譯名義集三五果篇：「律明五果：一核果，如棗杏等；二膚果，如梨柰是皮膚之果；三殼果，如椰子胡桃石榴等；四檜果，字書空外反，麄糠皮謂之檜，如松柏子；五角果，如大小豆。」

〔一二〕【按】此也字與邪字歟字或乎字相同，爲發問助詞，説見經傳釋詞四。

〔一三〕【按】漢書二十五郊祀志：「自威、宣、燕昭使人入海求蓬萊、方丈、瀛洲。此三神山者，其傳在勃海中，去人不遠，蓋嘗有至者，諸僊人及不死之藥皆在焉。其物禽獸盡白，而黄金銀爲宮闕。」

〔一四〕【沙箋】按管輅二〇九至二五六年人，三國志魏志卷二十九有傳。華陀歿於二二〇年，魏志卷二十九、後漢書卷一百十二下並有傳。左慈一五五至二二〇年人，後漢書卷一百十二下有傳。

【按】魏志管輅卒在正光二年八月，年四十八。正光二年據陳垣二十史朔閏表爲二五五年，逆推輅之生年，當爲二〇八年，沙畹誤後一年。華陀歿年，魏志與後漢書皆未明言何年。二二〇年爲漢獻帝建安二十五年，是年曹操卒。考曹操殺華陀後，魏志佗傳云：「佗（與陀同）死後，太祖頭風未除，太祖曰：佗能愈此，小人養吾病欲以自重。然吾不殺此子，亦終當不爲我斷此根原耳。及後，愛子倉舒病困，太祖歎曰：吾悔殺華佗，令此兒彊死也。」據此可見華陀死時決不與曹操同年。沙畹殆據三國演義爲説，大謬。左慈生歿年，後漢書未言，沙畹説不詳所據。

〔一五〕〖沙箋〗按此城即西域記之瞢揭釐城（Maṅgalapura），今之 Manglaor. 據玄奘所記，即烏仗那（烏場）國之舊都，在今 Svat 左岸。

〔一六〕〖按〗法顯傳烏萇國云：「及曬衣石，度惡龍處，亦悉現在。石高丈四，長二丈許，一邊平。」又水經河水注二述犍陀羅國北「重復尋川水西北十里有河步羅龍淵，佛到淵上浣衣處，浣石尚存」。河字當作阿，西域記三作阿波邏羅龍泉，當是同處。

〔一七〕〖沙箋〗按即 Saṃghāṭī，義淨作僧伽胝，參照高楠順次郎（Takakusu）所譯南海寄歸内法傳（A Record of The Buddhist Religion p. 54）。

〖按〗僧伽棃是衲衣，翻譯名義集七沙門服相篇僧伽棃條：「西域記云：僧伽胝，舊訛云僧伽棃；此云合，又云重，謂割之合成。義淨云：僧伽胝，唐言重複衣。」

〔一八〕〖按〗翻譯名義集七沙門服相篇袈裟條：「具云迦羅沙曳，此云不正色，從色得名。章服儀云：袈裟之目，因於衣色，如經中壞色衣也。會正云：準此本是草名，可染衣，故將彼草目此衣號。……真諦雜記云：袈裟是外國三衣之名，名含多義。或名離塵服，由斷六塵故；或名消瘦服，由割煩惱故；或名蓮華服，服者離著故；或名間色服，以三如法色所成故。」

〔一九〕〖沙箋〗按西域記卷三亦云：「如來濯衣石，袈裟之文宛焉如縷。」

〖按〗那竭城佛影窟前亦有如來浣衣石，見下文。是此類佛跡，北印度多有之。

〔二〇〕〖沙箋〗按西域記卷三云：「阿波邏羅（Apalāla）龍泉西南三十餘里，水北岸大磐石上，有如來足所履跡，隨人福力，量有短長，是如來伏此龍已，留迹而去。」此泉即 Svat 河源。記又云：「順流而下三十餘里，至如來濯衣石。」

〖按〗法顯傳：「烏萇國……傳言佛至北天竺，即此國也。佛遺足跡於此，跡或長或短，在人心念，至今猶爾。」與宋雲所記相同。

〔二一一〕〖沙箋〗按此樹名牙樹（Dantakāstha），梵名 Khadira，學名 Acacia Catechu（馮注：按本草綱目作烏丁），非楊柳也。可參照高楠順次郎之南海寄歸内法傳譯本三五頁。

〖按〗南海寄歸内法傳一朝嚼齒木篇云：「其齒木者，梵云憚哆家瑟詫（Dantakastha），憚哆譯之爲齒，家瑟詫即是其木，長十二指，短不減八指，大如小指。一頭緩須熟嚼良久，净刷牙關。……自至終身牙疼，西國迴無，良爲嚼其齒木。豈容不識齒木，名作楊枝。西國柳樹全稀，譯者輒傳斯號。佛齒木樹實非楊柳，那爛陀寺目自親觀。即不取信於他，聞者亦無勞致惑。」沙畹説即據之。大唐西域記一：「象堅窣堵波北，山巖下有一龍泉，是如來受神飯已，及阿羅漢於中漱口嚼楊枝，因即植根，今爲茂林。後人於此建立伽藍，名鞞鐸佉（唐言嚼楊枝也）。」地在迦畢試國大城西南，疑即其地。但法顯傳謂沙祇大國「城南門，道東，佛本在此，嚼楊枝刺土中，即生長七尺，不增不減，諸外道婆羅嫉妬，或斫或拔，遠棄之，其處續生如故。」沙祇大國即西域記五鞞索迦國，玄奘亦謂：「説法側有奇樹，高六七尺，春秋遞代，常無增減，是如來昔嘗净齒，棄其遺枝，因植根柢，繁茂至今。」沙祇大國在中印度，則此佛跡，固不止一地。

〔二一二〕〖按〗婆樓疑是鞞鐸佉之異譯。

〔二一三〕〖沙箋〗考法顯傳菩薩捨身餓虎之處，爲印度北方四塔之一，自恭寧翰（Cunningham）（印度古地誌，*Ancient Geography of India* vol，I，P. 121－124）以後，皆以地在 Manikyala。然此考訂，未便贊同，蓋因其誤解原文也。恭寧翰以爲宋雲位置其地於乾陀羅都城東南八日程，則以今之 Pesahavar 爲起點。顧宋雲所謂之王城，即烏場都城，昔之曹揭釐，今之 Manglaor，則在辛頭河之北矣。恭寧翰謂玄奘位置其地於呾叉始羅（Takṣacilā）東南二百餘里，呾叉始羅在今 Shahdheri 附近，其東南二百里，固可以 Manikyala 當之；但據西域記與慈恩寺傳，玄奘實發足於呾叉始羅北界，渡信度河（即辛頭河），東行百里，（據釋迦方志，較之西域記與慈恩寺傳東南二百餘里之説爲可取。）經大石門至昔菩薩捨身餓虎處。余之假定以爲欲求其地，應在 Mahaban 中尋之。説菩薩如何以身飼虎之生經，中國大藏特有一經，專説此事，經名菩薩投身飼餓虎起塔因緣經説，其塔（Stūpa）在乾陀越（Gandhara）國毗沙門波羅（Vaçramaṇapala）大城北山中。此經爲高昌沙門法盛所譯。法盛，宋太祖（四二四至四五三）時人，曾往天竺，著傳四卷，今佚（見高僧傳卷二曇無懺傳末）。

〖馮註〗按法盛所譯與義浄譯十卷本金光明最勝王經第二十六品捨身品事義相類。

〖按〗法顯傳：「自此（犍陀衛國）東行七日，有國名竺刹尸羅。……復東行二日，至投身餵虎處。」大唐西域記三：「呾叉始羅國北界渡信度河，東南行二百餘里，度大石門，昔摩訶薩埵王子於此投身飼餓烏𪂹（按烏𪂹即虎）。其南百四五十步，有石窣堵波。摩訶薩埵愍餓獸之無力也，行至此地，乾竹自刺，以血啗之，於是乎獸乃啗焉。其中地土，洎諸草木，微帶絳色，猶血染也。人履其地，若負芒刺，無云疑信，莫不悲愴。」沙畹據釋迦方志改二百餘里爲百里，然我人所見明南藏本與支那内學院本方志作二百餘里，與西域記及慈恩法師傳相同，説不足憑。因之，其推定在 Mahaban 之説，亦難輕信。捨身飼餓虎事亦見北涼曇無讖譯金光明經。

〔二四〕〖沙箋〗按即曹揭釐城。

〔二五〕〖沙箋〗按上文顯有脱誤。此摩休應爲西域記之摩愉（愉字此處代輸）伽藍（Masūra-Saṃghārāma），唐言豆寺者是也。宋雲之摩休，似爲梵文 Masūra 之伊蘭化的 Masur 之對音，説菩薩以骨爲筆，以髓爲墨寫經之生經，西藏大藏 Dzang-lun 中有之，爾時菩薩名 Utpala。摩愉伽藍故址，曾經斯坦因在 Buner 區中 Tursak 附近之

Gumbatai 地方發見，參照 *Detailed Report of An Archaeological Tour with the Buner Field Force* p. 61。

〖張註〗 摩休國即 Margus，Margiana 之譯音。

〖按〗大唐西域記三：「摩訶伐那伽藍（按在曹揭釐城南二百餘里）西北下山三四十里至摩愉（唐言豆）伽藍，有窣堵波，高百餘尺。……其窣堵波基下有石，色帶黃白，常有津液，是如來在昔修菩薩行，爲聞正法於此，析骨書寫經典。」與此下所記事相同，故沙畹說據之。

〔二六〕【蘇易簡文房四譜一引宋雲行紀云：「北魏神龜中至烏萇國，又西至本釋迦往自作國，名磨休王。有天帝化爲婆羅門形，語王曰：『我甚知聖法，須打骨作筆，剥皮爲紙，取髓爲墨。』王即依其言，遣善書者鈔之，遂成大乘經典。今打骨處化爲琉璃。」同書五又引宋雲行記云：「西天磨休王斮髓爲墨，寫大乘經。」是宋雲行記在北宋初其書猶存。蘇氏所引與此文詳略有殊，疑楊衒之有所節略或潤色也。】

〔二七〕〖沙箋〗按此 Açoka 王習用之譯名，似出于阿愉迦，而此阿愉迦又爲阿輸迦正譯之筆誤。

〖按〗翻譯名義集三帝王篇阿育條：「或阿輸迦，或阿輸柯，此云無憂王。」阿育王事詳見西晉沙門安法欽譯阿育王傳。

〔二八〕〖沙箋〗按此山即前引北史之檀特山，西域記卷二曰彈多落伽山。Julien 以此山梵文原名爲 Dantaloka，意爲牙山，緣西域記謂昔蘇達拏太子擯在彈多落迦山，而註謂蘇達拏，唐言善牙（Su Danta）也。第此說祇能解其民衆之俗稱，尚可別作他解（可參考一九〇〇年 Journal Asiatique 三四月刊，三三四頁，烈維 Sylvain Lévi 之注釋與一九〇一年河內校判 Bulletin de l'Ecole française d'E-D 三五三頁符舍 Foucher 之說）。根據符舍之乾陀羅古地志，蘇達拏故事所在之山在今 Shahbaz-garhi 東北之 Mekha-Sanda 岡上。

〖張註〗善持山，比耳謂或爲善施之誤，即葉波國（Pava）蘇達拏太子所居山也。下方記事相合，故比耳之說可信也。

〔按〕善持山持字疑是特誤，善字與檀或彈，古讀聲相同（古讀舌上音如舌頭音，故澄紐字讀作定紐，説見十駕齋養新録），比耳謂善施之誤，不可從。西域記二彈多落迦山在跋虜沙城東北二十餘里。

〔二九〕〔按〕太簇是十二律名之三，位在寅，辰在娵訾，當正月。禮記月令：「孟春之月，其音角，律中大簇。」鄭注：「孟春氣至，則大簇之律應。應謂吹灰也。大簇者，林鍾之所生，三分益一，律長八寸。」

〔三〇〕〔沙箋〕按梵本生鬘經，Jātahamālā，太子名 Viçvantara，爲尸毘（Çibis）王 Saṃjaya 之子。中國大藏經説此生經之經名太子須太拏經，此須太拏在西域記卷二名須達拏，前述烈維、符舍二氏之文曾爲種種假定，顧自 Rāṣṭrapāla-paripṛahā 刊行之後，其中太子 Viçvantara 之名又作 Sudaṃṣṭra，即 Sudanta，善牙也。此 Sudaṃṣṭra 一名，別于大方廣莊嚴經 Lalitavistara 中見之，可參考河內校刊第三卷三二八頁。

〔按〕西域記二：「巖（按即彈多落迦山）間石室，太子及妃習定之處。」

〔三一〕〔沙箋〕乃太子妃 Madri 之譯名。

〔張注〕嫚妬，梵語 Manti 之譯音，蘇達拏太子之妃，與其子女及夫，同時被擯，天帝什（Sakre）使野獸當途以阻妃之歸。

〔三二〕〔沙箋〕（阿周陀梵名還原作 Acyata.）

〔張註〕阿周陀窟（Ajitakuta）錫蘭島之脩行士也。

〔按〕大唐西域記二言「其側（按即太子石室側）不遠，有一石廬，即古仙人之所居也。」此仙人居廬疑即阿周陀窟。

〔三三〕〖按〗大唐西域記二健馱羅國下「（布色羯邏伐底城西北釋迦化鬼子母處）北行五十餘里，有窣堵波，是商莫迦菩薩（舊曰睒摩菩薩，訛也）恭行鞠養侍盲父母於此。採果，遇國王畋遊獵，毒矢誤中。至誠感靈，天帝傅藥，德動明聖，尋即復蘇。」門子疑即是商莫迦菩薩。

〔三四〕〖沙箋〗按法苑珠林卷五十二引西域志云：「烏萇國西南有檀特山，山中有寺，大有衆僧。日日有驢運食，無控御者，自來留食，還去莫知所在。」

〖按〗沙畹所引珠林卷數係據嘉興藏本。酉陽雜俎續集八支動篇云：「西域厭達國有寺户，以數頭驢運糧上山，無人驅逐，自能往返，寅發午至，不差晷刻。」當即據此。

〔三五〕〖沙箋〗按沙彌爲 Çramaṇera 之省譯，正譯作室羅末尼羅，可參照高楠順次郎南海寄歸内法傳譯本九十六頁。

〖按〗義浄南海寄歸内法傳三受戒規則篇：「既受戒已，名室羅末尼羅，譯爲求寂，言欲求趣涅槃圓寂之處；舊云沙彌者，言略而音訛，翻作息慈，意准而無據也。」

〔三六〕〖沙箋〗按維那，梵文作 Karmadāna. 關於此名之譯法，可參考寄歸傳譯文一四八頁。

〖按〗寄歸傳四灌沐尊儀篇：「授事者梵云羯磨陀那，陀那是授，羯磨是事，意道以衆雜事指授於人。舊云維那者，非也。維是唐語，意道綱維；那是梵音，略去羯磨陀字。」管事僧稱維那，此名六朝造像題記中常見之。

〔三七〕〖按〗翻譯名義集二八部篇：「夜叉，此云勇健，亦云暴惡，舊云閱叉。西域記云：藥叉，舊訛曰夜叉，能飛騰空中。什曰：秦言貴人，亦言輕健；有三種：一在地，二在虛空，三天夜叉。地夜叉但以財施故，不能飛空。天夜叉以車馬施故，能飛行。」

〔三八〕〖沙箋〗按此處兩本均作道榮，此後津逮本作道榮者凡七次，漢魏本咸作道藥。

〖馮註〗按其人似名道榮，緣以藥字名者頗少見之，沙畹疑爲二人，誤也。

〖按〗道宣釋迦方志遊履篇：「後魏太武末年（按當謂太武帝末年，即太延六年，當公元四四〇年），沙門道藥從疏勒道入，經懸度到僧伽施國，及返還尋故道，著傳一卷。」亦作道藥，續高僧傳十齊大統合水寺釋法上傳：「至於十二，投禪師道藥而出家焉。」與此道藥疑即一人。馮氏説似憑臆測，不足信。又據譯文觀之，沙畹並未疑道榮道藥爲二人，馮説亦失；否則譯文有誤。

至正光元年四月中旬〔一〕入乾陀羅國〔二〕，土地亦與烏場國相似，本名業波羅國〔三〕，爲嚈 校吳琯本、漢魏本作嚈。 噠所滅，遂立勑懃〔四〕 校吳琯本、漢魏本懃作懃。吳集證本亦作懃，云：「當從各本作勤。」照曠閣本、張合校本作勤。按懃與勤同，勑懃猶特勤，説見注。此與上文勑勤有別，懃字不誤，吳説非。 爲王，治國以來，已經二世〔五〕。立性凶暴，校吳琯本、漢魏本、真意堂本凶暴作「暴凶」。 多行煞 校各本作殺，同。 戮；不信佛法，好祀 校吳琯本、漢魏本、真意堂本祀作事。 鬼神。國中人民悉是婆羅門種，崇奉佛教，好讀經典，忽得此王，深非情願。自恃勇力，與罽（罽） 校吳琯本、漢魏本、吳集證本皆作罽。案字書無罽字，今據正。 賓〔六〕爭境，連兵戰鬭，已歷三年。王有鬭象七百頭，一負十人，手持 校吳琯本、漢魏本、真意堂本作捉。 刀楂； 校吳琯本、漢魏本作查。馮承鈞云：「查字疑誤。」按刀楂當是兵器名。 象鼻縛刀，與敵相擊。王常停境上〔七〕，終日不歸；師老民勞，百姓嗟怨。宋雲詣軍，通詔書。王凶慢無禮，坐受詔書。宋雲見其遠夷不可制，任其倨傲，莫 校吳琯本、漢魏本、真意堂本作未。能責之。王遣傳事謂宋雲曰：「卿涉諸國，經過險校吴琯本、漢魏本、真意堂本作嶮。路，得無勞苦也？」宋雲答校吴琯本、漢魏本無答字。曰：「我皇帝深味大乘，遠求經典，校吴琯本、漢魏本典作論。道路雖險，校吴琯本、漢魏本、真意堂本險作嶮。未敢言校吴琯本、漢魏本作告。疲。大王親總三軍，遠臨邊境，寒暑驟移，不無頓弊？」校吴琯本、漢魏本、真意堂本頓弊作「損敝」。王答曰：「不能降服小國，愧卿此問。」宋雲初謂校吴琯本、漢魏本、真意堂本作見。王是夷人，校吴琯本、漢魏本、真意堂本下有謂字。不可以禮責，任其坐受詔書；及親往復，乃有人情。遂責之曰：「山有高下，冰（水）校各本冰作水。吴集證云：「當從各本作水。」今據正。有大小，人處世間，亦有尊卑。嚈校吴琯本、漢魏本、照曠閣本作㘖。噠、烏場王並拜受詔書，大王何獨不拜？」王答曰：「我校吴琯本、漢魏本、真意堂本我下有親字。見魏主則拜，得書坐讀，有何可怪？世人得父母書，猶自坐讀。大魏如我父母，我一校各本一作亦。吴集證本作一，與此同。坐讀書，於理無失。」雲無以屈之。遂將雲至一寺，供給甚薄。時跋［跋］校吴琯本、漢魏本、真意堂本跋字不重。案跋字當不重，説見注，今衍一跋字。提國〔八〕送獅子兒兩頭與乾陀羅校吴琯本、漢魏本、真意堂本無羅字。王，雲等見之，觀其意氣雄猛，中國所校吴琯本、漢魏本、真意堂本作素。畫，莫參其儀。

〔注釋〕

〔一〕《沙箋》按行紀於此處頗久聯絡，後此尤甚（可參考前引符舍之書三四八頁，註二），蓋宋雲離檀特山後，即誌與乾陀羅王之問答，檀特山在乾陀羅國中（西域記卷二作健馱邏國），則宋雲早入乾陀羅國矣。余意以爲所記檀特山事，應位之於共乾陀羅王問答之後，記述佛沙伏城之前。至宋雲見乾陀羅王之處，不在都城，蓋國王在其邊境與罽賓争戰已歷三年，則在乾陀羅與罽賓之間矣。考罽賓在唐代爲迦畢試（Kapiça）之稱，若以魏時亦同此稱，乾陀羅王停兵之處應在 Peshavar 之北，然宋雲行紀不許作此解釋也。當宋雲别乾陀羅王後，西行五日至如來捨頭施人處（呾叉始羅 Takṣaçila，今 Shah-dheri 附近），則行紀之罽賓，非唐時之迦畢試，而爲漢之罽賓，唐之迦濕彌羅，今之 Cachemire 矣。吾人以爲宋雲等離烏場都城菁揭釐（Manglaor）後，東南行八日至菩薩捨身飼餓虎處，其地在今 Mahaban 地域之中，前已言之。宋雲聞乾陀羅王在罽賓西境與罽賓争戰，乃渡辛頭河（Indus）謁之，别國王後，西行五日至呾叉始羅，復又渡辛頭河，行歷佛沙伏城（今 Shahbaz-gashi）與檀特山，由北赴如來挑眼施人處（Puṣkarāvati），旋渡 Kabul-rud 河，至乾陀羅城 Peshavar 云。

【按】上文云：「王城西南五百里有善持山。」此王城即烏場國都城，西域記彈多落迦山在跋虜沙城東北二十餘里，若如沙畹言以記檀特山事，移於共乾陀羅王問答之後，記述佛沙伏城之前，則道里不合。且魏書及北史西域傳檀特山亦列在烏萇國下，與本書相符，沙畹説不足從。各家罽賓説詳後。

〔二一〕【丁考】乾陀羅即佛國記犍陀衛，西域記作健馱羅，魏書作乾陀。本部在阿富汗東境，地圖之干達馬克城是也。由烏場往當西南渡印度河，今因王伐罽賓，久駐軍中，而其境土已拓至河東，故宋雲等直南行，即入其國境。

【沙箋】按北史卷九十七云：「乾陀（Gandhwa）國在烏萇西，本名業波，爲嚈噠所破，因改焉。其王本是敕勤（Tegin），臨國已二世矣，好征戰，與罽賓鬭三年不罷，人怨苦之。有鬭象七百頭，十人乘一象，皆執兵仗，象鼻縛刀以戰。所都城東南七里有佛塔，高七十丈，周三百步，即謂雀離佛圖也。」

【張註】乾陀羅，魏書西域傳作乾陀國，西域記作健馱邏國（Gandhara），佛國記作犍陀衛，又有作犍陀越者。梵語乾陀(Gandha)，香也。唐高僧傳卷一譯其義曰香行國，慧苑之一切經音義作香遍國，其他有作香風國或香潔國者。國在烏仗那之南，伽布羅河北岸皆是也。乾陀羅本名業波羅國，西史中無可考證。比耳謂或由烏場國都瞢揭釐城東北之阿波邏羅龍泉(Apalala)而有此名。龍泉即斯瓦脱河(Svat)之源也，河水流經全境，灌溉田園，國人賴之。古代即以阿波邏羅爲國名，亦意中之事也(參觀西域記卷三)。

〖按〗法顯傳：「從此(宿呵多國)東下五日行，到犍陀衛國，是阿育王法益所治處。」岑仲勉考釋(五三頁)：「據伯希和氏説，衛乃印度地名古語尾 vati 之譯音。此犍陀衛國按即西域記之布色羯邏伐底城。……Beal 氏云：布色羯邏伐底城(Pushkarâvati)，健馱邏國之舊都也，相傳爲布色羯羅王(Pushkara or Pushkala)所建，大約在今 Hashtanagara 地方，南去 Pêshâwar 十八哩，臨蘇婆河，距此河與 Kabul 河(Kôphên or Kôphês)合口處不遠。(op. cit. p. 109 n. 92)中國之旅行家云：按即古之 Poushkaravati，在今之 Charsadda 附近。丁謙謂即干達馬克，按干達馬克之英名爲 Gandamak，乃 Jalâlabâd 西邊三十五哩之一村，丁説非也。」大唐西域記二：「健馱邏國東西千餘里，南北八百餘里，東臨信河。國大，都城號布路沙布邏，周四十餘里。王族絶嗣，役屬迦畢試國，邑里空荒，居人稀少。宮城一隅有千餘户，穀稼殷盛，花果繁茂，多甘蔗，出石蜜。氣序温暑，略無霜雪。人性恇怯，好習典藝，多敬異道，少信正法。……僧伽藍千餘所，摧殘荒廢，蕪漫蕭條。諸窣堵波頗多頹圮，天祠百數，異道雜居。」此時佛教之衰落，較宋雲時尤甚。慧超往五天竺傳：「又從迦葉彌羅國西北隔山一月程，至建馱羅。此王及兵馬，總是突厥。土人是胡，兼有波羅門。此國舊是罽賓王王化，爲此突厥王阿耶領一部落兵馬，投彼罽賓王。於後突厥兵盛，使煞彼罽賓王，自爲國王。」藤田豐八箋釋(三七頁)：「當宋雲入竺時，此國屬嚈噠。……據宋雲行紀，嚈噠滅乾陀羅治國，已經二世。而魏書所謂小月氏都富樓沙，則乾陀羅之都城，一稱月氏，一稱嚈噠，史臣不知其爲一國，遂分爲二國也。嚈噠已爲月氏之訛轉，其在西者稱大月氏，在印度者稱小月氏。勅懃乃寄多羅之子孫，第六世紀初葉，君臨此國者。後大月氏爲波斯王哥蘇路亞奴悉萬（Kosru Anushirwan）（在位自西紀五百三十一年至五百七十九年）所破，國勢大衰，罽賓乘之，圖脱羈絆，宋雲所謂勑懃與罽賓相鬭者是也。哥蘇路没後，大月氏全爲突厥所滅，玄奘入竺云：乾陀羅役屬迦畢試國，傍近諸國當時皆然。此傳云此國舊是罽賓王王化，可知此傳罽賓乃西域記之迦畢試。至第七世紀之末葉，有突厥人婆爾哈勑懃（Barhategin）者，滅迦畢試朝而代之。有傳者云：初此王來住王城，以奇計驚衆，以爲非常之人，遂登王位。此傳之阿耶，殆即巴爾哈，勒懃乃突厥王家子弟之稱。不知何以稱巴爾哈爲阿耶，抑有譌誤。但事實則符。又案突厥奪國之後，殆移居布色羯羅伐底（Puṣkaravati）城，下文可證。」是慧超過時，此國已爲突厥所滅。慧超又稱「此王雖是突厥，甚敬信三寶，王、王妃、王子、首領等各各造寺，供養三寶」，與宋雲玄奘過時又迥不同，從此可覘此國佛教之盛衰。關於此國區域問題，羽溪了諦西域之佛教（賀譯本三五七頁）説：「古籍所記，多不一定。亞歷山大時代以前，蘇西馬傳（Susima Jataka）中，以咀叉始羅即今Taxila爲在健馱羅國境内。阿輸迦王時代，末闡提（Madhyāntika）嘗赴罽賓及健陀羅布教，則當時健馱羅國與迦濕彌羅國爲接鄰，亦包括今之Taxila之地。斯特剌波（Strabo）及托爾米（Ptolemy）皆記Kophes河即今高附河兩岸之地，爲此國所在，是則西元前第一世紀以後，健陀羅國之疆域，似僅限於印度河之西面，與中國載籍所記健馱羅位於印度河以西相一致。然法顯傳中則記此國自弗樓沙北行四日程，則西元第五世紀初期，此國似在高附河之北部，且魏書以富樓沙城爲小月氏國之都，而謂乾陀國在烏萇國之西。更下至玄奘時，此國之首都爲布路沙城，即今Peshāwar爲中心，而其附近之地皆屬之。其都名本爲Purusapura，蓋因毘紐神（viṣnu）曾征服可怖之阿修羅（Asura），阿修羅意云丈夫，故唐高僧傳卷二意譯此城爲丈夫宮。」西域地名Gandhara條：「以Purusapura爲都城。」華特士（T. Watters）大唐西域記注釋vol. I. p. 199云：「然中國人所言犍馱衛或乾陀之地域，非常含糊，常與玄奘所記之健馱邏不相符合。如法顯指言之城，顯與布路沙布邏

Purushapur 有異。伽藍記中之乾陀羅或乾陀爲指其國與都城所在地而言。魏書位置其國在烏萇國之西，遠距罽賓。」綜合各説，可知此國區域時變，都城屢遷，宋雲所記之乾陀羅國當在 Kabul 河沿岸地方。

乾陀羅佛教在古代極爲興盛，羽溪了諦西域之佛教（賀譯本三五八頁）云：「西元前五八年以後，貴霜王迦膩色迦一世都布路沙城，統轄廣大之領土，當時健馱羅爲其政治中心，同時亦爲東西文化之衝要地。而王晚年復歸依佛教，於其都城建立莊嚴華麗之大塔，所謂建馱羅佛教藝術之基礎，於王之時代，似已成立。健馱羅式之佛教美術，在世界美術史上爲古代希臘羅馬美術之一支流，其雕刻及建築之形式，與佛教藝術以極大之影響。近年在帕紹阿（Peshāwar）附近掘得當時遺物甚多，皆係關於佛傳之遺事之雕刻石像。……此種形式之雕刻，以迦膩色迦一世以後至西元第二世紀即迦膩色迦二世之時，已發達至於最高潮（Smith, Early History of India, 2nd. Ed. p. 248）。」後來國爲異教徒嚈噠族所滅，佛教遭受打擊，宋雲到此國，正在其時。

〔三〕〖沙箋〗按上引北史作業波，太子須太拏經謂太子爲葉波國濕波王之子。此經之事既在乾陀羅國，業波 葉波似爲同國之名。顧舊譯外國語名，葉音大致讀若攝，而梵本本生鬘經又謂太子 Viçvantara 爲 Çibi 王之子，則葉波國之濕波王與須太拏太子之父同爲 Çibiraja 亦有可能，而業波 葉波皆爲 Çibi 不完善之對音矣。特應注意者，Çibi 之習用漢譯爲尸毘，即在宋雲行紀中亦著録也。關於業波羅之其他假定，可參考Marquart Eransahr, pp. 246－248。

〖按〗華特士 Watters 大唐西域記注釋（vol. Ⅰ, p. 200）説：「健馱羅舊名業波羅，疑即 Abār，但此似爲本土與暫時之名。」

〔四〕〖沙箋〗按漢魏本作敕懃，似皆爲突厥變號特勤（Tegin）之訛，如 Marquart 之説也（Eransahr P. 246－248）。

〖按〗懃字是懃字之誤，勑懃與特勤相同，亦有訛作特勒。錢大昕十駕齋養新録六：「突厥傳：可汗者猶古之單于，其子弟謂之特勤。顧氏金石文字記歷引史傳中稱特勤者甚多，而涼國公契苾明碑特勤字再見，又柳公權神策軍碑亦云大特勤嗢没斯，皆書者之誤。予謂外國語言，華人鮮通其義，史文轉寫，或失其真；唯石刻出於當時真迹，況契苾碑宰相婁師德所撰，公權亦奉勅書，斷無譌舛。當據碑以訂史之誤，未可輕訾議也。通鑑亦作特勤，而考異云：諸書或作敕勤，今從新、舊二唐書。按古人讀敕如忒，敕勤即特勤。」沙畹説誤。

〔五〕【沙箋】按此可考嚈噠侵略乾陀羅，約在五世紀下半葉中。

【按】羽溪了諦西域之佛教（賀譯本九四頁）云：「據正光元年（西元五二〇年）行經乾陀羅國之宋雲所言，嚈噠滅乾陀羅，立敕懃（Tegin）爲王以來，已經二世。此嚈噠所滅之乾陀羅，即小月氏國也。嚈噠之亡月氏，當距西元五二〇年二世之前，即大約在西元四七〇年至四八〇年左右也。」

〔六〕【丁考】罽賓見漢書及諸史，居本齋地。本齋者，譯言五河間也。瀛環志作本若，一作奔札比，地圖作旁遮普。國於東漢初爲大月氏貴霜王所滅，歷百餘年，印度古普塔王收復之。至是爲乾陀王所伐，未幾竟滅，事載印度史。

【沙箋】按此罽賓是Cachemire，已詳前説。

【按】魏書一〇二西域傳：「罽賓國都善見城，在波路西南，去代一萬四千二百里，居在四山中，其地東西八百里，南北三百里。地平温和，有苜蓿雜草奇木檀槐梓竹。種五穀，糞園田。地下濕，生稻。冬食生菜。」羽溪了諦西域之佛教（賀譯本三一四頁）云：「中國正史所指罽賓之地，原無一定之界説。……在佛教方面之載籍中，罽賓即迦濕彌羅，已爲定説。玄奘西域記迦濕彌羅國下注云：昔云罽賓者，訛也。道宣續高僧傳卷四玄奘傳亦謂迦濕彌羅國即此俗常傳罽賓是也。莫委罽賓由何而生，觀其國城同罽賓耳。又慈恩大師弟子慧沼著成唯識了義燈卷一謂罽賓新稱迦葉彌羅。……罽賓若果爲迦濕彌羅，則何以漢書及魏書中關於罽賓國之記事，皆謂此國在迦濕彌羅西北，將何解乎？此層蓋昔時印度與支那之交通，皆須經過迦濕彌羅之屬國，故上舉諸書皆非指罽賓之本國即迦濕彌羅，而指其西北屬國之爲罽賓國也。漢書謂罽賓國地平而温和，其國民精於美術工藝。此其所指，恐爲健陀羅。魏書雖沿襲漢書之説，但其前則謂罽賓國在波路（即西域記所謂鉢露羅，今 Balti 之地）之西南，羣山環繞，東西八百里，南北三百里。此一段明指迦濕彌羅而言。」西域地名謂 Kasmira 今 Kashmir。

〔七〕【沙箋】按漢魏本作境山。符舍關于此節曾來函告，謂乾陀羅王在罽賓（Kaçmir）山中争戰之事，與吾人在他處所得此王之史料完全相符。蓋宋雲所見之凶暴國王，應即玄奘與 Kalhana（Rājataraṅgiṇi 1, p. 289 以後）所誌之著名暴王 Mihira Kula。以銘文與貨幣證之，其在位年代當在五一五與五五〇之間。

〔八〕【丁考】跋提即梁書白題，瀛環志作巴勒提，地圖作巴勒特斯坦，乃葱嶺西山間小國，以畏乾陀王兵盛，故送獅子兒以通好。

【沙箋】按跋提國得爲嚈噠都城拔底延之省譯，已詳前説。

【張註】跋提國似即梁書卷五十四之白題國。在滑國東，去滑六日行，西極波斯。依其位置考之，必即巴爾提（Balti），魏書又作波知也。

【按】沙畹説見嚈噠國下註。張説以爲即波斯或波知，考本書已有波斯，如與跋提是同國，不應前後參差，恐不足信。

於是西行五日，至如來捨頭施人處〔一〕。亦有塔寺，二十餘僧。復西行三月（日），校吴琯本、漢魏本、真意堂本作日，緑君亭本注云：「一作日。」按以地里計之，當作三日，今據正。至辛校吴琯本、漢魏本、真意堂本誤作卒。頭大校吴集證本無大字。河〔二〕，河西岸有如來作摩竭大魚，從河而出〔三〕。十二年□（中）校吳琯本、漢魏本、綠君亭本、真意堂本空格作中。今補。以肉濟人處，起塔爲記，石上猶有魚鱗紋。復西行十校吳琯本、漢魏本無十字，沙畹以爲是。三日，至佛沙伏城〔四〕。校丁謙改作佛伏沙城，云：「原作佛沙伏倒誤。」按丁氏誤以佛沙伏當富樓沙，説詳注。川原沃壤，城郭端直，民户殷多，林泉茂盛。土饒珍寶，風俗淳善。其城内外，凡有古寺，名僧德衆，道行高奇。城北一里有白象宫〔五〕。寺内佛事皆是石像，裝嚴極麗，頭數甚多，通身金箔，眩耀人目。寺前繫白象樹，此寺之興，實由兹焉。花葉似棗，季冬始熟。父老傳云：「此樹滅，佛法亦滅。」寺内圖太子夫妻以男女校吳琯本、漢魏本、真意堂本作「兒女」。乞婆羅門像，胡人見之，莫不悲泣。復西行一日，至如來挑眼施人處〔六〕。亦有塔寺，校吳琯本、漢魏本寺下有石字。寺石校真意堂本無石字。上有伽葉佛跡〔七〕。復西行一日，乘船渡一深水，三百餘步〔八〕。復西南行六十里，至乾陀羅城〔九〕。東南七里有雀離浮圖〔一〇〕。道榮傳校吳琯本、漢魏本作「道藥傳」，下同。按上文「大魏沙門道榮」，兩本皆作道榮，與此不同。云：「城東四里。」推其本源，校法苑珠林五十一敬塔篇源作緣。乃是如來在世校吳琯本、漢魏本作此。珠林作世。之時，與弟校珠林弟字上有一諸字。子遊化此土，指城東曰：「我入涅槃後三校珠林作二。按西域記作「四百年」。百年，有國王名伽尼校吳琯本、漢魏本尼下有迦字，疑衍。色伽，此校法苑珠林此字上有一在字。處起浮圖。」佛入涅槃後二校綠君亭本、真意堂本作三。按珠林作二。百年來，果校珠林無來果二字。有國王字伽尼色伽〔一一〕，出遊城東，見四童子累校珠林累作壘。牛糞爲塔，可高三尺，俄然即失。校珠林失下有矣字。道榮傳云：「童子在虚空中向王説偈〔一二〕。」王怪此童子，校吴琯本、漢魏本此下有「即此童子」四字，真意堂本有「即比童子」四字。當衍。即作塔籠之。糞塔漸高，挺出於外，去地四百尺然後止。校吴琯本、漢魏本、真意堂本無止字。珠林作「然後始定」。王始校珠林無始字。更廣塔基三百餘步。道榮傳云：「三百九十步。」從此校珠林此作地。構木，始得齊等。道榮傳云：「其高三丈。悉用文木（石）校吴琯本、漢魏本、真意堂本、吴集證本木作石。按石字爲是。爲陛，階砌櫨校吴琯本、漢魏本、真意堂本作櫨。栱，上構衆木，凡十三級。」上有鐵柱，校吴琯本、漢魏本、真意堂本柱作棖。按珠林亦作棖。高三（百）尺，〔一三〕校珠林作「高三百尺」是，説見注，今據正。金槃校吴琯本、漢魏本、真意堂本作盤，同。十三重，合去地七百尺。道榮傳云：「鐵柱八十八尺，八十圍〔一四〕，金盤十五重，去地六十三丈二尺。」施功既訖，糞塔校吴琯本、漢魏本塔作垢。按珠林作塔。如初。在大塔南三步。校珠林三步作「三百步」。婆校珠林婆字上有「時有」二字。羅門不信是糞，以手探看，校珠林看作之。遂作一孔。年歲雖久，糞猶不爛，以香泥填孔，不可充滿，今（有）校珠林今下有有字，當是，今據補。天宫籠蓋之。雀離浮圖自作以來，三經校珠林經作爲。天火所燒，校珠林燒作災。國王脩之，還復如故。校珠林故作本。父老云：「此浮圖天火所（七）校吴集證云：「所當從法苑珠林作七。」按西域記亦言七燒七立，見注。吴説是，今據正。燒，佛法當滅〔一五〕。」道榮傳云：「王修浮圖，木工既訖，猶有鐵柱，無有【校】吴琯本、漢魏本、真意堂本作由。能上者。【校】吴琯本、漢魏本、真意堂本無者字。王於四角起大高樓，多置金銀及諸寶物，王與夫人及諸王子悉在【校】吴琯本、漢魏本、真意堂本在下有樓字。上燒香散花，至心精神，【校】唐鈎沈本神字空格。沙畹云：「按精神似爲請神之訛。」然後轆轤絞索，一舉便到，故胡人皆云四天王〔一六〕助之。若其不爾，實非人力所能舉。」塔内物（佛）【校】吴琯本、漢魏本、真意堂本作佛。按珠林亦作佛。佛事又見上文，當是，今據正。事，悉是金玉，千變萬化，難得而稱。旭日始開，【校】吴琯本、漢魏本、真意堂本作升。按珠林作開。則金盤晃朗；微風漸【校】珠林漸作暫。發，則寶鐸和鳴。西域浮圖，最爲第一。此塔初成，用真【校】吴琯本、漢魏本、真意堂本作珍。珠爲羅網，覆於【校】吴琯本、漢魏本無於字。按太平御覽六百五十八引亦無於字。其上。【校】吴琯本、漢魏本此下有於字。御覽下亦有於字。後數年，王乃思量，此珠【校】御覽珠下有羅字。網價值萬金，我崩之後，恐人侵奪；復慮大塔破壞，無人修補，即【校】吴琯本、漢魏本、真意堂本作一。御覽作因。解珠網，以銅鑊盛之。在塔西北一【校】御覽無一字。百步，掘地埋之，上種樹，樹【校】御覽樹字不重。名菩提〔一七〕，枝條四布，密葉蔽天。樹下四面坐像，各高丈五，恒有四龍典掌此珠。若興心欲取，則【校】吴琯本、漢魏本、真意堂本作即。御覽亦作即。有禍變。刻石爲銘，囑語將來，若此塔壞，勞煩後賢，出珠修治。

雀離浮圖南五十步有一石塔〔一八〕，其形正圓，【校】珠林圓作直。高【校】珠林高字上有舉字。二丈，甚有神變，能與世人表校吳琯本、漢魏本、真意堂本表作報。珠林表下有作字。吉凶，校珠林凶字下有「之徵」二字。觸校珠林觸字上有「以指」二字。之，若吉者，金鈴鳴應；若凶者，假令人搖撼，校珠林無撼字。亦不肯鳴。惠生既在遠國，恐不吉反，遂禮神塔，乞求一驗，於是以指觸之，鈴即鳴應。得此驗，用慰私心，校沙箋本私心二字作愁，疑是二字合文而譌。後果得吉反。

惠生初發京師之日，皇太后勑付五色百尺幡千口、錦香袋校吳琯本、漢魏本、真意堂本作囊。五百枚，王公卿士校吳集證本無士字。幡二千口。惠生從于闐至乾陀，所有佛事（處），校吳琯本、漢魏本、緑君亭本、真意堂本事下皆有處字，今據補。悉皆流布，至此頓盡，惟留太后百尺幡一口，擬奉尸毘。校吳琯本、漢魏本作昆，譌。王塔。宋雲以奴婢二人奉雀離浮圖，永充灑掃。惠生遂減割行資，妙簡良匠，以銅校吳琯本、漢魏本、真意堂本作鍮。沙畹云：「鍮者，銅一斤連同亞鉛三分之一，鉛六分之一混合而成。」按印度常以鍮製佛像，鍮字當是，惟銅字亦通。摹寫雀離浮圖儀一軀及釋迦〔一九〕四塔變〔二〇〕。

〔注釋〕

〔一〕《丁考》如來施頭處，據佛國記在竺刹尸羅國，西域記作呾叉始羅，恭考即今拉烏爾奔特城。宋雲由王軍西行，三日至此，可知乾陀王駐軍，當在今折蘭穆城地。

《沙箋》按呾叉始羅（Takṣaçila），民衆習謂其義爲「斷岩」，一如其名爲 Takṣaçira 者然，故法顯傳云：「竺刹尸羅漢，言截頭也。」是以將菩薩以頭施人處位置於此。恭寧翰印度古地誌考訂古呾叉始羅，在今 Kala-Ka-sarai 東北一英里之 Shah-Dheri 地方。

〖按〗法顯傳：「自此（犍陀衛國）東行七日，有國名竺刹尸羅。……佛爲菩薩時，於此處，以頭施人，故因以爲名。」大唐西域記三呾叉始羅國下：「城北十二三里有窣堵波，無憂王建也。……是如來在昔修菩薩行，爲大國王，號戰達羅鉢剌婆（唐言月光），志求菩提，斷頭惠施，若此之捨，凡歷千生。」捨頭故事，據佛説月光菩薩經云：「於過去世，北印度内，有一大城名曰賢石，長十二由旬，廣闊亦爾。彼有國王，名爲月光……統領四洲六萬八千國土。常止此城，有二千五百大臣。有二輔相：一名大月，二名持地。……是時大月於夜睡眠，而作一夢，王戴天冠，變黑烟色；復有鬼來，就王頭上，奪冠而去。作是夢已，憂惶驚懼，恐有不祥，而自思惟，我王慈愍，惠施一切，求者不違，必有惡人來乞王頭。作是念已，即用七寶造一寶頭，如有乞者，以此代之。……爾時香醉山中，有大婆羅門，名曰惡眼……知月光天子於城四門，大開施會……求者供給，而無乏少。我今往彼，乞於王頭，作是語已，下香醉山。……是時惡眼婆羅門將欲至城……守門天人見婆羅門，情神醜惡，隔住門外，終不放入。時月光天子知彼來至，不放入城，即告宰臣大月……令彼門司不得障礙。大月受教，白守門天人，即令放入。大月見已，問婆羅門曰：汝來至此，有何所求？婆羅門言：我聞月光天子慈愍有情，設大施會，若有所求，一切無悋。今來至此，欲乞王頭。大月告言：婆羅門，王頭膿血所成，終歸爛壞，汝今乞得，有何所用？我有七寶頭，復有種種金銀珍寶，俱奉施之，乃令子孫永得大富。婆羅門言：我本乞頭，非爲珍寶。……時婆羅門即詣王前，見已頂禮，住立一面，合掌白言：聞王慈愍，普施一切。我今遠來，只乞王頭，願垂慈愍，歡喜布施！時月光天子……白婆羅門言：勿嫌我頭，骨髓膿血，皮肉相連，無有清浄，而即施之，滿汝本願。時婆羅門心大歡喜。王欲截頭，即去頭冠……婆羅門言：王若捨頭，宜於浄處。王即告言：我有一苑，名摩尼寶藏……種種莊嚴，最爲第一。於斯捨頭，汝意云何？婆羅門言：宜速往彼。王即攜劍往彼苑中，立瞻蔔樹下，告婆羅門言：我今捨頭，汝來截之。婆羅門曰：王不自斷，令我持刃，非布施行。……王以首髮繫無憂樹枝，即執利劍，自斷其頭。爾時三千大千世界六種振動，於虛空中，天人讚言：善哉善哉！今月光天子當得成佛。……爾時佛告諸苾芻，往昔月光天子者，今我身是。」呾叉始羅之地點，岑仲勉佛遊天竺記考釋（五五頁）謂「Cunningham 氏以爲在今 Shah-dheri 附近，曾於 Ka-laka-sarai 東北一哩許，發見古城遺蹟，計窣堵坡（Stûpa）不下五十五所，寺二十八所，祠五所。歐洲考古學者如 Arrian Strabo, Pliny, Ptolemy 等均嘗記載 Taxila 之偉大富庶，St. Martin 氏據 Pling 書，謂其地在今 Shah-dheri 西北八哩之 Hassan-Abdal 云（op. cit. p. 136 n. 43）」。各家皆依據 Cunningham 說無異。足立喜六法顯傳考證（何張合譯本八六頁）謂其「地在今 Rāwal Pindi 西北約二十英里」。

〔二〕【張註】辛頭大河即印度斯河。

【按】水經河水注一：「（崑崙）山出六大水，山西有大水名新頭河。郭義恭廣志曰：甘水也。在西域之東，名曰新陶水。山在天竺國西，水甘故曰甘水。有石鹽白如水精，大段則破而用之。康泰曰：安息、月氏、天竺至伽那調御，皆仰此鹽。」又：「自新頭河至南天竺國，迄于南海，四萬里也。釋氏西域記曰：新頭河經罽賓、犍越、摩訶剌諸國而入南海是也。」董祐誠疑爲札馬訥必拉（必拉譯言河）（王先謙合注引），誤。西域地名 Sindhu 條說：「佛國記作新頭，那先比丘經作信他，高僧傳作辛頭，梁書作新陶……此河今名 Indus。」

〔三〕【沙箋】按 Avadānaçataha 中，波羅奈（Bénarès）王 Padmaka 變爲 Rohita 大魚，以肉救民瘟疫，即指此事。

〔四〕【丁考】佛伏沙即佛國記佛樓沙，魏書作富樓沙，西域記作跋虜沙，在印度河西，地圖作白沙威爾。此本乾陀羅屬城，乾陀王爲王子時曾守此城。魏書則別列爲小月氏國，誤。從此西行至乾陀羅國都約三百餘里，佛國記言行四日，正合。此西行一日當是三日之誤。

【沙箋】按伏字代表梵文城字 Pura 之第一音，佛沙即西域記卷二之跋虜沙，但于此類譯名之下，考訂梵文原名甚難。符舍之尋究（前引之研究三四七頁以後）已確定佛伏沙或跋虜沙之今地爲 Shahbaz garhi，須達拏太子赴此城東北之檀特山之前，即住此城中。宋雲行紀所記檀特山之故事，至此又重言之，故吾人以行紀編次錯亂，檀特山之記述應緊接于佛沙伏城之前也。

〖張註〗佛伏沙城即西域記之跋虜沙城。恭尼翰少將指定爲今巴羅村（Palo-dheri）。丁謙謂即魏書之富樓沙，今圖之白沙威爾（Peshawar），誤矣。

〖按〗法顯傳：「從犍陀衛國南行四日，到弗樓沙國。」足立喜六考證謂「今之 Peshawar 也」。即魏書之富樓沙城，亦即西域記之布路沙布羅，與此佛沙伏城地點不同，丁謙說誤，張氏駁之，是。佛沙伏城以下文所記蘇達拏太子事跡考之，當是西域記跋虜沙城無疑。華特士（Watters）大唐西域記注釋（vol. Ⅰ. p. 217）亦從 Cunningham 氏說以爲或在今 Palo-dheri 地方，與沙畹說不同。（羽溪了締西域之佛教三六四頁亦從恭寧翰 Cunningham 之說。）

〔五〕〖沙箋〗按須達拏太子之被擯，乃因以父王白象施與敵國之使也。

【太平御覽六五八引作「佛伏沙國」。】

〖按〗大唐西域記二：「城北有窣堵波，蘇達拏太子（唐言善牙）以父王大象施婆羅門，蒙譴被擯，顧謝國人，既出郭門，於此告別。」酉陽雜俎三貝編篇云：「乾陀國頭河岸有繫白象樹，花葉似棗，季冬方熟。相傳此樹滅，佛法亦滅。」

〔六〕〖沙箋〗按西域記卷二捨眼窣堵坡（Stūpa）在布色羯羅伐底城（Puṣkaārvati）。此城經恭寧翰考訂在 Charsadda 及 Prang 地方，符舍亦是認之（見前書三三四至三四〇頁）。

〖按〗法顯傳：「佛爲菩薩時，亦於此國（犍陀衛國）以眼施人。其處亦起大塔，金銀校餝。」大唐西域記二健馱邏國下：「（布色羯邏伐底城北四五里）伽藍側有窣堵坡，高數百尺，無憂王之所建也。雕木文石，頗異人工，是釋迦佛昔爲國王，脩菩薩行，從衆生欲，惠施不倦，喪身若遺，於此國土，千生爲王，即斯勝地，千生捨眼。」捨眼故事，據彌勒菩薩所問本願經云：「佛語賢者阿難，乃往去世有王，號曰月明，端正姝好，威神巍巍。從宮而出，道見盲者，貧窮飢餓，隨道乞匄，往趣王所，而白王言：王獨尊貴，安隱快樂；我獨貧窮，加復眼盲。爾時月明王見此盲人，哀之淚出，謂於盲者，有何等藥，得療卿病？盲者答曰：唯得王眼，能愈我病，眼乃得視。爾時月明王自取兩眼，施與盲者，其心静然，無一悔意。月明王者，即我身是。佛言：須彌山當可稱知斤兩，我眼布施，不可稱計。」

〔七〕〖按〗迦葉，梵文還原爲 Kāçyapa，佛弟子名，譯言飲光。道宣釋迦譜下：「有偷羅國婆羅門名曰迦葉，三十二相，通諸書論，巨富能施。……捨家入山……空天告言，今有佛出。便趣竹園，佛往逆之，與共承受説法，悟阿羅漢，有大威德，天人所重，故名大也。乃至佛滅，住持法化，被於來世六萬歲者，此人之力。」

〔八〕〖沙箋〗按宋雲所渡之水，應在 Kabul-rud 與 Svat 兩水匯流處之下，行紀之文，雖迷離不明，其由捨眼處 Charsadda 至乾陀羅城 Peshavar，確祇一日，則非自捨眼處西行一日至船渡，復西南行六十里至乾陀羅城矣。符舍對于此點，考訂極明（河内校刊第一卷三三九及三四〇頁）。

〔九〕〖沙箋〗按即乾陀羅（Gandhāra）都城，今 Peshavar 是已。

〔一〇〕〖沙箋〗按此後洛陽伽藍記所記雀離浮圖之文，頗有竄亂，故余將所有可能闡明此節之文，録次于下。法顯傳云：「從犍陀衛（Gandhāra）國南行四日，（按法顯時 Gandhara 都城爲 Paskāvavate，可參考符舍之研究三三八頁。）到弗樓沙國 Peshavar，佛昔將諸弟子遊行此國，語阿難（Anandà）云：吾般泥洹（Parinirvāṇa）後，當有國王名罽膩伽（Kaniṣka），於此處起塔（Stūpa）。後罽膩王出世，出行遊觀，時天帝釋（Çakra）欲開發其意，化作牧牛小兒，當道起塔。王問言：汝作何等？答曰：作佛塔。王言：大善。於是王即於小兒塔上起塔，高四十餘丈，衆寶校飾，凡所經見塔廟，壯麗威嚴，都無此比。閻浮提（Jambudvīpa）塔，唯此爲上。王作塔成已，小塔即自傍出大塔南，高三尺許。」慈恩寺傳卷二云：「其側（畢鉢羅樹 Pippala 側）又有窣堵波（stūpa），是迦膩色迦（Kaniṣka）王所造，高四百尺，基周一里半，高一百五十尺。其上起金剛相輪二十五層，中有如來舍利（Çirira）一斛。」續高僧傳卷四玄奘傳云：「城（Pesarvar）東有迦膩（Kaniṣka）王大塔，基周里半，佛骨舍利一斛在中，舉高五百餘尺，相輪上下二十五重，天火三災，今正營構，即世中所謂雀離浮圖是也。元魏靈太后胡氏奉信情深，遺沙門道生等，賫大幡長七百餘尺，往彼掛之，脚纔及地，即斯塔也。亦不測雀離名生所由。」按道生之名已見前引釋迦方志（馮註：按慧生、惠生、道生應屬一人）。西域記卷二所述牧牛小豎作三尺小窣堵波及對王説佛之預言，事同法顯所紀，續云：「周小窣堵波更建石窣堵波，欲以功力彌覆其上，隨其數量，恒出三尺。若是增高踰四百尺，基址所峙周一重半，層基五級，高一百五十尺，方乃得覆小窣堵波。王因嘉慶，復於其上更起二十五層金剛相輪，即以如來舍利一斛而置其中，式修供養。營建纔訖，見小窣堵波在大基東南隅下，傍出其半，王心不平，便即擲棄，遂往窣堵波第二級下石基中半現，復於本處更出小窣堵波。」法苑珠林卷三十八引西域志云：「西域乾陀羅城東南七里有雀離浮圖。推其本緣，乃是如來在世之時，與諸弟子遊化此土，指城東曰：我入涅槃後二百年，有國王名迦尼色迦，在此處起浮圖。佛入涅槃後二百年，有國王字迦尼色迦，出遊城東，見四童子壘糞爲塔，可高三尺，俄然即失矣。王怪此童子，即作塔籠之。糞塔漸高，挺出於外，去地四百尺，然後始定。王更廣塔基三百餘步，從地構木，始得齊等。上有鐵棖，高三百尺，金盤十三重，沓（按：沓字珠林作合，此誤）去地七百尺。施功既訖，糞塔如初。在大塔南三百步。」上文顯係採諸宋雲行紀。北史卷九十七云：「小月氏國都富樓沙城（Peshavar），其王本大月氏王寄多羅子也。」「其城東十里有佛塔，周三百五十步，高八十丈。自佛塔初建，計至武定八年（五五〇），八百四十二年，所謂百丈佛圖也。」雀離浮圖在佛教世界中極爲著名，故他處建塔亦有以雀離爲名者。酈道元水經注引釋氏西域記，謂屈茨（古龜兹，今庫車）「國北四十里山上有寺，名雀離大清淨」。徐松西域水道記以其名出於乾陀羅城之雀離浮圖，是也。七六〇年悟空行紀亦誌有罽膩叱（Kaniṣka）王聖塔寺，十一世紀 Al-birūni 亦誌有富樓沙（Purushavar）寺（vikāra）而名之曰迦尼迦招提（Kanik-caitya）。復次，不可以此雀離浮圖與那爛陀（Nalanda）寺之雀離浮圖混而爲一，大唐西域求法高僧傳卷上云：「那爛陀西南有小制底 caitya，高一丈餘，是婆羅門執雀請問處，唐云雀離浮圖，此即是也。」則此塔名之起源可知。然大雀離浮圖名稱之起源不可知，雀離二字或爲外國語名之譯音，亦有其可能也。

〖張註〗雀離乃梵語 Sula 之譯音，頂上三叉戟也。

〖按〗沙畹所引西域志文，考法苑珠林屬「褋明西域所造之塔」內，首引西域志云云，此文以〇隔開。從文字觀之，全與迦藍記相同，惟省去道榮傳文，於此正可證明道榮傳文乃是子注，而珠林所引爲伽藍記正文。陳寅恪讀洛陽伽藍記書後（歷史語言研究所集刊第八本第二分）云：「觀今本洛陽伽藍記楊氏記惠生使西域一節，輒以宋雲言語行事及道榮傳所述參錯成文，其間頗嫌重複。實則楊氏之記此事，乃合惠生行紀、道榮傳及宋雲家傳三書爲一本，即僧徒合本之體，支敏度所謂合令相附及使事類相從者也。」沙畹逕以爲西域志文並謂採諸宋雲行紀，誤。

關於雀離浮圖之記載，水經河水注二：「又有弗樓沙國。天帝釋變爲牧羊小兒，聚土爲佛塔，法王因而成大塔。所謂四大塔也。」法王即迦尼色迦王，四塔詳見後，雀離浮圖不在其內，疑水經注誤。此文沙畹失引，今補録。又慧超往五天竺傳説：「此城（建馱羅城）西三日程，爲一大寺，即是天親菩薩、無著菩薩所住之寺，此寺名葛諸歌。有一大塔，每常放光。此寺及塔，舊時葛諸歌王造，從王立寺名也。」藤田豐八考釋以爲葛諸歌王即迦膩色迦（Kaniṣka）王，且云：「宋雲行紀作迦尼色迦，云西域浮圖是爲第一。此迦藍已在布路沙布邏城外東南八九里，而此傳云此城西三日程，爲葛諾歌寺；則當時建馱羅王城，斷非布路沙布邏矣。」此大塔是否爲雀離浮圖，葛諾歌是否即迦膩色迦，尚待證明，藤田所説終覺牽强。

雀離二字意義，龜兹國之雀離大清浄，羽溪了諦西域之佛教（賀譯本二八八頁）以爲即玄奘西域記之昭怙釐伽藍，有解釋，可借作參考。羽溪云：「雀有Ch'iao音，與昭（Chao）音相類，釐與離皆同有li音，而兩者之方位距離，又復相同，必爲同一伽藍而異譯，毫無疑義。貝爾（Beal）謂昭怙釐伽藍之名，蓋爲受東西兩方之日光故名，其意爲Bright supported pair；又謂健陀羅亦有與此同名之塔，即魏書西域傳乾陀國條云：城東南七里有佛塔，高七十丈，周三百步，所謂雀離浮圖也（Beal, *Buddhist Records of the Western World*, I, p. 21）。貝氏之説，覺爲附會，難於置信。瓦特爾斯氏則以爲玄奘所謂昭怙釐及其他所謂雀離等，其語意恐爲印度語churi，爲一種雀類之小鳥，或又爲侏離二字之轉訛，侏離之義，爲明暗混合之一種雜色，均爲外國名辭（Watters, *On Yuan Chwang*, I, pp. 62–63）。瓦氏之説，蓋亦未能確鑿。魏書所謂雀離佛塔者，察其與王城之方向距離，當指迦膩色迦王所建之佛塔，而其塔名，恐即此寺名之轉用。」羽溪氏祇解釋昭怙釐寺名乃雀離浮圖名之轉用，而於雀離二字含義並未説出。張星烺以梵名Sula當之，音亦不近。

〔一一〕〖張註〗迦尼色迦（Kanishka）爲月氏國王，有功佛教。

〖按〗關於迦尼色迦王之記載及考證，極紛繁，不必廣引。足立喜六法顯傳考證（何張合譯本九〇頁）有簡單注釋，引之如下：「膩迦王爲罽膩迦王，又名迦膩色迦（Kaniska）王。西曆元年左右，統一國内，創建犍陀羅國。其領地西至大夏，東達恒河，北連葱嶺，南界印度河口，聲勢赫奕，與阿育王並稱，印度名王也。伊篤信佛教，努力於佛教之發揚，佛典之整理，會迦濕彌羅高僧五百人，舉行大毗婆沙論之結集。阿育王時代之佛教，流布南海，而爲所謂南方佛教。罽膩伽王時代之佛教，流布至中央亞細亞、中國及日本，而爲北方佛教。且犍陀羅藝術之入東方，亦受此種影響也。」迦膩色迦一世之年代，據羽溪了諦西域之佛教（賀譯本九五頁）考訂爲公元前五八年即位，在位二十八年，Saka era 推算爲公元七八——一〇〇年，Majumdar 等 *An Advanced History of India*（vol. Ⅰ，pp. 120－122）從之，未審孰是。又按佛涅槃之年代，異説極多，故本書之後三百年或二百年及西域記之後第四百年，疑由佛滅年代説之不同而各異，不能據之以論迦膩色迦王年代。

〔一二〕【按】偈或譯伽陀。翻譯名義集四十二分教篇：「伽陀，此云孤起，妙玄云：不重頌者名孤起，亦曰諷頌。西域記云：舊曰偈，梵本略也，或曰偈他，梵音訛也；今從正音，宜云伽陀，唐言頌。」

〔一三〕【沙箋】按核以上引西域志文，應作高三百尺，如此始與下文去地合七百尺之文相符。此塔之高度，參合諸文，應如下説：基層五級，周三百尺或三百九十尺，或一里有半；其高據玄奘所誌爲一百五十尺；其上木構十三重，高四百尺；其上更起十三或十五或二十五層金剛相輪之鐵柱，柱高八十八尺；合計高六百三十八尺。則與道榮去地六十三丈二尺之數大致相合，而與宋雲去地七百之尺數亦相差無幾矣。

【按】沙箋「周三百尺或三百九十尺」兩尺字當是步字之誤。沙畹所算塔之高度，鐵柱係依據道榮傳「高八十八尺」計算，若據宋雲紀三百尺（從法苑珠林）合之，高度當爲八百五十尺，則與「去地七百尺」文亦不符。但依宋雲紀本文，此塔高度當爲四百尺，「上有鐵柱高三百尺，金盤十三重」，合之恰爲七百尺。兩説不同，本不必强爲溝通。此文三尺當作三百尺，沙畹説是。水經穀水注云：「水西有永寧寺，熙平中始創也。作九層浮圖……自金露槃下至地四十九丈。……按釋法顯行傳西國有爵離浮圖，其高與此相狀，東都西域，俱爲莊妙矣。」爵離即雀離，浮圖高度雖未明言，但約略亦可推測之。

〔一四〕【沙箋】按韻會云：「五寸曰圍，一抱曰圍。」

【按】韻會原文作「一圍五寸，又云一圍三寸，又一抱謂之圍。」沙畹所引僅據康熙字典，未檢原書，故誤。

〔一五〕【按】大唐西域記二云：「此窣堵波者，如來懸記，七燒七立，佛法方盡。先賢記曰：成壞已三。初至此國，適遭火災，當見營構，尚未成功。」【續高僧傳四玄奘傳云：「（建馱羅國）城東有迦膩王大塔，基周里半。佛骨舍利一斛在中，舉高五百餘尺，相輪上下二十五重。天火之災，今正營構，即世中所謂雀離浮圖是也。元魏靈太后胡氏奉信情深，遣沙門道生等賫大旛長七百餘尺往彼掛之，脚纔及地，即斯塔也。亦不測雀離名生所由。」此與記文略異。「惠生」作「道生」，「百尺旛奉尸毘王塔」作「七百尺旛奉雀離浮圖」，當以記文爲正。】

〔一六〕【按】四天王爲帝釋之外將。長阿含經云：「東方天王名多羅吒，領乾闥婆及毘舍闍神將，護弗婆提人。南方天王名毘琉璃，領鳩槃荼及薜荔神，護閻浮提人。西方天王名毗留博叉，領一切諸國及富單那，護瞿那尼人。北方天王名毗沙門，領夜叉羅刹將，護鬱單越人。」

〔一七〕【按】菩提(bodhidruna)樹即卑鉢羅樹。大唐西域記二健馱邏國：「城外東南八九里，有卑鉢羅樹，高百餘尺，枝葉扶疏，蔭影蒙密，過去四佛已坐其下，今猶現有四佛坐像，賢劫之中，九百九十六佛皆當坐焉，冥祇警衛，靈鑒潛被。釋迦如來於此樹下，南面而坐，告阿難曰：我去世後，當四百年，有王命世，號迦膩色迦。此南不遠，起窣堵波，吾身所有骨肉舍利多集其中。」據玄奘説樹遠種在起塔之前，與宋雲所記不同。

〔一八〕【按】此石塔即是法顯傳：「王作塔已，小塔即自傍出大塔南，高三尺許。」西域記二：「復於本處，更出小窣堵波。」唯法顯傳「高三尺許」與宋雲紀不同，疑法顯傳有譌。西域記又謂：「其二窣堵波，今猶現在，有嬰疾病，欲祈康愈者，塗香散花，至誠歸命，多蒙瘳差。」

〔一九〕【沙箋】蓋釋迦牟尼(Çākyamuni)之省稱也。

〔二〇〕【沙箋】按法顯傳北印度四大塔，一爲割肉貿鴿處，在今Girarai；一爲以眼施人處，在犍陀衛國Puskarā-vati；

一爲以頭施人處，在竺刹尸羅國(Jaksaçila)；一爲投身飼餓虎處，疑在今 Mahaban 地域之中。

【按】法顯傳：「到宿呵多國……昔天帝釋試菩薩，化作鷹鴿，割肉貿鴿處。……於此處起塔，金銀校餝。從此東下五日行，到犍陀衛國……佛爲菩薩時，亦於此國以眼施人。其處亦起大塔，金銀校餝。自此東行七日，有國名竺刹尸羅。……佛爲菩薩時，於此處以頭施人，故因以爲名。復東行二日，至投身餧餓虎處。此二處亦起大塔，皆衆寶校餝。諸國王臣民競興供養，散華然燈，相繼不絶。通上二塔，彼方人亦名爲四大塔也。」【變疑即變相，僧徒常倩畫家壁繪佛經故事，謂之變或變相，如地獄變相、彌勒變、維摩變、大降魔變相等，見於張彦遠歷代名畫記三及郭若虚圖畫見聞誌六(不具舉)。據此文證之，則變名之起可上溯於南北朝矣，至唐而變文興起，遂演爲講故事。四塔變猶言四塔之故事畫，似乾陁羅國舊有之，惠生摹寫以歸。竊疑變名或出於外來語譯音。】

於是西北行**校**沙畹云：「按當作東北行。」七日，渡一大水，至如來爲尸昆(毘)**校**緑君亭本、真意堂本、吴集證本作毘。按當從上文尸毘王塔作毘，下同，今正。王救鴿之處〔一〕，亦起塔寺〔二〕。昔尸昆(毘)**校**同上。太平御覽八百三十九引作毘。酉陽雜俎十物異篇亦作尸毘。王倉庫爲火所燒〔三〕，其中粳米燋然，**校**御覽然作燃，同。至**校**御覽作于。今猶在。若服一粒，永無瘧患。彼國人民須禁**校**吴琯本、漢魏本、真意堂本作藥。日取之。**校**御覽此句作「彼國人民須以爲藥」。道榮傳云〔四〕：「至那伽羅阿〔五〕**校**吴琯本、漢魏本、真意堂本阿作訶。國，有佛頂骨〔六〕，方圓四寸，黄白色；下有孔，受人手指，閃然似仰蜂窩。至耆賀濫寺〔七〕，有佛袈裝（裟）校各本作裝，此誤，今正。十三條，以尺量之，或短或長〔八〕。復有佛錫杖，長丈七，以水筩盛之〔九〕，金箔校照曠閣本箔下有貼字。其上。此杖輕重不定，值有重（時），校各本重下有時字，今據補。吳集證本重譌作動，下無時字，云「各本並作重時」。百人不舉；值有輕時，二校吳琯本、漢魏本、緑君亭本、真意堂本二作一。人勝之。那竭城中有佛牙〔一〇〕佛髮〔一一〕，並作寶函盛之，朝夕供養。至瞿羅羅鹿見佛影〔一二〕，入山窟校吳琯本、漢魏本窟在影字下。十五步，四面校吳琯本、漢魏本無面字。向户，遥望則衆相炳然，近看瞑然不見。校吳琯本、漢魏本、真意堂本無不見二字。以手摩之，唯有石壁，漸漸却行，始見其相。校緑君亭本無其相二字。容顔挺特，世所希有。窟前有校吳琯本、漢魏本、真意堂本無有字。方石〔一三〕，石上有佛跡。窟西南百步，有佛浣衣處〔一四〕。窟北一里有目連〔一五〕窟。窟北有山，山下有六校各本六作大。吳集證本作六，與此同。沙畹云：「海國圖志卷二十九所引宋雲行紀之文作七佛，其義較長。」按所見伽藍記各本無作七佛者，魏源當是依下文七塔以校改，非有别本作據也，沙畹信之，恐非。六疑是大誤。佛手作浮圖，高十丈，云此浮圖陷（陷）校陷字形譌，漢魏本、真意堂本、照曠閣本陷，是，今正。入地，佛法當滅。並爲七校真意堂本七作大。塔，七校吳琯本、漢魏本、真意堂本、吳集證本無七字。塔南石銘，云如來手書。胡字分明，於今可識焉。」

惠生在烏場國二年，西胡風俗，大同小異，不能具録。至正元（光）校吳琯本、漢魏本、真意堂本、吴集證本作光，是，今據正。二(三)年 校 吴集證云：「按魏書釋老志：惠生於正光三年冬還京師。」沙箋本二年作三年，括弧注五二二。按各本皆作二年，三年當是沙畹所改。通鑑記此事在梁武帝普通三年，即魏孝明帝正光三年，云：「魏宋雲與惠生……至乾羅國而還，二月，到達洛陽。」通鑑記宋雲求經事據伽藍記，則所見本原是作「三年」。考宋雲等到烏場國爲神龜二年(五一九)十二月初，在烏場國二年，則其回洛陽時亦當在正光三年方合。沙畹改本雖未説明理由，依年推算及通鑑證之當是。今從改正。

二月，始還天闕。

衒之按惠生行紀〔一六〕事多不盡録，今依道榮傳、宋雲家紀〔一七〕，故並載之，以備缺文〔一八〕。

〔注釋〕

〔一〕〖沙箋〗按尸毗(Çibi)王捨肉救鴿命事，漢譯本生鬘論(Jatakamālā)(按論原誤作經，今正)中有之。

〖張註〗尸毗王，西域記卷三作尸毗迦(Sivika)，印度提婆提城(Devapati)之城主，即佛陀之前生也。尸毗迦救鴿逸事，詳賢愚(按：原誤作寓，今正)經卷一、六度經卷一、菩薩本生鬘論卷一。法顯佛國記云：「宿呵多國佛法亦盛。昔天帝釋(Sakra)試菩薩，化作鷹鴿，割肉貿鴿處。佛既成道，與諸弟子遊行，語云：此本是我割肉貿鴿處。國人由是得知，於此處起塔，金銀校飾。」據賢愚(按：原誤作遇，今正。)經其事蹟大概如下。天帝釋及毗首羯摩(Visvakarman)二天相謀試尸毗迦之念力。毗首羯摩先化一鴿，飛向提婆拔提城。天帝釋化爲鷹，追鴿入王宫。鴿入王之居室，遂潛隱懷中。鷹追至王之殿中，進白曰：我追鴿，將作餌以充飢。鴿之命運，既在我掌中，願王速返鴿與我。王曰：我救濟一切有情。窮鳥恐怖依我，不能與汝。鷹曰：王救一切有情，請救我飢餓，則不愧王衆生濟度之誓願也。王乃取利劍，割股肉與鷹，使侍臣權衡之，股肉較輕於鴿。王乃再三割股，次割兩臂兩脅，直至昏倒仆地。時帝釋現本形，深讃尸毗迦王之波羅蜜行，恢復王之身體。

〖按〗大唐西域記三烏仗那國下：「摩愉伽藍（按在瞢揭釐城南二百餘里之摩訶伐那伽藍西北三四十里）西六七十里至窣堵波，無憂王之所建也，是如來昔修菩薩行，號尸毗迦王（唐言與，舊曰尸毗王，略也），爲求佛果，於此割身從鷹代鴿。」慧超往五天竺傳：「又此城（建馱羅國城）東南□里，即是仏（按乃佛之俗字）過去爲尸毗王放鴿處，見有寺有僧。」藤田豐八考釋：「尸毗放鴿之宿呵多，當在今布色羯邏伐底（按藤田以此地爲慧超時建馱羅國城）之西北，此城東南□里，或有譌誤。法顯傳……西域記……記捨眼……餧夜叉處……均與此傳方位不合。獨佛過去捨頭處，在竺刹尸羅，則當此城之東南……乾（Cunningham）氏云：今沙迭利（Shah-dheri）傍近，有其遺址。……又案放鴿處，西記云在烏仗那國，顯傳云在宿呵多；餧五夜叉處，西記云在烏仗那，捨頭處，記、傳並云在竺刹尸羅，而此傳云並在國中，蓋此等諸國當時並屬突厥也。」烈維（Sylvain Lévi）大藏方等部之西域佛教史料云：「法顯巡歷時，曾在宿呵多國見此割肉貿鴿處，此宿呵多國應爲烏萇、乾陀羅二國間之 Svat。宋雲後在同一地區之中，見有此塔。最後玄奘詳記此國在烏仗那（烏萇）之南。斯坦因 Stein 根據此說，曾在 Svat 與 Indus 兩河之間 Buner 之内 Girarai 地方，發現其遺跡。」（馮承鈞譯史地叢考續編二三九頁）尸毗王救鴿事亦見大智度論四。

〔二〕〖沙箋〗按法顯傳是塔爲北方四大塔之一，謂在宿呵多國。西域記卷三則謂在摩愉伽藍西六七十里。斯坦因曾據此考訂其地在今 Buner 區中之 Girarai 地方，由是可見宋雲等於歸途中巡歷其地。

〔三〕〖按〗酉陽雜俎十物異篇云：「乾陁國昔尸毘王倉庫爲火所燒，其中粳米燋者，于今尚存。服一粒，永不患瘧。」當即據此。

〔四〕按自此下所述各跡，都在那迦羅阿國，與上文不相連貫，疑是楊衒之採道榮傳記載附注於尾，以廣異聞。宋雲等恐未曾歷訪，否則文有缺略。

〔五〕〖丁考〗那迦羅阿即佛國記那竭，西域記作那揭羅曷，在乾陀羅北稍東山内，地圖作納直里城。

〖沙箋〗按漢魏本作那迦羅河，西域記作那揭羅喝羅，皆爲 Nagarahāra 之對音。

〖張註〗今之哲拉拉拔德(Jalalabad)地方也。

〖按〗法顯傳：「慧景、道整、慧達三人先發，向佛影那竭國。」足立喜六考證：「其都城在今 Jalalabad 附近，山嶺環拱之 Kabul 一帶地方也。」岑仲勉考釋：「其地舊 Jalalabad 區之首邑，經 W. Simpson 氏考定，在今 Surkhar(or Surkh-rud)河及 Kabul 河合口之角隅，地當右岸。慧立三藏法師傳又稱爲燈光城(Dīpankara)，nagara 猶云城也。」大唐西域記二：「那揭羅曷國東西六百餘里，南北二百五六十里，山周四境，懸隔危險。國大，都城二十餘里。無大君長主令，役屬迦畢試國。豐穀稼，多花菓。氣序温暑，風俗淳質，猛鋭驍雄，輕財好學，崇敬佛法，少信異道。伽藍雖多，僧徒寡少。諸窣堵波荒蕪圮壞。」華特士(Watters)注釋云：「那揭羅曷國據有今 Jalalabad 地區，即 Cabul 河流域從西面 Darunta 至東面 Mirza Kheyl，而依據 Simpson 氏之考定，此地區可能延展至從 *Jududuck* 到 *Khyber*。」(*On Yuan Chwang's Travels in India*, vol. I, p. 185)

綜合各説，皆以爲在 Jalalabad 附近地方，今從之。丁氏説當非。

〔六〕〖沙箋〗按佛頂骨在昔之醯羅城，今 Jalalabad 南五英里之 Hidda 地方。西域記卷二云：「骨周一尺二寸，髮孔分明，其色黄白，盛以寶函，置窣堵波中。欲知善惡相者，香末和泥，以印頂骨，隨其福感，其文焕然。」又據西域記卷一，迦畢試國(Kapiça)亦有如來頂骨一片。

〖按〗法顯傳：「(弗樓沙國)西行十六由延，便至那竭國界醯羅城。中有佛頂骨精舍，盡以金薄，七寶校餝。國王敬重頂骨，慮人抄奪。乃取國中豪家八人，人持一印，印封守護。清晨，八人俱到，各視其印，然後開户。開户已，以香汁洗手，出佛頂骨，置精舍外高座上，以七寶圓碪碪下，琉璃鐘覆上，皆珠璣校餝。骨黄白色，方圓四寸，其上隆起。每日出後，精舍人則登高樓，擊大鼓，吹螺，敲銅鈸。王聞已，則詣精舍，以華香供養。供養已，次第頂戴而去。從東門入，西門出。王朝朝如是供養，禮拜，然後聽國政。居士長者，亦先供養，乃修家事。日日如是，初無懈倦，供養都訖，乃還頂骨於精舍。」大唐西域記二：「（那揭羅曷國）城東南三十餘里，至醯羅城，周四五里，竪峻嶮固。花林池沼，光鮮澄鏡。城中居人淳質正信。復有重閣，畫棟丹楹。第二閣中有七寶小窣堵波，置如來頂骨。（下文沙箋已引，今略）」酉陽雜俎三貝編篇云：「那揭羅曷國城東塔中有佛頂骨，周二尺。欲知善惡者，以香塗印骨，其迹煥然，善惡相悉見。」

〔七〕【沙箋】按耆賀濫，梵文作 Khakkhara，乃比丘行乞所持之杖。

〔八〕【沙箋】按法顯傳袈裟錫杖分在兩處供養。

【按】法顯傳：「（那竭國）城東北一由延，到一谷口。有佛錫杖，亦起精舍供養。牛頭栴檀作，長丈六七許，以木筒盛之，正復百千人舉不能移。入谷口西行，有佛僧伽梨，精舍供養。彼國土亢旱時，國人相率出衣，禮拜供養，天即大雨。」大唐西域記二：「如來僧伽胝袈裟，細氎所作，其色黄赤，置寶函中，歲月既遠，微有損壞。如來錫杖，白鐵作鐶，栴檀爲笴，寶筒盛之。」

〔九〕【沙箋】按津逮、漢魏兩本均作水筩，應從法顯傳改作木筒。

【按】西域記作寶筒，各書隨文而異，水筩於義亦可通，不必改從顯傳。

〔一〇〕【沙箋】按法顯傳那竭國城中有佛齒塔。西域記卷二云：「城内有大窣堵波故基，聞諸先志曰：昔有佛齒，高廣嚴麗。今既無齒，惟餘故基。」則在玄奘之時齒已不存矣。

【按】法顯傳：「（那竭國）城中亦有佛齒塔，供養如頂骨法。」

〔一一〕【按】法顯傳：「（佛）影西百步許，佛在時剃髮剪爪。佛自與諸弟子共造塔，高七八丈，以爲將來塔法，今猶在。」大唐西域記二：「影窟西北隅有窣堵波，是如來經行之處。其側窣堵波，有如來髮爪。隣此不遠有窣堵波，是如來顯暢真宗，説蘊界之處所也。」據此，則知佛髪遺跡在瞿羅羅鹿佛影窟之西。

〔一二〕【丁考】瞿羅羅鹿，考西域記國西南二十餘里至小石嶺，石壁有洞穴，瞿波羅龍所居，佛留影於其中。此有誤。

【沙箋】按瞿羅羅至四向户十七字，文有竄亂脱訛。考慈恩寺傳卷二云：「有瞿波羅（Gopāla）龍王（Nagarāja）所住之窟。」又考法苑珠林卷三十六引觀佛三昧經窟在那乾訶囉（Nagarahara）國中，阿那斯山南石壁上，毒龍池側。又按見佛影以下十三字，漢魏本作見佛影窟入山十五步四向户。考慈恩寺傳云：「窟在石澗東壁，門向西開，」則四向户應爲西户向矣。

【馮註】按慈恩寺傳有「觸東壁訖，卻行五十步許，正東而觀，影在其處」等語，則十五步似爲五十步之訛。前文可以改正爲「瞿波羅龍見佛影窟，户向西開，卻行五十步」，其義始可通也。

【按】瞿羅羅鹿當衍一羅字，鹿與龍聲同而譌，瞿羅或爲瞿波羅之簡稱。四字從沙畹説作西，文亦可通。馮説改字太多，似不妥。足立喜六法顯傳考證（何張合譯本一一〇頁）云：「瞿羅羅鹿爲鳩羅羅揭剌闍（Kulālarāja）之略，言鵰鷲也。瞿波羅（Gopāla）係夜叉之名稱。」説亦可通，但瞿波羅何以一地有兩名？如欠説明。法顯傳：「那竭城南半由延，有石室。博山西南向，佛留影此中，去十餘步觀之，如佛真影，金色相好，光明炳著。轉近轉微，髣髴如有。諸方國王遣工畫師模寫，莫能及。彼國人傳云：千佛盡當於此留影。」大唐西域記二：「（那揭羅曷）城西南二十餘里，至小石嶺，有伽藍……伽藍西南，深澗陗絶，瀑布飛流，懸崖壁立。東岸石壁有大洞穴，瞿波羅龍之所居也。門徑狹小，窟穴冥闇，崖石津滴，磎徑餘流。昔有佛影，煥若真容，相好具足，儼然如在。近代已來，人不徧覩，縱有所見，髣髴而已；至誠祈請，有冥感者乃暫明視，尚不能久。」慈恩法師傳二記玄奘禮拜影窟，云：「窟在石澗東壁，門向西開，窺之窈冥，一無所覩。……法師入，信足而前，可五十步，果觸東壁。依（老人）言而立，至誠而禮，百餘拜，一無所見。……復百餘拜，見東壁現如鉢許大光，倏而還滅。……如是更二百餘拜，遂一窟大明，見如來影皎然在壁。如開雲霧，忽矚金山，妙相熙融，神姿晃昱，瞻仰慶躍，不知所譬。佛身及袈裟並赤黄色，自膝已上，相好極明；華座已下，稍似微昧；左右及背後菩薩聖僧等影，亦皆具有。見已。遥命門外六人將火入燒香，比火至，欻然佛影還隱。」足立喜六云：「石窟在石山之絶壁，西南向，入口狹小，内深，有不完全之採光窗，斜陽射入，津滴内壁，故投映影像。法顯、宋雲時，仍甚鮮明；但因内外情形漸變，故至玄奘時，似已未能充分認識，於是博山之名終無從探究矣。」（法顯傳考證一一〇頁）所釋理由，或者如此。又廣弘明集十五釋慧遠萬佛影銘題下注：「佛影今在西那伽訶羅國南山古仙石室中，度流沙從徑道，去此一萬五千八百五十里。感世之應，詳於前記也。」

佛影之故事流傳，據西域記二云：「昔如來在世之時，此龍爲牧牛之士，供王乳酪，進奉失宜，既獲譴責，心懷恚恨，以金錢買花供養，受記窣堵波，願爲惡龍，破國害王。即趣石壁，投身而死。遂居此窟，爲大龍王，便欲出穴，成本惡願。適起此心，如來已鑒，愍此國人，爲龍所害，運神通力，自中印度至龍所。龍見如來，毒心遂止，受不殺戒，願護正法，因請如來，常居此窟，諸聖弟子，恒受我供。如來告曰：吾將寂滅，爲汝留影。遣五羅漢，常受汝供。正法隱没，其事無替。汝若毒心奮怒，當觀吾留影，以慈善故，毒心當止。此賢劫中，當來世尊，亦悲愍汝，皆留影像。」

又道宣釋迦譜下釋迦留影在石室記云：「觀佛三昧云：龍王請佛常住寺側，恐發惡心，無由成道神天；又請願爲一切佛便索羅刹石窟，於中止住，分身諸國，普爲説法。佛受龍請，千五百歲石内現外，諸人天衆，供養佛影，影亦説法。窟高一丈八尺，深二十四步，石青白色，在那乾訶那國古仙瞻蔔華林毒龍池側，青蓮泉北，羅刹窟中，阿那斯山巖南。」

〔一一三〕【沙箋】按西域記卷二亦謂「窟門外有二方石，其一石上有如來足蹈之迹」。

〔一四〕〖按〗大唐西域記二亦謂：「影窟西有大盤石，如來嘗於其上濯浣袈裟，文影微現。」

〔一五〕〖按〗目連爲佛弟子，又作大目犍連。翻譯名義集一十大弟子篇：「大目犍連，什曰：目連，婆羅門姓也；名拘律陀。拘律度，樹名；禱樹神得子，因以爲名。……正云摩訶没特伽羅，新翻采菽氏，菽亦豆也。西域記云：没特伽羅（Maudgalyāyana）舊曰目犍連，訛略也。」

〔一六〕〖按〗隋書三十三經籍志有慧生行傳一卷。按楊衒之此記係雜採惠生行記、道榮傳、宋雲家紀編成，本文自明；但各家引書都逕稱爲宋雲行紀，實覺不妥，不如直書伽藍記爲宜。今注釋亦常稱宋雲紀者，則爲取便明文，故隨同通稱，不一一改正，僅附辨於此。

〔一七〕舊唐書四十六經籍志與新唐書五十八藝文志並有宋雲魏國已西十一國事一卷，不知是否與此爲同書，或別是一書。

〔一八〕沙箋此下有附録唐代以前中國記述印度之書一文，因其與本書無關，略去。

京師東西二十里，校吴琯本、漢魏本、真意堂本此節逕連上文。南北十五里〔一〕，户十萬九校吴琯本、漢魏本、真意堂本作六。千餘。廟社宫室府曹以外，方三百步爲一里，里開四門；門置里正二人，吏四人，門士八人，合有二校二疑是三之誤，説見注。百二十里〔二〕。寺有一千三百六十七所〔三〕。天平〔四〕元年，遷都鄴城，洛陽餘寺四百二十一所。北芒山上有馮王寺〔五〕、齊獻武王〔六〕寺；京東石關有元領軍〔七〕寺、劉長秋〔八〕（寺）；校吴集證本秋下空格。緑君亭本有寺字，是也，今據補。嵩高中有闕（閒）校吴琯本、漢魏本、緑君亭本、真意堂本皆作閒。按魏書逸士傳作閑居寺，詳見本注。閑與閒同，則作閒當是，今據正。居寺〔九〕、栖·（栖）校吴琯本、漢魏本、真意堂本、照曠閣本、吴集證本作栖，今據正。禪寺〔一〇〕、嵩陽寺〔一一〕、道場寺〔一二〕，上有中頂寺，東有升·校吴琯本、漢魏本、真意堂本作昇。道寺；校吴琯本、漢魏本、真意堂本下又有「栖禪寺」三字。京南關口有石窟寺〔一三〕、靈巖寺〔一四〕；京西瀍澗有白馬寺〔一五〕、照樂寺。如此之寺，既郭外，不在數限，亦詳載之。

〔注釋〕

〔一〕勞榦北魏洛陽城圖的復原（歷史語言研究所集刊第二十本上册）云：「這其中所謂東西二十里，南北十五里，究竟指的是什麽？是道里之里呢？還是閭里之里呢？河南志的圖及唐晏和吴若準的圖都當作道里之里，因此將洛陽畫的東西寬而南北短，但按照懷氏（按即 C. White 牧師）的實測圖，那就顯然不對。因此，在這裏便可以斷定楊氏所謂里是指閭里的里；亦即上文的里，和下文方三百步爲里的里是一回事。再據續漢書郡國志劉昭注云：帝王世紀曰：城東西六里十一步，南北九里一百步。晉元康地道記曰：城内九里七十步，東西六里十步。也是東西狹而南北長，和懷氏圖相符，而和吴、唐二氏的地圖不合。再以懷氏所測的圖來量，東西最長之處爲六·八市里，南北最長之處爲九·二五市里。雖然和帝王世紀及元康記所記的縱横比例不完全一致，但也可以説大致相合。其不盡相符之處可以説晉時測量不甚準確，但其確有根據，則爲無疑的事。所以楊衒之所記，只有認爲閭里之里，纔能解釋得通。」按太平御覽一百九十三引陸機洛陽記亦謂「洛陽城，周公所制，東西十里，南北十三里」，與帝王世紀、元康記又不同，但其爲東西狹南北長則一。White 圖根據實測，當屬可信。勞氏以下文「方三百步爲一里」證明此處里字作閭里解，説殊新，但難以憑信，辨詳附編圖説。元河南志三：「按城之大小，見上文，而楊衒之增廣而言者，兼城之外也。」以本書卷四法雲寺條下「自退酤以西，張方溝以東，南臨洛水，北達芒山，其間東西二里，南北十五里」語證之，河南志之説殆是。餘詳附編圖説。

〔二〕按魏書八世宗紀：景明二年（五〇一）「九月丁酉，發畿内夫五萬人，築京師三百二十三坊，四旬而罷」。又十八廣陽王嘉傳：「嘉表請於京四面築坊三百二十，各周一千二百步，乞發三正復丁以充兹役，雖有暫勞，姦盗永止。詔從之。」坊與里相同，（説文新附字云：「坊，邑里之名。」）此文「二百二十」疑是「三百二十」之誤。

〔三〕本書序言「京城表裏凡有一千餘寺」可以互證。按神龜元年（五一八）任城王澄奏稱：「都城之中及郭邑之内，檢括寺舍，數乘五百。」推算至天平元年（五三四）僅十六年，僧寺增加，超過一倍，可見當時信奉佛教之盛。

〔四〕天平爲東魏孝静帝（元善見）年號（五三四至五三七）。

〔五〕馮王寺爲馮熙所建，見本書卷一永寧寺注。

〔六〕齊獻武王即高歡。

〔七〕元領軍是元乂，乂曾任領軍將軍，見魏書本傳。

〔八〕劉長秋是劉騰，騰曾任長秋卿，見本書卷一長秋寺條及魏書本傳。騰傳言「洛北永橋太上公、太上君及城東三寺，皆主修營」。

〔九〕魏書七十八逸士列傳馮亮傳：「亮既雅愛山水，又兼巧思，結架巖林，甚得棲游之適，頗以此聞。世祖給其工力，令與沙門統僧暹、河南尹甄琛等周視嵩高形勝之處，遂造閑居佛寺。林泉既奇，營製又美，曲盡山居之妙。」

〔一〇〕湯用彤漢魏兩晉南北朝佛教史（七七六頁）：「就閒居、棲禪二寺之名言之，恐與嵩陽同爲禪僧所住也。」

〔一一〕中岳嵩陽寺碑：「有大德沙門生禪師……隱顯無方，沈浮崧嶺。道風遠被，德香普薰。……此山先來未有塔廟，禪師……卜兹福地，創立神場，當中岳之要害，對衆術之樞牙。……於太和八年（四八四），歲次甲子，建造伽藍，築立塔殿，佈置僧坊，略深梗概。……虔禮禪家（寂），六時靡輟，方爲衆聖萬劫之靈場，八輩十方三世之苑囿也。」畢沅中州金石記云：「洛陽伽藍記嵩高有嵩陽寺，即此是也。」

〔一二〕魏書七十八馮亮傳：「延昌二年（五一三）冬，因遇篤疾，世宗敕以馬輿送令還山，居嵩高道場寺。」即此寺。

〔一三〕魏書一百十四釋老志：「景明（五〇〇至五〇四）初，世宗詔大長秋卿白整準代京靈巖寺石窟，於洛南伊闕山爲高祖文昭皇太后營石窟二所。初建之始，窟頂去地三百一十尺，至正始二年（五〇五）中始出，斬山二十三丈。至大長秋卿王質謂斬山太高，費功難就，奏求下移就平，去地一百尺，南北一百□□尺。永平（五〇八至五一二）中，中尹劉騰奏爲世宗復造石窟一。凡爲三所，從景明元年（五〇〇）至正光四年（五二三）六月已前，用功八十萬二千三百六十六。」此即舉世著名之龍門石窟，並建僧寺，石窟寺即爲其中之一。【明寰宇通志八十五云：「龍門龕在（河南）府城南二十五里，兩山對峙，東曰香山，西曰龍門，石壁峭立，伊水中出，又名伊闕。壁間鑿石龕石佛，大小千數，又呼千佛巖，皆後魏及唐時所鑿。」依山崖鑿開建寺，起源于印度，我國則以北魏代京（今山西大同市）之雲崗石窟爲最早，今與龍門石窟並列爲全國重點文物保護單位。】

〔一四〕靈巖寺原在代京，見上引釋老志。本文所指在洛陽南，當非其地。按魏書十一出帝紀：永熙二年正月「己亥，車駕幸崧高石窟靈巖寺。」即爲此寺，蓋亦仿照代京而建也。

〔一五〕白馬寺見本書卷四。

附編一

佚文

僧肇法師制四論合爲一卷，曾呈廬山遠大師，大師歎仰不已。又呈劉遺民，歎曰：「不意方袍，復有平叔！」方袍之語出遺民也。太平御覽六百五十五

佛耶舍比名覺明，日誦三萬言，洞明三藏，與羅什法師情好，其出毗婆娑論及四分律。爲人髭赤，時號爲「赤髭三藏」。太平御覽六百五十五　按以上二條，御覽原列於伽藍記融覺寺曇謨最條後，題爲「又曰」。考本書記述僧俗故事，皆屬當時（後魏）人物，此則記東晉時人事，與他例不合，疑或有誤。此文亦見高僧傳卷二佛陀耶舍傳及卷七釋僧肇傳，但稍有不同。

王濛好茶，人至輒飲之。士大夫甚以爲苦，每欲候濛，必曰：「今日有水厄。」曾慥類説六　按王濛亦爲東晉時人，與本書記述例不合，太平御覽八百六十七引作世説，疑類説誤也。

平昌門直南大道，東是明堂大道，西是靈臺也。後漢書二十八桓譚傳注引

楊衒之傳略

楊衒之，按各書皆作楊衒之，唯史通補注篇、晁氏郡齋讀書志楊作羊，新唐書（影宋本）藝文志、元河南志三則作陽。羊疑是誤，四庫提要已言之。周延年楊衒之事實考云：「詳考北史及魏書楊氏達者無北平籍，而魏書陽固傳固字敬安，北平無終人。有三子，長休之，次詮，三未詳。北史固傳稱有五子，長子休之傳云：弟綝之，次俊之，與衒之名字排行頗爲相近。休之且長文學，爲史官，有聲當時，則北平之陽氏以文章傳家，已可概見。衒之若果爲陽姓，其爲休之之弟及族昆弟，必無疑矣。」近黄公渚洛陽伽藍記的現實意義（文史哲一九五六年十一期）一文中亦從之作陽衒之。周氏之説固自有理，但各書多作楊，新唐書及元河南誌之陽疑亦是楊字之譌（周氏所引廣弘明集作陽，但查嘉興藏本廣弘明集亦作楊）。即或不誤，孤證隻字，究難碻信。因仍舊作楊，録周説以存考。嚴可均全北齊文楊衒之小傳作「一姓羊」。北平人。廣弘明集六叙列代王臣滯惑解。後魏永安中，爲奉朝請。莊帝馬射於華林園，百官皆來苗茨堂讀碑——碑爲魏明帝所立，題云苗茨之碑，疑苗字誤。國子博士李同軌曰：「魏明英才，世稱三祖，公幹、仲宣，爲其羽翼，但未知本意如何，不得言誤也。」衒之因即釋曰：「以蒿覆之，故言苗茨，何誤之有？」衆咸稱善，以爲得其旨歸。本書卷一建春門内條。嘗與河南尹胡世孝共登永寧寺浮圖。時有西域沙門菩提達摩者，波斯國胡人也，起自荒裔，來遊中土。見金盤炫日，光照雲表；寶鐸含風，響出天外，歌詠讚歎，實是神功！自云：「年一百五十歲，歷涉諸國，靡不周遍，而此寺精麗，閻浮所無也。極佛境界，亦未有此!」口唱南無,合掌連日。本書卷一永寧寺條。按景德傳燈録卷三菩提達磨傳云:「與徒衆往禹門千聖寺止三日。有期城太守楊衒之早慕佛乘,門(當是問誤)師曰:西天五印,師承爲祖,其道如何?師曰:明佛心宗,行解相應,名之曰祖。又問:此外如何?師曰:須明他心,知其今古,不厭有無,於法無取。不賢不愚,無迷無悟。若能是解,故稱爲祖。又曰:弟子歸心三寶,亦有年矣,而智慧昏蒙,尚迷真理。適聽師言,罔知攸措。願師慈悲,開示宗旨!師知懇到,即説偈曰:亦不覩惡而生嫌,亦不觀善而勤措,亦不捨智而近愚,亦不抛迷而就悟。達大道兮過量,通佛心兮出度。不與凡聖同躔,超然名之曰祖。衒之聞偈,悲喜交并,曰:願師久住世間,化導羣有!師曰:吾即逝矣,不可久留。根性萬差,多逢患難。衒之曰:未審何人,弟子爲師除得?師曰:吾以傳佛祕密,利益迷途,害彼自安,必無此理。衒之曰:師若不言,何表通變觀照之力?師不獲已,乃爲讖曰:江槎分玉浪,管炬開金鎖。五口相共行,九十無彼我。衒之聞語,莫究其端,默紀于懷,禮辭而去。師之所讖,雖當時不測,而後皆符驗。」李葆恂曾録於重刊吴若準本跋中。考傳燈録所記菩提達摩事經後人增益,多不可信。即如此文問答語氣,大似後來禪宗語録,北朝人斷無如此語。又預記讖語,以求符驗,益可見爲好事者所杜撰。且楊衒之不信佛法,見於道宣廣弘明集、神清北山録,此言「早慕佛乘」,更相逕庭。然於此可證衒之與達摩相稔,故後人傳會以成説。因附辨於此,並以説明不取之理由。爲期城郡太守。歷代三寶記九、大唐内典録四、法苑珠林一百十九。續高僧傳一作斯城郡守,斯是期之譌。珠林作元魏鄴都期城郡守。按期城郡元魏時屬襄州,與鄴都不涉,珠林誤。又按東魏孝静帝元象元年(五三八),西魏是雲寶襲洛陽,趙剛襲廣州,拔之。於是自襄、廣以西城鎮,復入西魏。期城郡東魏即於此時失去,見資治通鑑一百五十八及東晉南北朝輿地表八。魏書地形志襄州下無期城郡,即以其時(地形志録武定之世以爲志)已屬於西魏也。據此則衒之爲期城郡守當在元象元年(五三八)以前,亦即在寫伽藍記之前無疑。三寶記等書著録此書而稱期城郡太守者，蓋舉其曾任官銜言之，不必是寫記時或以後所官。嚴可均全北齊文之小傳以「出爲期城太守」，列於最後，則以其官位隆卑敘之，實則歷官陟黜，固非一定。小傳下又云「齊天保中卒于官」。似謂銜之卒于期城太守任，此句甚謬，蓋由未考期城郡當時沿革而誤。 爲撫軍府司馬。本書首署銜。 武定五年（五四七），因行役，重覽洛陽。見城郭崩毁，宫室傾覆，寺觀灰燼，廟塔丘墟，故撰洛陽伽藍記。本書自序。 蓋見元魏末寺宇壯麗，損費金碧；王公相競，侵漁百姓。乃撰此記，言不恤衆庶也。廣弘明集六。 爲祕書監。廣弘明集六。 後上書述：按全北齊文此文題作上東魏主書，釋文紀作上魏主述釋書。 「釋教虚誕，有爲徒費。無執戈以衛國，有飢寒於色養。逃役之流，僕隸之類，避苦就樂，非修道者。又佛言有爲虚妄，皆是妄想。道人深知佛理，故違虚其罪。」啓又廣引財事乞貸貪積無厭。又云：按釋文紀與全北齊文自啓又下至又云十四字作雙行夾注，蓋以爲非本文，今標點據之。 「讀佛經者，尊同帝王。寫佛畫師，全無恭敬。請沙門等同孔、老拜俗，班之國史。行多浮險者，乞立嚴勤。按全北齊文勤作勳，是。 知其真僞。然後佛法可遵，師徒無濫。則逃兵之徒，還歸本役，國富兵多，天下幸甚。」雖上書，終委而不施行。廣弘明集六。

全北齊文楊衒之小傳云：「齊天保中卒于官。」按嚴氏此語，不知何據。其卒官之説已辨之於上。天保卒年疑亦是揣測之詞，今不取。

附編二

歷代著録及序跋題識夾注按語，爲編者所附加。

〔隋費長房歷代三寶記九〕雒陽地伽藍記五卷。或爲一大卷。右一部五卷，期城郡太守楊衒之撰。其序述云云。按本文已分别引校於本書序内，今略。

〔隋書經籍志三十三史部地理書〕洛陽伽藍記五卷。後魏楊衒之撰。

〔唐釋道宣大唐内典録四〕雒陽地伽藍記五卷。或爲七卷。右期城郡守楊衒之撰。其序云云。按本文已分别引校於本書序内，今略。

〔同書十〕魏期城太守楊衒之撰洛陽伽藍記五卷。

〔唐釋道宣廣弘明集六叙列代王臣滯惑解〕楊衒之，北平人，元魏末爲祕書監，見寺宇壯麗，損費金碧，王公相競，侵漁百姓，乃撰洛陽伽藍記，言不恤衆庶也。

〔唐釋道世法苑珠林一百十九傳記篇〕洛陽地伽藍記一部五卷。右元魏鄴都期城郡守楊衒之撰。

〔唐劉知幾史通五補注篇〕亦有躬爲史臣，手有刊補。雖志存該博，而才闕倫叙。除煩則意有所恡，畢載則言有所妨。遂乃定彼榛楛，列爲子注。（自注：注列行中，如子從母。）若蕭大圜淮海亂離志、羊衒之洛陽伽藍記（中略）之類是也。

〔同書三書志篇〕案帝王建國，本無恒所；作者記事，亦在相時。……於南則有宋南徐州記、晉宫闕名，於北則有洛陽伽藍記、鄴都故事。蓋都邑之事，盡在是矣。

〔舊唐書四十六經籍志乙部史録地理類〕洛陽伽藍記五卷。楊衒之撰。

〔新唐書五十九藝文志丙部子録道家類〕陽衒之洛陽伽藍記五卷。按史録地理類有後魏洛陽記五卷，不題撰人名氏，隋志與舊書志皆未見，疑即與此爲一書。

〔宋黄伯思東觀餘論下跋洛陽伽藍記後〕大觀二年三月二日，緣檄行河陰縣城隄，於北禪寺初校一過。四月七日，於東齋再校竟。政和六年二月十二日丙戌，於揚州南門舟中讀一過。戊子歲寫此書時題字，俯仰八載矣！長睿父書。

〔宋鄭樵通志六十七藝文略釋家類〕洛陽伽藍記五卷。後魏楊衒之撰。按地理類有後魏洛陽記五卷，不題撰人名氏，蓋承襲新唐書志文，説見上。

〔宋尤袤遂初堂書目地理類〕洛陽伽藍記。

〔宋晁公武郡齋讀書志二下按衢州刻本在卷八地理類〕洛陽伽藍記。按衢州刻本下有三卷二字。右元魏羊衒之撰。後魏遷都洛陽，一時王公大夫多造佛寺，或捨其私第爲之。故僧舍之多，爲天下最。衒之載其本末及事跡甚備。

〔宋陳振孫直齋書録解題八地理類〕洛陽伽藍記五卷。後魏撫軍司馬楊衒之撰。專記洛陽城内外寺院。爾朱之亂，城郭邱墟，追述斯記。

〔宋史二百四藝文志史類地理類〕楊衒之洛陽伽藍記三卷。

〔元馬端臨文獻通考二百四經籍考史部地理類〕洛陽伽藍記三卷。下引晁氏與陳氏語，已見前，今略。

〔明楊士奇文淵閣書目十八古今志〕洛陽伽藍記一册。

〔明葉盛菉竹堂書目六古今通志〕洛陽伽藍記。

〔明焦竑國史經籍志四釋家寺觀類〕洛陽伽藍記五卷，魏楊衒之撰。

〔明高儒百川書志五史部地理類〕洛陽伽藍記一卷。元魏羊衒之撰。其時王公大人，崇尚佛教，多造佛寺，有捨第爲之，故甲天下。凡四十八寺，載其本末事跡甚備。

〔明陳第世善堂書目上史部方州各志類〕洛陽伽藍記三卷。羊衒之。

〔明毛晉跋〕緑君亭本魏自顯祖好浮屠之學，至胡太后而濫觴焉，此伽藍記之所繇作也。鋪揚佛宇，而因及人文。著撰園林、歌舞、鬼神、奇怪、興亡之異，以寓其褒譏，又非徒以記伽藍已也。妙筆葩芬，奇思清峙。雖衛叔寶之風神，王夷甫之姿態，未足以方之矣。顧高宗以北地質魯，遷都洛陽，立國子太學、四門小學。如李沖、李彪、高閭、王肅、郭祚、宋弁、劉芳、崔光輩，皆以文雅見親，制禮作樂，蔚然可觀。有魏一百四十九年間，最爲希有，又未可以永平以後，專尚釋氏而少之也。湖南毛晉識。

〔清錢曾讀書敏求記二地理輿圖〕楊衒之洛陽伽藍記五卷。清常道人跋云：「歲己亥，覽吴琯刻古今逸史中洛陽伽藍記，讀未數字，輒齟齬不可句。因購得陳錫玄、秦酉岩、顧寧宇、孫蘭公四家鈔本，改其譌者四百八十八字，增其脱者三百廿字。丙午，又得舊刻本，校于燕山龍驤邸中，復改正五十餘字。凡歷八載，始爲完書。」清常言校讐之難如此。予嘗論牧翁絳雲樓，讀書者之藏書也。趙清常脈望館，藏書者之藏書也。趙清常下十三字，據阮刻本補。清常殁，武康山中，白晝鬼哭，嗜書之精靈若是。伊予腹笥單疎，囊無任敬子之異本，又何敢厠于墨莊藝圃之列？然絳雲一燼之後，凡清常手校祕鈔書，都未爲六丁取去，牧翁悉作蔡邕之贈。天殆以佽助予之詩注耶？何其幸哉！又何其幸哉！

〔清毛扆跋〕李葆恂重刊吴本洛陽伽藍記，世傳如隱堂本，内多缺字。第二卷中脱三紙，好事者傳寫補入，人各不同。余昔年於廠肆，購得抄本，取而校之，知從如隱板影寫者。行間字面，爲朱筆改竄，大都參以御覽、廣記諸書。其書無可考之，以意爲之。空白處妄自填補，大失面目矣。後又得何慈公抄本，則又從改本録出。真僞雜投，竟無從辨。三本之中，此爲最劣。大抵古人著書，各成一家言。所見異辭，所聞異辭，所傳聞異辭，故爵里姓氏，互有不同。魯魚後先，焉知孰是？士生千百世後，而讀古人流傳轉寫之書，苟非有善本可據，亦且依樣胡盧，須在心領神會，不可擅加塗乙也。顧寡薄自用，致誤非淺；恃才妄作，貽害更深。惡似而非者，蓋以此也。家刻原稿，更從慈公所來似是處亦宜增入，注一作者，即肊改字也。惜乎付梓之時，未見點竄筆跡，遂致涇渭不分，深痛此書之不幸。而今日者，又仍入余手，得以從流溯源，考其致誤之由。則不幸之中，又有深幸焉！校畢，漫識於此，并戒後之讀我書者。柔兆執徐之歲如月十日鐙下，毛扆識。

〔清王謨跋〕漢魏叢書本右楊衒之洛陽伽藍記五卷，文獻通考作二卷。陳氏云：「衒之以爾朱之亂，城郭邱墟，追述斯記。」晁氏亦云：「後魏遷都洛陽，一時王公大夫多造佛寺，或捨其私第爲之，故僧舍多爲天下最。衒之載其本末及事跡甚備。」石林燕語乃謂：「東漢以來，九卿官府皆名曰寺，與臺省並稱，鴻臚其一也。本以待四夷賓客，故摩騰、竺法蘭自西域以佛經至，舍于鴻臚。今洛中白馬寺，或云即漢鴻臚舊地。摩騰初來，以白馬負經，既死，尸不壞，因留寺中，後遂以爲浮屠之居，因名白馬。今僧居概稱寺，本此。摩騰真身，至今不枯朽。漆棺石室，扃鎖甚固，藏其鑰于府廨。有欲觀者，請鑰秉燭，乃可詳視。然楊衒之洛陽伽藍記載當時經函放光事，而不及摩騰，不可解。」予又考高僧傳載：「漢明帝于城門外立精舍以處摩騰，即白馬寺是也。名白馬者，相傳天竺國有伽藍名招提，其處大富。有惡國王利于財，將毁之。有一白馬繞塔悲鳴，即停毁。自後改招提白馬，諸處多取此名焉。」其説白馬名寺又不同，故並録之，以補斯記之闕。汝上王謨識。

〔四庫全書總目提要七十地理類古蹟之屬〕洛陽伽藍記五卷。後魏楊衒之撰。劉知幾史通作羊衒之，晁公武讀書志亦同。然隋志亦作楊，與今本合，疑史通誤也。其里貫未詳。據書中所稱，知嘗官撫軍司馬耳。魏自太和十七年作都洛陽，一時篤崇佛法，刹廟甲於天下。及永熙之亂，城郭邱墟。武定五年，衒之行役洛陽，感念廢興，因捃拾舊聞，追叙古蹟，以成是書。以城内及四門之外，分叙五篇。叙次之後先，以東面三門、南面三門、北面三門，各署其新舊之名，以提綱領，體例絶爲明晰。其文穠麗秀逸，煩而不厭，可與酈道元水經注肩隨。其兼叙爾朱榮等變亂之事，委曲詳盡，多足與史傳參證。其他古迹藝文，及外國土風道里，採摭繁富，亦足以廣異聞。劉知幾史通云：「秦人不死，驗符生之厚誣；蜀老猶存，知葛亮之多枉。」蜀老事見魏書毛脩之傳。秦人事即用此書趙逸一條。知幾引據最不苟，知其説非鑿空也。他如解魏文之苗茨碑，糾戴延之之西征記，考據亦皆精審。惟以高陽王雍之樓爲即古詩所謂「西北有高樓，上與浮雲齊」者，則未免固於説詩，爲是書之瑕類耳。據史通補注篇稱「除煩則意有所恡，畢載則言有所妨。遂乃定彼榛楛，列爲子注，若蕭大圜淮海亂離志、羊衒之洛陽伽藍記是也」。則衒之此記，實有自註。世所行本皆無之，不知何時佚脱。然自宋以來，未聞有引用其註者，則其刊落已久，今不可復考矣。張宗祥云：「按四庫提要，予所見者文淵、文津、文瀾三閣，各有異同。以坊刻本校之，亦多不合。不知坊刻當時據何閣，疑是文宗也。此篇據刻本録出。北面三門當係西面三門北面二門之譌脱。又引古詩西北有高樓者，乃清河王懌之樓，在沖覺寺條下，非高陽王雍也。」按提要舉「西北有高樓」之誤，其説亦非，辨見本書注内。

〔四庫全書簡明目録七〕洛陽伽藍記五卷，後魏楊衒之撰。原註：按楊或作羊，未詳孰是。魏自太和以後，洛陽佛刹甲天下。永熙亂後，衒之行役故都，感懷興廢，因捃拾舊聞，追叙故跡，録成是書。以城内及四門之列，分叙五篇。文詞秀逸，且多附軼事，足資考證。

〔清曹炎志跋〕真意堂刊本乙巳舊鈔本校一過。曹炎志。

〔清施國祁禮耕堂叢説伽藍記字説〕友人爲余言：「比讀楊衒之洛陽伽藍記有雙聲句云是誰第宅，郭冠軍家，此婢雙聲，獰奴慢駡四語，殊不諧叶，何也？」余謂：「君所疑者，殆宅獰等字耶！是有古音與俗音不同者在。案宅古音鐸。書宅西曰昧谷，古作度。釋文：

古文厇。周學濂案書釋文無此文，惟説文宀部厇字下云：亦古文宅。此釋字當作説。與相似也。又五流有宅，三危既宅，古並作度。自注：史記同。毛詩鴻雁其究安宅，與澤韻；皇矣此惟與宅，與度廓韻。自注：揚雄曰：爰清爰静，游神之庭。惟寂惟寞，守德之宅。緣北朝多宗鄭學，尚讀古音者也。獰，廣韻乃庚切，而吴下俗音，讀同迎聲，且與銀吟等音混，大謬。此字自當作彼，與婢聲同，係俗本刊誤。依聲讀之，無不諧叶。」記錢遵王言趙清常于此記取陳錫元、秦西巖、顧寧宇、孫蘭公四本，及龍驤邸刻補正爲完書，而今本復有譌字。使清常有靈，想武康山中，尤當白晝鬼哭者也！書以贈之。

〔清顧廣圻思適齋集十四洛陽伽藍記跋〕予嘗讀史通補注云：「亦有躬爲史臣，手自刊補。雖志存該博，而才闕倫叙。除煩則意有所恡，畢載則言有所妨。遂乃定彼榛楛，列爲子注。若羊衒之洛陽伽藍記」云云。按張合校本引顧氏此跋文有不同，未言所據何本，疑是從校本手迹或過臨者録入。今列舉其異文於下。張本「若羊衒之洛陽伽藍記云云」作「若某書云云，羊衒之洛陽伽藍記即所舉之一也」。知此書張本此書作「衒之」。原用大小字張本字下有爲字。分別書之。張本無書之二字。今一概連寫，是混注入正文也。張本也作矣。意欲如全謝山治水經注之例，改定一本。旋因袁壽皆取手校者去，未得施功。此臨毛斧季校，續得按得下疑脱諸字。書賈。斧季多見舊刻名鈔，亦懵然不知有大小字之説，蓋張本蓋作「可見」二字。其誤張本誤下有已字。久矣。張本無矣字。

惜張本惜下有予字。牽率乏暇，汗青無日，爰標識於最後。張本下有願字。世之通才，倘張本無倘字。依此例張本此作斯，例下有以字。求之，於讀是書思過半矣。張本無「於讀是書思過半矣」八字，作「嘉慶十三年正月思適居士顧廣圻記」。

【袁廷檮跋二則】李葆洵重刻吴本嘉慶丁卯新正，雨窗無聊，借士禮居所藏毛斧季手校本讎勘之，始能句讀，並録毛跋於後。又借顧千里閲本覆校一過。二十有三日袁廷檮記。

顧千里云：「案史通補注篇曰：『亦有躬爲史臣，手自刊補，雖志存賅博，而才闕倫叙。除煩則意有所恡，畢載則言有所妨。遂乃定彼榛楛，列爲子注。若蕭大圜淮海亂離志、楊案當作羊。衒之洛陽伽藍記』云云。依此是在唐時有正文，有子注，今本全爲正文，絶非其舊矣。」按此則與顧跋文稍異，故仍録之。

【清張紹仁跋】藝風堂藏書續記三附録嘉慶己卯季冬，依如隱堂刻本自注：席玉照舊藏。校正，復從毛斧季手校家刻自注：舊爲何小山、薛一瓢遞藏。覆勘，並録斧季跋語于右。二本皆借自黄蕘翁家，卷中雖譌字亦記之行間者，服膺於毛氏之言也。張紹仁記。

【張金吾愛日精廬藏書續志二地理類】洛陽伽藍記五卷，明如隱堂刊本。魏撫軍府司馬楊衒之撰。版心有如隱堂三字。洛陽伽藍記以如隱堂本爲最善。

【清俞正燮癸巳存稿十二洛陽伽藍記】（全文已具引于本書卷二崇真寺條注，此略。）

〔清瞿鏞鐵琴銅劍樓藏書目十一史部古蹟類〕洛陽伽藍記五卷。明刊本。題魏撫軍司馬楊衒之撰，有自序。此如隱堂刻本，較緑君亭本爲佳，舊爲吴瑱儒丈藏書。内第一卷第二卷並有缺葉，以顧澗薲校本鈔補。卷首有「吴卓信印」、「瑱儒」二朱記。

〔清吴若準序〕集證本元魏崛起朔漠，奄有中原。高祖賢明，卜宅洛土，聲明文物，用夏變夷，洵乎軼符秦按符當作苻。而跨江左。世宗忘其國恤，崇尚釋氏，太和政教，爲之一衰。洎乎母后臨朝，閹人用事，外藩首禍，變故迭興。始則尒朱氏張卓、莽之凶焰，繼則賀六渾效曹、馬之故智。至永熙遷鄴，而魏祚移矣。撫軍府司馬楊衒之慨念故都，傷心禾黍，假佛寺之名，志帝京之事。凡夫朝家變亂之端，宗藩廢立之由，藝文古蹟之所關，苑囿橋梁之所在，以及民間怪異、外夷風土，莫不鉅細畢陳，本末可觀，足以補魏收所未備，爲拓跋之別史。不特遺聞逸事，可資學士文人之考覈已也。其叙録伽藍，始于閶闔宫前，西則永寧、胡統，迤而西則爲建中、長秋、瑶光也；東則景樂，迤而東則爲昭儀、修梵、嵩明也，其南則景林也；其中小寺則願會、光明、司農也。由是而及城外建春門，則明懸、龍華、瓔珞也；而宗聖、崇真、魏昌、景興、太康以次記焉。東陽門則莊嚴、秦太上君、正始也。青陽門則平等、景寧也；而歸覺附記焉。由東而南，開陽門則報德也；龍華、追聖在其東，而文覺、三寶、寧遠、正覺以次記焉。宣陽門則東有景明、大統，而西有高陽王寺也；

而招福、雙女、永橋之歸正、菩提、城西之崇虛，以次記焉。由南而西，西明門則沖覺也；西陽門則宣忠、白馬、光寶、法雲也；而王典御、開善以次記焉。壽邱里中則又有追光寺也。閶闔門則永明也，大覺在其西而融覺在其東也。由西而北，則大夏門有禪虛也，廣莫門有凝圓也。此其次第也。昔劉知幾言衒之此記，定彼榛枯，按枯當作楛。列爲子註。後人合并，不可復辨。暇日流覽，意存復古，忘其淺陋，重爲分析。古本既無由見，未必一如舊觀，而綱目纚具，讀是書者，或有取乎？圖一篇、集證一卷，附於簡端卷末。世之君子，糾其謬焉！道光十三年十二月既望錢塘吳若準自序。

〔清朱紫貴跋〕集證本曩者顧丈澗薲嘗病今世通行本伽藍記綱目混淆，子註羼雜，謂紫貴曰：「子多暇日，能重爲分晰，一如劉氏知幾之所云乎？」從事經年，悉心推究，中間輟業，未有所成。吳甥次平，乞假南旋，娱親之暇，兼治此書。歲籥一周，定本遂出。大略所據者如隱堂本，所參考者何氏、毛氏本，復旁及于御覽、廣記、法苑珠林所引。隻字片言，咸爲比校，疑文訛句，論斷獨伸，遂迺條舉件繫，成集證一卷，復繪圖一篇，列諸簡端。余既自悼無成，又惜顧丈病廢不出，無由商榷義例，而甚喜次平好學深思，有功於古人匪淺也。爰識數語，以爲緣起云。道光甲午三月朔日長興朱紫貴書于吳門楓江草堂。

〔清李宗昉聞妙香室文集八洛陽伽藍記集證題辭〕吳子次平洛陽伽藍記集證所采凡十餘

種，討源振葉，賅博精詳。其有此本誤而他本是，他本誤而此本可從者，亦必斟酌疑義，兩説並存。至於標明子目，條繫圖列，體例所在，瞭如秩如。實楊衒之之功臣，而劉知幾之畏友也。夫此書撰著，意備遺逸，非闡象教。昔洛陽當魏太和中，刹廟甲天下。暨乎城郭坵墟，撫軍行役，感念興廢；用是拾舊聞，叙故蹟，成書五篇，文足與酈道元水經注肩隨。述爾朱之亂，足與史傳參證。采古蹟藝文及外國土風道里，又可廣博見聞，非祇詞藻穠麗，援據精審而已。惜後人合并子注，不可分辨。遂有疑爲司馬原書，實有別注，諸本佚脱已久者。今經釐定，綱目既具，可釋羣疑。次平雖少年，然其嗜古弗輟，學業勤敏兼人。乞假娛親，著成兹册。昔王簡栖作頭陀寺碑文，謂求宗九疇，研幾六位。足使焠掌佔畢者，悟言筌蹄；蒿目世教者，獲其龜鑑。則是編之刻，洵非徒然。若以秦人殷里，競詫宏通；苗茨西征，矜誇辯博。是使綴文之士，争尚瑰奇；考異之篇，祇供攟摭。掩黍離麥秀之幽懷，説班荆蔭松之盛蹟，榛楛弗翦，孱雜仍滋。則不獨引古詩「西北有高樓，上與浮雲齊」，證高陽王雍樓爲固哉言詩，逾滋駁詰也，亦非吴子校勘是書初意矣。

按此篇，集證本未載。

〔劉毓楠序〕光緒二年洛陽西華禪院重刻吴若準本古聖王所以教天下者，聖道而已。自漢明帝時，西佛始入中國。延至有唐，其風益熾。蓋佛教之倡久矣。元魏時，高祖猶崇尚文明，世宗則專遵釋道。金刹星羅，璇臺雲集，而善政善教，寂焉無聞，以致不數傳而寖微。當時之金碧輝煌，琉璃瑩徹，巍巍然上淩霄漢者，鞠爲茂草，嘻，可懼哉！楊衒之作伽藍記，録爲拓跋别史。浙江吴子萊前輩，臚列勝蹟，以紀于編，猶是麥秀黍離之遺意也。余讀是編，覺今古之間，廢興之際，不無有感於心焉！自同治辛未迄光緒丙子，居洛六年，因將伽藍記原本付智水禪友重梓以廣其傳。爰綴數語於卷末，俾後世有所考云。花朝日大梁劉毓楠拜序。

【李葆恂跋三則】光緒癸卯説劍齋重刻吴若準本

洛陽伽藍記無好本，惟道光甲午吴氏若準校刻本爲最善。亂後板佚，印本罕傳。光緒初，余客大梁，得一本於周稺珪中丞家，欲刻未果。適若準族弟抱仙刺史若烺署洛陽令，方據漢魏叢書本重刻是書。工既拙劣，校者復以意竄改，訛奪殆不可讀。余以吴本寄之，仍與書曰：「君家自有佳刻，曷不覆之，而刻何鏜本耶？」刺史得書喜甚，乃因循未付梓人。未幾受代去，竟不果刻。余索還原本，則曰：「吾終當重刻，以竟吾兄之志。書暫留，不遺失也。」又數年，刺史卒，此書遂不可復得。壬寅冬，遇繆筱珊太史於武昌，語次偶及此書。太史藏有二册，遂以一册貽余。乃亟刻之，以餉學者。撫軍陶齋尚書藏有袁綬階手校古今逸史本及汪梅坪校璜川吴氏本，並假歸對校一過。汪本謬不足據。袁氏以士禮居所藏毛校如隱堂本讎勘，與吴本同出一原。雖小有異同，不敢輒改，懼失真也。仍録袁氏所録毛跋於後，以備參考。刻既成，識其緣起於右，獨惜刺史之不及見也！光緒二十九年癸卯六月既望義州李葆恂跋。按文後録袁廷檮及毛扆跋，已見前，此略。

余考之，則衒之終祕書監，北平人也，見廣弘明集第六卷。史通作羊衒之，當是傳寫之誤，通考又誤襲之耳。光緒十二年十二月十九日，從筱珊編脩假閲，偶識於卷端。」右順德李約庵侍郎所題。余讀傳燈録云：「達摩住禹門千聖寺止三日，有期城太守楊衒之早慕佛乘，問祖西天五印，師承爲祖，其道如何？祖曰：明佛心宗，行解相應，名之曰祖。又問：此外如何？祖曰：須明他心，知其今古。不厭有無，於法無取。不賢不愚，無迷無悟。若能是解，故稱爲祖。又曰：弟子歸心三寶，亦有年矣。而智慧昏蒙，尚迷真理。適聽師言，罔知攸措。願師慈悲，開示宗旨！祖悉懇到，即説偈曰：亦不覩惡而生嫌，亦不觀善而勤措，亦不舍智而近愚，亦不抛迷而就悟。達大道兮過量，通佛心兮出度。不與凡聖同躔，超然名之曰祖。衒之聞偈，悲喜交并，曰：願師久住世間，化導羣有！祖曰：吾即逝矣，不可久留。根性萬差，多逢患難。衒之曰：未審何人，弟子爲師除得否？祖曰：吾以傳佛祕密，利益迷塗。害彼自安，必無此理。衒之曰：師若不言，何表通變觀照之力？祖不獲已，乃爲識曰：江槎分玉浪，管炬開金鎖。五口相共行，九十無彼我。衒之莫測，禮辭而去。」衒之言行不概見，録之以資談助。又御覽引逸文二條，並録於後，俟後有治此書者采焉。癸卯七月十三日葆恂記。按附録逸文二條，已別見佚文輯，此略。國朝諸儒，鑒明季輕改古書之弊，所刻書，凡字句各異，介在疑似者，別爲札記，不改本書，蓋其慎也。吴氏集證與札記同。余刻是書，凡集證已出如范明友作友明，高貴鄉公作高貴卿公，祖瑩作祖榮，雖灼知其謬，俱仍之以存其舊。集證不出，庸是梓人之誤，則元乂徑改元义。集證高貴鄉公誤作貴高卿公，則貴高誤乙，而卿字仍之。其他類此者多有，爲舉其例如此。八月十二日猛堪校集證畢又記。

〔繆荃孫藝風堂藏書續記三〕洛陽伽藍記五卷。吴真意堂活字本，長洲張訒盦以如隱堂本校之，又從毛斧季手校家刻覆勘。書眉並記「如隱堂刻本每葉十八行，行十八字」。首有「讀異齋從校正」白文方印、「長洲張氏執經堂藏」白文長印。末葉有「讀異齋」白文長方印、「張學安」「訒盦」朱白文小方聯珠印，又有「蘇臺逸叟」起邊白文大方印。附録毛扆、張紹仁跋各一則，已見前，今略。

〔唐晏序〕鈎沈本昔劉知幾謂洛陽伽藍記「定彼榛楛，列爲子注」，斯言已逾千歲，而世行本皆刊於明代，子注已雜入正文，無復分別，亦竟無人爲料理出之，此書遂不可讀矣。近者之江吴氏創始爲之，畫分段落，正文與注，甫得眉目。然究嫌其限域未清，混淆不免，雖少勝於舊編，猶未盡夫塵障。鄙人索居海上，偶展此書，覺有會於心。乃信手鈎乙數則，以後迎刃而解，都已盡卷。未敢謂足揆原編，然較各本，則有間矣。録而存之，以備一家之説云爾。嗟乎！衒之良史也。彼蓋身丁元魏之季，見夫胡后貪權，廢長立少，諸王酣豢，縱欲養驕，大臣無元良之佐，宦寺逞城社之威，文士優柔，武夫跋扈，遂以釀成河陰之禍。故此書於爾朱之亂，三致意焉。逮夫鑾輅西行，邦圻遷鄴，元氏之局告終，渤海之基方肇，而衒之又所目覩。黍離之悲，無可寄慨，乃於洛陽伽藍記託其懷舊之思焉，豈真爲彼教之助乎？宜其寥寥一篇，孤行殆將千二百年，而莫之能廢也。殺青既竟，更爲條例，叙之左方：

一　古人著書，必有一定體裁。北魏人著述在者，惟此暨水經注耳。故今刊定此書，全用水經注體裁。

一　書記伽藍，自應以寺爲主，而時事輔之。故凡涉及寺事，例高一格書，而餘文附之。

一　名稱洛陽，則凡市里亦概入正文，高一格書之。官寺亦然。

一　凡涉及時人第宅，亦高一格。然必由里及居，不復特出。

一　此外附注概爲低一格書。若附注之外，有楊氏案語，則作夾行書，所謂注中有注也。

一　此書誤字極多，有可考訂，則再三斟酌，而從其一。若竟無可從，而灼見其爲某字，間有以意定之者，然必以△别之。

一　此書各本互有不同，吴氏别爲考異。今仿阮氏刻經疏例，凡遇考訂之字，旁以圈别之。

一　楊氏此書意在借伽藍而存時事，故於元氏諸王及公卿，多述其行事，而河陰一役，言之尤詳。今搜採魏書及北史，凡書中人物，皆略注其大概，而它有足以引證此書者，亦附焉。

一　吴氏書有圖一紙，而小有未合。今改訂而仍以冠於其首焉。乙卯春二月溧川居士唐晏叙於海上飛塵小住。

【張元濟跋】四部叢刊影印如隱堂本洛陽伽藍記，隋、唐以下著録均五卷，惟宋史藝文志、郡齋讀書志作三卷，連江陳氏世善堂書目亦同。或原有别本，今已失傳。近世存者，以如隱堂本爲最古。其刊版當在明代嘉、隆之際。是本卷二闕第四、第九、第十八等葉，均寫補。毛季斧獲見是刻，即已言之。世間存本，無不皆然，蓋殘佚久矣。古今逸史、漢魏叢書中均載是書，各家所補三葉，大抵從之傳録，文字前後悉相銜接，必同出一源也。史通補註篇謂書舊有註，顧千里疑原用大小字爲别，後世連寫，遂混注入正文。錢唐吴若準重爲編次，釐定綱目，蒐據諸刻，校其異同，成集證一卷，世稱善本。然仍有人議其不免混淆，未盡塵障。朱紫貴序舉其所據校者，以如隱堂本爲首。余取以對勘，與是本互異者凡百數十字，吴氏均未指出，疑所見或亦爲傳録之本。因札録附後，其足以糾正是本者亦不少云。中華民國二十五年春三月海鹽張元濟。

【周延年跋】洛陽伽藍記注本北魏人著述，傳世極希。其流傳至今者，爲酈道元水經注、賈思勰齊民要術及此書三種。近世學者推重六朝文學，每以此書及水經注、顔氏家訓並稱。詞華之美，固有定評。顔氏家訓已有趙注，水經注亦經沈欽韓、趙一清、王先謙、楊守敬諸家校正，篇章大明。而此書獨無人詮解，竊引爲憾焉！兹就平日搜輯所得，成此注釋。非敢妄作，但求便于瀏覽而已。自知學殖譾陋，舛誤必多，尚望大雅宏達，有以正之。至於此書板本，咸推明如隱堂本爲最古，外此明代叢書若津逮祕書、古今逸史、祕册類函、漢魏叢書、廣百川學海、説郛等亦多有之。然明人刊書，往往任意删改，校讎不精，未可據爲定本。要以清代錢唐吴若準所刊，章段分明，有蓽路藍縷之功。而近代唐元素晏著洛陽伽藍記鉤沈五卷，刻入龍溪精舍叢書者，條分縷晰，尤爲詳審，故今之次第，一依此本也。上述諸本，字句頗有出入，本書以注釋爲主，不復措意校讎。訂正諸家，容俟異日。延年自成童以後，即好此書，逐年隨筆札記，時作時輟。去夏逭暑嘉業書樓，乃得假閲祕籍，用資參考，始克蕆事。中間更有友朋商榷，若閩縣黄公渚、德清姚祝萱、吴縣王欣夫、海門施韻秋諸君。他山之助，惠我實多，附識於此，不敢有忘也。民國二十六年四月吴興周延年子美書於海上萬潔齋。

【張宗祥序】合校本此書以如隱本爲最古，然尚有吴琯、緑君。照曠從如隱出，漢魏從吴琯本出。漢魏缺字較少，則亦似據吴本校補付梓者。故明刻二種，各有淵源，以今校之，正譌互見。清代諸刻，皆據如隱傳鈔，於是大字存而小字亡矣。如隱本第二卷崇真寺條下自「即有青衣十人」至「若有私財物造經像者」爲第四頁，秦太上君寺條下自「花林芳草」之芳字起，至「阿附成名」之阿字止，爲第九頁，平等寺條下自「無所干預」之干字起，至「若今宰相也」之今字爲第十八頁，三頁皆缺。余所見本，係據真意堂本鈔補，即毛氏所謂第二卷中缺三紙者也。此本既不敢據一本認爲定本，亦不敢據他書妄改本書。今合校諸書，擇其長者，儻有異義，下注某刊作某，存而不論。但使學者不願妄斷，故名之曰合校本。庚午正月立春後五日海寧張宗祥記。

【又跋】昔顧澗薲先生欲仿全氏治水經注之例，分别此書注文而未果。吴氏聞斯言於其舅朱氏，集證本遂起而分之。然極簡略，恐非楊氏之舊。如楊氏舊文果如吴氏所述，則記文寥寥，注文繁重，作注而非作記矣。楊氏具史才，當不如此。唐氏復因吴氏之簡，鈎沈本又起而正之。然第五卷原本注文，且誤入正文，則亦未爲盡合也。蓋此書子注之難分，實非水經注之比。水經注出自兩人，文筆絶異；此書則自撰自注，文筆相同，一也。全氏所見水經注自大典本出，故經注混淆。其實宋刊本分經注，明刊亦然，明初且有單刊經文無注本。此書則如隱以前，未見他刊。如隱而後，注盡不分，但憑想像，一無取證，二也。故苟無如隱以前之古本可以勘正，實不必泥顧氏之説，强爲分析，致蹈明人竄改古籍之覆轍也。第吴、唐二家，用心甚勤，且僅提寫本文，並未顛倒原書，故亦録其所定爲本文者，以備參考。庚午元宵記。

〔陳寅恪讀洛陽伽藍記書後〕中央研究院歷史語言研究所集刊第八本第二分劉知幾史通補注篇云：

「亦有躬爲史臣，手自刊補。（中略）按陳氏原引全文，因已見於前列條内，故此從省略，下同。遂乃定彼榛楛，列爲子注。若蕭大圜淮海亂離志、羊衒之洛陽伽藍記（中略）之類是也。」

顧廣圻思適齋集十四洛陽伽藍記跋略云：

「予嘗讀史通補注云：（中略）知此書原用大小字分別書之。今一概連寫，是混注入正文也。意欲如全謝山治水經注之例，改定一本。（中略）世之通才，倘依此例求之，於讀是書，思過半矣。」

於是吴若準洛陽伽藍記集證即依顧氏之説，分析正文子注，羣推爲善本。吴氏自序其書云：

「古本既無由見，未必一如舊觀。而綱目粗具，讀是書者，或有取乎？」

然吴本正文太簡，子注過繁，其所分析與楊書舊觀，相去甚遠。唐晏因是有洛陽伽藍記鈎沈之作。其洛陽伽藍記鈎沈自序云：

「昔劉知幾謂洛陽伽藍記定彼榛楛，列爲子注。（中略）乃信手鈎乙數則，以後迎刃而解，都已盡卷。未敢謂足揆原編，然較各本，則有間矣。」

故唐本正文較之吴本溢出三倍，似可少糾吴氏之失。但唐氏之分別正文子注，其標準多由主觀，是否符合楊書之舊，仍甚可疑。近人張宗祥君之洛陽伽藍記合校本附録吴本及唐本所分正文，并記其後，略云：

「昔顧澗蘋先生欲仿全氏治水經注之例，分別此書注文而未果。（中略）故苟無如隱以前之古本可以勘正，實不必泥顧氏之説，强爲分析，致蹈明人竄改古籍之覆轍也。」

張君於唐氏所定第一卷城内永寧寺條正文「東西兩門皆如之」一節下附案語云：

「東西兩門皆亦如之者，言與南門圖以雲氣云云種種相同也。今圖以雲氣四十一字作注文，則皆亦如之一語無歸宿矣。」

於第五卷城北凝圓寺條「所謂永平里也注」之注字下附案語云：

「衒之此記本自有注，不知何時併入正文，遂至不能分別。此注字之幸存者。自此至下文不可勝數句，當是凝圓寺注文，鈎沈本以此下一句爲正文。」於其附録之鈎沈本正文城北禪虚寺條「注即太上王廣處」向下附以案語，重申其説云：「此處注字幸存，即漢太上王廣處六字明係注文，不得誤入正文。」

寅恪案，張君之合校本最晚出，其言「不必泥顧氏之説，强爲分析，致蹈明人竄改古籍之覆轍」，可謂矜慎；於楊書第五卷舉出幸存之「注」字，尤足見讀書之精審，不僅可以糾唐氏之違失已也。然竊有所不解者，吴唐二氏所分析之正文與子注雖不與楊書原本符合，而楊書原本子注亦必甚多，自無疑義。若凡屬子注，悉冠以注字，則正文之與注文分別瞭然，後人寫楊書，轉應因此不易淆誤。今之注文混入正文者，正坐楊書原本其子注大抵不冠以「注」字，故後人傳寫牽連，不可分別，遂成今日之本。張君所舉之例，疑是楊書原本偶用「注」字冠首也。鄙意衒之習染佛法，其書製裁乃摹擬魏、晉、南北朝僧徒合本子注之體，劉子玄蓋特指其書第五卷慧生、宋雲、道榮等西行求法一節以立説舉例。後代章句儒生雖精世典，而罕讀佛書，不知南北朝僧徒著作之中實有此體，故於洛陽伽藍記一書之製裁義例，懵然未解，固無足異。寅恪昔年嘗作支愍學説考載於中央研究院歷史語言研究所蔡元培先生六十五歲紀念論文集中，詳考佛書合本子注之體。兹僅引梵夾數事，以比類楊書，證成鄙説，其餘不復備論。

梁僧祐出三藏記集七支敏度合首楞嚴經記，八支道林大小品對比要鈔序、支敏度合維摩詰經序，一一竺曇無蘭大比丘二百六十戒三部合異序等俱論合本子注之體裁，兹節録一二，以見其例如下：

支敏度合維摩詰經序云：

「然斯經梵本出自維耶離，在昔漢興，始流兹土，于時有優婆塞支恭明。逮及于晉，有法護、叔蘭，先後譯傳，别爲三經。同本人殊出異，或辭句出入，先後不同；或有無離合，先後各異。若其偏執一經，則失兼通之巧；廣披其三，則文煩難究。余是以合兩令相附，以明所出爲本，以蘭所出爲子，分章斷句，使事類相從，令尋之者瞻上視下，案彼讀此，足以釋乖迂之勞。」

竺曇無蘭大比丘二百六十戒三部合異序云：

「余因閑暇爲之三部合異，粗斷起盡，以二百六十戒爲本，二百五十者爲子，以前出常行戒全句繫之於事末。而亦有永乖不相似者，有以一爲二者，有以三爲一者，余復分合，令事相從。

説戒者乃曰：僧和集會，未受大戒者出！僧何等作爲？衆僧相聚會，悉受無戒，於僧有何事？答：説戒。僧答言：布薩。不來者囑受清淨説。諸人者當説當來，之淨。答言：說淨。

據上所引，魏、晉、南北朝僧徒合本子注之體例可以推知。洛陽伽藍記五凝圓寺條記述惠生、宋雲等使西域事既竟，楊氏結以數語云：

衒之按，惠生行紀事多不盡録，今依道榮傳、宋雲家記，故並載之，以備闕文。

觀今本洛陽伽藍記楊氏記惠生使西域一節，輒以宋雲言語行事及道榮傳所述參錯成文，其間頗嫌重複。實則楊氏之記此事，乃合惠生行紀、道榮傳及宋雲家傳三書爲一本，即從僧徒合本之體，支敏度所謂「合令相附」及「使事類相從」者也。楊氏此節之文如：

「至乾陀羅城，東南七里有雀離浮圖。道榮傳云：城東四里。」

即竺曇無蘭大比丘二百六十戒三部合異序後所附子注之例。其「道榮傳云：城東四里」，乃是正文「東南七里有雀離浮圖」之子注也。又楊書此節之

「（迦尼色迦）王更廣塔基三百餘步。道榮傳云：三百九十步。」

其「道榮傳云三百九十步」，乃是正文「三百餘步」之子注也。其餘類此者不勝枚舉。茲僅揭一二例，亦顧氏之意，欲世之通才依此求之，寫成定本，以復楊書之舊觀耳。夫史通所論，實指惠生等西行求法一節，而吴、唐二氏俱以此節悉爲子注，張君無所糾正，其意殆同目此文全段皆是子注也。故自楊氏此書正文與子注混淆之後，顧氏雖據史通之語，知

其書之有注，而未能釐定其文。吴、唐、張三家治此書極勤，亦未能發此久蔽之覆。因舉魏、晉、南北朝僧徒合本子注之例，證成鄙説，爲讀是書者進一解，並以求教於通知今古文章體製學術流變之君子。

【王文燾椿蔭宧初稿一明刊緑君亭本洛陽伽藍記跋】稿本是書爲東魏撫軍府司馬楊衒之所作。衒之初仕元魏，適當鼎盛之朝；比及喪亂，復經殘餘之地。追憶當日盛事，以喬皇典麗之筆，紀奇異莊嚴之事。所述永寧浮圖，高逾百尋，分爲九層，朱户瓊欄，丹楹刻桷。上又有刹，高亦十丈，合計千尺，矗觸霄漢。合眸凝想，誠宇内之壯觀。以今日龍門伊闕所餘殘缺九萬佛象例之，斯記所載，或非虚搆。往歲因梁陳慶之造象，爲考詳之。以爲慶之送元顥北歸，濡染頽風，倉卒逃歸，易佛服免，身受其蔭，報德之思耳。今讀此篇，載慶之在北，與魏中大夫楊元慎等言正朔統系，慶之失辭，不能反唇，因之心折。又復震厥外觀壯偉，不覺潛移默化，其後南歸，遂重北人。乃知蕭梁之崇釋，亦慶之有以召之。按此説不然。梁武帝崇佛，早在陳慶之南歸前。且南朝信佛，自有源流，不必與北朝牽合爲一。其紀爾朱榮、元天穆跋扈不臣各節，足與正史互證。又有隱士趙逸，長壽多識，言自晉迄魏二百餘年，目睹身經，與當時記載，多不符合；因舉苻生仁慈，反受惡名等語。知幾史通曾引及之。又云有宋雲、惠生二人，求經西域，周歷各國，歐、亞之交，波斯、印度，皆有車轍。所經王國，宣示詔書，令其拜受。有烏場國者，位天竺之北，葱嶺之南，當即今印度北部。雲等曾割捨行資，造浮圖一所於如來投身餵虎之山，刻石隸書，銘魏功德。是二人者，雖云佛徒，實能宣揚國威。世但知釋玄奘之取經，不知乃步二人後塵。綜觀所記，雖以伽藍爲名，實多國故。文辭華縟，事跡俶詭。禾黍銅駝之悲，今日讀之，頗多類似。環誦一過，百感交併矣！此本爲毛子晉録君亭本，家君曾以潢川吴氏真意堂本及新刊説劍臺按臺當是齋之誤。説劍齋即李葆恂覆刊吴若準集證本。本互校，以朱記注於側，余曾爲季父度臨之。

〔涵芬樓燼餘書録二〕洛陽伽藍記五卷，明刊本，二册。題魏撫軍府司馬楊衒之撰。前有楊氏自序。版心有「如隱堂」三字。愛日精廬藏書續志謂是書以如隱堂本爲最善。察其版刻，當在明嘉、隆之際。原闕卷二、第四、第九、第十八等葉，均鈔補。昔毛斧季獲見是刻，即已言之。世間藏本，無不皆然，蓋殘佚久矣。

〔黄公渚洛陽伽藍記的現實意義〕（載于文史哲月刊一九五六年第十一期，此不轉録。）

附編三

圖説

一、吴若準集證本、唐晏鉤沈本、張宗祥合校本各附有洛陽城圖一幅，頗便省覽。吴圖草創多闕，唐、張二圖稍加補苴，但仍有錯誤。

二、其他關于北魏洛陽京城的專圖，現存最早的要算漢晉四朝京城圖的後魏京城洛陽宫室圖和金墉城圖，大概是宋人繪製。後人繼作的，有楊守敬水經注圖的洛陽城圖，乃據酈道元水經注而繪的；有勞榦北魏洛陽城圖的復原的附圖（中央研究院歷史語言研究所集刊第二十本上册），乃據 C. White 牧師實測的洛陽圖（*Tomb Tile Picture of Ancient China*，1939）和伽藍記、水經注等書而繪的。

三、綜觀各圖，互有出入，以楊圖和勞圖爲較核，本圖繪製主要據之，並參考伽藍記與水經注原文。

四、城厢部分以勞圖爲據，但有數點與之不同，加以修改，列舉并説明如次：

（一）本書卷五末云：「京師東西二十里，南北十五里。户十萬九千餘。廟社宮室府曹以外，方三百步爲一里。里開四門，門置里正二人、吏四人、門士七人，合有二百二十里。」漢晉四朝京城圖和吴若準與唐晏二圖皆據此記將洛陽城繪成東西寬而南北短，（張宗祥圖爲東西狹而南北長，惟没有説出理由，不知何據。）但 White 牧師實測圖却顯然相反。勞氏據續漢書郡國志劉昭注證明洛陽城原是東西狹而南北長，這是對的。不過他又解釋「東西二十里，南北十五里」的里字與下文「方百步爲一里」是一回事，説：「只有認爲閭里之里，纔能解釋得通」。這話是可以商討的。㊀古書中記地區四址的里字，皆作方里解，從未見有作閭里解的，勞氏此解也没有舉證。㊁勞氏於下文「方三百步爲一里」，没有明解，依據他的圖則將里畫成長方格子，核與文義，不能符合。按魏書廣陽王嘉傳説：「京四面築坊三百二十，各周一千二百步。」可以與此文互證。此言「方三百步爲一里」，蓋指里的一方言之；魏書言「一千二百步」，則自四方的總和言之，故云「周」。因此，坊里當仍爲正方形，而於東西寬南北短的地形並無影響。所以勞氏的解釋不能圓滿。然則楊衒之的話有錯誤，或者 White 實測圖的地形不足信嗎？要解決此問題，先得把「東西二十里，南北十五里」二語弄清。元河南志説是「陽衒之增廣而言者，兼城之外也」，我以爲此語頗值得重視。考本書卷四法雲寺條下説：「自退酤（里）以西，張方溝以東，南臨洛水，北達芒山，其間東西二里，南北十五里，並名爲壽邱里。」與此「南北十五里」語正相脗合，因之可證南北是自洛水至芒山的距離，確爲指兼城外而言，非謂城廂本身。以此類推，東西二方亦當如是。那末洛陽城廂大小究竟如何呢？若詳考本書，亦可得出概略。城東建春門至七里橋，無實數里程，但從「七里」的名義看來，大約是離城七里，姑作假定。城西西陽門外四里有洛陽大市；市西有退酤、治觴二里，自退酤里至張方溝，東西二里；累算共約六里。東西城外兩共合算約十三里。城南宣陽門外四里至洛水永橋。城北里坊記載最少，有確實里程的，僅廣莫門外一里的凝圓寺。想來這裏居民較稀，又背臨芒山，市集亦不會再遠。南北城外兩共合算約五里。再據本書所言「東西二十里，南北十五里」，除去城外東西十三里，南北五里，則洛陽城廂約爲東西七里，南北十里，與續漢書郡國志注所引帝王世紀「城東西六里十一步，南北九里一百步」，及晉元康地道記「城內九里七十步，東西六里十步」都相似，而與White牧師實測圖城東西最長處爲六·八市里，南北最長處爲九·二五市里（據勞氏合算），亦頗接近（後魏尺度約爲今市尺的九折）。由此可見楊衒之的記載翔實，而元河南志的解釋可信，更可證勞氏的閭里說不能成立，特在此辨明之。

（二）勞氏將城內劃爲許多長方格，東西二十格，南北十五格。依照他的圖，除去宮苑等地外，尚有二百二十五長方格。這樣畫法是有問題的。㈠他要調和「東西二十里，南北十五里」，與White實測圖的矛盾，曲解里作閭里，並將城內劃爲東西二十格，南北十五格以相配合。此錯誤已辨見上文。㈡他將里畫作長方形，核與本書卷五「方三百步爲一里」語不相符合（說亦見上文）。勞氏於此沒有解釋，大概他以里的面積總爲三百步，而地形則爲長方。果如此假定，則就以永寧寺爲例，勞圖列入一方格內。考本書卷一永寧寺條下說：「僧房樓觀一千餘間。」試問一千餘間房屋，豈總方三百步的里所能容納？㈢勞圖的長方格有二百二十五個。依照本書卷五說「廟社宮室府曹以外，方三百步爲一里」，這些長方格內應除去「左衛府」、「右衛府」等廟社府曹二十處，尚有二百零五長方格，與記所說「二百二十里」，也不相符。況且依據魏書世宗紀及廣陽王嘉傳，二百二十可能是三百二十之誤呢？（說見本書卷五末校注）因之，本圖對于勞圖所畫的長方格，不加採用。

（三）勞圖內北宮、華林園、芳林園等畫爲三處，核與本書及水經注等所記，不能相合（華林園與芳林園爲一地異名，勞氏析爲二處，不詳所據）。本圖今以楊守敬圖爲據。

（四）勞圖東面東陽門外和西面閶闔門外都有橫貫的水道，依據他的另一圖洛陽郊外形勢圖以此爲古河道，並未說明時代。按河道代有變遷，若要考知北魏時實情，仍以憑當時人的記載爲可信。酈道元與楊衒之並時，水經注記水道最詳，所記東西兩門外皆沒有提及，疑北魏時無此河道。本圖還是以楊守敬圖爲據。（按東陽門外的河道疑即是楊、酈二氏所言建春門外的陽渠水道。）

（五）城北的大夏與廣莫二門，勞氏說：「懷氏（White）的實測圖，北面的城門，只有一個，而東城牆的北頭卻有一個舊門道的痕跡。這一點對於舊日記載並不附合，可能在北牆的東面尚有一個城門，東牆的北面並非舊的城門，而是洛陽故城荒廢以後，纔爲人踏出來的道路。」他引水經注：「廣莫門漢之穀門也。北對芒阜，連嶺修亘。苞總衆山，始自洛口，西逾平陰，悉芒壟也。」及伽藍記：「魏、晉曰廣莫門，高祖因而不改。廣莫門以西，至於大夏門，宮觀相連，被諸城上也。」因說：「所以廣莫門是對着北邙，和大夏門相並着的，因此決不能依照懷氏（White）的圖中道路痕跡，定廣莫門爲城東面北頭的城門。」他就將大夏、廣莫二門畫在城西北與東北相等的位置上。按從勞氏所引的水經注與伽藍記兩段文字看來，只是說城的北面有二門，並未確指二門位置是相並的。因之，勞圖北面二門的位置是「想當然耳」，並無若何根據。元河南志二引洛陽圖經說：「華林園在城內東北隅。」考穀水歷大夏門下，又東枝分南入華林園（水經穀水注）。若如勞圖廣莫門在東北與大夏門相並，則華林園卻在城的北面（勞圖位華林園在近西北隅大夏門旁），與圖經所說不合。否則華林須劃分爲二園，但從未聞有此說。所以勞圖二門的位置頗覺不妥。本圖將廣莫門移近東北隅，與南面的開陽門遙相對。如此，華林園在城內東北隅，可以説通。White實測圖城東墻的北頭舊門道痕跡，位置亦相近，而與伽藍記、水經注所記並不相悖。

（六）銅駝街兩旁，據水經注應有渠水夾行，勞圖失畫，本圖據補。

五、城内外水道主要以楊守敬圖爲據。

六、圖内所記的各地名，悉以伽藍記本書爲主，有些以水經注及元河南志補充之，皆用括弧（）標明，以示區别。

七、各寺名都用方框圍之，省「寺」字，以便查覽。

【補圖】

漢魏洛陽城平面實測圖

附説

一、後圖爲中國科學院考古研究所洛陽工作隊在一九六二年實地勘查漢魏洛陽城所繪製，載於考古一九七三年第四期漢魏洛陽城初步勘查。漢魏故城亦即北魏故城。此次雖是初步勘查，有些問題尚待繼續鑽探與研究，目前不能確定，但已足與舊圖互證而糾其誤，特補載於此，以備參考。

二、圖中某些標識，皆表示據記載擬定之遺址舊名，詳於該文。今撮取要點，與伽藍記有闕者，説明如下：

西垣：Ⅰ 北魏西明門。

Ⅱ 漢雍門。

Ⅲ 北魏西陽門。

Ⅳ 北魏閶闔門。

Ⅴ 北魏承明門。

北垣：Ⅵ 北魏大夏門。

Ⅶ 北魏廣莫門。

東垣：Ⅷ 北魏建春門。

Ⅸ 北魏東陽門。

Ⅹ 北魏青陽門。

南垣：無門基可尋，但大城有南北四條縱道，由北往南直抵今洛河，與洛陽伽藍記所記「南面有四門」相合。

北垣左角：甲、乙、丙 金墉城（詳本書卷一瑤光寺注）

城中：塔址 永寧寺塔。

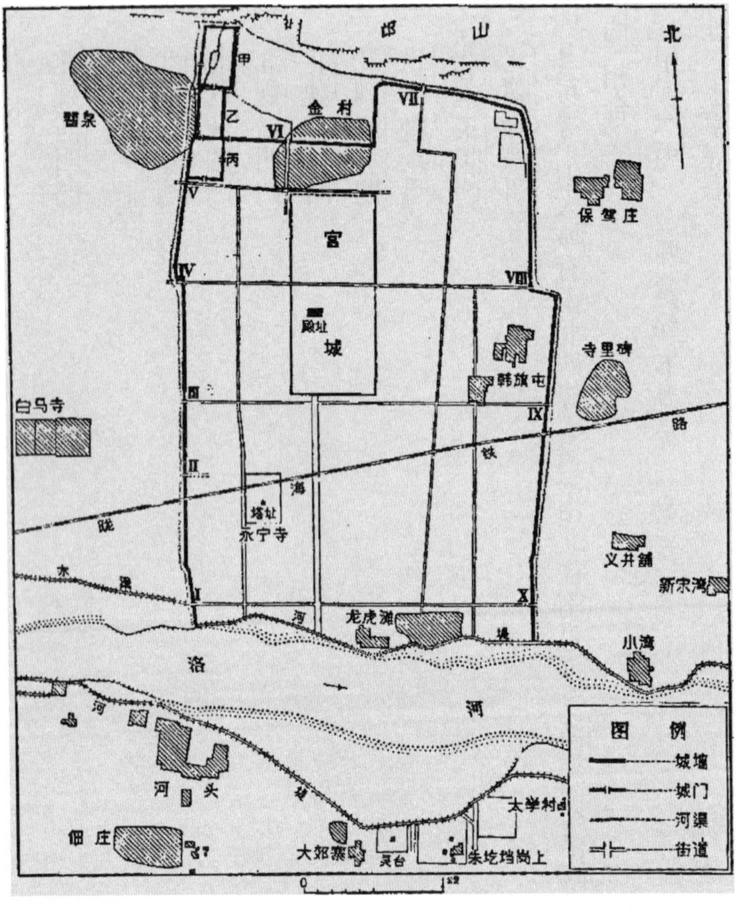
邙山
北
甲
乙
丙
翟泉
金村
宫
殿址
城
保驾庄
寺里碑
韩旗屯
白马寺
铁路
塔址
永宁寺
义井舖
新宋湾
龙虎滩
小湾
洛河
河头
佃庄
大郊寨
灵台
太学村
朱圪垱
上
图例
城墙
城门
河渠
街道

漢魏洛陽城平面實測圖

附編四

年表

表例

一、「洛陽伽藍記」原書乃是一部記述北魏拓跋氏王朝遷都洛陽後政治與社會的寫實史籍，有很多材料可以補充正史。但因體例所限，讀此書者有時感到記事分散，對于歷史發展的連續性關係不易全面瞭解。本表的編製即爲適應這一要求，及便利省覽之用。所輯材料全以原書爲限。

二、本表綜合原書内有年月記明或雖不記明而可考知的各文編成之。其他無法可考的，只好付缺。

三、本表材料的編次，略定如後：

（一）有明確年月記載者，依所記年月排次之。

（二）無絶對年月記明，只稱某年「初」、「中」或「末」者，可以考知的，則排次于考知之年月下；不可考知的，則次於相當的年數下。此類各條皆以一小圈○冠首標識之。

（三）年月不記明，而有他事或他書可資參考者，則就他事或他書所記年月排次之。此類各條皆低一格，並以一小圈○冠首標識之。

（四）原記年次有誤，經考訂證明者，則依照考訂年月排次之，而註明其説於附考欄內。此類各條皆低一格，亦以一小圈○冠首標識之。

四、本表記事遵從原書體例以北魏爲主，魏分東西後，又以東魏爲主。紀年亦如之，並記南朝及西魏年次，以供參考。

五、本表年次起訖，斷自拓跋宏遷洛之年（太和十七年）至楊衒之重覽洛陽撰記之時（武定五年）。

公元	北魏紀年	南朝紀年	記事	附考
493	孝文帝（拓跋宏）太和 17	齊武帝（蕭賾）永明 11	帝遷都洛陽，詔司空穆亮營造宮室。（卷首序）	按魏書高祖紀，詔穆亮營宮室在十七年十月戊寅朔，遷都在十九年九月庚午。此蓋言帝定遷都之計，非謂於是年遷洛。
			國子學堂石經碑猶有四存，帝題爲勸學里。（卷三報德寺）	按高祖紀：太和十七年九月「庚午，幸洛陽。壬申觀洛橋，幸太學，觀石經。」

（續表）

公元	北魏紀年	南朝紀年	記事	附考
494	18	齊明帝（蕭鸞）建武 1	齊祕書丞王肅歸降。時帝新營洛邑，多所造制，肅大有裨益。（卷三報德寺）	按魏書肅傳，肅來奔在太和十七年，通鑑同。
495	19	2	常景爲律學博士。（卷一永寧寺）	
			○遷京之始，宮闕未就，帝常住在金墉城，數詣城西王南寺論義，故通承明門。（卷首序）	原文不記年。按遷京在十九年，又高祖紀：太和十九年八月「金墉宮成」，因次於此。
			○帝在金墉城內作光極殿，因名金墉城門爲光極門。又作重樓飛閣，遍城上下。（卷一瑶光寺）	原文不記年，今因金墉城事附次於此。
496	20	3		
497	21	4		
498	22	5		
499	23	齊東昏侯（蕭寶卷）永元 1		

（續表）

公元	北魏紀年	南朝紀年	記事	附考
500	宣武帝（元恪）景明 1	2		
501	2	3 齊和帝（蕭寶融）中興 1	○齊建安王蕭寶夤來降，封會稽公，爲築宅於歸正里。（卷三宣陽門）	原文云「景明初」。按魏書寶夤傳來降在景明二年，今據次此。
			○張景仁從寶夤歸化，拜羽林監，賜宅歸正里。（卷二景寧寺）	原文云「正光年初」，正光爲景明之譌，辨見本注，今正，並次於此。
502	3	2 梁武帝（蕭衍）天監 1	○立景明寺。（卷三景明寺）	
			○比丘道恒立靈僊寺於城西皇女臺上。（卷四法雲寺）	以上二條，原文並云「景明中」，今次於此。
503	4	2		
504	5 正始 1	3	○詔刊律令，勑常景共高僧裕、王元龜、祖瑩、李琰之等撰集其事。又詔彭城王勰、劉芳入預其議。（卷一永寧寺）	原文云「正始初」。按魏書世宗紀在元年十二月，因次於此。
505	2	4		
506	3	5	○百官立正始寺。（卷二正始寺）	原文云「正始中」，姑次於此。

（續表）

公元	北魏紀年	南朝紀年	記事	附考
507	4	6		
508	永平 1 5	7		
509	2	8	乾羅國王獻白象。（卷三宣陽門）	按世宗紀在永平二年正月。
510	3	9		
511	4	10		
512	延昌 1 5	11		
513	2	12	○城内永和里邢鸞宅，掘地得丹砂錢數十萬，銘云「董太師之物」。（卷一修梵寺）	原文不記年，云「經年鸞遂卒矣」。今據邢巒卒年次此。
514	3	13	○邢鸞卒。（卷一修梵寺）	原文不記年。按魏書邢巒傳「延昌三年暴疾卒」，今據次此。
515	4	14	帝崩。清河王懌與高陽王雍、廣平王懷並受遺詔，輔翼孝明帝（元詡）。時帝始年六歲，太后代總萬機。（卷四沖覺寺）	按世宗紀，帝崩在正月丁巳，年三十三。

（續表）

公元	北魏紀年	南朝紀年	記事	附考
516	孝明帝（元詡）熙平 1	15	靈太后立永寧寺，在宮前閶闔門南御道西，並造九層浮圖一所，營建過度。（卷一永寧寺）	按魏書釋老志云「熙平中」。
			○太后拜元乂爲侍中領軍左右令。（卷一建中寺）	原文云「熙平初」，今姑次於此。
517	2	16	城西民孫巖出妻，臨去變狐，截巖髮而走。其後京邑被截髮者一百三十餘人。當時有婦人着綵衣者，人皆指爲狐魅。四月有此，至秋乃止。（卷四法雲寺）	按魏書靈徵志云「自春」。
			○永寧寺浮圖裝飾畢功，帝與太后共登之。（卷一永寧寺）	原文不記年。按魏書崔光傳在熙平二年八月，今據次此。
518	3　神龜 1	17	十一月冬，太后遣崇立寺比丘惠生、燉煌人宋雲向西域取經。（卷五聞義里）	按釋老志在熙平元年，詳見本註。
519	2	18	七月二十九日，惠生等入朱駒波國。八月初入漢盤陀國，至鉢盂城。九月入鉢和國。十月至嚈噠國。十一月入波斯國。十二月入烏場國。（卷五聞義里）	

（續表）

公元	北魏紀年	南朝紀年	記事	附考
			○以工商上僭，不聽金銀綿繡。雖立此制，竟不施行。（卷四法雲寺）	
			○元略爲黃門侍郎。（卷四追光寺）	以上二條，原文並云「神龜中」，今次於此。
			○劉宣明以直諫忤旨被斬。（卷二崇真寺）	原文云「神龜中」。按魏書肅宗紀，在二年九月云「瀛州民劉宣明謀反，事覺伏誅」。事誣，辨見本註。
			○常景爲汭頌。（卷三宣陽門）	原文云「神龜中」。按魏書景傳，景作洛汭銘在蕭綜歸降、徐州清復後，則時當在孝昌元年，與此不同。
520	正光 1 3	普通 1	四月，惠生等入乾陀羅國，見國王。至佛伏沙城，又至乾陀羅城，以奴婢二人奉雀離浮圖充洒埽，並簡良匠以鍮摹寫浮圖儀及四塔變。（卷五聞義里）	
			○元乂秉權，閉太后於後宮，薨清河王懌於下省。（卷四沖覺寺）劉騰爲謀主。（卷一建中寺）	原文云「正光初」。按肅宗紀在元年七月，大赦改年，今據次此。

（續表）

公元	北魏紀年	南朝紀年	記事	附考
			蠕蠕主郁久閭阿那瓌來朝。（卷三宣陽門）	按肅宗紀在九月壬辰。
			○元略密與兄中山王熙欲起義兵，問罪君側，不就，熙兄弟被殺，惟略一身逃命江右。（卷四追光寺）	原文不記年，今據通鑑次在元懌死後。
			○清河王懌薨，景樂寺禁稍寬，百姓出入無復限礙。後汝南王悦復修之。（卷一景樂寺）	原文不記年，今次在懌死後。
			○趙逸來至京師，云是晉武時人，晉朝舊事，多所記録。（卷二建陽里）	
			○廣宗潘崇和講服氏春秋於城東昭義里，潁川荀子文北面就和受道。（卷三高陽王寺）	以上二條，原文並云「正光初」。今次於此。
521	2	2	○廣陵王恭爲黄門侍郎，見元乂秉權，政歸近習，遂佯啞不語。（卷二平等寺）	原文云「正光中」。按魏書前廢帝紀在正光二年，今據次此。
			○河間王琛爲秦州刺史，諸羌外叛，琛令婢朝雲假爲貧嫗，吹篪而乞。諸羌聞之，悉皆流涕，即相率歸降。琛在州多無政績。（卷四法雲寺）	原文不記年。按通鑑琛討羌在梁普通二年，今據次此。

（續表）

公元	北魏紀年	南朝紀年	記事	附考
522	3	3	○太后造景明寺七層浮圖一所。（卷三景明寺）	原文云「正光中」，今姑次此。
			○造明堂於辟雍西南。汝南王復造甎浮圖於靈臺上。（卷三大統寺）	原文云「正光中」，今姑次此。按魏書源子恭傳，正光元年奏建明堂，從之。
			○邢子才解褐爲世宗挽郎奉朝請。（卷三景明寺）	原文云「正光中」，今姑次此。
523	4	4	梁西豐侯蕭正德來降，處金陵館，爲築宅歸正里。後捨宅爲寺。（卷三宣陽門）元乂欲爲正德設茗。（卷三報德寺）	
524	5	5		
525	6 孝昌1	6	○高平失據，虐吏充斥，万俟醜奴寇暴涇岐之間。崔延伯總步騎五萬討之，爲流矢所中死。（卷四法雲寺）	原文云「正光末」。按通鑑在梁普通六年，今據次此。本年六月癸未改元孝昌。
			太后還總萬幾，追贈清河王懌太子太師，謚文獻，爲追福建五層浮圖一所於沖覺寺。拔清河國令韓子熙爲黃門侍郎。（卷四沖覺寺）	按肅宗紀，太后復攝政在孝昌元年四月辛卯。

（續表）

公元	北魏紀年	南朝紀年	記事	附考
			○梁豫章王蕭綜歸降。（卷二龍華寺）	原文不記年。按肅宗紀在本年六月，今據次此。
			帝宥江革（梁將）歸梁，請元略歸國。（卷四追光寺）	
			○設募征格於明堂之上，從戎者拜曠掖將軍等。當時號明堂隊。（卷三大統寺）	原文云「孝昌年」。按肅宗紀詔出師在本年十二月，今次於此。
526	2	7	大風發屋拔樹。永寧寺浮圖刹上寶瓶隨風落入地丈餘。復命工匠更鑄新瓶。（卷一永寧寺）	
			太后反政，誅元乂。（卷一建中寺）	按元乂墓誌，乂死在本年三月二十日。
			○廣陽王淵初除儀同三寺，總衆十萬討葛榮，爲葛榮所殺。（卷二景寧寺）	原文云「孝昌年」。按肅宗紀在本年九月，今據次此。
527	3	大通 1　8	大雨頹陽渠石橋柱。（卷二明懸尼寺）	
			十二月中，平等寺金像兩目垂淚，遍體皆濕，時人號曰佛汗，三日乃止。（卷二平等寺）	
			○彭城王劭爲青州刺史，向賓客言懷甎俗。（卷二秦太上君寺）	原文不記年，按魏方鎮表在孝昌三年，今據次此。

公元	北魏紀年	南朝紀年	記事	附考
			○北海王顥鎮汲郡。（卷一永寧寺）	原文云「孝昌末」，今次於此。
528	武泰 1 孝莊帝建義 1 （元子攸）永安 1	2	二月中，帝崩無子，立臨洮王世子釗承大業，年三歲。爾朱榮與并州刺史元天穆起兵南出。謀立長樂王子攸。太后遣都督李神軌、鄭季明等鎮河橋。四月十一日，爾朱榮至高頭驛，長樂王赴軍所，神軌等開門降。十二日，榮軍於河陰之野。十三日，召百官赴駕，至者盡誅之。王公卿士及諸朝臣死者三千餘人。十四日，車駕入城，大赦天下，改號爲建義元年，是爲莊帝。（卷一永寧寺）	
			○太后爲爾朱榮所害。（卷四白馬寺）	原文不記年，按肅宗紀在四月庚子。今據次此。
			爾朱榮總士馬於永寧寺。（卷一永寧寺）	
			東平王略薨於河陰。（卷四追光寺）	
			○陽城太守薛令伯聞爾朱榮誅百官，立莊帝，棄郡東走。忽夢射得雁，問楊元慎，元慎謂當得大夫職。俄除爲諫議大夫。（卷二景寧寺）	原文不記年，據莊帝立年次此。

（續表）

公元	北魏紀年	南朝紀年	記事	附考
			○北海王顥聞爾朱榮入洛陽，遂奔梁。（卷一永寧寺）	原文不記年，據榮入洛年次此。
529	2	3 中大通1	三月，平等寺金像復汗。（卷二平等寺）梁帝遣主書陳慶之送北海王顥入洛。（卷二景寧寺）五月，顥入洛，在永寧寺聚兵。帝北巡。顥登皇帝位，改年曰建武元年。顥遺帝書。（卷一永寧寺）	
			○張景仁設酒邀陳慶之過宅。蕭彪、張嵩、楊元慎、王眴同座。（卷二景寧寺）	原文不記年，據慶之入洛事次此。
			帝北巡，城陽王徽從至長子城，願入洛陽，捨宅爲寺。（卷四宣忠寺）爾朱榮、元天穆來赴急。六月，帝圍河內，弗克。榮盡力攻之，斬元桃湯等以殉軍。元顥親率衆出鎮河橋，遷安豐王延明守硤石。七月，帝至河陽，與顥隔河相望。爾朱兆潛師渡河，破延明於硤石。顥聞延明敗，亦散走。（卷一永寧寺）所將江淮子弟五千人，盡被俘虜，無一得還。（卷二平等寺）顥至長社，爲社民斬其首，傳赴京師。二十日，帝還洛陽。（卷一永寧寺）城陽王徽遂捨宅爲宣忠寺。（卷四宣忠寺）	

（續表）

公元	北魏紀年	南朝紀年	記事	附考
			陳留王景皓宅佛像夜行遶其座，脚迹隱地成文。（卷四永明寺）	
			○蕭綜尚帝姊壽陽公主。（卷二龍華寺）	
			○太傅李延實除青州刺史。（卷二秦太上君寺）	
			○故高陽王美人徐月華嫁與衛將軍原士康爲側室。（卷三高陽王寺）	
			○殖貨里太常民劉胡殺猪，猪唱乞命。胡即舍宅爲歸覺寺。（卷二景寧寺）	
			○廣陵王恭遁於上洛山中，刺史泉企執而送之，帝放令歸第。恭常住龍華寺。（卷二平等寺）	
			○帝馬射於華林園，百官來讀苗茨碑，疑苗字誤。楊衒之時爲奉朝請，因釋之，衆咸稱善。（卷一建春門）	以上六條，原文並云「永安中」，今次於此。
530	東海王 3 （元曄）建明 1	2	○万俟醜奴破，波斯國所獻獅子（爲醜奴所獲留）始達京師。（卷三宣陽門）	原文云「永安末」。按魏書孝莊紀破醜奴在本年四月，今據次此。

（續表）

公元	北魏紀年	南朝紀年	記事	附考
			爾朱榮位極心驕，帝怒，（卷一永寧寺）與城陽王徽謀殺之。（卷四宣忠寺）九月二十五日，詐言産太子，（卷一永寧寺）遣徽馳告榮與元天穆。（卷四宣忠寺）榮穆並入朝，帝刃榮於明光殿，穆爲伏兵所殺。爾朱世隆在家聞榮死，總榮部曲燒西陽門，奔河橋。十月一日，世隆遣將領胡騎一千至郭下，索榮尸喪。帝遣侍中朱元龍齎鐵券與世隆，世隆不降。帝募人斷河橋。李苗爲水軍，從上流放火燒橋，橋被焚。世隆遂北上太行，至高都，立太原太守長廣王曄爲主，改號曰建明元年。曄遣爾朱兆舉兵向京師，兆自雷陂涉渡，擒帝於式乾殿。兆營軍尚書省，建天子金鼓，嬪御妃主擁之於幕。鏁帝於永寧寺門樓上。（卷一永寧寺）	
			○爾朱兆入京師，臨淮王彧爲亂兵所害。（卷四法雲寺）	原文不記年，據兆入洛年次此。
			有秀容胡騎數十人入瑤光寺淫穢。（卷一瑤光寺）	

（續表）

公元	北魏紀年	南朝紀年	記事	附考
			○城陽王徽投前洛陽令寇祖仁，祖仁斬送於爾朱兆，没其金馬。兆就祖仁徵金馬，不足。兆乃發怒，捉祖仁懸首高樹，大石墜足，鞭捶之，以及於死。（卷四宣忠寺）	原文不記年，據兆入洛年次此。
			七月，平等寺佛像悲泣如初。十二月，爾朱兆入洛陽。（卷二平等寺）	
			爾朱兆囚帝還晉陽，縊於三級寺。（卷一永寧寺）	
			○楊元慎棄官與華陰隱士王騰周遊上洛山。（卷二景寧寺）	原文不記年，云「爾朱兆入洛陽」，今據次此。
			○爾朱世隆爲爾朱榮追福，以劉騰宅爲建中寺。（卷一建中寺）	原文作「建義元年」。按建義乃建明之譌，説見本注，今次於此。
531	節閔帝 2 （元恭）普泰 1	3	在京宮殿空虛，百日無主。惟司州牧爾朱世隆鎮京師，商旅四通，盜賊不作。（卷二平等寺）	

（續表）

公元	北魏紀年	南朝紀年	記事	附考
			長廣王曄從晉陽赴京師。爾朱世隆逼禪位與廣陵王恭。恭即皇帝位，改號曰普泰。命百官議爾朱榮配饗，司直劉季明議「不合」。世隆怒。爾朱仲遠鎮滑臺，表用其下爲西兖州刺史，先用後表。世隆專擅國權，坐持臺省，家總萬機。帝拱己南面，無所干預。（卷二平等寺）	
			帝放波斯所獻獅子歸國，送者在路殺獅子而返，有司糾劾罪，帝赦之。（卷三宣陽門）	
			○京師傾覆，齊州刺史蕭綜棄州北走。爾朱世隆遣取壽陽公主至洛陽，逼之。公主固拒，被縊殺。（卷二龍華寺）	原文不記年，今次於此。
			盧景裕起家爲國子博士。（卷一景林寺）	
			歸覺寺金像生毛，眉髮悉皆具足。（卷二景寧寺）	

（續表）

公元	北魏紀年	南朝紀年	記事	附考
			司徒公楊椿爲爾朱世隆所害。後捨宅爲寺。（卷二景寧寺）	
532	2 孝武帝（元修）太昌 1 永興 1 永熙 1	4	○雍州刺史隴西王爾朱天光揔士馬於寶光寺。寺門無何都崩。後天光戰敗，斬於東市。（卷四寶光寺）	原文云「普泰末」。按魏書前廢帝紀，高歡敗爾朱天光在二年三月，今據次此。
			○帝被廢死。（卷二景寧寺）	按前廢帝紀，帝被廢在四月，遇弒在五月，時年三十五。
			平陽王修入纂大業。造平等寺五層塔一所，詔中書侍郎魏收爲寺碑文。（卷二平等寺）造大覺寺甎浮圖一所，詔中書舍人温子昇爲文。（卷四大覺寺）	
			冬，迎孝莊帝梓宮赴京師，葬于靖陵。（卷一永寧寺）	
533	2	5	○詔國子監祭酒邢子才爲景明寺碑文。（卷三景明寺）	

(續表)

公元	北魏紀年	南朝紀年	記事	附考
			○青州刺史毛鴻賓齎酒(劉白墮醸)之蕃,逢路賊盜飲之,即醉,皆被擒獲。(卷四法雲寺)	以上二條並云「永熙年中」,今次於此。
534	(東)孝静帝 3 (元善見)天平 1	6	二月,永寧寺浮圖爲火所燒,帝登淩雲臺望火。火從第八級中,平旦大發。百姓咸來觀火,悲哀振動京邑。火經三月不滅。五月中,有人從東萊郡來,云見浮圖於海中。(卷一永寧寺)	
			○二月五日,平等寺塔土木畢功,帝率百僚作萬僧會。寺門石像自動低頭復舉,竟日乃止。(卷二平等寺)	原文作「永熙二年」。按孝武帝奔長安在三年,本書永寧寺及魏書出帝紀皆同,此文二是三之誤。今正,並次此。
			○邢子才乞休,詔以光禄大夫歸養私庭。(卷三景明寺)	原文云「永熙末」,今次於此。
			秋,陳留王景皓宅佛像忽然自去,莫知所之。(卷四永明寺)	
			七月中,帝爲侍中斛斯椿所使,奔於長安。十月,京師遷鄴。(卷一永寧寺卷二平等寺) 洛陽餘寺四百二十一所。(卷五後記)	

（續表）

公元	北魏紀年	南朝紀年	記事	附考
535	(東)孝静帝(善見)天平 2 (西)文帝(寶炬)大統 1	大同 1		
536	(東)天平 3 (西)大統 2	2		
537	(東)天平 4 (西)大統 3	3		
538	(東)元象 1 (西)大統 4	4		
539	(東)興和 1 (西)大統 5	5		
540	(東)興和 2 (西)大統 6	6		
541	(東)興和 3 (西)大統 7	7	○勑邢子才與散騎常侍温子昇撰麟趾新制十五篇。(卷三景明寺)	原文不記年，今據通鑑次於本年。

（續表）

公元	北魏紀年	南朝紀年	記事	附考
542	（東）興和4 （西）大統8	8		
543	（東）武定1 （西）大統9	9		
544	（東）武定2 （西）大統10	10		
545	（東）武定3 （西）大統11	11		
546	（東）武定4 （西）大統12	12 中大同1	大將軍高歡遷洛陽石經於鄴。（卷三報德寺）	
			○邢子才除驃騎大將軍，西兗州刺史。（卷三景明寺）	原文云「武定中」，今次於此。
547	（東）武定5 （西）大統13	2 太清1	孟仲暉爲洛州開府長史，採訪陳留王宅所失佛像，寥無影迹。（卷四永明寺）	
			楊衒之因行役，重覽洛陽。城郭崩毀，宮室傾覆，寺觀灰燼，廟塔丘墟，興感撰「洛陽伽藍記」五篇。（卷首序）	

後記

洛陽伽藍記校注自一九五八年二月上海古典文學出版社出版之後，我陸續有些補充，曾在原書上加批或粘簽，以待再版增訂。不幸這底本和其他幾種稿子在十年浩劫中失去，連原始資料亦蕩然無存。故上海古籍出版社一九七八年重印此書時，只改正了一些誤字，其餘仍舊。近兩年重理筆墨生涯，對於此書不能忘情，讀書有獲，隨手札記，積得若干條，譬如納塵培塿，不無微益。「敝帚自珍」，值此再印之時，整理出來，附綴書後，願求正於當代學者。

附帶提一下補注的體例：先列原文，注明頁數。次列補注，凡補充原注的，各條下注明補于頁某注某；如原注所無，補出新注，則當條下無注，表示其爲逕注原文。其餘一仍原書舊例。

一九八一年二月范祥雍